地势坤，君子以厚德载物。

得民心 得天下

王蒙说《孟子》

王蒙◎著

浙江人民出版社

图书在版编目（CIP）数据

得民心得天下：王蒙说《孟子》/ 王蒙著. —杭州：浙江
人民出版社，2016.12
ISBN 978-7-213-07670-1

Ⅰ.①得… Ⅱ.①王… Ⅲ.①儒家②《孟子》— 研究
Ⅳ.① B222.55

中国版本图书馆 CIP 数据核字 (2016) 第 265869 号

得民心得天下　　王蒙说《孟子》

王蒙　著

出版发行	浙江人民出版社（杭州市体育场路 347 号 邮编 310006）	
责任编辑	马方方	
责任校对	张谷年　徐永明	
封面设计	仙境设计	
电脑制版	顾小固	
印　刷	北京慧美印刷有限公司	
开　本	710 毫米 ×1000 毫米	1/16
印　张	27	
字　数	435 千字	
版　次	2016 年 12 月第 1 版	
印　次	2016 年 12 月第 1 次印刷	
书　号	ISBN 978-7-213-07670-1	
定　价	58.00 元	

如发现印装质量问题，影响阅读，请与市场部联系调换。
质量投诉电话：010-82069336

得民心得天下

·····················

目 录 CONTENTS

人性・民心・天意・精英主义

亚圣孟轲

秦始皇统一天下后，"焚书坑儒"，表现了他对儒家的厌恶，那是由于，儒家的泛道德论、泛善论、为政以德论、齐之以礼（用礼法规范天下）论、君子—士—精英主义、中庸理性主义、圣人乃百世之师论、民贵君轻论……客观上形成了对于君王权力的文化监督、道德监督。儒家的摇唇鼓舌、指手画脚、自命优越、用理想修理现实，令沉迷于大一统的权力与事业的嬴政皇帝反感万分。

但后来的皇帝、朝廷、儒生、乡绅，一直到百姓民间，渐渐接受了儒家的优显地位。因为儒家自好学孝悌始，到治国平天下终，说法正当、顺耳、简明，容易接受，即使不完全做得到也比没有这样一个美好通俗的学说好，而且，除了用这样的学说吹吹民心民本性善仁政以外，用别的学说就更无法让百姓们听着舒心放心。法家学说是君王听着舒服速效，百姓听着肝颤。道家学说是抽象思维的胜利，通向宗教、玄而又玄、众妙之门，伟大而涉嫌玄虚与故作逆反。墨家投合志士，名家投合思辨拔河，都没有儒家的广博平易诚恳善良可喜。今天的学界对于董仲舒是否原汁原味地提出过"罢黜百家、独尊儒术"有不同看法，儒家学说自汉武帝以来地位飙升，渐渐达到了罢黜百家与独尊儒术的局面则是事实。而儒家的代表人物自然是大成至圣先师孔丘，后世又加上了的是孔子死后百年的战国时期亚圣孟轲。

亚圣的地位有难处。一概拷贝孔子，失去存在必要；与至圣各说各的，平分秋色的可能性不大，被攻评为标新立异与"机会主义""修正主义"的危险则大为增加。

首先从文风话风上看，孔子各方面论述恰到好处，春风化雨，亲切自然。一上来就是"学而时习之""有朋自远方来"，何等地安稳熨帖。而孟子一起头就选择了"何必曰利？亦有仁义而已矣"，树起了利与义二分法两大阵营，而且他使二者不可得兼，一直发展到后来，达到"生"与"义"的不可得兼，达到舍生取义的壮烈。孟子的不妥协性、尖锐性与彻底性振聋发聩。

义利分明

孟子的义主要是指义理，即大道理、大原则。用今天的话来说就是不能用原则做交易，小道理必须服从大道理。孟子的话是"上下交征利而国危矣"，此话值得回味：一个权力系统，如果追求的是具体的形而下的利益，后果不堪设想，原因很简单，利与利有时相悖，不同的人、家、国、天下各有其私利，争利的结果会是天下大乱。

但今天的人们明白，除了私利，还有国家、人民的利益，利益是有最大公约数的，大道理与大功利是分不开的。过分强调义与利势不两立，其后果是给人以孟子"迂远而阔于事情"（司马迁）的评价。

孟子突出了以圣贤为己任的亚圣贤、准圣贤人格的坚强、浩大与光耀。

叫作"我善养吾浩然之气""至大至刚",这是那个时代的修身——苦练内功。可以理解,亚圣往往会比至圣多一点锋芒,这才可能使自己在既非新出锅,而且仍然是百家争鸣、莫衷一是的局面下坚持响当当的气概。斯大林比列宁更严厉,切·格瓦拉比卡斯特罗更彻底。

《孟子》一书中,"王"字出现凡三百二十二次,"天"出现二百八十七次,"民"二百零九次,"君子"一词八十三次,"士"八十七次。"王"字最多,因为他致力于为王者师,谈王论王,也见过、教训批评过很多侯王,获得过或拒绝过他们的馈赠——"后车数十乘,从者数百人",社会地位、政治地位与生活待遇不低。虽然有过与齐王如何见面之争,有"既然您称病不过来,我也干脆称病不去"等躲来藏去的捉迷藏游戏,却未见过孟子遭遇过类似孔子厄于陈、蔡的窘态。从境遇来说,孟子比孔子牛气很多。

而且孟子有理论,引用曾子言曰:"晋楚之富,不可及也;彼以其富,我以吾仁;彼以其爵,我以吾义,吾何慊乎哉?"也就是说,以自己的文化资源、道德资源,向权力资源与财富资源叫板逞雄,义行天下,不畏权与利。

从民本到精英

不仅仅是为了自己应得的礼遇,而且是为了圣贤、大人、君子、士、大丈夫直到臣等说法不一的社会精英、社会贤达(此四字头衔一直用到民国)的地位与使命。

孟子的观点,不是权力至上、君王至上,而是在天与民至上的前提下表现出来的可操作的抓手:那是精英至上。

除"君"外,《孟子》中讲得最多的是天,天是自然的存在,也是至高至上至大的巅峰——神性的终极。孟子认为"民为贵,社稷次之,君为轻"。原因是"天视自我民视,天听自我民听",到了小说《李自成》那里,便是李的智囊牛金星所言"民心即是天心",在民与天中画一个等号。

这里的"天民合一"可能比"天人合一"更富挑战性。天民合一挑战的是不行使仁政的君王权力,天人合一针对的则是人类面对天道与自然的异类感：包含着怨仇、畏惧、悲叹、匍匐与胡作非为。

然而天无言，民是无序乃至无端（头绪）的，对于天与民的高度尊重，只能体现在君子、精英、士们的贤明与品德上。"君子所以异于人者，以其存心也。君子以仁存心，以礼存心。仁者爱人，有礼者敬人。爱人者，人恒爱之；敬人者，人恒敬之。"《离娄章句下》中孟子此言，告诉我们，还是要从君子之心中探寻仁、礼、爱、敬的天道天威与民心民意消息。

孟子认为圣贤谱系大致是"由尧舜至于汤，五百有余岁……由汤至于文王，五百有余岁……由文王至于孔子，五百有余岁"，孔子不是天子君王，但是与唐尧、虞舜、夏禹、成汤、文王平起平坐，而且，孟子说："孔子之谓集大成。集大成也者，金声而玉振之也。金声也者，始条理也；玉振之也者，终条理也。始条理者，智之事也；终条理者，圣之事也。"孔子最伟大，圣贤最伟大，仁、义、爱、敬、智、圣最伟大，王道最伟大。孔孟虽然没有机会王天下，但他们提出了可以"王天下"的王道，叫作："乐以天下，忧以天下，然而不王者，未之有也。"还有"仁者无敌"与"保民而王，莫之能御也"。

仁者无敌

孟子说："桀纣之失天下也，失其民也；失其民者，失其心也。得天下有道：得其民，斯得天下矣；得其民有道：得其心，斯得民矣；得其心有道：所欲与之聚之，所恶勿施，尔也。"

这一类的命题，你会觉得孟子正道得简约且相当纯洁，他的文化理想主义与道德理想主义，讲得到家。人性向善，人心思善，君王为善，就是仁政，就能建成人间乐园，直到"与民同乐""俊杰在位""省刑罚，薄税敛，深耕易耨"，还有"市，廛而不征，法而不廛，则天下之商皆悦，而愿藏于其市矣；关，讥而不征，则天下之旅皆悦，而愿出于其路矣；耕者，助而不税，则天下之农皆悦，而愿耕于其野矣"……一方面是春秋无义战，到处是争权夺利、阴谋诡计、血腥屠戮、枉费心机、国无宁日；一方面是仁者无敌、莫之能御、天下归心、轻而易举。孟子的名言："老吾老，以及人之老；幼吾幼，以及人之幼。天下可运于掌。"王蒙按：在我少年时代一接触到"共产主义"四个字，脑子里出现的就是"老吾老，以及人之老；幼吾幼，以及人之幼"十六字箴言。十六字做到，万国一家，万民一体，不是人间乐园还能是什么？

孟子认为实行王道而不是霸道，恩被百姓而不是祸害百姓，其实很容易做到，犹如"为长者折枝"，绝对不是"挟太山以超北海"，君王们没有去做，完全"是不为也，非不能也"，关键只在一念间。

孟子引用孔子的话说："道二，仁与不仁而已矣。"此说干脆利落，简明浅显，说得极其便利，实际上没有这样明白。帝王将相、名公大臣，都重视争权夺利，而且都认为有权才能实施仁政、造福百姓，有利才能爱民如子，使民人"仰如父母"，实际上呢，争得尸横遍野，民不聊生，根本没有了义战，咋办呢？

他提了许多争取人心的建议，首先是反战。他说："故善战者服上刑，连诸侯者次之，辟草莱、任土地者次之。"应该对打仗、"外交"、开疆拓土的能人们施以刑罚。他还建议：例如王者修园林，应采取开放态度，"与民偕乐，故能乐也"，他说当年文王的灵台鹿苑就是这样的。他提出了做好农民土地的经界、不违农时、捕鱼不入洿池（即大水池）、保养资源环境、伐木也要遵守时序的要求，说是这样做了就可能丰衣足食。换句话说，之所以百姓不能温饱，正是由于权力系统的营作不端，破坏了生产的正常时序与生产环境。他还提出薄赋税，乃至免税。

这些说得很中听，但实际难以做到，孟子的愿景是由某个侯王建立一个人间天堂、人间乐园，然后是百姓们载歌载舞、欢呼雀跃而来。问题是先建乐园，然后"王天下"，即把握天下权柄呢，还是先把握了权柄，"王"了天下，才能修建出一个人间乐园来呢？这也是个先生蛋抑或是先生鸡的扯皮问题。

这里有中华文化的思想方法，尚同、尚一、尚朴、尚整合，我称之为"泛一论"，即认定千万概念中有一个最基本的概念，主宰一切，一通百通，它是中华的概念神祇，是中华宗教情怀的文化化与道德化。泛善论、泛一论与泛"化"论，是中华文化的"三泛"特色。对于孟子来说，泛一就是泛善，必须加上随时调整变化的泛"化"才能解释大千世界的种种变通与不一。

孔孟是不是复古

孟子是言必称尧舜——仁政，孔子是梦欲见周公——重建郁郁乎文哉的礼乐之邦。这与其说是复古，不如说是怀念中华文明的奠基——启蒙阶段，恰如一个人在躁动焦虑哭哭闹闹的青年时期回忆向往自己单纯快乐的童年。草创阶段，百废俱兴、百事最美、人情天理、中规中矩、新鲜活泼，正是尧舜文王时期的特殊魅力。然后日复一日，年复一年，文明使生活规范，规范渐渐引起逆反，英雄（枭雄）不畏也不全信规范，他们懂得了使规范为己所用。文明使生活文化雅化，也使生活啰唆、形式主义，直到某种文明成为桎梏，文明异化成为幸福与人性的对立面。美好的语言与意向温暖人心，时间长了，美言变成套话空话，好心变成作秀，礼仪变成虚与委蛇，仁义道德变成幌子。（到了后世，鲁迅揭露说传统文化在仁义道德字样的夹缝里写的是"吃人"二字。）一种文明、一种体制、一个朝代，在它的初始化阶段大多是生气勃勃、引人入胜、万民欢呼的。而过了一个时期，各种僵化、老化、空化、异化、腐败与病毒入侵的现象渐渐滋生，甚至成为痼疾。于是不失其赤子之心的孔孟竭力要求回到唐尧时代，而庄子干脆要求回到更古老的前神农时代，老子的希望则是人人回到婴儿时期，老子要问人们的是："你们还能婴儿乎？"

这里的复古怀旧是现象，批评现实、要求调整变化、因应挑战、恢复活力、重新从零开始做起才是实质。哪怕二位圣人加上太上老君（道德天尊）——老子与南华真人——庄子并未意识到这一点也罢。

这样，孔子认为自己是西周文脉的最后唯一代表，他如果遇难，就是"天丧斯文"。孟子则深深意识到他是孔子后的文化—政治—救世—天命的担当人。

对精英的期许

他要鼓励自己与自己的门徒，还有自己一类的、大体上是以自己为带头人的社会精英群。

这样的精英，"故天将降大任于是人也，必先苦其心志，劳其筋骨，饿其体肤，空乏其身，行拂乱其所为，所以动心忍性，曾益其所不能"——不是一般人。

这样的精英，"说大人，则藐之，勿视其巍巍然。堂高数仞，榱题数尺……食前方丈，侍妾数百人……般乐饮酒，驱骋田猎，后车千乘，我得志，弗为也。在彼者，皆我所不为也；在我者，皆古之制也，吾何畏彼哉？"——干脆要藐视权贵，牛气自身。

孟子还发明了天爵、人爵之说："有天爵者，有人爵者。仁义忠信，乐善不倦，此天爵也；公卿大夫，此人爵也。古之人修其天爵，而人爵从之……"用今天的话说，一个人本身的精神境界与能力是天给你的级别，闹个什么职衔，则是由人事部门定的级别。人应该努力去修养自己的境界能力，级别待遇则是捎带脚的事，不能反过来，靠级别树威信，靠级别显品德与才能。这话对于今天的中国，太合适也太必须了。

他说："如欲平治天下，当今之世，舍我其谁也？"认识与担当，毫不含糊。他说："万物皆备于我矣。反身而诚，乐莫大焉。强恕而行，求仁莫近焉。""皆备于我"，与其说是主观唯心，不如说是对于天人合一的信仰，善德即是人性，人性即是天性，人心即是天心，人道即是天道，只要不受后天的异化与"非人""非仁"的恶劣影响，推己及人，推己及物，推己及天下，其乐莫大，求仁莫近。一个仁一个乐，便是天道，便是人性的根本。

这样的精英不但不是白吃饭的，而且是起着大作用的。孟子曰："君子居是国也，其君用之，则安富尊荣；其子弟从之，则孝悌忠信。'不素餐兮'，孰大于是？"

这样的精英要求尊重礼遇，高看自己。"古之贤王好善而忘势；古之贤士何独不然？乐其道而忘人之势，故王公不致敬尽礼，则不得亟见之。见且由不得亟，而况得而臣之乎？"——要乐而忘势，"乐"是满足与自信，"势"是权贵乃至君王。孟子的理论给力，但中国的后世，精英们的处境与自我感觉是每况愈下。

尤其是："君之视臣如手足，则臣视君如腹心；君之视臣如犬马，则臣视君如国人；君之视臣如土芥，则臣视君如寇仇。"孟子此言，带几分狠劲！

精英们做了君王的臣子，仍然要求双向的尊重与忠诚，而不是单方面己方的"罪该万死"与君王方的"口含天宪"。孟子甚至提出来，"贵戚之卿"，"君有大过则谏，反覆之而不听，则易位"，他认为，贵族精英圈子可以因君王的过失而更换之，搞得"王勃然变乎色"。

中国特色的权力与意识形态平衡

看来，孟子希望能用文化、道德，与文化道德的体现者圣贤、君子、士们，与掌大权却又无义战的诸侯君王之间取得某种平衡。

孟子这个希冀很难说做得怎么样，但是比没有好。即使如传说朱元璋读《孟子》时说过："'臣视君如寇仇'之说不宜。"孟子的狠话还是传了下来，没有谁敢在上朝的时候念这个狠语，但是一个臣子会没事偷着说。自古以来，有伯夷、叔齐这样的不合作者，有从比干到海瑞这样的坚持批评意见的臣子，有一次又一次的改朝换代。孟子的思想为中国古代的政治生活保留了活气、正气，也承认了即使封建专制之中仍然存在的缝隙。

泛一中仍然存在着二：义与利，彼与我，君与臣，仁与不仁，敬与不敬，礼与非礼。

孟子是讲天下定于一的："'天下恶乎定？'吾对曰：'定于一。''孰能一之？'对曰：'不嗜杀人者能一之。'"然而万事万物，不是定于一就终结（如所谓"历史的终结"）了，定于一必然就有二有三有多，有一生二、二生三、三生万物（老子），有一的一切，一切的一（郭沫若、《华严经》），有杂多、差别、统一（黑格尔）。你"不嗜"杀人了，意即"总是要杀一点人"，并不是根本不杀人，只是不嗜杀忒多的人，你与那个被杀的人仍然"一"不到哪里去。还有，你不嗜杀人了，有嗜杀的怎么办、嗜杀者恰恰要杀你怎么办？民、社稷、君的贵与轻的说法也不是绝对定于一而恰是同时分为三的。

性善论的根本性与信仰性

这样坚决主张与高度自信，靠的是什么？曰性善。性是人的根本，是人与兽的区别所在，是天意天命，性就是天。"天命之谓性，率性之谓道，修道之谓教"（《中庸》），这是儒学的根基所在。到了孟子这里将之发展提升到新的高度。孟子的性善论基本逻辑是：人心向善、邦国天下天然应该走向以善为核心的仁义之道，因为人性已经具备了善的元素与基因：良知良能。良知良能是与生俱来的，是天生的，是先验的，是至高至上的天命与天意。人只有性善才走近天的伟大，只有符合天意才够资格为人，也只有将人性善理解为天意才能够成为善化德化的至高律令的颠扑不破的前提。

就是说，人性善，同时人必须性善，没有讨论余地，这是超人间的人性源头——天所决定的。

善是天定。天是善证。性是天赋。善是性生。

不仅个人天性如此，万民的政治趋向更是如此。孟子引用《诗经》与孔子的评论，说是"天生蒸民，有物有则。民之秉彝，好是懿德"。

这既是文化信仰、道德信仰，又是人生信仰、终极信仰、类宗教信仰。为什么说终极，因为把天抬出来了。孟子时代，有没有比天更终极更高端更根本的概念呢？有，就是更早时老子提出的道。孟子没有。有没有善的本性，是人的基本特点，而善性来自至高无上的天。善来自天，天子的地位与权威来自天，天是一切权威与信仰的根本，也是一切政治权力的正当性（如今天所讲的合法性）的根本。人性、道德、仁政、天命、自然就这样浑然统一，儿童品德、政论、哲学、伦理学、中华神学、教育学、公共管理学，就这样浑然无间。在孝悌—仁义—道德之间，在自然、素"朴"（这里有老子的概念）、人性—天性—神性之间，孟子代表的中华文化画了一个等号。性则善，善则天，天则义，义则无敌于天下。

孟子认为，你从哪儿体悟天命天意天机呢？没有比从人性之善上来悟天、悟终极、悟根本更好的了。恻隐之心、羞恶之心、是非之心、恭敬之心（或辞让之心）是何等地美好动人，它们既有人间性又有崇高性即神性或终极性。人性善性，这是源起，这是仁义的根据，这是归根到底，这是统一的度量衡，这是无敌的万能钥匙，这是核心价值，这是比生命更宝贵的瑰宝，这是人类社会最大的凝聚力、吸引力与足堪为之献身的精神高端，这是孟子的"上帝"范儿的概念。既是上帝范儿，又是婴儿般地浅显平易亲切日常，而且是百姓梦："民望之，若大旱之望云霓也。"也是帝王梦："得天下有道：得其民，斯得天下矣。"

圣贤垂范天下

"君子有三乐，而王天下不与存焉。父母俱存，兄弟无故，一乐也；仰不愧于天，俯不怍于人，二乐也；得天下英才而教育之，三乐也。"这是绝对的世俗与庸常的快乐，又是高尚与淳朴的，最最符合天性自然的快乐，而且应该说是不分君臣、上下、君子、小人的最普泛的快乐。它既是自然又是超自然的天所能给予、所愿给予、所可能给予的快乐，而针对斯时的急功近利、称王称霸的追求说，它又是一服清醒剂。为什么"王天下"不属于君子之乐的范畴呢？因为那里面包含了权力争夺的因素，因为那不是快乐而是责任，还因为天并不可能助所有的君子获得"王天下"的成功。孔孟的天与老子的（天）道差不多，是不言的天，是"生而不有，为而不恃，长而不宰，是谓玄德"（老子）的天，是"有大美而不言"（庄子）的天，这是中国的终极关怀、终极信仰的一个极不凡的智慧，即不将概念神意志化、人格化。老子那里甚至于提出了"天地不仁"的惊人命题，这一点与儒家相差甚远。老子的命题在于承认天超然于人文观念之外。孔孟则强调人文观念最终是天命的产物，不但是天命的产物，也是后天培育教化的成果。孔孟把先天与后天进一步统一起来了，因为彼时性恶的现实比比皆是。孟子费了老大劲论述，是由于环境与后天的失常才发生了糟践善因的痛心事态。

是故孟子推崇的大丈夫——精英中的巨型成功人士："富贵不能淫，贫贱不能移，威武不能屈"，突显了信仰坚定的特色。关键在品质，在内心追求——志，不在事功，具有信仰主义的某些特征。信了就能做，做了就能胜能好，略费了点口舌，事功的事捎带脚也做到了。

孟子引用曾子的话说："子好勇乎？吾尝闻大勇于夫子矣：自反而不缩，虽褐宽博，吾不惴焉；自反而缩，虽千万人，吾往矣。"就是说，只要自己认定的仁德正义、理直气壮之事，谁也不必害怕，一往无前也就能百战百胜。只要自己并不那么理直气壮，谁对谁也不可大意任性。古今中外的勇士，其勇多半是与实力结合在一起的，到了孟子这里，更看重的则是义理，有了义理，天下无敌；输了义理，就休要逞雄。

人性·民心·天意·圣贤主义即古代的精英主义，集中表现为王天下亦即平天下的无敌仁政，这是孟子的四位一体的道德政治宏论。

孟子的为学可取

由于注重义理，孟子在阅读、接受文学批评上也有迄今不可动摇的重要说法："不以文害辞，不以辞害志。以意逆志，是为得之。"还有被称作"知人论世"的"颂其诗，读其书，不知其人，可乎？是以论其世也"等。

孟子还说："耳目之官不思，而蔽于物。物交物，则引之而已矣。心之官则思，思则得之，不思则不得也。"这对于今天网络与多媒体时代的人恰中要害。多媒体等的发达使一些糊涂人作出文学式微、小说灭亡的预言，就是说以为用不会思索的"耳目之官"的"视听"可以代替用"心之官"去"思"与"得"的"阅读"，这一类问题，孟子早就讲明白了。

孟子说："博学而详说之，将以反说约也。"由简入繁，再由繁入简；由约入博，再由博入约；由略入详，再由详入略；由地面高入云天，再由云天稳稳落到地面；由平淡进入高亢激昂，再从高亢激昂回到"放其心"——踏踏实实地淡定安详……这是做人做文之道，为政为学之门。善矣哉，孟夫子的独特体悟！

在义理问题上，孟子的坚决与认真很感人，也许可以说孟子这方面的调子很高亢。在现实生活问题上，孟子的说法相当灵活。同样是圣人，有"圣之清者也"伯夷，有"圣之任者也"伊尹，有"圣之和者也"柳下惠，更有"圣之时者也"孔子。"可以仕则仕，可以止则止，可以久则久，可以速则速，孔子也。"不同的时势，不同的应对，这就是"圣之时者也"的含义，同时也说明了孔子所处的环境的复杂多变。但也有针对此"时"字讥笑孔学者，例如鲁迅就因孟子此语称孔子为"摩登圣人"，语含不敬，令人无奈。

孟子承认人生路径选择上的多样性。像他母亲的丧事、离开一地时的快慢、接受与不接受馈赠、会见或者不会见什么人，还有即使有了一定地位是不是真有了说话的机会与必要（他为卿于齐，出吊于滕，与实权派副使王驩不谈公事）。他都一一根据具体情况灵活处理，并不生硬较劲。

他还谈到一些具体问题，"居移气，养移体""有恒产者有恒心，无恒产者无恒心"，他承认"口之于味也，目之于色也，耳之于声也，鼻之于臭也，四肢之于安佚也，性也"，他还说过"富岁多赖（懒），凶岁多暴"，还有就是他理想中的小康社会是"七十者衣帛食肉，黎民不饥不寒，然而不王者，未之有也"，另一处则是说"五亩之宅，树之以桑，五十者可以衣帛矣"。在一些实际问题上，他也是接地气的。

孟子立论的特点是：事关义理，事关根本性大概念，事关仁义、道德、天意、民心、王或霸或贼、义或利，他高调强势分析表达，体现了宏大概念的坚决性、绝对性与神性（信仰性）。而面对并未提高到这方面原则高度的具体事务处理，他灵活机动、不拘一格。他的善于上纲上线，又不拒务实机变，影响了两千余年到今日的国人思考方法、论辩方法与操作线路。好处是拎清矛盾性质，正名定性决定政策，明快、疏朗、简约，原则性与灵活性兼顾。坏处是气胜于理（逻辑），概念胜于本体实在，主体心志情怀胜于调查取证，千差万别的具体情况从属于分类学，结论取决于帽子；固然是天网恢恢大矣哉，终归是疏而难无失漏也。

两千多年前的孟轲，今天对我们仍然是有启发有意义的。他很有个性，他善于辩论，他文思纵横而且大义凛然，他将修身、齐家、治国、平天下诸问题讲得通透贯穿，同时表达了足够的处世的聪明与应对的机敏。初读《孟子》，对他的大言、雄辩、夸张、横空举例不无隔膜感，再读三读，渐渐感觉到了孟轲的智慧与可爱。善哉《孟子》，甚可读也。

卷一　梁惠王章句上

────────── 1.1 ──────────

孟子见梁惠王。王曰："叟！不远千里而来，亦将有以利吾国乎？"

孟子对曰："王何必曰利？亦有仁义而已矣。王曰：'何以利吾国？'大夫曰：'何以利吾家？'士庶人曰：'何以利吾身？'上下交征利而国危矣。万乘之国，弑其君者，必千乘之家；千乘之国，弑其君者，必百乘之家。万取千焉，千取百焉，不为不多矣。苟为后义而先利，不夺不餍。未有仁而遗其亲者也，未有义而后其君者也。王亦曰仁义而已矣，何必曰利？"

王解： 孟子见到了梁惠王。梁惠王说："老人家从老远的地方来到这里，能（出点什么主意、做点什么事）有利于我们的国家呢？"

孟子说："君王何以认定一定要谈利益呢？谈谈仁义岂不正好？一个国家的君王问怎么样才有利于我的国，大夫就要问怎么样才有利于我的家，士与百姓问怎么样才有利于他们自身，上上下下互相争利，这个国家就危险了。一个万乘兵车之国，能够杀掉它的国君的一定是拥有千乘兵车的大家族。一个拥有千乘兵车的国家，能够杀掉它的国君的一定是拥有百乘兵车的家族。

一万乘中占了一千乘，一千乘中占了一百乘，不能说他们得到的不够多。如果他们事事都把利放在前面，把道义、把大道理放在后面，那不把国家的一切都争夺到手，他们是不能满足贪欲的。相反，如果人们更讲究的是仁德，就不会因私利而遗弃父母。如果人们都注重道义，就不会因私利而罔顾君王家国。所以说，让我们谈谈仁义吧，谈谈仁义就正好了，何必去谈利益呢？"

点悟：孟子（的语言）有其张力与尖锐性：一个义一个利，重什么轻什么，谈什么不谈什么，不能含糊。年轻时读这一段常常会联想起刘少奇的《论共产党员的修养》所提出的大问题：个人利益要无条件地服从党的利益。

大的利益，党的利益，无产阶级解放的利益，约等于孟子所讲的义；地方的、家族的、个人的利益约等于孟子所讲的利。

关注利就会诱发争夺，这是孟子的一大发现，振聋发聩。今天我们仍然必须面对这样的问题。不准谈利益调动不起积极性来，叫作不切实际，昨天我们也经历过这样的麻烦。那么问题在于：一、分清大利小利，提出对权力系统与社会精英的更高要求；二、要从长远上将利与义的辩证关系搞清楚；三、要将争利平等化、正当化、法制化，使利的争夺走向公平竞争的合理合法的健康正面的轨道，使利的产生、分配、竞争都符合规则，使规则符合义理。

《孟子》的开头与《论语》比较起来，差别甚大。《论语》一上来是"学而时习之"，是"有朋自远方来"，是"人不知而不愠"，这大体上不会引起多少逆反与争议，而是雍容、太和、上进、善良、宽舒。《孟子》一上来就很严峻，两条道路你要选择：你追求的是义，你崇高、伟大、成功；你追求的是利，你适得其反，你会发展到弑君乱国的程度、乱臣贼子的程度。《孟子》比《论语》厉害多了，你会倒吸一口冷气。

再想想，琢磨一下，人心中有趋利避害的常态，人们要求好人好报、善行获利的公正与天理，也有舍利取义的崇高自诩。道德、道义、宏伟的向往往往离不开小我的牺牲、献身、禁欲、苦行、艰难曲折。革命家、科学家、道德家、英雄人物，还有宗教领袖，其光辉形象与其舍利、让利、毁利、自我牺牲有关。岳飞冤死，文天祥就义，林则徐流放，居里夫人的艰难与丈夫的车祸，革命烈士断头，胡志明、林巧稚终身未婚，切·格瓦拉的不掌政权专打游击最后死在战场上……都加强了他们的道义形象，彰显了一种杀身成仁、舍生取义的伟岸悲情。你要当耶稣就必须上十字架，你要当佛陀就必须放弃红尘。孟子及其学派对自己的使命期待甚高，他们抓住的正是让凡夫俗子、让"小人"庸众心惊胆战的一条原则，曰：有义无利！

伟大、真理、道义、圣人，都是要付出代价的，代价就是如孟子所说："何必曰利！"

1.2

孟子见梁惠王。王立于沼上，顾鸿雁麋鹿，曰："贤者亦乐此乎？"

孟子对曰："贤者而后乐此，不贤者虽有此，不乐也。《诗》云：'经始灵台，经之营之，庶民攻之，不日成之。经始勿亟，庶民子来。王在灵囿，麀鹿攸伏，麀鹿濯濯，白鸟鹤鹤。王在灵沼，於牣鱼跃。'文王以民力为台为沼。而民欢乐之，谓其台曰灵台，谓其沼曰灵沼，乐其有麋鹿鱼鳖。古之人与民偕乐，故能乐也。《汤誓》曰：'时日害丧？予及女偕亡。'民欲与之偕亡，虽有台池鸟兽，岂能独乐哉？"

王解： 孟子去见梁惠王，梁惠王正站立在沼池一边，目看着大雁与麋鹿，问孟子："贤良的（出色的）人，也会这样地娱乐自己吗？"

孟子说："贤良的人才会以此来娱乐自己，不贤良的人就是有这样的（沼池与大雁麋鹿）美景，也没有什么可快乐的。《诗经》上有（记述周文王的《灵台》之诗）：'文王开始造灵台，经营筹划费心怀，百姓前来齐努力，工程完成快捷哉，组织推动不急迫，百姓自动又自觉。文王来到园林中，母鹿安然如常态，母鹿膘肥体又胖，白鸟干净又洁白。文王来到灵沼边，满池鱼儿跳起来。'文王修建灵台园林，靠的是民力，而老百姓能欢欣鼓舞地前来参与，管这个台叫灵台，管这个沼叫灵沼，为这里有很多麋鹿鱼鳖而满心欢喜。古代的君王能够与民同乐，所以就能得到快乐。至于《汤誓》上所说：'什么时候才能熬到尽头呢，为了消灭你我宁愿与你一同灭亡！'老百姓祝祷的是与夏桀一起灭亡，夏桀的处境如此，就是有台池鸟兽，夏桀他自己，能快乐得了吗？"

点悟：这一段很着力也很动人，又似乎意犹未尽。

贤者，可以是尊称对方，如说可敬的、尊敬的您，也可以是泛指优秀者：贤德、贤明、贤达、贤良。问贤者会不会享园林池沼鸟兽之乐，这话小有揶揄。贤者脑子里"官司"太多，没有空闲，没有幽默感、幸福感、感恩感、享受感，更顾不上享受大自然与动植物。贤者一张口就是道学义理教条责任忧患牺牲，上哪儿找乐儿去？

果然，如梁惠王所料，孟夫子一张口就是对民人的态度，与民人的关系，民心向背问题，对于园林、池沼、麋鹿、白鸟、鱼儿的可爱处则无可奉告，当然也不反对。同样的园林，周文王就会乐，夏桀就不可能乐，那么乐与不乐与园林湿地、花鸟虫鱼兽无关，乐的是民心拥戴，周文王与民人心连心，苦的是丧尽民心，夏桀被民人诅咒痛恨，几乎是正在招引人体炸弹！

孟子讲的道理堪称严正，但过于强势上纲，就涉嫌"强词"夺理，至少是急于传道、急于发展壮大自身代表的学派。让我们来重复一下这个谈话的过程：梁惠王的提问含义不很确定，但大体上带有闲话性质，可能是问贤者如孟子的生活趣味如何，可能是问孟子对园林、对花鸟虫鱼兽、对植物、对池沼湿地平原丘陵阴晴寒暑天时地貌有什么感受，最了不起了是问一脑门子官司的贤者还有没有什么闲情逸致，是问孟子的工作态、心态。最坏的情况下是感觉孟子有点忒紧张，螺丝拧得太紧，声势太过，想建议孟子放松一下。孟子一下子跳到了与民同乐抑或为民切齿的两极对立的纲上，跳到你是走文王的道路成为圣君，还是走夏桀的路最后埋葬在民人的愤怒仇恨之中这样的极端选择、极限提问上。其实喜不喜、乐不乐麋鹿白鸟，与走什么道路没有那么绝对的关系。这样，孟子的所答与梁惠王的所问接不上茬口纹扣，所答的不是梁王的所问，而是孟子自设的疑问：你与民人的关系如何？你与民人像文王那样水乳交融还是像夏桀那样势不两立？

如果这样谈问题，就与灵台灵沼、麀鹿鱼鸟丧失了关联。梁惠王问什么都可以这样答，如问要不要加强度量衡管理，问要不要卫生防疫，要不要打击犯罪，都可以回答：如果老百姓痛恨你准备与你"偕亡"，你抓什么政务都是白费力。同样，你也可以寻找任何类似的"强词"来教训威吓梁惠王：眼看或终将被民人推翻，你还修什么灵台灵沼？或眼看就要被外敌吞并，或眼看就要瘟疫大流行、覆亡在即，你的一切举动均无意义。

"强词"强则强矣，"危言"危则危矣，逻辑上并不严丝合缝。

但是还有另外的角度：那就是在一种情况之下，这样说有重要的警示意义。孟子的时代，各个诸侯国家的君王大臣，对外阴谋诡计、兵戎相加，对内压榨豪夺、民不聊生，权力系统本身尔虞我诈、贪婪腐恶、危如累卵。孟子是一个呼唤者、预言者、报警者，你爱问啥，我一概不论，我只是要告诉你，再不讲仁义道德，你要完蛋啦，你丧尽民心啦，你快快改弦更张吧。

也是一个思路：所谓对谈，圣人、亚圣不能让对方牵着鼻子走，你问你的，我说我的，你有你的打法，我有我的打法。

作为宣示者、立言者，孟子是亚圣，是振聋发聩，是黄钟大吕，是浩然之气，是雄辩气势如虹，是立论如日月经天、江河泻地，但他并非成功人士。作为政治家，他得不到哪个侯国权力系统的认真采纳，他缺少实践自己的政治主张的外部条件。孔子五十一岁至五十五岁至少还在鲁国当了中都宰、司空，最后是当了大司寇一回，还有点从政实践经验。孟子则只能立论，最多仍然是个客卿。无怪乎司马迁在《史记·孟子荀卿列传》中提到孟子在惠王处的遭遇时说他曾被认为是"迂远而阔于事情"，即空洞教条而不接地气，距事体情理不无距离。越是如此，他越是要危言耸听、变本加厉、提高调门。

梁惠王曰："寡人之于国也，尽心焉耳矣。河内凶，则移其民于河东，移其粟于河内。河东凶亦然。察邻国之政，无如寡人之用心者。邻国之民不加少，寡人之民不加多，何也？"

王解：梁惠王对孟子说："对于国事，我也算是够上心够尽力的了。遇到河内地区出现了灾荒，我把那里的一部分人口迁移到河东地区去，而把河东地区的粮食调一些到河内去。遇到河东的灾荒，我也采取同样的办法。看看周边邻国的行政，并没有我这样用心，但是他们那里的人口不见减少，我这里的人口不见增加，这是怎么回事呢？"

孟子对曰："王好战，请以战喻。填然鼓之，兵刃既接，弃甲曳兵而走。或百步而后止，或五十步而后止。以五十步笑百步，则何如？"

曰："不可，直不百步耳，是亦走也。"

曰："王如知此，则无望民之多于邻国也。不违农时，谷不可胜食也；数罟不入洿池，鱼鳖不可胜食也；斧斤以时入山林，材木不可胜用也。谷与鱼鳖不可胜食，材木不可胜用，是使民养生丧死无憾也。养生丧死无憾，王道之始也。

王解：孟子说："君王喜欢打仗，我们现在就拿作战来比喻。战鼓敲响了，兵刃交接了，遇到这种情况丢盔卸甲而逃，有的逃跑了一百步之遥，有的逃跑了五十步之远。如果一个人因为自己只跑了五十步便去嘲笑跑了一百步的人，你觉得合适吗？"

梁惠王说："那不行，跑了五十步也是逃跑嘛。"

孟子说："君王要是知道这个道理，就不会指望自己的人口比周边邻国多了。（一个地方）不违背农时不妨碍依时务农，那粮食就用不完啦。不用（违规的）细密的渔网去打鱼，那大池沼里的鱼呀龟鳖呀水产物吃也吃不完啦。斧头也是按照时序进山林里砍伐取木材和木柴，林木也就用也用不完啦。粮食谷物鱼鳖吃不完，林木用不完，老百姓就不会为生活与丧葬而为难，活着、死亡，都没有饥荒抱怨，这就是王道之治的开始啊！

"五亩之宅，树之以桑，五十者可以衣帛矣。鸡豚狗彘之畜，无失其时，七十者可以食肉矣。百亩之田，勿夺其时，数口之家可以无饥矣。谨庠序之教，申之以孝悌之义，颁白者不负戴于道路矣。七十者衣帛食肉，黎民不饥不寒，然而不王者，未之有也。

"狗彘食人食而不知检，涂有饿莩而不知发；人死，则曰：'非我也，岁也。'是何异于刺人而杀之，曰：'非我也，兵也。'王无罪岁，斯天下之民至焉。"

王解："一家人有着五亩地的宅园，种植上桑树，那么五十岁以上的人就可以穿上丝绸衣装了。鸡狗猪之类的家畜，也要及时安排养育繁殖，七十岁以上的老人也就吃得上肉食了。种上一百亩地，不耽误农时，按时稼穑，一家数口也就没有吃不饱的困难了。办好学堂，发挥好灌输好孝亲与悌兄的道理，道路上就不会有白发人背负或头顶着重物辛苦搬运了。七十岁以上的人穿绸吃肉，一般百姓都能温饱，王者之业还不能成功，这样的事是不可能发生的。

"狗呀猪呀吃掉了人的食物却不加核查干预，大路上有饿莩也没有救济。（灾荒中非正常）死了人，说：'这是年成不好，不是君王行政造成的。'这和用兵器杀了人说'不是我杀人，是兵器杀的人'一样（哪里说得通嘛）。如果君王从来不将灾荒的责任推到年成上，老百姓自然归附而来喽！"

点悟："五十步笑百步"的比喻已经家喻户晓，虽不完全精密贴切，但是很有趣。事物相较，有质的区别也有量的区别。从理论上说，五十步是可以笑百步的，就说战争吧，"打得赢就打，打不赢就跑"，毛泽东的名言并不全然否定战争中的后退与撤离，撤了百步可能进入相对安全区域，只撤五十步可能达不到撤退目的，那就不但可以五十步笑百步，也可以百步笑五十步。而五十步笑百步的正当性可能是最初由于情况不明，避其锋芒，退了五十步；看出了对方破绽，立马转守为攻，当然比稀里糊涂地一味强攻或一味逃跑强。

其实在与对立面的矛盾中一开始略退几十步，往往是可取的，然后方能判断情况，有所分析，有所对策，而且通过小退表达己方的隐忍让步，有利于获取更多的支持，有利于舆论战、法理战上立于不败之地，非不可也。

"五十步笑百步"之说的积极意义则在于保持谦虚与自省的精神状态，不要因为小有成绩小有优胜便忘乎所以。一个人在日常生活中，在事业长进与学识提高中不可能毫无进展，但多数进展是五十步笑百步的进展、大致一般化的进展，还有运气等偶然因素，不可自吹自擂，大话冲天。考试成绩占先，赛球多进了一两分，评上了一次先进，比你的同事们早一年提升了职务……这些大多属于五十步的性质，与你所笑的百步相差有限，再过两年说不定你全部落在后面。能这样思考问题的人才不显浮躁浅薄。中国式的道德讲究，首在于戒骄戒躁，而不在于争强好胜，这种思路成语上也体现出来了。

"五十步笑百步"的说法还有意无意地流露出一种"齐物"的相对主义劲儿。孟子本来是很较劲的，义与利，王道与霸道，善与恶，在孟子那儿本来是泾渭分明的，但五十步笑百步的说法不免让人想到世间的许多事物，自以为己方远远优于彼方，其实站得高一些，要求得高一些，一看，最多，也不过是五十步笑百步。这么想起问题来，有点心平气和，却又有点泄气，对于呼天抢地的不平者来说，知道自己与他人之别无非是五十步与百步之别，有助于平心静气。对于斗志昂扬者来说，则是泄气了。

说到民生问题，孔孟都强调一个"时"字，农业劳动特别是田间劳动与畜养劳动，必须按时序安排，君王臣子不可因公务战事等原因延误农时。在当时，这种说法应该是切实与简明有效的，也反映了那时的生产力要素结构的初级化，与现今大不相同了。

这一段把狗与鸡、猪并列，谈吃肉的事莫非古代已有吃狗肉的习惯？当然后世刘邦的大将樊哙是屠狗出身，众所周知。唉，有麻烦呢。

— 1.4 —

梁惠王曰："寡人愿安承教。"

孟子对曰："杀人以梃与刃，有以异乎？"

曰："无以异也。"

"以刃与政，有以异乎？"

曰："无以异也。"

曰："庖有肥肉，厩有肥马，民有饥色，野有饿莩，此率兽而食人也。兽相食，且人恶之；为民父母，行政，不免于率兽而食人，恶在其为民父母也？仲尼曰：'始作俑者，其无后乎！'为其象人而用之也。如之何其使斯民饥而死也？"

王解：梁惠王说："我是乐于接受教导的。"

孟子回应说："一个（罪犯）杀了人，用棍棒杀的与用刀杀的，有什么区别吗？"

梁惠王说："没有什么差别。"

孟子问："那么用刀杀人与用行政手段整死人有什么差别吗？"

梁惠王说："没有什么差别。"

孟子说："（朝廷的）庖厨里放满了肥美的肉食，马厩里养着肥壮的马匹，而老百姓面带饥饿容色，野外有饿死的饥民尸体，这不是等于位尊者率领着畜牲吃民人吗？如果是野兽相互残杀互食，人们是会对它们非常厌恶的。那么，君王臣子，作为民人的父母官员，竟然以为推行自己的行政管理的时候免不了率领着野兽去吃人，这怎么能够说得上是民之父母呢！孔子曾经诅咒过用俑来陪葬的做法，说是开这个头的人恐怕会断子绝孙的，原因是俑的形象太接近人了，连用形象接近的陶俑木俑陪葬，孔子都不能接受，又怎么可能接受一个侯国的君王与臣子活活饿死自己的子民呢？"

点悟：这一节表现了孟子的人本与民本主义。他仍然喜欢二分法，一面是人，一面是兽，君王们养的马比百姓还壮，君王们吃的肉，出自喂得比百姓还肥的肉猪、菜牛与前边还提到了的狗。

时至今日，两千多年过去了，人们的看法已经不这样简单。例如珍稀动物熊猫，运到境外担当友好使者，它们是享受专机待遇的，并无什么不妥。把人本主义、人文主义简单化并不可取。

权力系统饿死百姓是不可以的，孟子讲得斩钉截铁。他认为君王与百姓的关系是放大了的父母与子女的关系。前边孟子也表现了对于民生问题的关注，而《论语》中孔子也是强调"不违农时"的，他们表现的是对农村自然经济的关注，他们有生存的概念，没有发展的追求。孟子理想的即该时远未实现的王道，不过是五十岁以上的人能穿上丝织品，七十岁以上的人能吃上肉，其他人能吃饱，人死了有棺木可装殓。这样一种温饱生活，似乎有它的简明纯朴的方面，今天看起来未免贫乏干瘪。而一心一意谋发展、建设全面小康的结果在某些条件下却有可能与贪欲腐败恶性竞争扯到一起，人生确是个麻烦事儿，诸子百家的道理都有其精彩处也都有其相对天真简约处，不可不察。

说"杀人以梃与刃"没有差别，大体可以，但也有区别，什么是杀人利器，什么是抄起家伙就抡起来了，有预谋与否与故意程度上的差别。说"以刃与政"也"无以异也"，则显然不妥，恶政劣政暴政都是有的，仍与刑事犯的杀人罪性质不一样，虽然前者的恶果与下场可能更严重。孟子爱举例，增添了文采，却减低了逻辑性与说服力。

— 1.5 —

梁惠王曰："晋国，天下莫强焉，叟之所知也。及寡人之身，东败于齐，

长子死焉；西丧地于秦七百里；南辱于楚。寡人耻之，愿比死者壹洒之，如之何则可？"

孟子对曰："地方百里而可以王。王如施仁政于民，省刑罚，薄税敛，深耕易耨；壮者以暇日修其孝悌忠信，入以事其父兄，出以事其长上，可使制梃以挞秦楚之坚甲利兵矣。

"彼夺其民时，使不得耕耨以养其父母。父母冻饿，兄弟妻子离散。彼陷溺其民，王往而征之，夫谁与王敌？故曰：'仁者无敌。'王请勿疑！"

王解：梁惠王说："我们魏国，正如您老所知是天下最强大的一个侯国。到了我这一代，往东，败给了齐国，我的大儿子因之而丧身；往西呢，丢失了土地七百里给秦国；往南，又受到楚国的欺负。我为此感到非常耻辱，一心要为死者报仇雪恨，您说我应该怎么做呢？"

孟子回答说："占地纵横百里就可以称王施政了。君王您如果对民人实行仁德之政，减少刑罚惩罚，减少收敛赋税钱财，让他们深耕细作，及时锄地；让那些年轻力壮的人有时间去讲究孝敬侍奉父母，回家能够服侍兄长，到了外面，能够为尊长效劳，还能制作一些棍棒作武器，用来抵抗拥有坚甲利器的秦国与楚国的军队了。

"（魏国的敌对势力秦国楚国等）他们侵犯掠夺老百姓的农时，使民人不能好好地耕作锄草养活父母，搞得父母饥寒交迫，兄弟姊妹妻离子散。他们这样地祸害百姓，君王您前往征讨，谁会与您作对呢？所以有道是'仁者无敌'，请君王千万不要犹疑！"

点悟："仁者无敌"四字铿锵有力，是名言。此语从长远说，从根本上说，确定无疑。它首先表达的是仁者在精神上的无敌。因为王国的力量，君王的力量，政治势力的力量，权力的力量，一个特定的族群人群的头领的力量在于民心，在于获取人民拥戴，得民心者得天下，失民心者失天下，这是简明至极、确定至极的真理。而民人之心的向背决定于你的仁抑或是不仁而暴。仁获得拥戴，暴获得畏惧，靠制造畏惧维持统治或许容易成功，更容易败坏于一旦。

但是，我们又无法不承认暴力的力量，一股强暴的乃至野蛮的势力，征服了、占领了乃至消灭了温和柔顺的势力，古今中外，例证汗牛充栋。仁者无敌，并不是从事功上说的。

仁者无敌，不等于仁者成功。古往今来一个说法是"不成功便成仁"，说明成功与成仁是两个不同概念。

这样想下去，我们会想到令人成功乃至无敌的元素还多着哩：仁者无敌，不错，智者无敌也是对的，这里仁与智是相通的，智者应该不会做那些倒行逆施、伤天害理、不得人心、令亲者痛而仇者快的事情，不做蠢事、错事、徒劳无功的事，当然成功无敌。勇者无敌也是说得过去的，两强相遇勇者胜嘛。尤其是强者无敌，这是最切近的常识。这说明，无敌，是一个综合体，仁是需要的，民心是需要的，敬畏有时也是不可少的，足智多谋、强悍与当机立断仍然是必不可少的，天时地利人和，科学技术装备，实力对比因素互相影响，分析起来并不像当年孟子说起来那么简单。

各种元素之中，仁还是比较重要的。强者的强是相对的、有条件的，往往是受时间与空间的局限，而仁是人性的优先要求，仁具有一种理想性与亲和性，具有某种终极意义，孔孟强调仁，有他们的道理，同时还能把其他诸方面的因素结合起来，就更完美了。否则只谈一个仁者无敌，不足以说服梁惠王，在你具有了基本实力的前提下，你大谈仁者无敌，也许很高大上、很漂亮，而在你并无实力、处处落后的情况下大吹大擂自己的仁者无敌，则未免是牛皮空谈。孟子并没有获得展示与证明自己的无敌之仁政的机会，惜哉！如果一无所长，却要一味坚持仁者无敌的呐喊，在某个特定情况下被视为阿Q的"精神胜利"自慰，也是有可能的。

即使显出阿Q的DNA来了，仍然要坚定地信仰"仁者无敌"，因为如法国哲学家朱利安·班达所说"人类行恶，仍然崇善"，人心民心要求真善美，否定仁心，就是自绝于人民；否定法制与利益的多样性、合理性、危险性，就是否定历史。正如我多次说过的，否定传统文化，就是自绝于人民，而否定现代化，就是自绝于地球。

孟子见梁襄王，出，语人曰："望之不似人君，就之而不见所畏焉。卒然问曰：'天下恶乎定？'

"吾对曰：'定于一。'

"'孰能一之？'

"对曰：'不嗜杀人者能一之。'

"'孰能与之？'

"对曰：'天下莫不与也。王知夫苗乎？七八月之间旱，则苗槁矣。天油然作云，沛然下雨，则苗浡然兴之矣。其如是，孰能御之？今夫天下之人牧，未有不嗜杀人者也。如有不嗜杀人者，则天下之民皆引领而望之矣。诚如是也，民归之，由水之就下，沛然谁能御之？'"

王解： 孟子去拜见梁惠王的儿子梁襄王，出来以后他告诉旁人说："梁襄王，看上去没有人君的气象，走近了也感觉不到君王的可敬畏处。他突然发问：'天下怎么样才能安定下来呢？'

"我回答说：'统一了就安定了。'

"'谁能统一天下呢？'他问。

"我说：'不爱好杀人的人能统一天下。'

"他又问：'那谁会跟随着不爱好杀人的人走呢？'

"我回答说：'普天之下，没有不跟随这样的人的。您看到过小苗吗？七八月间如果赶上干旱，小苗们枯萎了。这时候天上滋润着熏染着出现了乌云，丰沛地落下了雨点，小苗们生机勃勃地生长起来了，对于小苗的这种长势，谁又能阻挡得住呢？如今天下掌权管事的人（相互斗红了眼），没有不好杀人的。如果这时候有（爱惜生命）不嗜杀人的人出现，百姓们都会伸着脖子来盼望他、期待他。真的发生了这种情况，百姓对他的归顺就像水往低处流淌一样，大水丰沛，谁能挡得住呢？'"

点悟： "定于一"的说法与其说是指政治上的统一，不如说是一个哲学的命题与命名。老子崇拜的也是"一"，"天得一以清，地得一以宁，神得一以灵，谷得一以盈……"万物都有其一，一通百通，一顺百顺。对于"天下"来说，得其一就是得到它的明主，得到它的圣君，得到那个奉天承运的真命天子。也可解释为得到那个核心真理、真言、关键词字，例如"道"，君王有道或得了道，当然国泰民安，往往皆胜。例如"仁"，克己复礼了，天下自然归了仁，天下归了仁了，哪里还会来什么动乱、忤逆、篡弑、阴谋等恶性事件？

"定于一"的说法相当高深，不嗜杀就行说得又很低调，保住脑袋就好。嗜杀的说法骇人听闻却又相当诡异：杀人也能变成嗜好？变成贪欲？不把杀人当嗜好与贪欲的人就能定天下？那个时候的国人还是国君、国臣大多嗜杀？这个命题似乎令人毛骨悚然……以至于鲁迅说中国历史只能分为两个时代——"想做奴隶而不可得的时代"与"暂时做稳了奴隶的时代"。呜呼，痛哉！

—————————— 1.7 ——————————

齐宣王问曰："齐桓、晋文之事可得闻乎？"

孟子对曰："仲尼之徒无道桓文之事者，是以后世无传焉，臣未之闻也。无以，则王乎？"

曰："德何如则可以王矣？"

曰："保民而王，莫之能御也。"

王解： 齐宣王问孟子："齐桓公、晋文公在春秋时期霸业有成的事迹，我能听你讲一讲吗？"

孟子说："孔子的学生们，没有人听说过他们的霸业，我也没有听人说过这个话题。如果一定要讲，我说说王者的事业怎样？"

齐宣王问："要有什么样的德行才能称王于天下呢？"

孟子回答："爱惜民人、保护民人的人就可以在天下称王，就可以宣称自己是实行王道的了，这样的王，是没有什么人有能力抵挡得住的。"

曰："若寡人者，可以保民乎哉？"

曰："可。"

曰："何由知吾可也？"

曰："臣闻之胡龁曰，王坐于堂上，有牵牛而过堂下者，王见之，曰：'牛何之？'对曰：'将以衅钟。'王曰：'舍之！吾不忍其觳觫，若无罪而就死地。'对曰：'然则废衅钟与？'曰：'何可废也？以羊易之！'——不识有诸？"

曰："有之。"

曰："是心足以王矣。百姓皆以王为爱也，臣固知王之不忍也。"

王曰："然；诚有百姓者。齐国虽褊小，吾何爱一牛？即不忍其觳觫，若无罪而就死地，故以羊易之也。"

王解：齐宣王问："像我这样的人，能做得到爱惜与安宁民人吗？"

孟子说："可以。"

宣王问："你怎么知道我做得到呢？"

孟子说："我听您的臣子胡龁讲过这样一件事：有一次您坐在厅堂上，有个人牵着一头牛经过厅堂，君王看到了，便问：'牵这头牛到哪里去呀？'回答是：'要宰了祭钟用。'君王说：'放了它吧，它没有什么罪过，可马上就要被宰杀，我受不了它那个害怕发抖的样子。'牵牛的人问：'那就取消祭钟的典礼了吗？'您吩咐：'怎么能取消呢？换只羊代替吧。'是有这么回事吧？"

宣王说："是有此事。"

孟子说："有这样的心就可以实行王道，成为天下的王了。老百姓从这件事里大都感受到了君王吝惜牛只，而我更是感受到了您的不忍（您的无法接受不仁德的行为的王者仁心）。"

　　宣王说："百姓有这样的反应，那倒是真的。齐国虽然不大，我何至于舍不得一头牛呢，我是受不了这头牛的恐惧畏缩，你会想到它是没有犯罪却要被宰杀的呀！我吩咐用一只羊取代了它。"

　　曰："王无异于百姓之以王为爱也。以小易大，彼恶知之？王若隐其无罪而就死地，则牛羊何择焉？"

　　王笑曰："是诚何心哉？我非爱其财而易之以羊也。宜乎百姓之谓我爱也。"

　　曰："无伤也，是乃仁术也，见牛未见羊也。君子之于禽兽也，见其生，不忍见其死；闻其声，不忍食其肉。是以君子远庖厨也。"

　　王说曰："《诗》云：'他人有心，予忖度之。'夫子之谓也。夫我乃行之，反而求之，不得吾心。夫子言之，于我心有戚戚焉。此心之所以合于王者，何也？"

　　王解：孟子说："百姓们认为您是吝惜一头牛倒也不足为奇。只是以小一点的（羊）去替换大一点的（牛）嘛。他们上哪儿去了解您的用心呢？如果您的怜悯出自牛的无罪而被杀，那么牛与羊又有什么区别呢？"

　　宣王笑了，他说："这究竟是怎么个心思呢？其实我并不是由于爱惜财产（考虑到牛大羊小）才去以羊换牛，可百姓们的说法也是事出有因的喽。"

　　孟子说："没有什么不对，此事是您的仁心的表现，是您当时看到了牛，却没有看到羊。君子对于禽兽，看到了它们活着的样子就不忍再去看它们的死亡了；听到过它们的叫声，也就不忍心去吃它们的肉了。所以大家说，君子人是要远离庖厨而居住的。"

　　宣王听了高兴，他说："《诗经》上说：'别人的心思，你要自己去猜度。'说的就是您这样（善解人意）的老师吧。我自己做的事吧，反过来想想，也说不清楚自己心思到底是怎么回事。老师您讲了以后，我的心很有些感动。您分析说，我的这种心情是合乎王道的，这又该怎样解释呢？"

曰："有复于王者曰：'吾力足以举百钧，而不足以举一羽；明足以察秋毫之末，而不见舆薪。'则王许之乎？"

曰："否。"

"今恩足以及禽兽，而功不至于百姓者，独何与？然则一羽之不举，为不用力焉；舆薪之不见，为不用明焉；百姓之不见保，为不用恩焉。故王之不王，不为也，非不能也。"

曰："不为者与不能者之形何以异？"

曰："挟太山以超北海，语人曰：'我不能。'是诚不能也。为长者折枝，语人曰：'我不能。'是不为也，非不能也。故王之不王，非挟太山以超北海之类也；王之不王，是折枝之类也。

"老吾老，以及人之老；幼吾幼，以及人之幼。天下可运于掌。《诗》云：'刑于寡妻，至于兄弟，以御于家邦。'言举斯心加诸彼而已。故推恩足以保四海，不推恩无以保妻子。古之人所以大过人者，无他焉，善推其所为而已矣。今恩足以及禽兽，而功不至于百姓者，独何与？

"权，然后知轻重；度，然后知长短。物皆然，心为甚。王请度之！

"抑王兴甲兵，危士臣，构怨于诸侯，然后快于心与？"

王解： 孟子说："如果有一个人回复君王说自己能够举起百钧（约三千斤）的重物，却托不起一片羽毛，能够看得清秋天鸟儿换上的新绒毛，却看不见车上的柴火，您能接受吗？"

宣王说："（当然）不啦。"

孟子说："现在您的恩惠已经施于禽兽，却达不到百姓那里。什么原因呢？这就像一片羽毛举不起来，是由于没有用力；一车柴火硬是看不见，是由于没有用目力去看；老百姓得不到您的保护安宁，是由于您没有施加恩泽。如果说您至今没有以王道统一天下，不是由于您做不到，而是由于您不肯去做。"

宣王问："那么，做不到与不肯做的区别在哪里呢？"

孟子说："让一个人挟着泰山去跨越北海，这个人告诉他人说：'我做不到啊。'这是真的，他就是做不到。让一个人为长辈折下一根树枝，他告诉他人说：'我做不到。'这不是真的，他明明是不肯做嘛。那么君王您，还没有以王道统一天下，不是类似于说您不能挟泰山去跨越北海，而是指您没能做到为长辈折树枝一类的事。

"爱惜孝敬自己的双亲老家儿，并从而也去爱惜孝敬他人的双亲与老家儿；爱护照顾自己的孩子，从而推广去爱护与照顾他人的孩子。这样的人就可以把天下把握、运转在自己的手心里。《诗经》上说：'先给妻子做出榜样，再影响到兄弟，再推广到家国的范围。'这说的就是推己及人、将心比心的效果。能做到这样地去推行推广自己的恩德，就可以保护安宁四海天下。做不到这样的推己及人、将心比心，就连自己的妻子也保不住。古代的一些人，远远超过今人的地方也没有什么，就在于他们能推己及人、将心比心。如今君王的恩惠已经施于禽兽，唯独到不了百姓那里。这是怎么回事呢？

"（天下万物，）称一称，就知道轻重如何了；量一量，就知道长短如何了。物品是这样的，心思也要这样掂量一下才好。请君王权衡一下吧！

"否则难道是您非得挑起战事，让全国将士出生入死，然后结怨于其他邦国，这样才能痛快吗？"

王曰："否。吾何快于是？将以求吾所大欲也。"

曰："王之所大欲可得闻与？"

王笑而不言。

曰："为肥甘不足于口与？轻暖不足于体与？抑为采色不足视于目与？声音不足听于耳与？便嬖不足使令于前与？王之诸臣皆足以供之，而王岂为是哉？"

曰："否；吾不为是也。"

曰："然则王之所大欲可知已。欲辟土地，朝秦楚，莅中国而抚四夷也。以若所为求若所欲，犹缘木而求鱼也。"

王曰："若是其甚与？"

曰："殆有甚焉。缘木求鱼，虽不得鱼，无后灾。以若所为求若所欲，尽心力而为之，后必有灾。"

王解：宣王说："不是的，我何至于（打打杀杀）这样才能痛快！我有我的宏伟的心愿啊。"

孟子问："我可以听听君王您所讲的宏伟心愿吗？"

宣王笑着不言语。

孟子说："也许是您的肥饫美味的食品还不能够满足您的口腹，还是您的既轻且暖的服装仍然不能满足身体的舒适要求，还是由于缤纷的色彩仍然不能满足养眼的需要？各种音乐还不能使听觉满意？或是您身边的工作人员还不够合意合用？这些心愿（不用旁人），您的众臣子就足以搞掂，您不会是因了这些事情而苦恼吧？"

宣王说："不，我不是为了这些事情上心。"

孟子说："那我就明白了。君王您想的是扩疆拓土，臣服秦、楚（这样的大侯国），使您这里形成为中央之国，同时安顿拉拢边远的落后蛮夷地区。（您的愿望很伟大，）但是比较您的行为与您的目标（给人的感觉是），您这是爬到树上去抓鱼呀！"

宣王说："说得太过分了吧？"

孟子说："说不定情况还要更严重呢。爬到树上抓鱼，虽然肯定是抓不到鱼，倒也没有其他灾难性预后。而现在您以您的做法去追求您的目标，越是尽心尽力，越是会产生灾难性后果。"

曰："可得闻与？"

曰："邹人与楚人战，则王以为孰胜？"

曰："楚人胜。"

曰："然则小固不可以敌大，寡固不可以敌众，弱固不可以敌强。海内之地方千里者九，齐集有其一。以一服八，何以异于邹敌楚哉？盖亦反其本矣。

"今王发政施仁，使天下仕者皆欲立于王之朝，耕者皆欲耕于王之野，商贾皆欲藏于王之市，行旅皆欲出于王之涂，天下之欲疾其君者皆欲赴愬于王。其若是，孰能御之？"

王曰："吾惛，不能进于是矣。愿夫子辅吾志，明以教我。我虽不敏，请尝试之。"

曰："无恒产而有恒心者，惟士为能。若民，则无恒产，因无恒心。苟无恒心，放辟邪侈，无不为已。及陷于罪，然后从而刑之，是罔民也。焉有仁人在位罔民而可为也？是故明君制民之产，必使仰足以事父母，俯足以畜妻子，乐岁终身饱，凶年免于死亡；然后驱而之善，故民之从之也轻。

"今也制民之产，仰不足以事父母，俯不足以畜妻子；乐岁终身苦，凶年不免于死亡。此惟救死而恐不赡，奚暇治礼义哉？

"王欲行之，则盍反其本矣：五亩之宅，树之以桑，五十者可以衣帛矣。鸡豚狗彘之畜，无失其时，七十者可以食肉矣。百亩之田，勿夺其时，八口之家可以无饥矣。谨庠序之教，申之以孝悌之义，颁白者不负戴于道路矣。老者衣帛食肉，黎民不饥不寒，然而不王者，未之有也。"

王解： 宣王说："可以让我听听你的道理吗？"

孟子说："请问，如果邹国与楚国打起仗来，您看哪一方能获胜呢？"

宣王说："是楚国胜。"

孟子说："也就是说，小国本来不是大国的对手，人数少的一方，本来就不是人口众多的一方的对手。弱小的一方，本来就不是强大一方的对手。海内诸侯国，纵横千里的有九个国家，齐国只是其中之一。以（九分之）一国去征服（九分之）八国，这与一个邹国去打楚国有什么不一样？君王为什么不从根本上下功夫呢？

"如果君王号召天下，施行仁义，那么普天下的官员都愿意到君王这里任职，天下耕田的人都愿意在君王的国土上种植，天下做生意的人都愿意到君王治下的市场上买卖，天下的行旅人都愿意走在君王治下的道路上，而天下对于本国君王不满意的人都盼望能到您这里来吐苦水，这样的话，谁还能阻挡得住您的脚步呢？"

　　宣王说："我（听着还）有点乱，没有搞清楚到底怎样去做，希望你能辅佐我的心愿，明确地给以指教。我虽然不够聪敏，还是愿意尝试着去做一番事业的。"

　　孟子说："没有恒定的财产而具有恒定的心志，只有（读书明理的）士人能够做到。一般百姓，如果没有恒定的财产，也就没有了恒定的心志。而如果没有了恒定的心志，任性、乖僻、邪恶、夸张，什么都做得出来。这样，他们失足陷入犯罪的泥沼，我们就要惩治他们，这等于等着民人落入法网。（如果我们政事治理得好，他们本来可以免于犯罪被惩处。）如果是仁德之人在权位上，怎么可以容忍这样的事情发生呢？所以贤明的君王规划民人的财产，一定要使他们上可以侍奉父母，下可以护育妻儿。遇到好年成，一年到头能吃饱饭；遇到灾荒，也不致丧命。然后引领他们向善做好人，百姓也比较易于听从您的引领。

　　"现在呢，您制定的规划标准是，上不足以侍奉父母，下不足以护育妻儿，好年头吃不饱，坏年头活活饿死。这样的话，救命还救不赢，上哪里去实行礼义教化呢？

　　"君王若是想推行自己的政治心愿，那怎么能不从根本上下功夫呢？一个五亩地大的宅基地，种植上桑树，五十岁以上的人就可以穿上绸帛了。鸡呀狗呀猪呀这类牲畜养起来，七十岁以上的人也吃得上肉食了。一家人种上上百亩田地，及时耕作不受为政者的侵犯干扰，这一家八口人也就不会挨饿了。再把学校办好，充分讲授孝悌的道德原理，也就不会有须发斑白的老人头顶着或背负着重物行走在道路上了。老人穿丝帛吃肉食，民人不饥不寒（解决了温饱问题），这种情况下仍不能使天下百姓归顺是从未有过的。"

点悟： 这段文字篇幅大，影响更大，在过去，是家喻户晓的。

一上来是齐宣王想听孟子谈齐桓公、晋文公的事。此二人是春秋五霸的头两号人物，宣王意在汲取他们的历史经验与治国平天下的智慧，来充实强化勉励督促自身。孟子冷然对待之，说是孔子的门徒不讲此二人，有点道不同，不为评，乃至对此二人不感兴趣的意思。

但这不符事实，因为恰恰是《论语》的记载，表明了不是弟子而是孔子本人对这二人的重视。《宪问》有云："晋文公谲而不正，齐桓公正而不谲。"《论语》中谈到齐桓公破例倚重的管仲的文句甚多，有盛赞，也有保留与慎重的说法。

第二，谈史的目的在于以史为鉴，以知兴替、成败、正邪，还有贤与不肖。春秋五霸，他们的故事都值得重视，前两位更是不可回避，不能说他们是法家，是追求霸术，你是儒家，是追求仁术，就视而不见，就闭口不言。

这段记述也显现了孔与孟在个性与思想方法、行事风格的差别。

应该说，宣王相当谦逊平实，居然毫无异议地让孟先生牵着鼻子走。

有点趣味也发人深省的是，孟子就宣王怜悯"赦免"一头本来准备牺牲祭钟的牛的事大做文章。孟子重视人的道德情操，重视他所感受强烈的所谓"不忍之心"。什么是不忍之心呢？就是人的道德底线，有一些事情是人的道德底线所无法忍受、绝不容许、绝不接受、自己更是绝对不会去做的：比如无罪而诛；比如见其生却又见其死；比如闻其鸣而又食其肉。

而且，这种道德底线，与其说是一种逻辑、一种判断、一种利益选择，不如说是一种情感，一种天生的、先验的良心感受，一种先验的、冥冥中带有天赐、天授、天启宗教色彩的善良、怜悯、宽恕与慈悲心。

美国人过感恩节由国家元首特赦一只火鸡，与齐宣王的护牛异曲同工：走一个形式，表达上苍的好生之德与总统先生的善良仁慈，实际上美国总统减少不了一只火鸡的被宰杀，正如宣王赦免一头牛的结果是多杀了一只羊。人类就是这样，需要肉食，在肉食问题上并无不忍之心，但遇到个别情况，又确有不忍，又要表达自身的怜悯与善良。人们无法做到因不忍之心而全部改宗素食主义，但是又实在不忍不表现自己的怜悯与善心。这就是人，功利起来可能残酷，善良起来也会有动人的表现。人是有这种自相矛盾的，所以李世民玄武门之变大胜后要大哭大恸。表现乃至表演善良，比只功利、完全不善良好。这正是孔孟儒学优于商鞅、韩非、李斯的法学处，我称这为"斯文的优胜"。而可惜的是齐王的护牛没有像美国总统赦免火鸡一样地常态化、礼制化、节日化、风俗化。

伊斯兰教宰牲节的故事也极动人，先知伊卜拉欣准备杀掉儿子伊斯玛仪献祭安拉，安拉赐给了一只羊代替，表现了安拉的伟大与仁慈，乃成为至今通行的宰牲节的来历。不同民族宗教的类似故事，值得咀嚼回味。

君子远庖厨，也是人类通识。不知为什么后来没有能坚持得好，以至诸如饭馆里陈列生猛鱼虾蟹贝，让食客自己挑选的做法引来境外旅游者的非议。

"他人有心，予忖度之"，不能不服《诗经》，不能不服《诗经·小雅·小旻之什·巧言》，人情世故，家事政事，悲欢离合，是非曲直，三千年前的《诗经》已经总结到了相当的程度。原诗此两句是抨击入人于罪的诛心谗言，这里宣王却是用来赞美孟子的知心。文艺作品的解读空间宜大不宜小，诚然。

底下扯到"……力足以举百钧，而不足以举一羽；明足以察秋毫之末，而不见舆薪"，还有"挟太山以超北海"与"为长者折枝"的比较，雄辩则雄辩矣，逻辑上相当牵强。对牲畜好是力举百钧，对人民好是轻举一羽；心疼一牛是挟太山以超北海，爱护民人则是为长者折枝。这个前提恐怕站不住。祭钟时以羊换牛，与为爱惜民力而休战、休工、减税、大赦天下，恐怕也不能扯到一块儿说事。

孔孟都有一个特点，从心性上简约化政治问题，认为心好一切就自然会好。这也正是他们的主张的魅力所在：谁不愿意生活在一个普遍以心眼好为特点的环境中呢？谁愿意生活在一个彼此防范并恶斗的境遇中呢？

不幸的是，以为治国理政只需要意诚心正而后万事大吉，却不考虑内部外部条件：家国遭遇、资源实力、民心民意、习惯传统、整个权力系统的认知水平、动员能力与凝聚能力，还有最重要的却又是孔孟不爱谈的军事能力……只是靠君王的一念之差来决定一切，那其实是不切实际的幻想。

其正面的意义则在于要求权力系统尤其是一号人物——君王注意做出表率，然后影响妻子，带动兄弟，以至带动邦国，"推其所为而已"，这也是从正心诚意扩展为修身齐家再发展到治国平天下的高屋建瓴、势如破竹的中华传统大逻辑。

为长者折枝云云有不同的解释，一个就是折下树枝，一个是说"枝"同"肢"，是指为长者按摩、活动关节筋骨，一个是说向长者折腰行礼，都言之成理，都释之得趣，也都无关太大的大体，知道一下其说不一也就是了。

底下讲的莅天下、王天下、成为天下之王，调门反而不高，应该说是相当务实，只消基本解决百姓温饱问题即可。反过来说明了春秋战国时期民不聊生的情况已经严重到了何种程度！

不妨解释为，孟子的意思是"让老百姓活"最主要，这样的政治就差不多是仁政，是王道，就达到了治国平天下的目标，痛哉古代中华！

从另一面来说呢，孟子的要求是给全国民人，给家家户户提供小康般的物质保障，给家家户户提供五亩大的宅基地，百亩大的耕地，这就并非易事了。

孟子时期已经知道，解决土地问题是莅天下、平天下的关键，是治国理政之本。好啊，值得咀嚼体味。

卷二　梁惠王章句下

———————————— 2.1 ————————————

　　庄暴见孟子，曰："暴见于王，王语暴以好乐，暴未有以对也。"曰："好乐何如？"

　　孟子曰："王之好乐甚，则齐国其庶几乎！"

　　他日，见于王曰："王尝语庄子以好乐，有诸？"

　　王变乎色，曰："寡人非能好先王之乐也，直好世俗之乐耳。"

　　曰："王之好乐甚，则齐其庶几乎！今之乐犹古之乐也。"

　　曰："可得闻与？"

　　曰："独乐乐，与人乐乐，孰乐？"

　　曰："不若与人。"

　　曰："与少乐乐，与众乐乐，孰乐？"

　　曰："不若与众。"

　　王解：庄暴见到孟子，告诉孟子说："我见到君王，君王说他喜好音乐，我没有回应他。"庄暴问："您觉得他喜好音乐怎么样？"

孟子说："如果君王十分喜欢音乐，这么说，齐国情况也还不错嘛。"

另一天孟子见到了齐宣王，便问："君王，听说您对庄暴讲过您喜爱音乐，有这么回事吧？"

宣王有点不自然，他说："我其实不是爱好先王的古典音乐，而是爱好世俗的流行音乐。"

孟子说："君王喜欢音乐，这说明齐国的情况还是不错的嘛。今天的流行音乐，古典的先王音乐，这里并没有什么不同啊。"

宣王问："您这是说……"

孟子说："请问，独自欣赏音乐或是与他人一起欣赏音乐，哪个更快乐呢？"

"与他人一起更快乐呀。"

"那么是与少数几个人一起欣赏音乐快乐，还是与许多人一起快乐呢？"

"那就不如与大众一起欣赏音乐了。"

"臣请为王言乐。今王鼓乐于此，百姓闻王钟鼓之声，管籥之音，举疾首蹙頞而相告曰：'吾王之好鼓乐，夫何使我至于此极也？父子不相见，兄弟妻子离散。'今王田猎于此，百姓闻王车马之音，见羽旄之美，举疾首蹙頞而相告曰：'吾王之好田猎，夫何使我至于此极也？父子不相见，兄弟妻子离散。'此无他，不与民同乐也。

"今王鼓乐于此，百姓闻王钟鼓之声，管籥之音，举欣欣然有喜色而相告曰：'吾王庶几无疾病与，何以能鼓乐也？'今王田猎于此，百姓闻王车马之音，见羽旄之美，举欣欣然有喜色而相告曰：'吾王庶几无疾病与，何以能田猎也？'此无他，与民同乐也。今王与百姓同乐，则王矣。"

王解：孟子说："那我就要谈谈这个音乐与快乐的问题。假如君王在这里欣赏音乐，百姓听到敲钟击鼓与吹箫鸣笙的声音，都是皱起眉头，捂住额头，相互诉说：'咱们大王敲锣打鼓，乐声连连，可咱们百姓呢？父子见不着面，妻儿、兄弟也是各自东西。'或者是君王出门打猎，百姓听到了您的车马动静，看到您的队伍旌旗招展，也都是愁眉苦脸，说是：'咱们大王打猎打得这么欢喜，为什么让咱们沦落到了这步田地。'没别的原因，就是君王没有与百姓同享快乐的缘故。

"（现在再设想一下）君王在这里欣赏音乐，老百姓听到这里的鼓乐齐鸣，箫笙俱作，全都高兴地面带喜色，奔走相告：'咱们大王身体心气不坏呀，要不怎么能在这儿奏乐呢？'而如果是君王到这里来打猎，百姓听到君王一行的车马动静，见到君王的旌旗招展，大家都喜形于色地相告：'咱们大王精气神儿真不坏呀，要不怎么可能来打猎呢！'这没别的，就是说明如今君王做到了与百姓同享快乐。能做到与百姓共享快乐的君王，也就是真正能称王于天下的王了。"

点悟：与民同乐，普天同庆，众乐所归，是孟子的一个重要政治命题，他与梁惠王就谈论过这个观点，这里说得更清晰晓畅。

首先是民本，你乐，更要考虑、经营百姓之乐，否则你越乐百姓越反感，你的乐成了你失民心的原因，成了负资产，大事不好。

其次，这个主张带有某种程度的开放意识，权力系统不能一味地搞自我封闭、特权小圈子，不能有了"好事"，动辄把百姓排除在外。

从一些记叙中，可以感觉到，古代上与下的区别距离还不算是太大太远太悬殊。在《庄子·外篇·天道》中，描写了齐桓公与做轮子的工匠关于读书意义的讨论，扁师傅敢于直言不讳地指点桓公读的书是"糟粕"。孟子发表与君王们针锋相对的见解，更是毫不顾忌。我们甚至于可以设想，中国古代，权力对于自己的维护、对于下层的防范，远没有后来那么严重。就是荆轲刺秦王的故事也说明，秦王当时的防范不像后世那样如临大敌。

那么，为什么孟子的与民同乐的主张似乎没有能实现得了呢？

这里有一个平等与平均的难以绝对化的问题。君王的享受，池沼园林也好，音乐舞蹈也好，它的高质量与特殊性、封闭性难以截然消除。就是号称强调民主与平等的如今的西方国家，高级的会所、住宅、俱乐部、高尔夫球场，多是封闭的。与民同乐做起来可不像说起来那么简单轻松快乐。

无论如何，让百姓得出"大王乐极，乃生百姓之甚悲"的感受是危险的，孟子那么早就指出了这个问题，值得深思。

　　还有一个有趣的话题：孟子从庄暴那里听到宣王喜好音乐的情态，立即向宣王发问，这不太合乎"官场"常识：君王是不愿意自己的臣子介绍他的情况给外来的客人的，除去抽象的歌功颂德与明显的英明事迹以外，你讲什么君王的个人爱好，这就是泄密，这就是吐露内情，而外来的客人是不可以提问君王自身的什么事务与情趣的，你有多大胆子敢于提问君王的行止爱厌？而孟子马上去提问，用今天的观点看，干脆是把庄暴给卖了。但文中全无这样的事端，证明古代比现代敢情还粗线条得多，而现代，民主自由讲得不知多了多少，官场规则与潜规则却深文周纳了十余倍。

　　还有，难道那个时候就有古典音乐与流行音乐、庙堂音乐与民间小曲，即雅乐与民风的对立了吗？以至孟子一问音乐，宣王为之羞惭变色！宣王也够谦虚的了，他是为自己的喜好非经典音乐，而惭愧于孟轲面前吗？抑或是孟轲当时已经颇有地位与影响，证明那个时候除了官员身份与级别以外，人们已经懂得尊重智慧与才学了？古人不简单！

　　另有一点杂感，乐字可读 lè、yuè、yào、lào，除地名读 lào 这里不计外，其他三个读法：快乐的 lè、音乐的 yuè、喜好的 yào（仁者乐山，智者乐水），释义是相关联的。此段谈的是音乐的 yuè，但孟子的重要命题"与民同乐"则是讲的 lè，《梁惠王章句上·二章》中已经讲了"与民同乐"的问题，不限于与民同听音乐，更不可能是与民同奏同唱乐曲歌曲。"独乐乐，与人乐乐，孰乐？"这里的五个"乐"，第一个与第三个"乐"，应该是 yào 字，但也可以是 lè，第二个与第四个"乐"，则可以是 lè，也可以是 yuè。总之这一段，"乐"的三个发音与三个含义跳来跳去，串来串去，非汉字无法表达，绝了，而且你没法翻为外文或兄弟民族语言。把谈音乐的话语往谈快乐与人民福祉的含义上解读，也是利用了乐字的多音与多义。

　　《论语》里也有些重要的句子谈到"乐"，有谈到快乐的，"有朋自远方来，不亦乐乎"；有谈到喜好的，"仁者乐山"；有谈到音乐的，"子在齐闻《韶》，三月不知肉味，曰：'不图为乐之至于斯也。'"如此这般，孔子那时候就乐谈乐，没有把乐高度政治化，没有从是否与民同乐上提出问题。

孟子比孔子还能上纲。

—————————————— 2.2 ——————————————

齐宣王问曰："文王之囿方七十里，有诸？"

孟子对曰："于传有之。"

曰："若是其大乎？"

曰："民犹以为小也。"

曰："寡人之囿方四十里，民犹以为大，何也？"

曰："文王之囿方七十里，刍荛者往焉，雉兔者往焉，与民同之。民以为小，不亦宜乎？臣始至于境，问国之大禁，然后敢入。臣闻郊关之内有囿方四十里，杀其麋鹿者如杀人之罪。则是方四十里为阱于国中。民以为大，不亦宜乎？"

王解：齐宣王问孟子："说是文王为打猎圈起来的猎场方圆七十里地，有这么回事吧？"

孟子回答说："历史上有这样的记载啊。"

宣王问："那么这个猎场的面积是不是太大了一些呢？"

孟子说："（没有啊，）民人还说太小了呢。"

齐宣王说："我为了打猎，只圈起了方圆四十里，民人还说是圈的地太大了……"

孟子说："文王虽然圈起了方圆七十里的猎场，打草的、砍柴的都能进去，打猎的人也能进去，他是与民人共同享有那块猎场的。民人以为那块地方并不大，那不是很自然的吗？（现在呢）以我为例，来到您的地土，必须先弄清咱们齐国有些什么严格禁止的事儿，才敢往前走。听说您这里四郊之内，猎场圈地方圆四十里，谁要是杀了这里的麋鹿，与杀人同罪，这方圆四十里等于国中的陷阱，民人觉得这个陷阱太大了，这不是很自然的吗？"

点悟：孟子的主张是，人人都有快乐权，君王追求快乐是可以的，但是要限制特权。

但是快乐在事实上不可能是平均同等的，不同的地位、不同的财力、不同的机会，享有不同的快乐。失业工人不会去打高尔夫，领低保的人不会出境旅游，工资低的人不会进豪华餐馆，还有级别不够的人很多地方都进不去。

一个很简单的问题，孟子说："文王的猎场，打柴的、割草的、打猎的都可以随便进出……"那么，如果进来的人太多了怎么办？有了私有财产，就有了土地、住房、财产的私有性与不可入、不可分割性。问题在于权力系统中人能不能拥有自己的某些优于庶民的条件：有了，就有对比，有你乐我忧之叹；共同拥有，则等于取消拥有，说来容易，做来困难。但权力中人，又必须有大公无私的胸襟，有民人公仆的风姿，有与民同乐的实践，有亲民为民的高尚与魅力。研究吧，积累经验吧，且有的可切磋呢。

2.3

齐宣王问曰："交邻国有道乎？"

孟子对曰："有。惟仁者为能以大事小，是故汤事葛，文王事昆夷。惟智者为能以小事大，故太王事獯鬻，勾践事吴。以大事小者，乐天者也；以小事大者，畏天者也。乐天者保天下，畏天者保其国。《诗》云：'畏天之威，于时保之。'"

王解：齐宣王问："与邻国打交道，有自己的道术吗？"

孟子回答说："有哇，只有仁爱之君能以大国去侍奉小国，所以成汤去侍奉葛伯，文王去侍奉昆夷。只有智慧之君才能以小国去侍奉大国，所以太王去侍奉猃狁，勾践去侍奉吴国。以大国去侍奉小国，追求的是天道（美善）的喜乐；以小国侍奉大国，害怕的是天道（盛衰）的威严。《诗经》有句：'害怕天道的威严，及时举措保全。'"

王曰："大哉言矣！寡人有疾，寡人好勇。"

对曰："王请无好小勇。夫抚剑疾视曰：'彼恶敢当我哉！'此匹夫之勇，敌一人者也。王请大之！

"《诗》云：'王赫斯怒，爰整其旅，以遏徂莒，以笃周祜，以对于天下。'此文王之勇也。文王一怒而安天下之民。

"《书》曰：'天降下民，作之君，作之师，惟曰其助上帝宠之。四方有罪无罪惟我在，天下曷敢有越厥志？'一人衡行于天下，武王耻之。此武王之勇也。而武王亦一怒而安天下之民。今王亦一怒而安天下之民，民惟恐王之不好勇也。"

王解：宣王赞道："这话讲得真伟大！不过我可是有点毛病，我好勇好斗（我谁也不想侍奉）！"

孟子说："希望君王喜好的勇敢不是格局狭小的勇气。一个人手握剑柄，怒目而视，扬言：'谁能阻挡得住我！'这是低层次的小勇气，这种勇气也许能抵挡得住一个人，我希望君王的勇比这种小勇能有所扩展！

"《诗经》有句：'君王震怒，调动军旅，遏止侵略，救助莒国，落实周朝恩德，回应天下之厚望欤！'这就是周文王的大格局的勇。文王一动怒，能安定天下。

"《尚书》上说：'上天降生了一般小民，也降生了国君和师长。降生他们的唯一目的是让他们协助上天爱护百姓小民。天下四方，有罪过还是没有罪过的人，我都对他们负有责任。天下之人，谁敢逾越上天的意志！'其时有一个纣王横行霸道，武王为此感到耻辱，这就是周武王的勇敢。武王也是一发怒便安定了天下民人。如果君王您也能够一怒安定天下民人，天下民人肯定是只怕您不好勇。（您的好勇，也就根本不是毛病啊！）"

点悟：先从与邻国的关系说起，认为关系的首要任务是侍奉，即有所致敬、示好、方便、援助、支持、奉献。老子也很注意类似的问题，他的说法是："大国者下流，天下之交，天下之牝。牝常以静胜牡。以静为下……大国不过欲兼畜人，小国不过欲入事人。夫两者各得其所欲，大者宜为下。"这是老子一贯的以弱胜强、以柔克刚、以退为进的战略思想。孟子则既考虑到大事小，也考虑到小事大，并通通归因于天，用今天的话语来讲就是归因于客观世界的情况与规律：一个王，一个臣，极强势也好，不无孱弱也好，你是处在一个既定的时间空间里，在一个不以你个人意志为转移的平台上跳起舞来的。时间空间谁给你定的？平台结构的质与量谁给你设计的？大乎小乎谁给你施工的？天！天本身可能让你以大事小，也可能让你以小事大。天就很灵活，天就不是绝对公平，不那么绝对平等。大事小，体现的是睦邻姿态，侍奉小国，不以为忧，反以为乐，这是上天的仁德；小事大，体现的是求邻睦的小心翼翼，避免惹祸，避免滋事，这是上天的威严。强与孱，都是天意。对于上天的仁德，你要感恩施仁喜乐，对于上天的威严，你要敬畏遵从谨慎。说得何等好啊，可惜事了半天、仁了恩了半天、敬了畏了半天，史实多半不是归结到睦与乐上，而是"人世难逢开口笑，上疆场彼此弯弓月。流遍了，郊原血……五帝三皇神圣事，骗了无涯过客……"（毛泽东：《贺新郎·读史》）。

历史上说成汤无微不至地侍奉葛国，葛国不知好歹，将成汤送去用作祭祀的牲畜吃掉，对赠送粮食的人员动粗乃至杀掉一个送食物来的孩子，忍无可忍的成汤只好出师讨伐葛伯……这应该是有根据的，但传述的语言更似胜利者的讨伐檄文。文王侍奉昆夷的结果也是周朝的所向无敌，统一天下，灭了其他。太王侍奉猃狁，未见好的效果。至于越王侍奉吴王的结果更是家喻户晓，是一雪会稽之耻，是卧薪尝胆地报仇，哪里是什么侍奉！事完了，该灭的灭，该兴的兴，这也叫颠扑不破！

底下的问题是关于"好勇"的讨论。至少在英语里，勇敢、勇者似乎是全称肯定的褒语，而在此处，在宣王与孟子的讨论中，"勇"是作为"有疾"

之一种而提及的，堂堂君王承认自己的"勇"是"疾"，那么如果不是社会上普遍对于勇有所保留，那就是宣王知道孟子对"勇"不感兴趣。

这又可能有两个原因，中文的"勇"字，包含了某些显然的负面元素，如冒险、使气、好斗——好勇斗狠、有勇无谋……都不是好话，而智勇双全，才是人们的理想追求。中国文化要求的是以智制勇，以勇奋智。第二就是，东周时期的种种事实，表现了当时的几大君王的普遍特色是霸权主义而又急于求成，证明了匹夫之勇的弊大于利。

老子提出的勇是"勇于不敢"，这已经很惊人了。而儒家强调的勇往往是把"知耻"放在前头，耐人寻味。中华古国对于勇文化的看法似乎有自己的不同于欧美处。以体育为例，风险大的，需要多一些勇敢的体育项目，都在中国的传统民族体育活动中站不住脚，例如对抗性球类比赛、拳击、登山、攀岩、游泳、滑冰、滑雪、滑翔、滑板、跳伞……笔者的初步感觉是我国需要更加提倡勇敢，不但勇于知耻，还要勇于斗争、创新、担当。

这里孟子谈的勇的要点不是知耻，不是不敢，而是以勇安天下，安百姓。这里确有高明的地方，勇不在于亮肌肉，不在于九死一生，也不仅仅在于视死如归，而是让你的勇敢决策、勇敢行动对于民人、对于社稷有用，以效果来鉴别治国安邦之大勇与匹夫的血气之勇，这个看法确有相当的高度。

一怒而安天下云云，文句甚佳，但此说文学性比实践性强，读完这几个字，钦佩之余仍不免一头雾水。怒安天下云云，如果再深思一下，难免不会想到：天下之安靠的仍然既不是勇也不是怒，而是智慧、心胸、必要的实力条件，尤其是对于历史大势的洞察与因应。

— 2.4 —

齐宣王见孟子于雪宫。王曰："贤者亦有此乐乎？"

孟子对曰："有。人不得，则非其上矣。不得而非其上者，非也；为民上而不与民同乐者，亦非也。乐民之乐者，民亦乐其乐；忧民之忧者，民亦忧其忧。乐以天下，忧以天下，然而不王者，未之有也。

王解：齐宣王在离宫名雪宫的地方会见孟子。齐宣王问孟子："贤良出色的人也会有这样的（以离宫为乐的）快乐吗？"

孟子答："有这样的快乐。如果没有这样的快乐，他们会非议国君的。没有这种快乐便非议国君，本来并不对，但是身为国君却不考虑让大家共享这样的快乐，也是不对的。国君为民人的快乐而快乐，民人也就会为国君的快乐而快乐；国君为民人的忧虑而忧虑，民人就会为国君的忧虑而忧虑。为天下民人的乐而快乐，为天下民人的忧而忧患，这样的人而不能使天下民人归顺，那是不可能的。

"昔者齐景公问于晏子曰：'吾欲观于转附、朝儛，遵海而南，放于琅邪。吾何修而可以比于先王观也？'

"晏子对曰：'善哉问也！天子适诸侯曰巡狩，巡狩者，巡所守也。诸侯朝于天子曰述职，述职者，述所职也。无非事者。春省耕而补不足，秋省敛而助不给。夏谚曰："吾王不游，吾何以休？吾王不豫，吾何以助？一游一豫，为诸侯度。"今也不然：师行而粮食，饥者弗食，劳者弗息。睊睊胥谗，民乃作慝。方命虐民，饮食若流。流连荒亡，为诸侯忧。从流下而忘反谓之流，从流上而忘反谓之连，从兽无厌谓之荒，乐酒无厌谓之亡。先王无流连之乐，荒亡之行。惟君所行也。'

王解："当初齐景公问晏子说：'我想到转附、朝儛两山走走，接着沿海往南走，直到琅邪。我应该怎样做才能使这次出行能够达到先王出行的影响与收效呢？'

"晏子回答道：'您问得太好了。天子到诸侯的国家去叫作巡狩。所说的巡狩，就是巡查诸侯所守、所负责的国土的意思。诸侯到天子那儿去，叫述职。

所说的述职，就是诸侯向天子陈述自己职责履行情况的意思。这些都是做事尽责的分内之事。春天，要查核耕种进展，看生产资料有无缺失。秋天要查核收获年成，对未能自给的区域要给以援助。夏代民谚说："国王不来巡游，咱百姓从哪儿获准小休？国王不来察视，咱百姓从哪儿得到周济？巡游察视，诸侯常例。"今天的状况就两样了。（君王上哪儿去，）前呼后拥，成群结队，准备粮秣，兴师动众，搞得人们饿了吃不上，累了歇不成，遭到众人白眼抱怨，百姓也就（不服管束）为非作歹起来。（这样的视察）搞得是天怒人怨，违背天意，大吃大喝，消耗财物如流水一般，使诸侯为之发愁。顺水而下叫作流，逆水而上叫作连，沉迷于打猎叫作荒，沉迷于酒席叫作亡。古代圣君绝对没有流连的沉迷与荒亡的行为。这样，该怎么做怎么行，就听君王您的了。'

"景公悦，大戒于国，出舍于郊。于是始兴发补不足。召大师曰：'为我作君臣相说之乐！'盖《徵招》《角招》是也。其诗曰：'畜君何尤？'畜君者，好君也。"

王解："听了晏子的话，齐景公很高兴，先是在都城内做了充分准备，然后住于郊外，开始动用钱粮，救助穷困。景公并唤了乐官来，要求他：'给咱们创作君臣互相喜爱的主题乐曲吧。'那就是《徵招》《角招》。歌词说：'热爱国君，难道有什么不对的吗？'热爱国君，就是喜欢国君（的英明爱民）的意思嘛。"

点悟：与梁惠王问孟子贤人是否喜欢池沼之类的园林一样，齐宣王也问孟子贤人是否喜爱雪宫之类的别墅。回答也大致一致：与民同乐，与民同拥有，与民同心，其利断金，是本节头几句的主题。亲民、民本、民粹，很好。问题在于，例如离宫别墅，名曰雪宫，能与民同有同享同游吗？能百人千人万人同有同享吗？能修建百座千座万座雪宫，赏赐百千万位贤人吗？不好办。但是孟子主张的是，要致力于让国君与民人的喜怒哀乐达到最大限度的一致，要找到君与民的利益与情感的最大公约数，这是没有疑问的。林肯在葛底斯堡的讲演所提出的民有民治民享，追求的也是这个，我们所讲的"权为民所用，情为民所系，利为民所谋"也表达了这样的理想。

同时历史上屡屡出现公权力与民心的对立与冲突，出现祸国殃民与民怨沸腾问题，同时会出现盗匪暴乱与邪教黑帮问题。权力与民人的关系，这是治国安邦的根本问题。

孟子这里的说法还包含着一个双方或数方互动互为因果的命题。君王与民人之间，往往被认为是一方主动，另方被动；一方重要，另方次要；一方决定，另方听命的关系。表面上看，当然是君王为主，民人为奴仆；但是孟子告诉我们，从最根本的意义上看，民才是第一位的，民心民意才是第一性的；你为民忧，民才会为你忧；你求民乐，民才会与你乐；你在乎民，民才会在乎你。这是一个根本道理。

往下谈起了君王的巡游，很实在，兴师动众、浩浩荡荡、劳民伤财、铺张浪费，这样的问题到了今天也并未杜绝。

还有有趣处是齐景公听了晏子的意见，注意了出巡的亲民护民，收获了舆论好评，然后亲自布置乐师通过艺术手段歌功颂德，这也是中国国情、中国气派、中国思路，值得回顾温习。

2.5

齐宣王问曰："人皆谓我毁明堂。毁诸？已乎？"

孟子对曰："夫明堂者，王者之堂也。王欲行王政，则勿毁之矣。"

王曰："王政可得闻与？"

王解：齐宣王问孟子："人们都劝我拆毁（这里的供周天子使用的礼宾大厅）明堂，您看我是拆了它呢，还是不去管它呢？"

孟子说："明堂是王者的厅堂，您要实行王者的政治，就不要拆除这个明堂。"

齐宣王说："那么什么是王者的政治，能不能听您讲一讲呢？"

对曰："昔者文王之治岐也，耕者九一，仕者世禄，关市讥而不征，泽梁无禁，罪人不孥。老而无妻曰鳏，老而无夫曰寡，老而无子曰独，幼而无父曰孤。此四者，天下之穷民而无告者。文王发政施仁，必先斯四者。《诗》云：'哿矣富人，哀此茕独。'"

王曰："善哉言乎！"

王解：答道："从前周文王管理岐地，农业税收十分之一，官员世世代代享受俸禄，关卡和集市稽查而不抽税，湖泊湿地（的水产）向百姓开放，遇到犯罪的人，不牵扯他的妻室儿女。老年没有妻室的叫鳏夫，老年没有丈夫的叫寡妇，老年没有子女的叫独居者，幼年失去父亲的叫孤儿。这四种人就是天下的穷困无援者。文王要实行仁政，当然首先要照顾到这四种弱势人物。《诗经·小雅·正月》上说：'富人的日子怎么都好过，贫穷孤独的人期待着我们的哀怜。'"

宣王赞道："说得真好！"

曰："王如善之，则何为不行？"

王曰："寡人有疾，寡人好货。"

对曰："昔者公刘好货，《诗》云：'乃积乃仓，乃裹餱粮，于橐于囊。思戢用光。弓矢斯张，干戈戚扬，爰方启行。'故居者有积仓，行者有裹囊也，然后可以爰方启行。王如好货，与百姓同之，于王何有？"

王曰："寡人有疾，寡人好色。"

对曰："昔者太王好色，爰厥妃。《诗》云：'古公亶父，来朝走马。率西水浒，至于岐下。爰及姜女，聿来胥宇。'当是时也，内无怨女，外无旷夫。王如好色，与百姓同之，于王何有？"

王解：孟子说："君王如果称赞这些说法，为什么不去这样做呢？"

宣王说："唉，我有碍难之处呀，我自己就喜欢积敛财物嘛。"

孟子说："从前（西周的先祖）公刘就喜欢积敛财物哇。《诗经·大雅·公刘》上说：'积入谷仓，备好干粮，装进袋囊，安康轩昂，张弓射箭，斧钺刀枪，然后行军，浩浩汤汤。'这就是说，居家要有仓库积存，出门要有粮草携带，才能出发行动。（这不就是王者积敛财物的成果吗？）如果君王喜爱积敛财物，也是与百姓同爱好同命运，那对于王者的事业又有什么问题呢？"

宣王说："我还有个碍难之处，我喜爱女色呀。"

孟子说："从前太王也是喜欢女色的呀，非常喜欢他的嫔妃。《诗经》有句：'古公亶父（大王，亦即太王），骑马早发，沿河西岸，来到岐下，带着姜女（妻室），居室视察。'这个太王时代，家里没有找不到丈夫的大龄女子，外边没有娶不上媳妇的男子。如果君王您喜爱女色，那也是与百姓同爱好同命运，对实行王者的事业又有什么问题呢？"

点悟：孟子的核心主张是与民同之，也就是中国式的与民同好、与民同乐、与民同富、与民同享。孟子认为君王也是人，喜欢沼池景点，喜欢雪宫建筑，喜欢积敛财物，喜欢女色，都是可以的，关键在于你是一个独夫独自享乐，还是与民同享幸福的生活。这不能不说与林肯的部分民有民享的思想相一致，问题在于，这里似乎又没有完全的民有，尤其是民治的思想。不进行民有与民治，只与民同乐共享，这里有古代即前现代的特色，也有中华文化的某些"民可使由之，不可使知之"的特色。还说明了，完全没有民有民治，全靠圣人的美好道德情操来教诲从而企图做到民享，难矣哉！然而，历朝历代，中国封建社会极少有哪个皇帝做此种虽无民有、民治，却意在民享的努力。孟子讲得那么好，那么雄辩，却时而推行不下去。惜哉！

那么，如果没有孟子的与民同乐、以民为本的理论，中国的封建王朝政事，会不会更坏呢？不好说了。

孟子谓齐宣王曰："王之臣有托其妻子于其友而之楚游者，比其反也，则冻馁其妻子，则如之何？"

王曰："弃之。"

曰："士师不能治士，则如之何？"

王曰："已之。"

曰："四境之内不治，则如之何？"

王顾左右而言他。

王解：孟子问齐宣王："如果您的一个臣子，把妻儿家眷托付给朋友，而到楚国游走去了。回来后发现妻儿家眷挨冻受饿，那该怎么办呢？"

齐王答："这样的朋友应该绝交。"

孟子问："如果一个管政法的官员管不了他的部属，那该怎么办呢？"

齐王说："不让他干了。"

孟子又问："如果境内治理得不好，那又该怎么办呢？"

齐王左顾右盼，谈起其他话题来了。

点悟：非常生动。尤其是"王顾左右而言他"，已成为绝妙的成语，写出了绝妙的含糊回避的状态。

中华思路的特点是由小及大，由身及家及国及天下，由私德私情及公德公务。孟子先从某人没有完成朋友的嘱托讲起，很简单，不认真对待朋友的嘱托的人，不配继续充当朋友。然后是一个最需要能力与责任感的管理政法刑罚的官员管不成事，当然也应该问责罢官。这时候一个死结性的大问题、大挑战提出来了："如果国家治理得不好，谁负责？惩罚哪个？"

孟子早在两千余年前提出了问责问题，而且是第一把手，即处在权力顶峰的人的责任与处置包括惩罚问题。太惊人了。

第一个事例是朋友没有完成嘱托，没有照顾好妻儿家眷。朋友关系，属于情义与道德范畴，属于双向选择，自作多情成不了朋友，一方觉得对方差劲，友谊便会走向结束。

这里文字上略有有趣之处，可以解读为两个朋友的关系问题，也可以解读为君王对于这样的臣子的评价与处置：如果一个臣子不顾家眷，自己出"国"游走，搞得妻儿挨饿受冻，这样的臣子也是应该弃之，即不再使用的。这样解释的正确性可信性可能低于百分之十，但我对于古代典籍的解说喜欢穷尽其一切可能性，只要不是零可能，不妨一提，也算一种阅读趣味。

政治官员管不了部属，放到今天是"不作为"与渎职罪，罢官撤职，无疑义。

君王当时是一号或准一号，"准"是当时还有东周的天子，咋办？中国几千年从来没有明确的说法与成例。唐明皇李隆基，从一号下来了，后来是当了太上皇，略如名誉皇上，这是被迫，此后果来自安史之乱，不是来自规矩与治理，不是来自王者之道或修齐治平之义。

儒家的核心主张之一是秩序，是有父有君有长有上，到了君王这里，成了父、君、长、上之最了，他的长与上是谁呢？是天，然而孔子说了"天何言哉"，更不要说老子的话"天地不仁"了。是民？孟子说了"民为贵，社稷次之，君为轻"，这是一个极好的理论，极好的姿态，极好的道德情操与政治抒情，然而仍然未能说清该怎么去落实。

——————— 2.7 ———————

孟子见齐宣王，曰："所谓故国者，非谓有乔木之谓也，有世臣之谓也。王无亲臣矣，昔者所进，今日不知其亡也。"

王曰："吾何以识其不才而舍之？"

曰："国君进贤，如不得已，将使卑逾尊，疏逾戚，可不慎与？左右皆曰贤，未可也；诸大夫皆曰贤，未可也；国人皆曰贤，然后察之；见贤焉，然后用之。左右皆曰不可，勿听；诸大夫皆曰不可，勿听；国人皆曰不可，然后察之；见不可焉，然后去之。左右皆曰可杀，勿听；诸大夫皆曰可杀，勿听；国人皆曰可杀，然后察之；见可杀焉，然后杀之。故曰，国人杀之也。如此，然后可以为民父母。"

王解：孟子见到齐宣王，说："我们所说的故国，并不是指那里长着许多古老大树，而是指那里有跨越朝代的老臣。如今您这里已经没有累世修德的大臣了，您以往的累世修德的大臣，已经都不知所终了。唉！"

齐宣王问："那我应该怎么样去识别那些不称职的官员然后舍弃他们呢？"

孟子说："国君用人，不得已的时候，会提升一个出身卑微的人，使他的权位超过一个背景显赫的人；会重用一个原本生疏的人，使他的权位超过一些原本与君王关系密切的人，这样的事情，怎么能不慎重呢？一个人，君王左右的人（近亲近臣）都说他行，还不是认可的时候；一批大臣也说他行，君王仍然不可轻易首肯；要听全国民人的意见，需要全国的人都说他贤良，再经过君王的考察，确认了他的贤良，而后予以重用。同样，君王左右的人说他不行，不要听他们的；大臣们说他不行，仍然不要听他们的；全国民人都说他不行，君王要考察，确认他是真的不行了，再舍弃掉。左右亲近的人都反映某人该杀，不要听；大臣都说他该杀，不要听；全国民人都说他该杀，君王亲自考察以后，如果确实该杀，再杀掉他。那时候就可以说，是全国民人杀掉了他。能做到这样慎重负责了，那才称得上君王——民之父母啊！"

点悟：谈吏治——人事工作之需要慎重。头两句的句式被当年的清华大学校长梅贻琦所套用，提出了"大学者非谓有大楼之谓也，有大师之谓也"。

孟子重视老臣，强调跨越几代的老臣对于君王的重要性。《战国策》里有触龙以"老臣"的名义劝说赵太后的有名故事，而到了杜甫那里有以"两朝开济老臣心"来歌颂诸葛亮的名句。这也是中华文化倾向古道热肠的一个表现。

考察人事的时候不要局限于君王的身边即君王左右近臣的反映，也不要局限于大夫级别以上的大官的反映，这很有道理。但这里孟子所言只限于原则泛论，因为所言要看国人的反映，有难于操作处：一、国人太多，你无法一一调查；二、国人见解不一，一部分人说某人极佳，另一部分也是国人，则对之颇多非议，这完全可能；三、堂堂国君方面想掌握真实的舆论并非易事，民人不可能句句是实，而完全可能看风使舵，有所迎合。即使仅仅从技术上，在东周时期，想搞民调，应非易事；再说，即使到了提倡民主的今天，也还不能就靠民调使用干部。

这里还有一点，孟子说齐宣王那里亲信股肱之臣找不到了，不知所终了，含有对宣王不能识人的批评。宣王问如何识别与罢免不称职人员，则意在说明他所舍弃的"老臣"其实都是他认为不够称职的人物，他其实是把孟子顶回去了，但又以请教的口气提问，表达了对于孟子的尊敬。宣王问如何考察不称职的官员，孟子却先说不要任性地轻率地提拔臣子，也有他的侧重与有所不同的看法，多少暗含了对于宣王不能识别人的遗憾，并由此延伸到"去之"与"杀之"，即清除与惩办一些人的严肃性，将提升一些臣子与驱逐、处死一些臣子看得一样重大。

———————————— 2.8 ————————————

齐宣王问曰："汤放桀，武王伐纣，有诸？"

孟子对曰："于传有之。"

曰："臣弑其君，可乎？"

曰："贼仁者谓之'贼'，贼义者谓之'残'，残贼之人谓之'一夫'。

闻诛一夫纣矣，未闻弑君也。"

王解：齐宣王问孟子："商汤流放了夏桀，周武王讨伐了殷纣，真的有这回事吗？"

孟子回答说："史书上是这样写的呀。"

宣王问："身为臣子而杀害他的君王，这是容许的吗？"

孟子说："践踏仁德的人是贼，践踏义理的人是残，这样的人，人们称之为'独夫'。我们听到的是说周武王杀掉了商纣这样一位独夫，没有人说这是杀害了君王。"

点悟：这也是中华文化的罕见的灵活性。臣杀君或子杀父母才叫作弑，弑本身含有叛逆性、非法性、反天理人道性。但汤武革命业已发生并取得了胜利，"胜利者是不受谴责的"，这是斯大林对毛泽东说过的话，不知是不是俄罗斯的成语。孟夫子辩说，是夏桀与商纣非仁非义在前，非仁非义的君王不算君王，而算独夫。独夫也者，光杆一个，不但从道义上而且从语义上被开除了"王籍""君籍""人籍""民籍"。谁开除的，怎么个开除法，语焉不详。这就遗留了无穷的祸端：如果一部分人说他们的君王违背、践踏了仁义，另一部分人说这些为难君王的人才是犯上作乱、制造麻烦呢？如果是阴谋家取胜以后给败亡者硬扣帽子呢？如果是少数人先弑了君王，再罗织君王的罪行呢？

扣帽子的重要性于兹看出：扣帽子就是命名，命名就是定性，命名与定性一变，在另一种命名与定性下不合适的处理立马变成了合理而且必需的了。

其实你不能保证所有的君王分分秒秒不违背仁义。就连孔子对他最喜爱的学生颜回的评价也是"三月不违仁"，并没有说颜回从来百分之百符合仁德。而其他的学生不过是一时不违仁。以贼仁贼义为理由剥夺一个君王的身份，冠上独夫的帽子，恐怕未必能完全服人。

有这样一个孟氏的贼仁贼义即自动失去君王资格，并自动戴上独夫帽子的理论，应该说也有一些好处。它出现于历史，对于那些卑劣糊涂但尚非罪大恶极的君王来说，有某种警诫作用。正如笔者常说的，古代中华文化对于权力的法理监督问题，长期以来没有进行足够的探讨与实践，但是它的泛道德论、泛善论，不但起着约束臣民的作用，客观上也起着约束与监督君王、帝王、权力系统的作用，可以说中华历史上，存在着一定程度上的对于权力的文化监督与道德监督。与之相关的还有"多行不义必自毙""民为贵""圣人无常心，以百姓心为心""得民心者得天下，失民心者失天下""天之道损有余而补不足，人之道……损不足以奉有余""天网恢恢，疏而不漏"等家喻户晓的信念，这些信念在生活中，在历史上、精神上，一直起着有益的作用。

2.9

孟子见齐宣王，曰："为巨室，则必使工师求大木。工师得大木，则王喜，以为能胜其任也。匠人斫而小之，则王怒，以为不胜其任矣。夫人幼而学之，壮而欲行之。王曰：'姑舍女所学而从我。'则何如？今有璞玉于此，虽万镒，必使玉人雕琢之。至于治国家，则曰：'姑舍女所学而从我。'则何以异于教玉人雕琢玉哉？"

王解：孟子见谒齐宣王，说道："要盖大的房室，君王您就希望让木匠寻找大号木材，木匠搞到大木材了，君王就高兴，认定大号木材能够胜任大房室的需要；而当木匠师傅加工斫锯以后，使材料变得小了，君王就会对之发怒，以为木材变小，做不成大构件了。（这不是很可笑吗？）您想，一个人从小学习一门专业，长大了按他学到的业务实践，可是君王说：'先撂下你学过的那套手艺按我的话来办。'那将会是怎样的情状呢？如果您这里有璞玉，即使玉本身已经够得上巨大珍贵了，您总还是要请专门的玉匠师傅予以加工雕琢，使之达到完美。现在您治国理政，却（对我们）说：'先放下你自己的那一套，听从我的话去办……'这不等于您要去教给玉匠师傅如何琢玉吗？"

点悟：似乎是孟子已经与齐宣王出现了明显的分歧。可惜的是，《孟子》上没有有关背景的交代与对于齐宣王的观点的详细记录。

这里头讲的是权力与专业、权力与士人贤达的关系，是君王或整个权力系统与专家智库的关系，是行政官僚与所谓技术官僚与纯粹业务人员的关系，还有一个在当代中国也有过激烈争议的问题：外行能不能、需不需要领导内行的问题。孟子所说的有些可笑，但并不令人觉得陌生，木匠拿了大木材来，君王很满意，眼看着加工以后木材一天比一天小，君王生气，这种浅薄与浮躁乃至愚蠢合乎情理，很难避免。玉石来了，君王没有那么自信，比较尊重玉石匠师傅，也很可信。玉石太罕见也太宝贵了，它的技艺更专门化，君王不敢轻易掺和搅和。治国理政，君王觉得"士"们应该听权力掌握者的，这也是理所当然的。权力首先就是决策权与用人权，毛主席的话叫作一个是出主意，一个是用干部，这得听权力掌握者的而不是听专家的。

教授玉匠去雕玉，不足为奇。一个是确有这样的权力中人，自以为是，喜欢教建筑师盖房、教司机开车、教演员演戏、教哲学教授讲哲学、教小说家写小说……其意谆谆，其语平平，其状洋洋，其事哀哀。这里令人佩服的是那么早孟子就提出了这个问题。

另一方面，权力中人的责任心与自信心比较不一样，他们认定，自己考虑的是大局，是影响人类、家国、民众、各行各业的生死存亡大事，而各种专家、工匠、特殊领域里的行家里手，考虑的是自身的那点领域，虽然具体细致，有时候难免片面，偏于雕虫小技。用孔子的话，专家工匠考虑的是"器"，而权力系统考虑的是"道"，孔子的说法是"君子不器"，修齐治平、仁义礼智信，自然比专业知识重要得多。

如果说君王不是专门工匠，所以没有发言权，那么，专家不是君王，对于君王应该做什么，不应该做什么，其发言权也极有限，而历代的士大夫，东周的诸子百家，几乎人人愿为王者之师，一概大讲治国理政之道，不同样是荒谬的吗？

内行与外行，专家与非专家，权力系统与无职无权者，其实各有特长特短。内行长于行业之内，却并不长于行业之外的有关种种或无关种种。专家长于专业领域之内之精微，却未必长于分析该领域对于全局的长期影响。近看可能明察秋毫，远看可能把握全局，什么时候专与泛、精研与鸟瞰、微观与宏观学会互补呢？什么时候权力语言与专业语言、道德语言还有宏大语言能够沟通与相得益彰呢？

2.10

齐人伐燕，胜之。宣王问曰："或谓寡人勿取，或谓寡人取之。以万乘之国伐万乘之国，五旬而举之，人力不至于此。不取，必有天殃。取之，何如？"

孟子对曰："取之而燕民悦，则取之。古之人有行之者，武王是也。取之而燕民不悦，则勿取。古之人有行之者，文王是也。以万乘之国伐万乘之国，箪食壶浆以迎王师，岂有他哉？避水火也。如水益深，如火益热，亦运而已矣。"

王解：齐国人征伐燕国，取得了胜利。宣王问孟子："有人说我不要占领燕国，也有人说应该占领燕国。齐国与同样拥有上万辆兵车的燕国作战，五十天拿下来了，这不是人力所能达到的。（如果不趁战胜的时候）占领下来，（那就是违背了天意，）必将受到天惩。那么，占领下来，您看怎么样呢？"

孟子答道："如果你们的占领能得到燕国民人的拥护喜悦，您就拿下来。古人有这样（战胜了便占领）做的，（这个先例）是周武王。如果占领的结果是燕国民人的不拥护不喜悦，就不要去占领了，古代也有这样（胜而不取）做的，周文王便是。以拥有万乘兵车的力量攻打敌方的万乘兵车，而后敌方民人提着饭筐举着酒壶去欢迎您的王者之师。这能有什么别的原因呢？无非是在燕国已经发生了令民人陷于水深火热的乱子，民人希望你们的到来解救他们的水深火热。这也是大势所成、时运所成啊！"

点悟：战胜而不可占领之说，有点腐儒的道学味道。孟子是强调义利之辨的，但孟子不腐，也不是只讲道学。看当地民人的态度之说，比较实在。援引武王与文王的不同事例也很有说服力。孟子有浩然之气、大义凛然之同时仍然有具体情况具体分析。重视理论、正名、概念，也重视经验、个案，很好。

民心决定权力的归属与成败，孟子的这种说法比较入耳。但事物有另一面，即权力的归属与成功能够决定民心的向背。孟子这里，民心是一个超乎一切的绝对理念，但细察起来，民心多变、民心趋时、民心歧义，民心可能一时有误，民心你有时是抓不着摸不准，甚至民心也可以制造、炒作、煽惑、利用。怎么办呢？说复杂了，再拉回来，其实君王、臣子、百姓都有一本账，你是在依民心民愿而用权还是为弄权争权而做民意，能长久地闹不清晰吗？

-------- 2.11 --------

齐人伐燕，取之。诸侯将谋救燕。宣王曰："诸侯多谋伐寡人者，何以待之？"

孟子对曰："臣闻七十里为政于天下者，汤是也。未闻以千里畏人者也。《书》曰：'汤一征，自葛始。'天下信之，东面而征，西夷怨；南面而征，北狄怨。曰：'奚为后我？'民望之，若大旱之望云霓也。归市者不止，耕者不变。诛其君而吊其民，若时雨降。民大悦。《书》曰：'徯我后，后来其苏。'今燕虐其民，王往而征之。民以为将拯己于水火之中也，箪食壶浆以迎王师。若杀其父兄，系累其子弟，毁其宗庙，迁其重器，如之何其可也？天下固畏齐之强也，今又倍地而不行仁政，是动天下之兵也。王速出令，反其旄倪，止其重器，谋于燕众，置君而后去之，则犹可及止也。"

王解：齐人讨伐燕国，拿下了燕国。诸侯商议谋划援助燕国。宣王问孟子：

"现在诸侯中的多人策划攻打我们，我们应该怎样准备对付他们呢？"

孟子说："我听说过以方圆七十里的地盘最后统治了天下的人，那便是殷商的汤。我可没有听说过方圆一千里却要害怕他人攻打的人（像您这样的）。《尚书》上记载：'商汤的征战，从葛国开始。'天下民人都相信他、期待他。他往东打，西边边远的民人抱怨；往南打，北边边远的民人抱怨：'为什么把到我们这边来（解放我们这边）排在后面呢？'老百姓盼望着汤的王师，像大旱年头盼望着天上出现雨云。（商汤的队伍来了，）做买卖的照样做买卖，种地的照样种地。杀掉了敌方的暴君，救援了当地的民人，汤的到来正像降下了及时的好雨。民人是非常高兴的。《尚书》上记载：'等待王者，使得我们重获生命！'如今燕王暴虐他的民人，君王才到那里进行征伐，那里的民人以为您的征讨是为了将他们从水深火热的痛苦中解救出来，他们都提着饭篮、酒壶来迎接您的王者之师。如果您杀戮他们的父兄，拘羁他们的子弟，毁坏他们的祭祀典礼宗庙，搬运走他们的国宝器物，这算是什么事情呢？天下各侯国本来就感觉到了强大齐国的震慑，现在齐国领土扩张了一倍，又不实行仁德的政治，这不等于是调动天下的兵力来反对自己吗？请您快快发令，释放遣返他们的老人与孩子，停止对于他们的宝器的搬运掠夺，与燕国的民众协商，择立他们的君王，撤走你们的兵力，这样还来得及做到扭转形势的恶化趋势。"

点悟：谈当时诸侯国家相互关系问题。孟子并不认为应该互不干预，他说燕国国君暴虐民人，齐国前往征讨，受到燕人的热烈期待与欢迎。他还主张，既然战胜了，就可以"取之"，取之，应该是拿过来据为己有之意。但这里有个前提，看当地民人的意愿，当地民人欢迎，你就拿过来；反之，你不要拿。这说起来很简单，很有道理，但又有点太简单，太道理主义。当地民人的反应？这样的民调就是21世纪也不容易闹清楚，何况纪元前数百年的东周时期？这是一。开始对非本乡土的"占领军"不欢迎，后来由于此军的秋毫无犯，秩序井然，渐渐被接受了，也是可能的，这是二。胜者王侯败者贼，只有巩固胜利，才能终于真正大获全胜，这是三。春秋战国时期，追求主导，追求统一，用孟子本人的话来说，"天下定于一"，是当时有出息的侯王梦寐以求的目标，那就不能胜一个丢一个，占一个撤一个，这是四。

对战败的侯国也要实行仁政，这是此段的精华所在。做到这一点不容易，不容易所以更宝贵。孟子的仁德理想主义与仁政理想主义，有些地方比孔子讲得还高尚、丰富、漂亮，令人赞叹。

孟子以及老子，特别注意强调大国更要谦卑，这也是有远见的。

—————————— 2.12 ——————————

邹与鲁哄。穆公问曰："吾有司死者三十三人，而民莫之死也。诛之，则不可胜诛；不诛，则疾视其长上之死而不救，如之何则可也？"

孟子对曰："凶年饥岁，君之民老弱转乎沟壑，壮者散而之四方者，几千人矣；而君之仓廪实，府库充，有司莫以告，是上慢而残下也。曾子曰：'戒之戒之！出乎尔者，反乎尔者也。'夫民今而后得反之也。君无尤焉！君行仁政，斯民亲其上，死其长矣。"

王解：邹国与鲁国打了一仗，邹穆公问孟子说："我的官员死了三十三个人，老百姓一个死的都没有。我如果杀这些不救援本国官员而苟活的百姓，杀也杀不过来；如果不杀他们，我又不能不为他们对于长官见死不救而痛恨。我应该怎么办呢？"

孟子回答说："遇到灾荒饥饿的年景，您百姓中的老弱者死掉了，尸首堆积在沟壑中，而青壮年四散逃跑的达到好几千人；那时候您的仓廪中粮食充足，府库里物品丰富，您的那些官员并没有向您报告严重情势以救济百姓，这就是在上者轻慢民人、损害人众的表现呀。曾子说过：'小心啊，小心啊，一种态度从你这儿怎么出去的，也就会怎样反转回来。（你怎么对待民人，民人也就会怎么样对待你呀！）'（您讲的百姓对长官之死处之漠然的表现，）

正是长官轻慢民人的报应啊。请不要为这样的情况而忧愤，如果您实行仁德爱民之政治，民人自然也就与长上亲近、为长官效死了！"

点悟：孟子的话相当尖锐，天理昭昭，有来有往。爱百姓者，百姓爱之；轻百姓者，百姓轻之；助百姓者，百姓助之；慢百姓者，百姓慢之；害百姓者，百姓害之。

权力与民人的关系有它单纯的一面，权力对民人好，民人就对权力好，维护权力，为权力奉献，反之亦然。这是孟子反复强调的一个论点，当然很重要。

从这一点出发，就会坚持与发展到下面的认识：民心决定成败、民人创造历史，代表不代表、伤害不伤害民人，是政治得失的决定性因素。这是中国古代的民本思想与民主意识，非常珍贵，须臾不可轻视与背弃。

但事实上它有复杂的另一面，权力与仁爱，它们到底是个什么关系？就一时一地一事而言，仁爱而丢权丢国丢头的事例不能说没有。牢牢抓住权力不撒手，从而成就了大业的事例更多。刘邦谈不上仁爱，但是他是权力争夺上的胜利者。项羽既不仁爱又不会争权保权玩权，只能失败。李世民心狠手辣，成就了伟哉壮矣的贞观之治。孟子遇到刘邦、李世民，他能说些什么呢？

亚圣的理论在于它的道德性、纯洁性、理想性，印在书上，讲到课堂上，很好。长远来看，绝对有理有效，与一时一地一事一人相较，不无出入。

反过来说，如果完全不懂圣人亚圣的理论，只知道心狠手辣，只会一味强梁霸道，也会是自取灭亡，桀纣的例子早摆在那里了。王道与霸道、德与威、理与力、内圣与外王，缺了谁也不行。

"出尔反尔"的成语，就是出自兹段引用的曾子的话。但现今人们对于"出尔反尔"的理解完全与原义失联。现在说的"出尔反尔"是说一个人说话不算数。而孟子引用的曾子的话，是说万事万物都有自己的互动双向，你想要求别人对你做的，你要先期为他人做到。这是个很管用也很大气的道理。

滕文公问曰："滕，小国也，间于齐、楚。事齐乎？事楚乎？"

孟子对曰："是谋非吾所能及也。无已，则有一焉：凿斯池也，筑斯城也，与民守之，效死而民弗去，则是可为也。"

王解：滕文公问孟子："我们滕国是个小国，位于齐国与楚国之间。您说我们是应该靠拢齐国呢，还是楚国呢？"

孟子回答："这样的主意不是我能出得来的。如果一定要说，我有一个说法：挖深护城河，筑高城墙，与民人一道防守，死守城市，民人不跑，这个国家就是有希望的了。"

点悟：那就看孟子与滕文公谈话的目的是什么了。如果是探讨治国理政的学理，孟子说得很好。如果是孟子想有所实践，有所推行自己的政治主张；如果孟子是如孔子所说的那样要推销自己，"沽之哉，沽之哉"地求权求位求平台，那么，他的说法诚恳有余，意义不足，没啥用处。

文公说的是实话，大国间的小国，很难绝对地独立，它必须有所依靠，有所提防，有所拉拢，有所应对，事齐事楚之难，是许多小国所无法摆脱的。小国的优势也在这里，大国往往以大国为假想敌，而想拉住几个小国壮大自己。例如当代的新加坡，李光耀就是这样博弈的。孟子的动机再好，理论再光鲜，不能脱离开对于具体侯国状况与关系的把握与分析，说什么"是谋非吾所能及也"恐怕说不过去。

外交是外交，城防是城防，可以互相补充，不可互相取代。孟子讲城防为要，很可能是对的，但仍然没有回答滕文公的外交提问。

在这样一个具体问题上，孟子干脆回答"是谋非吾所能及也"：这个主意我也出不来。知之为知之，不知为不知，是知也。常常看到一些"名嘴"，问什么都是对答如流，真替他或她着急，你哪怕回答一次"是谋非吾所能及也"，也显得诚实可靠了许多。

───── 2.14 ─────

滕文公问曰："齐人将筑薛，吾甚恐。如之何则可？"

孟子对曰："昔者大王居邠，狄人侵之，去之岐山之下居焉。非择而取之，不得已也。苟为善，后世子孙必有王者矣。君子创业垂统，为可继也。若夫成功，则天也。君如彼何哉？强为善而已矣。"

王解：滕文公问孟子："听说齐国将要在（他们占领的邻近滕国的）薛城加固城墙，我很害怕，怎么办才行呢？"

孟子回答说："早先周文王的祖父（太王）居住在邠地，受到狄人侵犯，他躲避到岐山下面去了。并不是太王要选择岐山之下，是不得已呀。（在那种处境下，）只要是坚持行善，他的后世子孙迟早能够完成王者的大业。君子创造开拓事业，传给后世子孙，（是有长远的考虑的，）如果成功，那也是天意。（如今）您能把齐国怎么样呢？只能是您这边自己坚持行善罢了。"

点悟：秀才遇了兵，有理说不清；亚圣遇到齐国筑薛，敢情也没辙。提提太王的旧事，说明武王他曾祖父也有服软的时候。坚持行善，并不等于这辈子能见效，要等到子孙后代，加上老天的配合，才可能出个王者。

怎么回事？养着浩然之气的孟子，碰到了强梁霸道，敢情也没有啥点子。不用说历史上的强梁角色，俺如果接待的是孟子，也会觉得毫不解渴。天下无事，不妨与之切磋，天下有事，您一边待着去吧，您！

人无远虑，必有近忧，这是《论语》上孔子的话，其实同样的问题也可以换一个角度思考：人无近策，必积累成不治之症；人无近忧，无能解决一个个具体的忧，终成远虑顽症。消化不良不治，终成胃癌肝癌。你解决不了每月每周每日每时的温饱问题、建设问题、发展问题、安全问题、秩序问题……你干脆就在近忧中没顶灭亡了，你的仁义礼智信的远虑，也就无处可以播种与收获成果了。人无远虑者有近忧，人无近策、做不到随机应变者，随时有忧患灭亡的危险，其远虑也变成了奢侈的空谈。以不变应万变，以一个根本的统领的核心的观念代替一切具体的个案应对，恐怕难以事事通行。

2.15

　　滕文公问曰："滕，小国也；竭力以事大国，则不得免焉。如之何则可？"

　　孟子对曰："昔者大王居邠，狄人侵之。事之以皮币，不得免焉；事之以犬马，不得免焉；事之以珠玉，不得免焉。乃属其耆老而告之曰：'狄人之所欲者，吾土地也。吾闻之也：君子不以其所以养人者害人。二三子何患乎无君？我将去之。'去邠，逾梁山，邑于岐山之下居焉。邠人曰：'仁人也，不可失也。'从之者如归市。

　　"或曰：'世守也，非身之所能为也。效死勿去。'

　　"君请择于斯二者。"

　　王解：滕文公问孟子："滕国是个小国，虽然尽力侍奉大国，仍然免不了遭难遇险。怎么样才能摆脱这种困境呢？"

　　孟子说："当年太王在邠地主政的时候，狄人入侵，文王送了毛皮与绸缎过去，不管用。送了（名贵的）狗与马过去，不管用。又送去了珍珠玉石，仍然不管用。太王找来了德高望重的老人，告诉他们：'狄人要的是我们的国土。我听过这样的教导：君子不能够因了养育民人的土地而让民人受到伤害。你们几个人不会为了找不到国君而苦恼，那么，我就撤离走掉好了。'他告别了邠地，越过了梁山，在岐山下面新建了一座城镇。邠地的民人说：'文王可真是个仁爱之人啊，我们不能离开他。'跟着他走的人像去赶集一样地踊跃火热。

"也有另一种说法：'（国土）是一代代传下来、保守下来的，国君一人没有权力处置它，只能死守，不能转移。'

"请国君从上面两种说法中选择自己的处置吧。"

点悟：孟子认为面对强敌，有两种做法，惹不起躲得起，是一种仁者的选择，那么死守到底呢？没细说，应该算是勇者与忠者的选择。孟子其实更欣赏太王的躲避，对此讲得比较充分；后一种强硬主义，则只是提了一下，立此存照。这当然有它的原因，当时的狄、邠矛盾，只是地域或边民与中原居民的矛盾，不带有如今的国际斗争的严重性质；再说，当时荒地甚多，领土之争的处理方法回旋余地比较大。要是现今，人们肯定认为出让土地就是卖国汉奸。

在滕国危难之际，孟子摆出两种针锋相对的办法让文公挑，这似乎说不过去。原因是孟子碰到了悖论：仁德第一，极易流于和平主义。强调为国土牺牲，也有可以探讨的地方，是坚持儒家的仁政王道，还是坚持杀身成仁、舍生取义、精忠报（侯）国，有时候，孟子自己也不无困惑。

───────── 2.16 ─────────

鲁平公将出。嬖人臧仓者请曰："他日君出，则必命有司所之。今乘舆已驾矣，有司未知所之，敢请。"

公曰："将见孟子。"

王解：鲁平公准备外出，他的宠臣臧仓问平公："过去，您出门到什么地方去都让有关官员知道目的地，这回有关官员不知道您要到哪儿去，可不可以允许我问问您要到哪儿去呢？"

平公说："我要去见孟子。"

曰："何哉，君所为轻身以先于匹夫者？以为贤乎？礼义由贤者出；而孟子之后丧逾前丧。君无见焉！"

公曰："诺。"

乐正子入见，曰："君奚为不见孟轲也？"

曰："或告寡人曰：'孟子之后丧逾前丧。'是以不往见也。"

王解：臧仓说："这算什么呢？您放低身段，先去看望孟子，是为了礼贤下士吗？（贤士的行为应该合乎礼仪）礼数、义理是贤士的标志，可孟子为母亲办丧事的规格超过了父亲。（这是不合礼数的，）您不要去吧。"

平公说："好吧。"

乐正子入宫见到平公，问道："您怎么没有去见孟子呀？"

平公说："有人对我说，孟子为母亲办丧事的规格超过了父亲，因此我就没有去看望他。"

曰："何哉，君所谓逾者？前以士，后以大夫；前以三鼎，而后以五鼎与？"

曰："否；谓棺椁衣衾之美也。"

曰："非所谓逾也，贫富不同也。"

王解：乐正子说："这个所谓规格超过的含义是什么呢？是他给父亲的治丧是按士的标准做的，而给母亲治丧按大夫的标准？要不就是给父亲治丧用三个鼎置放贡品，而给母亲治丧摆了五个鼎的贡品？"

平公说："那倒没有，说的是内棺外棺、寿衣寿被的讲究，后面的丧事超过了前边的丧事的标准。"

乐正子说："那就谈不上超标了，那只是由于办前后丧事的时候治丧者的贫富状况有变化（因而反映到用品材质上有不同）罢了。"

乐正子见孟子，曰："克告于君，君为来见也。嬖人有臧仓者沮君，君是以不果来也。"

曰："行，或使之；止，或尼之。行止，非人所能也。吾之不遇鲁侯，天也。臧氏之子焉能使予不遇哉？"

王解：乐正子告诉给孟子："我对平公说了（您的到来），平公本来是要来看望您的，但是有个叫臧仓的宠臣阻拦国君，结果国君就没有来成。"

孟子说："一件事情进行了，一定有让人愿意去进行的驱动原因；一件事停止了，一定有妨碍人去作为的制动因素。决定这种进行或停止，不是人所能左右的。我之所以没有机会与鲁侯相遇合，这也是天意。区区一个姓臧的，他怎么可能阻挡得了我与鲁侯的遇合呢？"

点悟：首先这一节文体上有所不同，前面的章节都是孟子在场，孟子与侯王的对话，而且侯王的话往往只是引子，文本其实是为了孟子立言。本节，也是为了给孟子立言，但格式不同。先是鲁侯与他的宠臣臧仓对话，二是乐正子与鲁侯的对话，三才是乐正子与孟子的对话。从叙述方式上看，这一段更像叙事文字，甚至有点像全能视角的小说或历史故事记载。从文本中看不出是什么人，以什么角度来写这一节的。

不妨用类似分析小说的方法，推敲一下本节：

第一，平公要去看望孟子，与往常不同的是，没有告诉近侍们要去哪里，他对看望一个无甚官职名分的社会活动家、思想家、意见家、道德家压根就底气不足，决心不大。也因此故，一句话就被宠臣说服。

第二，臧仓背后讲孟子的坏话，未见有什么个人目的与诡秘背景。像孟子这种上不着天下不着地的"士"，不论是贤士、亚圣、著名大Ｖ乃至异见人士，都容易引起"群氓"的负面反应。字面上，群氓即庸众。网上则释群氓为"聚集起来的表现为同质均一心理意识的人类群体，他们拒绝理性而复杂的思考……只简单地选择两个极端，或者全盘接受，或者一概拒绝"。

第三，任何一个名人加白丁，即权力系统之外的意见领袖，你想抓他的辫子，都一抓一个准，一抓一个"不言传"。

第四，丧葬规格问题，今人或以为莫名其妙。这里既有等级社会的差异标准问题的严肃性，更有游戏规则即规矩的神圣性。定了规矩，绝对不容违反变通。克林顿的性丑闻闹那么大，尼克松的水门事件闹得自己下了台，就是因为克林顿坏了面对大法官扶着《圣经》誓言句句是真与权力使用禁忌的规矩。尼克松的娄子更大，破坏了两党轮流做庄的游戏规则。

第五，孟母仇氏，教子有方，美名万古，而孟父死得早，对孟子的影响远不及孟母。孟子的母丧规格超过父丧，恐怕事出有因。但有规矩在，你事出有因也不行。

第六，万物万事，如此这般而不是如彼那般，绝非表面上的原因那样单纯。平公看望孟子，绝对不是小小一个什么佞臣宠臣所能阻拦得住的。刘备有拜访诸葛氏茅庐的意图，张飞也曾反对，堂堂"三弟"反对也是无效的。个人原由是历史原由、社会原由、文化原由、价值观原由的投影；偶然事件是几条必然线索交汇的结果。孟子干脆解释为"天"，孟子、荀子都讲究"天时地利人和"，诸葛亮给刘备讲的也是"天时地利人和"，这是历史的多元论，可以与历史的一元论一道切磋理解互补。

第七，解释为天就是承认有些事情解释不了。今天的说法就是除了各种意图以外，还有"不依人的意志为转移的客观规律"。生死、安危、通塞、成败、遇与不遇，你不可能都看得清清楚楚。项羽败给了刘邦，他强调的是"天亡我，非战之罪也"。孔子畏于匡，他把希望寄托在天意未必要灭绝斯文一脉上。孔子"叹凤嗟身否，伤麟怨道穷"，甚至因获麟绝笔《春秋》，也是承认人的时有无能为力。解释为天意，表示出一种淡定，比较有风度。不以某个"小人"为对立面，比较有身份。

第八，不相信堂堂鲁君平公是为佞臣所阻，不来看望自己，这也表达了孟子对君王的足够尊重。既尊重了君王，又少丢自己的面子，远比因之大骂一通平公更智慧。

孟子而成亚圣，应非偶然，这一章他表现得成熟老练淡定。

卷三　公孙丑章句上

──────── 3.1 ────────

公孙丑问曰："夫子当路于齐，管仲、晏子之功，可复许乎？"

孟子曰："子诚齐人也，知管仲、晏子而已矣。或问乎曾西曰：'吾子与子路孰贤？'曾西蹴然曰：'吾先子之所畏也。'曰：'然则吾子与管仲孰贤？'曾西艴然不悦，曰：'尔何曾比予于管仲？管仲得君如彼其专也，行乎国政如彼其久也，功烈如彼其卑也；尔何曾比予于是？'"

王解：孟子的学生公孙丑问孟子："如果先生在齐国主事，您能够复兴晏婴、管仲那样的功业吗？"

孟子回答："你可真是齐国人啊，也就知道个晏子与管仲啊。有人问过曾子的儿子（一说孙子）曾西：'你与子路相比，哪一个更贤明呢？'曾西受惊地说：'子路，那是先父（一说祖父）敬畏有加的人物啊。'又问：'那么，你与管仲相比呢？'曾西一听，很不高兴，他说：'你怎么可以用他来比照我呢！管仲得到齐王的赏识重用，如此之专一不二，掌管国家政事如此之长久，而他完成的功业是那样卑下低微，你怎么可以将我们俩相提并论！'"

曰："管仲，曾西之所不为也，而子为我愿之乎？"

曰："管仲以其君霸，晏子以其君显。管仲、晏子犹不足为与？"

曰："以齐王，由反手也。"

曰："若是，则弟子之惑滋甚。且以文王之德，百年而后崩，犹未洽于天下；武王、周公继之，然后大行。今言王若易然，则文王不足法与？"

王解：孟子说："管仲，是曾西所耻于相比的人，你反而以为我会愿意去与之为伍吗？"

公孙丑说："管仲做到了使齐王霸业有成，晏子做到了使齐王尊荣显赫，难道他们的事功还不值得提起吗？"

孟子说："以齐国的实力，称霸天下，本来就是易如反掌的嘛。"

公孙丑说："听您这样一讲，我就更困惑了。以文王的德行，而且活了一百岁，他的德行，并没有通行天下。到了武王、周公时期，继承了他的事业与理念，然后才能大行其道。现在您把称王称霸说得那样容易，难道文王也不值得景仰了吗？"

曰："文王何可当也？由汤至于武丁，贤圣之君六七作，天下归殷久矣，久则难变也。武丁朝诸侯，有天下，犹运之掌也。纣之去武丁未久也，其故家遗俗，流风善政，犹有存者；又有微子、微仲、王子比干、箕子、胶鬲——皆贤人也——相与辅相之，故久而后失之也。尺地，莫非其有也；一民，莫非其臣也；然而文王犹方百里起，是以难也。齐人有言曰：'虽有智慧，不如乘势；虽有镃基，不如待时。'今时则易然也：夏后、殷、周之盛，地未有过千里者也，而齐有其地矣；鸡鸣狗吠相闻，而达乎四境，而齐有其民矣。地不改辟矣，民不改聚矣，行仁政而王，莫之能御也。且王者之不作，未有疏于此时者也；民之憔悴于虐政，未有甚于此时者也。饥者易为食，渴者易为饮。孔子曰：'德之流行，速于置邮而传命。'当今之时，万乘之国行仁政，民之悦之，犹解倒悬也。故事半古之人，功必倍之，惟此时为然。"

王解：孟子说："文王谁能与之相比？从成汤到武丁，（商朝）贤圣的君王六七代，天下归心于殷商越来越久了，久了也就不好改朝换代了。武丁让诸侯来朝，执掌号令天下，如运行于自己掌中。到了商纣时代，离武丁时期并没有多么久，那时颇有来头的家族、颇有来历的旧例风习、流传已久的良好风气、相当完善的行政举措（这些本朝政治资源）还都有所存留。又有微子、微仲、王子比干、箕子、胶鬲这些贤臣在旁共同辅佐商纣，就这样，过了很久商纣才丢掉了政权与王位。本来，每尺土地都归他所有，每个国人都归他支使，而文王依靠的是那方圆一百里的地盘而起，文王太不容易了。齐人有个说法：'即使有智慧，比不上有利的进取形势；即使有锄头，比不上合宜的耕作农时。'现在的形势与时机都比过去顺当多了。过去，夏后、殷商、周朝，虽然兴盛，没有一个朝代拥有方圆千里土地，而目前的齐国已经有这样大的地面了。（齐国人口密集）鸡鸣狗吠，（从中心）一直达到边境，齐国拥有这样的人力资源！地用不着开拓扩张，人用不着招揽聚集，此时此刻，实行仁政而以王道统一天下，没有谁能阻挡。再说，长久以来，真正的王者王道，已经很荒疏；百姓被暴虐的政事所磨难，已经达于极点。百姓们饥饿了，也就易于满足他们的食物要求；百姓们渴坏了，也就易于满足他们的饮水要求。孔子的话：'德行的传播，比邮政传令还快。'这个时候，像齐国这样一个拥有万辆兵车的大侯国实行仁政，民人的高兴拥戴就好比是去将倒吊着受刑的民人解救下来，这正是所谓事半而功倍的最佳时机啊。"

点悟：这也是一种见解，但不一定能获得公认。周文王之与商，与齐之与周，未必有可比性。而后世读过《史记》与《东周列国志》的，未必会对晏子、管仲过于贬低。《论语》上，孔子其实说了管仲的好话，大体上承认管仲也应该算是仁者。孔子面对事功赫赫、偏于法家、不搞为政以德而搞为政以权、以强、以力的管仲，是有所为难的。他说管仲："相桓公，霸诸侯，一匡天下，民到于今受其赐。微管仲，吾其被发左衽矣。"管仲的事功大不易，孔子本人都有如上的感恩表述。为什么孟子讲起晏、管来，竟是这样不屑呢？

首先，学理尤其是政治遗产的继承人往往比创始人、比开山老祖还要激烈一些，他需要强调，需要凸显自己这一派理念的特色。

其次，中华文化重整体，尚同、尚一、尚核心的特色渐渐成型，我称之为泛"一"论，与泛"善"论、泛"化"论合称"中华三泛"。中华先哲重纲轻目，重核心轻边边角角，往往强调有了核心就有了一切，没了核心一切都会等于零。既然德政、仁政、王道、礼治是自己这一派儒家的核心价值、核心主张，那就要坚持离了德、仁、王、礼，别的都不算数。这与后世讲的"抓主要矛盾"，抓住了主要矛盾，次要矛盾也就迎刃而解的思路是接近的。

孟子的逻辑很纯洁，带几分天真，既然天下无道，战乱频仍，民不聊生，出来几个高举德、仁、王、礼旗帜的君王，亲民爱民护民并教化人民，就一定能解民倒悬、大得民心、所向披靡、无往不胜。简单的逻辑是：仁是牛鼻子，是老子说的那个"天得一以清，地得一以宁"的"一"，也是孟子所讲的"天下定于一"的"一"，还是庄子说的那个"道枢"——大道的枢纽，相当于一个圆形的圆心。有了一就有了也才有了一切，即一的一切与一切的一（语出郭沫若诗，或谓更早出自《华严经》），老子的话是"道生一，一生二，二生三，三生万物"，万物了、一切了，最后结论仍然是九九归于一。孔子梦——古中华梦就是天下归仁，而仁就是孔子的"一"。想想看，邦国君王有了仁就有了民心，有了民心就有了政权，有了政权就有了推行德政仁政王道礼治的可能，就一定能相当顺遂地称王天下、统一天下。

这种以一个道德理念解决政治权力纷争的思路往往产生并宣扬于尚未进入权力系统的社会精英当中，它带有某种在野人士的特点：他们勾画理想国，享有价值的优胜、斯文的优胜、概念的优胜，抨击现实权力运作的千疮百孔，他们鼓吹以一念之美而包治百病。在他们眼睛里，一个美好的、应该说是不争的理念，掌权的人硬是做不到，不是"挟太山以超北海"，只是"为长者折枝"，硬是不去做，这样的权力系统与它们的君王，能不改换吗？改换了这样的政权，能不是一通百通、皆大欢喜吗？

而一旦你进入了权力系统，你马上会发现，抓好了一，出现了二；解决了二，出现的是三、四、五、六项麻烦；主要矛盾解决了，次要矛盾照样活活要你的命。无德自然招骂，但是如果虽少德而有利、有力、有智谋、有本领、有资源，照样能招呼一气，固然未必坚持久远。天下其实有多少久远恒常？"不求天长地久，只求曾经拥有。"这句流行歌词唱的是男女之情，其实正好用来形容东周时期的中华政治。

还有一点，咋样了是有德，咋样了是无德，说法难以统一。庄子早发现了："诸侯之门而仁义存焉。"当了诸侯了，官大权大强势了，承认你有德、给你唱颂歌的人士大大增加，无德也似乎有了德。德不德的问题有时很富争议性。

再说，即使有了德，别的政治经济文化资源与实力吗也没有，你照样会倒霉，照样会丢失。随着丢失权力，不但会丢失脑袋，而且会丢失仁义礼智信的声誉。胜者王侯败者贼，历史由胜利者书写。所以有名言："丢了政权，形象好有什么用？"不要以为有了德行，就一定能战胜金钱、权力、原子弹与导弹。同样，也不要以为有了硬实力而丢失了德行、丢失了人心你硬是能长期霸道下去。

历史证明，坚持仁政绝非易事。从理论上、长远的历史评价上看，仁政伟大。从三年五载乃至可预见的时间的效果上看，"量小非君子，无毒不丈夫"。这与其说是恶人的狂言乱语，不如说是历史经验的惨痛总结。"玄武门之变"的结果是失德的李世民的了不起的"贞观之治"启动。如果玄武门前是李世民被射杀，几个人会将之树为榜样呢？上世纪70年代，智利进步人士阿连德的道德理念合法政府败给了军事政变的头头皮诺切特将军。而上世纪30年代，西班牙的佛朗哥虽然声名狼藉，却获得了政治上的某种成功，他的豪华巨大的陵墓至今雄踞马德里，至于反法西斯与支援西班牙进步力量的"国际纵队"成员，如民歌所说一个个地"倒在山下"了。从歌曲来说，纵队战士是胜利者；从为政来说，难以一言论定。

有时是这样：道德理想主义赢得了人心，实用主义、实力主义赢得了权力，仁者不胜，胜者不仁。呜呼痛哉！

无论如何，孟子这里的贬低晏、管，略有随意性，有书生意气，并涉嫌政治浪漫主义，涉嫌自吹自擂，有令人不安处。而孟子的坚持德仁王礼，又给民人，给历史带来了希望与价值，更给知识分子带来了美梦与浩然正气。历史、权力、理念、价值，从一开初就带着悖论呼啸而至。呜呼善哉？哀哉！

3.2

公孙丑问曰："夫子加齐之卿相，得行道焉，虽由此霸王，不异矣。如此，则动心否乎？"

孟子曰："否；我四十不动心。"

曰："若是，则夫子过孟贲远矣。"

曰："是不难，告子先我不动心。"

曰："不动心有道乎？"

王解：公孙丑问："先生如果能够被任命为齐国的卿相高官，就能够推行您的治国之道了。（依您所说，）对天下称王称霸也就不足为奇了。请问如果有这样的事态发生，您不会觉得心旌摇曳、心志动荡吗？（不会动摇您的仁政论王道论吗？）"

孟子答："不会的，四十岁以后，我就从来不心旌摇曳、心志动荡了。"

公孙丑说："了不起，这样说，您的定力胜过武士孟贲很远了。"

孟子说："这并不难，告子先于我，早就做到心有定力，不为外界所动了。"

公孙丑问："如何做到涵养定力而不动心，也有一套方法、一番讲究的吗？"

曰："有。北宫黝之养勇也：不肤桡，不目逃，思以一豪挫于人，若挞之于市朝；不受于褐宽博，亦不受于万乘之君；视刺万乘之君，若刺褐夫；无严诸侯，恶声至，必反之。

"孟施舍之所养勇也，曰：'视不胜犹胜也；量敌而后进，虑胜而后会，

是畏三军者也。舍岂能为必胜哉？能无惧而已矣。'

　　"孟施舍似曾子，北宫黝似子夏。夫二子之勇，未知其孰贤，然而孟施舍守约也。昔者曾子谓子襄曰：'子好勇乎？吾尝闻大勇于夫子矣：自反而不缩，虽褐宽博，吾不惴焉；自反而缩，虽千万人，吾往矣。'孟施舍之守气，又不如曾子之守约也。"

　　王解：孟子说："是的。例如北宫黝，他为了培养自己勇敢，练习自己能够做到皮肉被扎也不退避，眼睛被刺也不闭眼，毫厘必争，哪怕是一根毫毛被揪，他的感觉也与在大庭广众受到鞭挞一样。他不能忍受底层百姓的轻侮，同样不能忍受大国君王的轻侮。他认为杀死一个君王与杀死一个百姓并无区别。对君王并无畏惧，碰到恶意的攻讦一定反击。

　　"另外就是孟施舍，他培育勇敢的路子又有不同。他的特点是遇到未必能战胜的对手，也自信能够战胜他。他说：'先掂量敌手的实力再决定是否行进，先考虑胜利的把握再决定是否会战，那等于是畏惧敌人的兵力。我岂敢说己方必胜？我不过是无所畏惧罢了。'

　　"孟施舍的做法接近曾子，北宫黝的做法接近子夏。我不好说他们二人谁的做法更好，但是我觉得孟施舍的做法更简约明快。曾子曾经对子襄说过：'你想让自己更勇敢吗？我问过老师，怎样才能做到大勇。老师说："反思自身，如果不是理直气壮，那么哪怕是底层百姓，也不能对人家咋咋呼呼。如果反思的结果确是理直气壮，那么，哪怕你面前有千百万反对者，你照样义无反顾。"'这么说，孟施舍的培育勇气，又比不上曾子的坚持根本了。"

　　曰："敢问夫子之不动心与告子之不动心，可得闻与？"

　　"告子曰：'不得于言，勿求于心；不得于心，勿求于气。'不得于心，勿求于气，可；不得于言，勿求于心，不可。夫志，气之帅也；气，体之充也。夫志至焉，气次焉；故曰：'持其志，无暴其气。'"

　　"既曰：'志至焉，气次焉。'又曰，'持其志，无暴其气'者，何也？"

曰："志壹则动气，气壹则动志也，今夫蹶者趋者，是气也，而反动其心。"

王解： 公孙丑问："那么您可以谈论一下您的定力与告子的定力的比较吗？"

孟子说："告子的说法是：'言语上达不到的（说不清楚的）就不要为之费心思求解，心思上达不到的（想不明白的）就不要为之动气求逞。'心思上达不到的，不要为之生气动火，这是对的。言语上达不到的就不费心思，不对。因为人的心志是统率意气的，意气，又是充满于人身体的。心志是第一性的，意气是第二性（次生性）的。所以我们的讲法是：'保持心志的坚定，而不是逞强意气的火暴。'"

公孙丑问："您说了，心志是第一性的，意气是第二性的，现在又说保持心志坚定，不要逞强意气火暴，您的意思是什么呢？"

孟子说："心志有所专注，决定意气专一，但意气有所专注，也影响心志的状态。就像（奔跑的人）是跌倒还是继续奔跑，是意气决定的，但也反过来影响心志。"

点悟： 孟子强调不动心，即心志不应该受外物的影响而震荡动摇，要沉得住气，保持住一贯性，用现在的话说，就是要有定力。而公孙丑所说的不动心，似含有如果掌握了大权，尝到了权力的滋味，孟子的儒家理念会不会有动摇的意思，如此解读能使此段与前段的文意更加连贯，能使这一段讨论充分伦理学道德学化，而不是单纯的心理学讨论。

反正孟子讲的定力，不仅是心理素质、承受能力、自我掌控能力，更是一个道德自信与道德勇气、道德把持的问题。对于孟子来说，心理素质良好，保持一贯性和定力，说到底是价值坚守与恪守原则的问题。

庄子也是极强调虚静的，《庄子》有言："……贵富显严名利六者，勃志也。容动色理气意六者，谬心也。恶欲喜怒哀乐六者，累德也。去就取与知能六者，塞道也。此四六者不荡胸中则正，正则静，静则明，明则虚，虚则无为而无不为也。"庄子的要点在于不受外物引诱与欲望计较的困扰。他们都认为，心志的定力是极高的品质与境界。庄子的说法，是志、心、德、道的坚守，用现代语言来说，就是心志反映道德，道德必须坚持。中国文化尚一——吾道一以贯之，天下定于一，尚同、尚文、尚中（和）、尚礼也尚静，就是不动心。

现在的人则喜欢用一个词："选择"，选择的困惑是令人痛苦的，人们有时会处于选择的艰难与犹豫不决之中，处于心志的动荡与精神的崩溃之中，从这个意义上理解动心的狼狈与不动心的坚决踏实，也许有利于了解《孟子》此章。

这个说法或嫌简单，因为中华传统文化同样也讲"穷则变，变则通，通则久""与时俱化""苟日新，日日新，又日新"，心志一动不动，如何能更新求变？而且孟子紧接着就要讲"彼一时，此一时"。毛泽东则最爱讲"流水不腐，户枢不蠹"。本来应该讲不动心也要讲不断地发展变化、与时俱进的。不知道是不是古人也追求"片面的深刻性"与"彻底性"，在这里把不动心讲了个神乎其神！

从不动心的"价值观"讲到勇，讲到自我修炼的方法。孟子的意思是修炼越深入越好。北宫黝炼得最浅，叫作炼器官：皮肤、眼睛要有定力，要敢于维护尊严和意气，叫作树活一张皮，人活一口气。孟施舍炼的则是心志：是信心、是整体上的勇敢，特点是不惧敌、豁得出去。从孟施舍联想到曾子，曾子更深入一步，曾子的勇敢是理性的并且是富有自省性的，曾子的逻辑是你的不动摇是由于你的正确，反思无挂碍，深知你的所思所言所行是合乎大义的，谁也不怕，否则，宁可反省与自我调整。

这里也有儒家与道家的相通处，老子是讲"勇于不敢"的，比个人的品质更重要的是大道，是大义，是原则。

孟子此地的说法，一上来比较谦虚，他说告子的定力修养比自己更先进，早就不动心了。但是他接着指出，告子认为说不清楚就可以就此罢休是不对的，想不清楚的不必动意气，则是正确的。

心与气的问题，再次表现了孔孟老庄们对于匹夫之勇、血气方刚之勇的不以为然，心是心志，是全部精神的走向与选择，气是意气，是情绪化与简单反射化的情绪生理反应，不能与心志相比拟。但二者又是密切相关的。这个说法很有趣。

孔孟都很重视对于一些人文名词的辨析与"正名"。和辨析下一段所说的"知言"相比照，他们不赞成动辄煽情，不赞成意气用事。心志第一还是意气第一，应该说，这也是君子与小人的一大区别。孟子引用告子的心志、语言、意气、气度或精气问题的说法，体现了心本体、仁义本体、以心志统领语言与意气的儒家观念。

反求诸己，反求诸心，古人谈起心志、言语、意气、动静、定力、勇气诸话题，津津有味。今人谈起来则有些绕着名词转悠的糊里糊涂感。

"敢问夫子恶乎长？"

曰："我知言，我善养吾浩然之气。"

"敢问何谓浩然之气？"

曰："难言也。其为气也，至大至刚，以直养而无害，则塞于天地之间。其为气也，配义与道；无是，馁也。

"是集义所生者，非义袭而取之也。行有不慊于心，则馁矣。我故曰，告子未尝知义，以其外之也。必有事焉，而勿正，心勿忘，勿助长也。无若宋人然：宋人有闵其苗之不长而揠之者，芒芒然归，谓其人曰：'今日病矣！予助苗长矣。'其子趋而往视之，苗则槁矣。天下之不助苗长者寡矣。以为无益而舍之者，不耘苗者也；助之长者，揠苗者也——非徒无益，而又害之。"

王解： 公孙丑问："那么老师在这方面有什么长处呢？（有什么需要教训我们的呢？）"

孟子说："我能知晓与辨析言说主张，我善于涵养我自己的浩大充沛的心气。"

公孙丑问："请问，什么叫浩然心气呢？"

孟子说："不太好讲。那种心气，非常宏大，非常刚毅，要用德行正道滋养这种心气而不要使它受到伤害。这样，它就能充塞在天地之间。这种心气，必须与义理与正道为配伍，不然，它就会软塌下来。

"浩然之气是与义理原则共生的，而不是偶然地符合义理的行为所形成的。自省有了不纯正的动机，就会有所惭愧，也就没了底气了。为此，我说过，告子（虽然不动心却）从未有过对于义理道德的深切体悟，对于告子来说，义理道德，是身外之物。义理道德，我们当然是要讲究而不能停止的，我们时刻不能忘记根本的原则，但也不能越俎代庖与急于求成。不要像那个宋国人的故事：一个宋人，急切于他种植的禾苗长得太慢，便去拔苗助长，疲累地回到家中，说是：'哎呀，累坏了我啦，我帮助禾苗生长了。'他儿子听说去田里一看，原来禾苗都枯萎了。世上的人（能够耐心等待禾苗自然生长而）不去拔苗助长的人太少了。世上有一种人，不知道耕耘的益处，放弃了对于禾苗的锄草管理，他们不能在农事中起什么好的作用。另一种人却是自以为拔苗可以帮助生长，那就不仅是无益，而且是有害于农事了。"

点悟： 评论了北宫黝、孟施舍、告子的精神定力之后，该当是孟子说说自己了。

"我善养吾浩然之气"，这是一个极有名的说法，文天祥的《正气歌》也离不开《孟子》的渊薮。许多中国的士人，以养气作为自我修为的重要内容。

这里的"气"高度抽象却又高度真切。抽象，是说它无形无声无色无臭。真切，是说它确实存在于你的身体与精神中，确实影响着决定着你的一切，它不仅是精神的，而且人们可以感觉得到它的物质实在性。一个人气势宏伟，心气浩然，他感觉到的是无畏、足实、坚强、充沛有力，它包括着心理上乃至生理上的强大；反之是畏缩空虚、匮乏疲弱，它意味着心理上乃至生理上的衰颓。此说鼓舞了许多人去坚持义理、坚持道德、坚持精神追求、坚持为人的原则。

我们可以说，中国文化的气，是精神弘扬的物质化，抽象概念的实在化，伟大心理的生理化。道德自信、道德追求、道德勇气，化作心肺（胸）、四体、五官、肌肉与骨架的强大支撑、膂力调度、敏锐功能。

高度雄伟又高度自然，还因为它不是刻意袭取的结果，而是道法自然的表现。孟子强调，义理不是身外之物、心外之物，而是人自身的全面综合，是人本身的定义——题中之义。

高度真切，还因为气有自己的生理与物理特征，你可以练气功，你可以通过"养气"来调节心理平衡与健康，并调节你的呼吸（吐纳）与当时全无了解的血压、脉搏等，你可以想象与坚信你的浩大、充沛、正直、庄重、坚决、强固、分明，你是在培养你的战无不胜的身体功能、精神力量与坚定心态。

道法自然，这本来是老子的经典命题，但孟子在这里讲的"揠苗助长"故事，恰恰符合道法自然的命题。义理的明确性、完满性也好，气的激励性、充沛性也好，都不可"揠苗助长"，而只能逐渐积累培养。这些说法可能与东周的混乱形势有关：天下大乱、群雄并起、胜败无常、赌徒心态、急功近利、争霸争胜、轻举妄动、徒劳无功、巧言令色、打打杀杀……故而孟子叹息："天下之不助苗长者寡矣！"

"何谓知言？"

曰："诐辞知其所蔽，淫辞知其所陷，邪辞知其所离，遁辞知其所穷。——生于其心，害于其政；发于其政，害于其事。圣人复起，必从吾言矣。"

王解：公孙丑问："那么什么是您所说的知晓辨析言说主张的能力呢？"

孟子说："偏颇的言语，我知道它们糊涂盲目在哪里；虚夸的言语，我知道它们失控迷乱在哪里；邪谬的言语，我知道它们荒唐离谱在哪里；吞吞吐吐的言语，我知道它们捉襟见肘、勉强为难在哪里。这样的言说主张，从心里冒出来，必然危害社会的政治生态与行政管理；从政治生活中闹腾起来，必然危害各种事务的处理与进行。如果圣人复出，他们一定会认同我的这个说法的。"

点悟：这里讲的"知言"，与此前讲的不动心与养气一脉相承。生活在百家争鸣的时代，热闹则热闹矣，"民主繁荣"则"民主繁荣"矣，同时也让当时的高智商者孔孟老庄等人深病诸子百家的聒噪与混乱。那些以不动心、即充满自信定力自诩的人物，对于言说（言论、学术、议政）环境怀有极大的批判心态。一说知言，孟子想象到的是偏颇、是虚夸、是邪谬、是吞吞吐吐。可以想象，孟子那个时候，精英人物们不太可能一律欢呼言论与学术的自由，而常常是痛感各持己见、莫衷一是、互争互贬、恍若处于闹市无序兜售中之苦。他们倾向于认为：一个社会里如果层出不穷的尽是胡说八道，其危害是毋庸论证的。所以，孟子的知言，是知荒谬之言、迷误之言、危害之言、可恶之言，却不包括从大千世界各色人等滔滔言语中汲取智慧，受到启发，这是很有意思的。

本来，你说你的，我说我的，你做你的，我做我的，大乱其表，发达其实，人们面对这种百家争鸣，可以做的很多。一是以实践检验真伪正误；一是分清议论与实际，给言者以更大的空间，给行者以更大的责任与制约；一是使不同的言说有竞争互动与共存互补的秩序规则，积极地开展百家争鸣、百花齐放而不发生恶性争斗。很可惜，中国古代缺少这一步，而是自秦以降，但知言之害实，而不识言之利人利己、利国利民，干脆结束了东周时期的繁荣昌盛的学术思想局面。

孟子的说法有代表性与深刻性："胡说八道"太多了，生之于心，害之于政，生之于政，害之于事。孔子的说法则是："巧言令色，鲜矣仁。"老子的说法是："信言不美，美言不信。善者不辩，辩者不善。知者不博，博者不知。"庄子的说法则是："彼亦一是非，此亦一是非。"还有"圣人不死，大盗不止"。他们都不欢迎百家争鸣，而要求的是罢黜其他，独尊自家。他们直觉到的是需要打压或取消各种千奇百怪、蔽、陷、离、穷的言说主张。秦以后，再也没有出现百家争鸣、言说民主、学术昌盛的局面，当非偶然。

"宰我、子贡善为说辞，冉牛、闵子、颜渊善言德行。孔子兼之，曰：'我于辞命，则不能也。'然则夫子既圣矣乎？"

曰："恶！是何言也？昔者子贡问于孔子曰：'夫子圣矣乎？'孔子曰：'圣则吾不能，我学不厌而教不倦也。'子贡曰：'学不厌，智也；教不倦，仁也。仁且智，夫子既圣矣！'夫圣，孔子不居——是何言也？"

　　"昔者窃闻之：子夏、子游、子张皆有圣人之一体，冉牛、闵子、颜渊则具体而微，敢问所安。"

　　曰："姑舍是。"

　　王解：公孙丑问："孔子的弟子宰我与子贡长于言谈辞令，而冉牛、闵子与颜渊长于讲解德行。这些方面，孔子兼而有之，同时又说自己：'我在辞令方面，是不怎么见强的。'如今您呢，（不动心，有定力，又能养气，还能知言，）那您可就是圣人喽！"

　　孟子说："喔，这叫什么话呀！当年子贡问过孔子：'您是圣人吧？'孔子说：'圣人我是达不到的，我只不过自己学习，从来不会感到满足乏味，教导他人，从来不会感到疲劳厌倦罢了。'子贡说：'学而不厌，那不就是智慧吗？教而不倦，那不就是仁爱吗？又智慧又仁爱，那不就是圣人吗？'圣人的说法，是孔子所不能自居接受的。你刚才是说什么呀！"

　　公孙丑问："有一种说法，子夏、子游、子张，他们都具备圣人的某方面的品德，而冉牛、闵子、颜渊，他们大体具备圣人的品德构成，只不过格局小一些就是了。那么您呢？您是哪一种情况呢？"

　　孟子说："先不谈这个吧。"

　　点悟：孟子谈自身的文化定力，谈不动心，谈养气与知言，当仁不让。谈圣人，则只承认孔子伟大。

　　谈自己的品德，不能谦虚。对自己的身份评价，则不好开口，孟子亦如是。其实孟子说得并不明确，而是恰恰如前面说的给人以遁词——吞吞吐吐之感，他没有说一句我是抑或非是圣人的痛快话，而只是说，孔子都说自己不是圣人，你却问我是不是圣人，你这是说些什么话呀！

　　好的，孔子伟大得很，孔子确乎没有接受圣人的帽子，这些都是不移之论也罢，并不构成孟子绝非圣人的足够逻辑前提。其后只好说"姑舍是"——姑且不说吧，至此，但见其气浩然、其辩无敌的孟轲，居然不得不申请回避，不免觉得有趣，也深感任何理念都会造成自己的死角。有道德的人应该谦虚，谦虚的人应当如何强调自身道德理念的强大呢？不好办。作为后生的孟轲，应该尊敬先行者孔丘，如何把尊敬先师与坚持继承和发展创造结合起来呢？孟子也有面临悖论的时候。

其实好的继承必然同时是发展乃至突破，好的发展与突破必须懂得充分地继承，新与旧，今与昔，体与用，彼与此，这些概念是不能割裂更不能绝对化的。一切的肯定都无法回避对于否定是不是也要肯定的挑战，一切否定也要考虑到对于否定本身的否定的可能的困惑。孔孟老庄古今中外你我他，概莫能外。

曰："伯夷、伊尹何如？"

曰："不同道。非其君不事，非其民不使；治则进，乱则退，伯夷也。何事非君，何使非民；治亦进，乱亦进，伊尹也。可以仕则仕，可以止则止，可以久则久，可以速则速，孔子也。皆古圣人也，吾未能有行焉；乃所愿，则学孔子也。"

"伯夷、伊尹于孔子，若是班乎？"

曰："否；自有生民以来，未有孔子也。"

曰："然则有同与？"

曰："有。得百里之地而君之，皆能以朝诸侯，有天下；行一不义，杀一不辜，而得天下，皆不为也。是则同。"

曰："敢问其所以异。"

曰："宰我、子贡、有若，智足以知圣人，污不至阿其所好。宰我曰：'以予观于夫子，贤于尧、舜远矣。'子贡曰：'见其礼而知其政，闻其乐而知其德，由百世之后，等百世之王，莫之能违也。自生民以来，未有夫子也。'有若曰：'岂惟民哉？麒麟之于走兽，凤凰之于飞鸟，太山之于丘垤，河海之于行潦，类也。圣人之于民，亦类也。出于其类，拔乎其萃，自生民以来，未有盛于孔子也。'"

王解： 公孙丑问道："那您对于伯夷与伊尹的看法怎样呢？"

孟子说："这两个人理念与路子不同。不是理想的君王，不去给他当差；不是自己的民人，不去管理与使役；治理得好就努力去做，步步向前进，治理不好、出现乱象就收缩往后捎，这是伯夷的路子。努力当差，做什么不是为了君王呢？使役谁不是为了民人、用了民人呢？治理得好要努力向前，治理得差出现乱象还是（或更是）要努力向前，这是伊尹的路子。可以做官就做官，可以罢手就罢手，可以做得长久一些就长久一些，可以赶紧离去就赶紧离去，这是孔子的路子。他们都是古代的圣人。我自己这方面还没有什么实行的经验，如果让我选择，那么我所愿意选择的是孔子的路子。"

公孙丑问："那您觉得伯夷、伊尹，是与孔子一类的人吗？"

孟子回答："不是的，自从有人类以来，孔子之前，从来没有孔子这样的人。"

公孙丑问："（您既然说他们都是圣人，）那他们也有相同的地方吧？"

孟子说："有的，他们如果拥有百里方圆的土地，成为那里的君王，他们就能以此为据使诸侯来朝并且得到天下。反过来说，如果只需做一件不符合道理与正义的事情，杀害一个无辜者而能拥有天下，他们谁也不会做的。这正是他们的相同之处。"

公孙丑问："那么他们不同的地方又是哪些呢？"

孟子说："宰我、子贡、有若，他们的智慧足以判断与认识圣人。在最坏的情况下，他们也不会去阿谀自己喜欢的人。宰我说过：'我看，孔子的圣明，比起尧、舜来要强多了。'子贡说过：'见到一国一地的礼俗，就能判断那里的政务状况，听到那里的音乐歌曲，就能判断那里的道德教化，前一百代以来，再往后推一百代，世世君王，没有谁敢违背孔夫子的这个说法的。像这样的孔子，是有人类以来从来没有出现过的。'而有若呢，他说：'岂止是人类呀，在走兽中有麒麟，在飞鸟中有凤凰，在山岳中有泰山，在水系中有黄河与大海，它们属于同一类（走兽、飞鸟、山岳、水系）。圣人与民众，也同属一类，但是自从有人类以来，没有谁能像孔子这样出类拔萃，没有谁能像孔子这样拥有强大宏伟崇高的精神力量与深远影响。'"

点悟： 圣人的定义并不好下，孟子并没有全面讲圣人的释义，而主要是从反面讲他们的道德理念是有底线的，是有所不为的。我一贯说的好人的定义是有所不为，坏人的定义是无所不为，与此处的孟说，是一致的。

正面的说法是他们不需要特别阔大的地盘，特别雄厚的资源，特别强大的硬实力，有百里方圆就够，就站得住脚，仁义至上，道德至上，文化礼法至上。但还得有百里方圆，九十九里都够呛，道德理想、文化理想仍然需要物质的支撑，没办法的事。

为什么一谈孔子就要大量引用他人的说法？在与伯夷、伊尹比较的时候，突出的是孔子的灵活机动、"无可无不可"的一面，也就突出了孔子学说的"为世所用"的追求，孔孟对于自己的仁政、王道、礼治主张是深信不疑的，是一以贯之的。

孟子对各说法的引用，说明孔子死后其魅力与影响呈上升态势，也说明了孟子的颂孔，不仅仅是哲学与理论问题，更是摆正历史地位的问题，是感情问题，是诚则灵与坚持就是胜利的问题。谈到孔子，孟轲的直觉与情绪因素相当强大，谈孔子的文风语气与谈民本、谈同乐、谈王道、谈性善时的纵横挥斥有所不同，给人留下了印象。

3.3

孟子曰："以力假仁者霸，霸必有大国；以德行仁者王，王不待大——汤以七十里，文王以百里。以力服人者，非心服也，力不赡也；以德服人者，中心悦而诚服也，如七十子之服孔子也。《诗》云：'自西自东，自南自北，无思不服。'此之谓也。"

王解： 孟子说："以仁义道德的名义依靠实力有可能称霸，想要称霸就必须有大国的实力。以道德行仁义而成事的是王道，王道并不一定需要多么大的地盘与规模。商汤靠的是七十里方圆的地盘，文王靠的是百里方圆的地盘，（而取得了天下的信服。）靠实力军力征服他人，是口服心不服，被征服者只是由于力量不够抗衡（不得已才只能接受霸权）。而靠德行收服，被收服者是出自内心高高兴兴、诚心诚意地服膺于你。这正像孔子的七十几个门徒对孔子的心悦诚服。《诗经》上说：'从西从东，从南从北，所有的人没有不服气的。'说的就是这种情况。"

点悟：孟子已经说了不止一回，国不在大，有仁义道德则令天下令民人乃至令诸侯心悦诚服。这与"山不在高，有仙则名。水不在深，有龙则灵"的逻辑一样，国不在大，有德则王。

大国要特别警惕霸权主义，霸权，极可能搞侵略、搞开疆拓土、搞军国主义。大国主义与霸权主义紧密相连，至少孟子时代已经有此发现了。越是大国，越要谨慎小心、严于律己。

用实力军力压服，当然不如用道德感化吸引归附。但是历史说明，道德家、仁人志士如果没有任何资源与实力，遇到对手，往往只能束手就擒、坐以待毙，这样的情况，恐怕在春秋战国时代已经不算新奇了。儒家与法家各执一词，孟子与韩非子各说各的理，恐怕都有片面性。权力系统，要服务，要公仆，要教化，要示范，同时还要保卫，要治安，要御敌，要惩戒罪犯，这并没有什么可多说的。

3.4

孟子曰："仁则荣，不仁则辱；今恶辱而居不仁，是犹恶湿而居下也。如恶之，莫如贵德而尊士，贤者在位，能者在职；国家闲暇，及是时，明其政刑。虽大国，必畏之矣。《诗》云：'迨天之未阴雨，彻彼桑土，绸缪牖户。今此下民，或敢侮予？'孔子曰：'为此诗者，其知道乎！能治其国家，

谁敢侮之？'

　　"今国家闲暇，及是时，般乐怠敖，是自求祸也。祸福无不自己求之者。《诗》云：'永言配命，自求多福。'《太甲》曰：'天作孽，犹可违；自作孽，不可活。'此之谓也。"

　　王解：孟子说："实行仁政是体面的，不实行仁政是丢脸丢份儿的，（大家都知道这个。）可是今天的权力中人，既不希望丢人，又不肯实行仁政。这就好比不喜欢湿气却偏偏要住到低下潮湿的地方去一样。如果不希望丢人，就不能不以德为贵，尊敬士子，让贤人得到官位，让能人得到职司。国家从容有余暇时，把本国的政令律法搞明晰，这样的（有条有理的）国家，就是大国也要敬畏三分。《诗经》上说：'天方欲雨，扯下桑树根皮，修理门户，万无一失，下等小民，谁敢轻侮？'孔子说：'作这个诗的人，是懂得大道的呀。本国治理得成功，谁敢来轻侮它呢？'

　　"如今我们的国家从容有暇，权力中人只知道娱乐懒惰，这是自找祸殃啊。不论祸殃还是福祉，都是自己招来的。《诗经》上说：'人们应该永远顺应天命，靠自己的努力求得自身的幸福。'《尚书·太甲》上说：'如果是天降灾祸，你也许还能顶得住，如果是自己作孽，你就无活路可以逃脱了。'讲的就是此意。"

　　点悟：仁德光荣，强横可耻，自古已然。孟子这里讲的是道德与士人、斯文与哲学、民人与被统治者的逻辑，他没有在意的是权力与权力中人的逻辑。权力的逻辑不可能完全离开刀把子与印把子。一位文人做了个芝麻官，便处处讲"我准备挨骂"。这是一种什么心态呢？是说掌权比得人心重要？

　　或是说，只知道"权经"，不知道"道德经""民主法治经""发展经济经"，认为讲权力就不能讲道德，这样的权力也是难以久长的，不能只是以力服人，而要做到以理服人，这也是至今人们还要讲求的。

　　至于"天作孽，犹可违；自作孽，不可活"已经成为人们的共识。西谚"上帝要谁灭亡，就先让谁疯狂"，也是类似的意思。

孟子曰："尊贤使能，俊杰在位，则天下之士皆悦，而愿立于其朝矣；市，廛而不征，法而不廛，则天下之商皆悦，而愿藏于其市矣；关，讥而不征，则天下之旅皆悦，而愿出于其路矣；耕者，助而不税，则天下之农皆悦，而愿耕于其野矣；廛，无夫里之布，则天下之民皆悦，而愿为之氓矣。信能行此五者，则邻国之民，仰之若父母矣。率其子弟，攻其父母，自有生民以来，未有能济者也。如此，则无敌于天下。无敌于天下者，天吏也。然而不王者，未之有也。"

王解：孟子说："尊重贤良的人，委任能干的人，那么天下的读书人（士）都乐于在这里任职当班了。为商贸提供地盘和贮藏商品的场所而不征税，立下收购滞销商品的办法使它们不至积压在仓库，那么天下的商人就都会乐于将货物运输保存到这里的市场上。它的关卡核查出入关的人与物，但是不征税，那么天下的旅人到哪里去都会高兴并且愿意走这边的道路了。对于农耕者，朝廷帮助井田中的公田部分的农事而不收税，那么天下农耕者最欢迎而且愿意到这里来耕作了。在这里居住而不收地皮与居住的税收，那么天下民人都愿意移民归队到这里来了。能做到这五条，邻国的民人仰视亲爱你们如自己的父母。率领着子弟攻打父母，这样的事情是很难成事的。这样也就无敌于天下了。无敌于天下的权力，可以称之为上天派出的官吏。这样而不能称王天下的状况，是不可能发生的。"

点悟：孟子提倡的是权力系统要实行惠民——具体说是惠士、惠商、惠旅、惠农、惠外来移民的五惠政策。这里几乎包含着为吸引人气与物资而建立免税区至少是低税区的思想与《关心群众生活，注意工作方法》（毛泽东）

的思想渊源。

问题在于管理不可能只限于施恩免税。孟子的先设立天堂再称王天下的幻想与哪怕是圣贤式的先称王天下再拼死拼活地构建天堂的思路不可能一致。还有，哪怕是圣贤，一旦掌握了政权，也就知道他面对的挑战与使命与其说是通向天堂，不如说是如何避免一不小心就会通往混乱恶劣的地狱。一个只知道施恩免税构建天堂的君王，面对着内外的强敌忧患，他的下场如何，能不为之叹息吗？

3.6

孟子曰："人皆有不忍人之心。先王有不忍人之心，斯有不忍人之政矣。以不忍人之心，行不忍人之政，治天下可运之掌上。

"所以谓人皆有不忍人之心者，今人乍见孺子将入于井，皆有怵惕恻隐之心——非所以内交于孺子之父母也，非所以要誉于乡党朋友也，非恶其声而然也。

"由是观之，无恻隐之心，非人也；无羞恶之心，非人也；无辞让之心，非人也；无是非之心，非人也。恻隐之心，仁之端也；羞恶之心，义之端也；辞让之心，礼之端也；是非之心，智之端也。人之有是四端也，犹其有四体也。有是四端而自谓不能者，自贼者也；谓其君不能者，贼其君者也。

"凡有四端于我者，知皆扩而充之矣，若火之始然，泉之始达。苟能充之，足以保四海；苟不充之，不足以事父母。"

王解：孟子说："人都是有为他人的痛苦而难以忍受的心情的。有了为人之所苦而受不了的心情，就可能有为人之苦而受不了的（维护民人利好的）政治。那么治理天下，就能得心应手了。

"所谓为人之苦而受不了的意思，是指如果一个小孩子快要坠入井中了，人人都会有吃惊与怜悯同情的反应，并不是你要和孩子的父母建立交情，也不是为了你自己在家乡好友当中获得赞誉，也不能说是为了受到小孩哭声的刺激才心疼难受。

"由此可见，没有怜悯与同情的心，那不能算是人；没有羞愧与耻辱的心，那不能算是人；没有谦让与推辞的心，那不能算是人；没有判断是非正误的心，也不能算作人。怜悯与同情心是仁德的渊薮；羞愧与耻辱心，是义的渊薮；谦让与推辞心，是礼的渊薮；判断是非正误之心，是智的渊薮。人有这四个渊薮，就像有四肢一样，（非常受用。）有了这四肢，又说自己这不行那不行的人，是自我贬损者；说自己的君王这不行那不行的，那就是贬损君王者了。

"凡是认识到自己的这四方面仁义礼智的渊薮的人，都知道还须要去开拓与充实它们，就像有了火种，还需要去点燃助燃，有了泉眼，（水）还需要交汇与流转。如果（四心）得到开拓与充实，你足以保住四海之内的天下；如果你不加以开拓与充实，你连自己的父母也侍奉不好。"

点悟：此段的真理性在于，人的一切作为要顺乎人性，发乎良善，呼唤良知，相信民众。这话既不复杂也不高深，但是颠扑不破。许多自以为过分伟大的人，正是失败在这个简单的良善与否的选择上。

此段的简单化片面化在于，良善了保四海，不良善了连孝敬父母也做不到，太两极化了。在能保四海与不能事父母之间，还有种种不同的具体情况，孝顺而保不住江山，保住了江山乃至开疆拓土了，却并不十分善良仁义礼让明智，各种不同的情况，多了去啦。

还有，人要办成一样事情，要治国王天下，仅具四方面的美好天性，是远远不够的，天时地利人和，资源条件大势，许多重要因素缺一不可。君王人一良善就万事大吉，那才是未之有也呢。

但同时孟子又说了，仅有渊薮是不够的，还要开拓、充实、延伸。也许将这个开拓充实延伸理解得宽泛一些，设想得复杂一些，就更有教益一些，可能吧。

忍与不忍的情况也很多样，孟子这里肯定的是不忍之心，但古今中外，许多成大事者的特质是他们的非凡的耐受力、承受力，即其忍的精神直至狠的精神，白居易有言："孔子之忍饥，颜子之忍贫，闵子之忍寒，淮阴之忍辱，张公之忍居，娄公之忍侮；古之为圣为贤，建功树业，立身处世，未有不得力于忍也。"

--------------------- 3.7 ---------------------

孟子曰："矢人岂不仁于函人哉？矢人唯恐不伤人，函人唯恐伤人。巫匠亦然。故术不可不慎也。孔子曰：'里仁为美。择不处仁，焉得智？'夫仁，天之尊爵也，人之安宅也。莫之御而不仁，是不智也。不仁、不智，无礼、无义，人役也。人役而耻为役，由弓人而耻为弓，矢人而耻为矢也。如耻之，莫如为仁。仁者如射：射者正己而后发；发而不中，不怨胜己者，反求诸己而已矣。"

王解：孟子说："难道造弓箭的人就比造盔甲的人缺少仁爱之心吗？他们造出了弓箭唯恐不能伤人，而造盔甲的人唯恐穿上他的盔甲的人受伤。巫医与棺材匠的心思不同也是如此。所以，对于去把握什么手段技术，不能不慎重地予以考虑。

"孔子说过：'生活在有仁德的地方，与仁人为邻，那是一个美好的体验。如果不懂得在选择居处的时候以是否与仁德仁人为邻作为取舍标准，怎么能算得上有智慧呢？'

"这个仁德，是上天降赐的品级与尊贵，是人安身立命的精神家园。没有谁阻碍你，而你硬是不去躬行仁与义，说明了你的不智。不讲仁德，缺少智慧，不遵礼法，不懂义理，这样的人（不能算有人格的人），只能是被动地被驱赶着的低等下人。成为一个被动的下人，却又感到做这样的下人的羞耻，这就和以造弓箭为职业却又为造弓箭而羞耻是一样的。如果以之为耻，不如去行仁。仁者如同射箭的人，射箭的人必须端端正正才能发射。射而射不中，不能去埋怨比自己射箭射得好的人，而只能反过来检讨自己。"

点悟：孟子此说涉及了人生的某种处境与况味考量。一方面自己从事着某种职业，处于某种环境，是自己做出了某种选择的结果；一方面自己又不好意思，觉得自己的职业与处境不那么体面光彩理想。不光彩，却又不去做那明明十分光彩的事情，为此孟子叹息与批评，你们为什么那样愚蠢呢？为什么明明有光彩体面伟大的可能你们不去选择与从事，却偏偏去做那些你自身都耻于出口的事情呢？

孟子在这里表现了一种理解与劝谕，某个人的不够仁德的动机，并非一定产生于此人固有的恶劣居心，而是可能关系于环境、行业分工的不同。孟子从而得出的论理则是，正因如此，人的选择应该慎重负责，要有意识地多方面地培养自己的仁德、自己的不忍之心，避免与删减自己有意识地乃至无意识地去伤害他人动机的萌生。

问题就在于，第一，事物、行业、职务……不是仅仅有个光彩体面与否的问题。比如做慈善家、做发明家、做艺术家都可能很光彩，但是那不是谁想干谁就干得成的。

第二，人一生走哪一行，处什么境，不完全由你的选择决定，你的选择也不完全由是否光彩决定。家庭、社会、条件、机会都不同，想干的事没有干成，不想干的事你非去干不可，这样的例子还少吗？

至于仁不仁，智不智，礼不礼，义不义，很少是自己故意选择的，因为除了对仁义礼智信的讲求和美德的认知以外，还有能不能、成不成、通不通、险不险、天时地利人和诸方面的考虑在同时起着作用。

历史唯物主义的观点是，道德是上层建筑，决定于经济基础，物决定心。而孔孟老庄乃至中国佛学的共同观点是，一切决定于动机，决定于天良是否受到物欲的蒙蔽，决定于认识与道德情感，决定于心或如后人讲的心性。

这种从语义学意义上委实"唯心"的说法，仍然有它的魅力与它的用场。它使一些士人、一些君子、一些有使命感的精英人物律己求己励己舍己，成为家国的栋梁。它也使另一些资质较差的人心口不一，叫作满口仁义道德，满肚子男盗女娼。

区别在于，老庄的"心学"是返璞归真，是向下比，是走向虚无，是"吾丧我"；而孔孟，尤其是孟，强调天良心性的延伸发展、充实扩张，不是虚无而是承担，不是丧我而是反求诸己。

3.8

孟子曰："子路，人告之以有过，则喜。禹闻善言，则拜。大舜有大焉，善与人同，舍己从人，乐取于人以为善。自耕稼、陶、渔以至为帝，无非取于人者。取诸人以为善，是与人为善者也。故君子莫大乎与人为善。"

王解： 孟子说："子路能做到闻过则喜，而夏禹是听到好意见就行礼致敬。大舜就更伟大了，他最善于与他人交流并取得一致。他能够做到克制自我，听从他人的好意见，他能够从他人的经验知识长处中汲取营养，做有利于众人的事。耕田、陶（器）冶、渔业，一直到如何做天子，都是从众人那里汲取了智慧。汲取人们的长处使自己做得更好，这就叫与人一道做好事，君子的伟大莫过于他能汲取众人的长处，众人的美好与智慧，共同行善。"

点悟： 毛泽东的"从群众中来，到群众中去"是有它的传统文化依据的，尤其在夺取政权时期。中华文化有的是改朝换代、造反夺权的历史经验。如果是建设符合国情的现代化社会，仅仅依靠群众就未必够用，还要有前沿的科学知识，有足够的文化底蕴、与时俱进的时代精神与创造勇气。

"与人为善"已经成为家喻户晓的成语，现多释为对他人抱友善示好、而无敌视嫉恨的态度，其实原义更多的是指共同为善。联想一下孔子的"见贤思齐""三人行，必有我师""十室之邑，必有忠信"的说法，便知道孔孟的思路是，从善、行善、怀仁、敬德，道德倾向问题首先不是私人的选择，而是社会的群体状态，所以我们称之为世道人心。世道决定于人心。与人为善的问题，意义不仅在于甲对乙善还是恶，不在于人与人的关系，更在于整个世道人心是向善还是向恶。

但现时解读为居心善良，也非常美好，问题是由于私有财产、竞争激烈、贪欲横行、陷阱林立，养成了某些人的逢人便疑便妒便算计便加害的准杀手心态，丧尽天良心态，这时候看到"君子莫大乎与人为善"字样，是多么阳光舒畅啊。

3.9

孟子曰："伯夷，非其君，不事；非其友，不友。不立于恶人之朝，不与恶人言；立于恶人之朝，与恶人言，如以朝衣朝冠坐于涂炭。推恶恶之心，思与乡人立，其冠不正，望望然去之，若将浼焉。是故诸侯虽有善其辞命而至者，不受也。不受也者，是亦不屑就已。柳下惠不羞污君，不卑小官；进不隐贤，必以其道；遗佚而不怨，厄穷而不悯。故曰：'尔为尔，我为我，虽袒裼裸裎于我侧，尔焉能浼我哉？'故由由然与之偕而不自失焉，援而止之而止。援而止之而止者，是亦不屑去已。"孟子曰："伯夷隘，柳下惠不恭。隘与不恭，君子不由也。"

王解： 孟子说："伯夷的特点是，不是他的君王，他不去当差，不是他的朋友，他不交往。不在恶人的朝廷上当官，不与坏人搭话。站立在朝廷上当政的恶人之间，与坏人搭话，那就等于穿着上朝的正装却坐到泥泞或者火炭上。由于对于丑恶的厌恶，他与一个同乡站在一起，他想着的是，如果同乡戴的帽子不正，他会扫兴不安而躲避，否则会觉得自己是在被污染。所以诸侯虽然有好言好语地来礼聘他的，他不接受，不接受是由于他犯不着为（来礼聘的他所看不起的）君王们而去做什么。

"而柳下惠的特点是，不会因了君王的污浊而羞耻，不会因为官职低下而自卑，一旦有了机会任职，也不会为自己的贤明出色而遮掩降调，做什么都有自己的章法与原则。受到冷淡埋没，他不抱怨。遭到困窘磨难，他不自怜。故而他有一种说法：'你是你，我是我，即使你光着身子站在我身旁，你又岂能使我变得不洁呢？'这样，他与一些（很差的）人一起，仍然高高兴兴，并不觉得自己失去什么。拉住他，他就留下。为什么一拉他就不走了呢？同样他是觉得犯不着为那些他看不起的人而特意离开。"

孟子说："伯夷狭隘，柳下惠不认真。狭隘与不认真，都不是君子之道。"

点悟：孟子对这两种人的描写很生动有趣。但我的结论与孟子相反，我认为这两方面都是君子之道。

孔子的说法就与孟子大异其趣。子曰："不降其志，不辱其身，伯夷、叔齐与！"谓："柳下惠、少连，降志辱身矣。言中伦，行中虑，其斯而已矣！"谓："虞仲、夷逸，隐居放言，身中清，废中权。我则异于是，无可无不可。"（《论语·微子》）孔子明明是二者都肯定的嘛。

万事万物都有一定的度，在某种底线以内，可以取柳下惠的态度，越过了底线，则要取伯夷的态度。

孔子的"无可无不可"说，除不同情况需要不同处理的含义外，还牵扯到一个问题，人为了实践与实际，有时候只能降低标准。

1974 年，我近四十岁，当时离"反右运动"已经十七年，"文化大革命"也已经折腾了八年。我读到安徒生一篇童话，大意说一个墓碑记载着死者"是一个大作家，但还没有来得及写一个字，是一个大政治家，但还没有来得及推行一天政见……"如果永远不能降格以求，谁能不变成这样的生不逢时的死者呢？

这个话题有一定的危险，它很快会被一些人廉价地扣上"犬儒主义"的帽子，那就要看所谓的"犬儒"有没有自己的原则，还有所谓的反犬儒，究竟有什么采薇而食乃至饿死首阳山的记录了。

孟子的这一段话，还有一个遗憾，他没有举出一个他首肯的例子或理念。伯夷不对柳下惠也不对，那么怎么样才对？不知道。

另一些地方，孟子则承认伯夷是圣之清者、柳下惠是圣之和者。或者可以理解为，孟子认为，除孔子外，圣贤也或有不足与缺憾，也允许指出他们的不完备之处。孟子立论时，不会捆住自己的手脚。

还有一个问题，依《史记·伯夷叔齐列传》的记载，他们俩的事迹，择其要者，一个是都没有继承权位，一个是阻止武王伐纣，尤其是耻食周粟，把自己活活饿死。它有非常具体的与历史的内容，不仅是一个洁癖的问题。

"不恭"一词极有味道，或谓玩世不恭。但正是那个时代，庄子的许多说法便有此种"不恭"意味，对朝廷、对祖庙、对祭祀、对君王、对神灵，他都不恭。在庄子某些说法中，他的齐物包括了齐掉"恭与不恭"的差异。庄子表述的是示弱、却具有大智者的智慧。庄子是明白人，不是仁人。孔孟的主张则是仁人志士的价值取向。

卷四　公孙丑章句下

孟子曰："天时不如地利，地利不如人和。三里之城，七里之郭，环而攻之而不胜。夫环而攻之，必有得天时者矣；然而不胜者，是天时不如地利也。城非不高也，池非不深也，兵革非不坚利也，米粟非不多也；委而去之，是地利不如人和也。故曰：域民不以封疆之界，固国不以山溪之险，威天下不以兵革之利。得道者多助，失道者寡助。寡助之至，亲戚畔之；多助之至，天下顺之。以天下之所顺，攻亲戚之所畔；故君子有不战，战必胜矣。"

王解：孟子说："天时往往不如地利重要，地利不如人和重要。（我们知道这样的例子：）一个小地方，内城三里，外郭七里，将它包围起来攻打，却硬是打不下来。能包围起来进攻，说明进攻方一定是利用了（季节、气候、兴衰走势等）自然与时间因素所带来的战机；打不下来，则是由于天时并没有地面与空间因素（地势、城防等）起的作用那么巨大。那么，同样有一个城不是不高、护城水系不是不深、武备兵甲不是不坚固锋利、粮食后勤准备不是不够多的城镇，结果却是（守不住）弃城而去，这说明，地形地物地盘地势等因素的使用，比不上人的（团结努力英勇奋斗的）作用。

"所以说，规范民人不能只靠疆界划定，强固国家不能只靠山川险峻，在天下树立权威不能只靠武装力量。能够符合（修齐、治平、仁义）大道的权力系统，将得到多方的拥护与援助；背离了仁义大道，则少有助力支持。助力少到了极点，连亲戚也要背叛你。聚拢人气、赢得支持援助发展到了极点，天下人心都顺应你。以天下顺应之一方去攻打亲戚都背叛的另一方，这就是我们所说的君子轻易不会打仗，一打就必定胜利的道理。"

点悟：说天时不如地利，地利不如人和，这是正确的。因为人和最切近，地利次之，天时又次之。

什么是人和，就是人的素质、就是团结奋斗、就是组织纪律、就是民主自由，就是人的积极性的充分调动、创造性的充分激扬、个性的全面发展，尤其是领导人的精神品质。也可以说是人类智慧、信仰、理念、价值、文化、科技、集团力量的积累、活性与总和。它主要属于政治与文化的范畴。

什么是地利，就是地面的物质资源、地理资源、物产资源的总和。主要属于经济与武备国防的范畴。

什么是天时，古人所说的天时，有政治发展趋势的问题，如所谓盛极必衰、兴久必亡、分久必合、合久必分、气数如何如何，等等，带有宿命色彩。它们其实往往是长期历史所造成的，也有时赶上某种巧合偶然，是历史的辩证运动或异动，难以具体拎清，古人乃以为是天意。其次则是天象的因素：主要是指气象与灾害因素，风雨雷电、洪涝干旱、地震雪崩、大潮海啸……它们主要是时间、气候与不可测因素的范畴。

脍炙人口的"天时不如地利……不如人和"熟语，令人想起毛泽东等大人物强调的"人的因素第一"的提法。

道理无可置疑，具体各有不同。一次战役的胜负与这些因素都有关系，今人已经越来越重视国防科技与战略武器的水准。得道不得道，则成为宣传战、口水战的平台。与此同时，人心向背的作用不能忽略，战争中的士气问题不能忽略。这里有软实力的问题，更有战争性质与历史发展规律的问题。孟子尤其重视当权者的道德水平特别是他们对民人的态度，他们的道德形象与文化形象，他们的能否获得民心聚拢人气，即今天所说的公信力，这些都是有价值的。

问题是孟子对于"两个不如"的论述不够充分也缺少逻辑的明晰性，小城守住了就是天时不如地利，没守住就是地利不如人和，这说法简单了些。古人的真理比今人的真理简要明了，这也许是古代的迷人魅力处之一。

4.2

孟子将朝王，王使人来曰："寡人如就见者也，有寒疾，不可以风。朝，将视朝，不识可使寡人得见乎？"

对曰："不幸而有疾，不能造朝。"

明日，出吊于东郭氏。公孙丑曰："昔者辞以病，今日吊，或者不可乎？"

曰："昔者疾，今日愈，如之何不吊？"

王解： 孟子打算去朝见齐王，这时齐王派人来说："君王本来要前来看望您的，但是他得了寒疾，怕受风。明天早晨他将上朝，不知道能否在那里与您见面？"

孟子说："不巧我也生病啦，不能到朝廷去了。"

第二天，孟子出门到东郭大夫那边去吊丧。公孙丑说："昨天您说自己病了，今天又去吊丧，这不太合适吧？"

孟子说："昨天有病，今天好了，为什么不能去吊丧呢？"

王使人问疾，医来。

孟仲子对曰："昔者有王命，有采薪之忧，不能造朝。今病小愈，趋造于朝，我不识能至否乎？"

使数人要于路，曰："请必无归，而造于朝！"

不得已而之景丑氏宿焉。

景子曰："内则父子，外则君臣，人之大伦也。父子主恩，君臣主敬。丑见王之敬子也，未见所以敬王也。"

曰："恶！是何言也！齐人无以仁义与王言者，岂以仁义为不美也？其心曰，'是何足与言仁义也'云尔，则不敬莫大乎是。我非尧舜之道，不敢以陈于王前，故齐人莫如我敬王也。"

王解： 齐王派人来问候病情，医生也来了。孟子的堂兄弟孟仲子接待说："昨天君王命他前去，他有点病，不能到朝廷上去。今天病好一些了，去朝廷那边了，但是我不知道他能不能到达朝廷那边。"

（孟仲子）派了一些人在路上等候，要求孟子务必先不要回家而去上朝。

孟子没有别的办法，不得已去了景丑家过夜。

景子说："一个是家庭内部的父子，一个是家庭外边的君臣，都是重大的人伦关系。父子关系的主导是相互的恩情，君臣关系的主导是相互的尊重。现在，我看到君王是怎么尊重先生的了，但是看不到您对君王的尊重啊。"

孟子说："嗨，这是什么话呀。齐人谁也不去与齐王谈仁义，这哪里是由于认为仁义不美好呢？他们想的是齐王这样的人，与他哪里谈得成仁义道德嘛，这才是对齐王最大的不敬。而我呢，不是尧舜的大道理，我是不敢贡献给齐王的，所以说，齐人当中，没有人像我一样地尊重齐王的呀。"

点悟： 很有意思的故事，像微型小说，要不还是非虚构小说。

孟子原来要去的，一听齐王派人来解释，反倒坐实了齐王是在摆架子拿大，干脆他也称病不去。歇后语叫："猪八戒摆手，不侍猴（候）儿。"

用今天的话来说，表现了知识分子的自信、尊严与独立性。用李白的话来说是"安能摧眉折腰事权贵，使我不得开心颜"。

读到这里仍有喜剧感。从程序上与言辞上看，齐王还是符合礼数的。孟子本来要到朝廷去的，怎么齐王一托病或称病造成了对于孟轲那么大的伤害？至于吗？孟子是不是这方面有点过敏呢？换一个思路，堂堂一个齐王，既然称病，我就按病来理解来对待，他毕竟应该比孟子更忙碌更拘谨更慎重些，称病来解释自己为什么没有俯就而来，这已经是一种礼貌。既然孟子要向他陈述尧舜之道，既然兹后孟子说自己是最最尊重齐王的，又何必孩子气地捉一回迷藏呢？

景子问的是礼数，孟子的回答是计划中的谈话内容，不搭界。不见面又能有什么尧舜大道的交谈乃或是给齐王上思想理论课呢？如果有那么大的道理等着唯一的孟子去宣讲，那么又何必那样执着于礼数中的一点点细节呢？这是尊重与否、忠与不忠、仁义与非仁义、尧舜之道与非道的问题吗？抑或仅仅是一个面子问题呢？也许王蒙发表这样的感想反映了他缺少孟子式的自信与傲骨？还是说明当今权力系统的威权比东周混乱时期不知提升了凡几？当时的孟子式的"牛"有一个背景，各种社会资源并没有被集中把握，各大侯国都在招贤纳才，包括招降纳叛，一个确有几分本领的士，"此处不养爷，自有养爷处"，他有回旋余地。否则为了仁义与尧舜之道，似乎不必那么执着于礼遇的细节。如果确实准备也愿意与齐王一晤，何必搞得这样复杂？用现在的话："累不累呀？"

景子曰："否；非此之谓也。《礼》曰：'父召，无诺；君命召，不俟驾。'固将朝也，闻王命而遂不果，宜与夫礼若不相似然。"

曰："岂谓是与？曾子曰：'晋楚之富，不可及也；彼以其富，我以吾仁；彼以其爵，我以吾义，吾何慊乎哉？'夫岂不义而曾子言之？是或一道也。天下有达尊三：爵一，齿一，德一。朝廷莫如爵，乡党莫如齿，辅世长民莫如德。恶得有其一以慢其二哉？故将大有为之君，必有所不召之臣；欲有谋焉，则就之。其尊德乐道，不如是，不足与有为也。故汤之于伊尹，学焉而后臣之，故不劳而王；桓公之于管仲，学焉而后臣之，故不劳而霸。今天下地丑德齐，莫能相尚，无他，好臣其所教，而不好臣其所受教。汤之于伊尹，桓公之于管仲，则不敢召。管仲且犹不可召，而况不为管仲者乎？"

王解：景子说："不，我说的不是这个。《礼》有言：'父亲召唤，根本用不着谈应承或是不应承，（马上去就是了。）国君召唤，来不及备好车，立马就往外走。'您本来是要去齐王那里的，后来听到齐王召见，你反而不去了（躲起来了），这与《礼》上讲的不怎么一致啊。"

孟子说："哪里是这样讲呢？曾子说过：'晋国与楚国的富足，我们很难达到。它有它的财富，我有我的仁德啊！他有他的高位，我有我的义理呀！在他面前，我又缺少了什么呢？'曾子讲的这个话怎么可能是不包含重大义理的呢？这里面恐怕颇有道理。天下有最宝贵的三样东西：一个是地位，一个是年龄，一个是道德。在朝廷上，人们看重的是地位；在乡党中，人们看重的是年龄（与辈分）；辅佐朝政引领民人，（在士与臣子中）没有什么东西比道德德行更要紧。怎么能重视其一，而轻慢其二呢？所以一个真正意欲有大作为的君王，一定要拥有不那么听召唤（招呼）的臣子，要商议政治谋略，就去俯就这样的臣子。用这样的方法来表示君王是尊敬德行，乐于闻道的，不这样做，就不值得与他共事大业了。为此，商汤对于伊尹，先向他学习，再任命他做自己的臣子。所以商汤没有遇到太大的艰难曲折就取得了王位。齐桓公对于管仲也是先师从再任命。所以齐桓公也是没有经历太多的艰难曲折就称霸天下。如今天下各侯国，地盘差不多，能耐也大体相当，谁也高明不到哪里去。这没有别的原因，今天的这些君王，只喜欢听话听召唤（招呼）的臣子，不喜欢意欲教导君王的高人。商汤之于伊尹，齐桓公之于管仲，是不敢高调召唤的。管仲是不受召唤的，何况本来看不上管仲的人（我）呢？"

点悟：有趣。分析说君王们只喜欢听召唤听招呼的庸人，不喜欢意图反过来教导君王即可为帝王师的高士，妙极。孟子坚信自己比管仲高明，要求自己得到超管仲的待遇，也很有特色。孟子敢于坚持自己的观点，牛，所以善辩，所以文有浩然之气。

但他的回答与景子的提问仍然不接茬，景子问的是一个礼仪问题、程序问题，他回答的是为政主张、为政路线与国君的诚恳与谦虚态度问题。

实话实说，孟子讲得很顺很通很牛，但治起齐来，能不能超过管仲？不好讲，至少是始终没有实证。

具体对应方式，存而不论，孟子讲的是：身为士人，应该具有自信自尊自持，大可不必迎合权力；语重心长，发人深省。

---------------------------------- 4.3 ----------------------------------

陈臻问曰："前日于齐，王馈兼金一百，而不受；于宋，馈七十镒而受；于薛，馈五十镒而受。前日之不受是，则今日之受非也；今日之受是，则前日之不受非也。夫子必居一于此矣。"

孟子曰："皆是也。当在宋也，予将有远行，行者必以赆；辞曰：'馈赆。'予何为不受？当在薛也，予有戒心；辞曰：'闻戒，故为兵馈之。'予何为不受？若于齐，则未有处也。无处而馈之，是货之也。焉有君子而可以货取乎？"

王解：孟子的弟子陈臻问孟子："前些时候在齐国，齐王要赠送您好金（铜）一百镒，您没有要。到了宋国，宋王赠送给您七十镒，您收下了。在薛那边，薛君给您五十镒，您也收下了。如果前面在齐国的不收是对的，那么后来的收下便是不对的；如果后来收下是对的，那么原来的不收便是不对的了。老师您可是有一次做错了吧！"

孟子说："这几次都是做得对的。在宋国的时候，我即将出发远行，对远行的人是要送些旅资的。所以人家说：'送上一点盘缠。'我怎么好不接受呢？在薛地的时候，我听说路上不太平，需要有所戒备。人家说：'听说您在防备，为此送上一点添置武器的钱。'我怎么能不接受呢？至于在齐国，并没有什么特别的需要。没有什么需要却要送钱，这是用钱来收买我呀。哪有君子人可以用钱来收买呢？"

点悟：说明孟子思考周到，处世灵活，不能无功受禄，也不能无用受赠。

至于正常的有理可讲的公关来往，当然也不是一律拒之门外。至少，做什么不做什么，点头还是摇头，都要有自己的说法。

而陈臻未免头脑简单，想用一条绳子来衡量不同的条件下的不同处置。

人其实也有下述情况：一次，收了礼，另一次不想收，没有太多的道理可讲。也许只是因了馈赠方一个眼神一个神态使被馈赠者不想接受赠礼。也许一则以喜一则以拒（可不是惧）理由不好说或不想啰唆。也许学生什么都问，老师不一定按题答复，老师一笑即可。陈臻这种问题，一定要逐条回答吗？

孟子此处的答疑，至今常常在"官场"与闻，当时有当时的情况，现在有现在的情况，当时如何如何，现下如何如何，都是正确的。有时，有些知识分子嘲笑这种"常有理"的逻辑。

这里边反映了这样一个状况：政治、军事、权力运作，是具有高度的即时性、随机性、应变性、可调适性即机变性。政治生活如同体育比赛，瞬息万变，挑战纷至沓来，你必须随时反应，日理万机。执政君王或官员的政治操作像修理工作业，出现异态，拧拧这儿，捋捋那儿，开关总闸，松紧螺丝，各种无效与有效操作都是必要的与正确的最少是难免的。而知识分子的长项是书本的写作阅读与发挥应用，当生活符号化、语言化、命名化、语法化、条理学理化、"白纸黑字"化之后，它增加了稳定性、明确性、必然性、合理性、逻辑性，减少了灵活性、机变性、直觉性、摸索性即摸着石头过河的尝试性。看到孟子讲"皆是也"，读者可能会心地一笑，却未必明白个中甘苦。

4.4

孟子之平陆，谓其大夫曰："子之持戟之士，一日而三失伍，则去之否乎？"

曰："不待三。"

"然则子之失伍也亦多矣。凶年饥岁，子之民，老羸转于沟壑，壮者散而之四方者，几千人矣。"

曰："此非距心之所得为也。"

曰："今有受人之牛羊而为之牧之者，则必为之求牧与刍矣。求牧与刍而不得，则反诸其人乎？抑亦立而视其死与？"

曰："此则距心之罪也。"

他日，见于王曰："王之为都者，臣知五人焉。知其罪者，惟孔距心。"为王诵之。

王曰："此则寡人之罪也。"

王解： 孟子到达平陆，与那里的大夫孔距心说："如果你的一位手执兵器的士兵，一天三次走失离开队伍，要不要开除他呢？"

孔距心说："用不着等到第三次。"

孟子说："那么您走失离开队伍的人员也太多了去了。灾荒饥饿的年月，您的民人，年老羸弱的人抛尸在山沟里，青壮年东奔西跑四处逃荒，快有上千人了。"

孔距心说："这不是我管得了的。"

孟子说："这就好比一个人接管了一批牛羊替人放牧，他当然就得寻找牧场草料了，找不着的话，他是应该把牛羊还给牲畜主人呢，还是站在那儿瞪着眼看着牛羊活活饿死呢？"

孔距心说："明白了。（饥民逃亡，）这确是我的过错。"

后来，孟子见到了齐王，对齐王说："您的治理都城的官员我认识的有五位，能够检讨自己的罪过的人，只有孔距心一人。"

齐王说："那该是我的罪过（我的责任）了。"

点悟： 这一段讲权力系统要对全民负责，你的军队不能散摊子，你的百姓也不能土崩瓦解。如果你做不到防止与扭转百姓啼饥号寒、四方流窜、离家国而出走的局面的话，你应该退出权力系统，另请高明，就像为别人放牧，就必须对牛羊负责，不能立以待（牛羊之）毙。

它让人想起现在的一些说法：问责制，群众利益无小事，关键在于领导，要有担当，等等；还让人想到搞得世界无宁日的难民潮。孟子对权力中人的要求是严格的，它有锋芒、有教益。

--- 4.5 ---

孟子谓蚳蛙曰："子之辞灵丘而请士师，似也，为其可以言也。今既数月矣，未可以言与？"

蚳蛙谏于王而不用，致为臣而去。

齐人曰："所以为蚳蛙则善矣；所以自为，则吾不知也。"

公都子以告。

曰："吾闻之也：有官守者，不得其职则去；有言责者，不得其言则去。我无官守，我无言责也，则吾进退，岂不绰绰然有余裕哉？"

王解：孟子对蚳蛙说："您辞去了灵丘官长的职位而去做治狱官，这很像那么回事。因为，您执掌了刑狱禁令，就有（向君王）进言的机会了。现在已经过去了好几个月，不知道您进言了没有？"

蚳蛙向齐王进了几次言，都没有被采纳，他辞职离去了。

人们说："对于蚳蛙，孟子的谋划很好，但是不知道孟子对于自身，又是怎样考虑的呢？"

公都子把这话告诉给孟子。

孟子说："我听人说过，有职守的人，不能尽职，就应该离开，有进言职责的人，无法进言，也应该离职。我呢，既没有职守可守，也没有言责可责。我是进还是退，选择的自主空间大得很呢！"

点悟：古人的文字简约，写了孟子对蚳蛙说了一些话，写了蚳蛙辞职离开，没详写二者的关系，但是应该已经包含了蚳蛙受到孟子的引领乃至质问、离开了执法职位的含义。

所以所谓的一些对于孟子如何要求自己的说法，有对孟子冷言冷语的味道："你让人家坚持原则，不能凑合事（用现今的话说就是不能搞犬儒主义），你自己又如何原则一番或者壮烈一番了呢？"

孟子对于这种挑动性的、鲁迅称之为"看客"心态的舆论不为所动，他说，他的身份是"自由人"，他犯不着跟随政治生态而立即有所反应与行动。

孟子有一套。他其实常常受到驳难质疑，他根本不将之放到眼里。

当然，按照当今"公共知识分子"理论，孟子的说法，未免太轻松，未免有"国家兴亡，匹夫无责"之感。求全责备，窃以为孟子如果在此书中，除了自己不是这个、没有那个、不受约束等以外，说说自己是什么，有什么必须坚守的底线，就更完美了。

---

4. 6

孟子为卿于齐，出吊于滕，王使盖大夫王骥为辅行。王骥朝暮见，反齐滕之路，未尝与之言行事也。

公孙丑曰："齐卿之位，不为小矣；齐滕之路，不为近矣，反之而未尝与言行事，何也？"

曰："夫既或治之，予何言哉？"

王解：孟子以齐国卿相高官的身份，来到滕国吊丧，齐王委派盖地的头领王骥作为副使与他同行。孟子与王骥早晚相见，在齐国到滕国之间的路上，没有与他谈过公事。

公孙丑问说："齐国卿相，这地位也不低微了，从齐国到滕国，这路程也不近了，一去一回，你们连点国家大事都不说，这是怎么回事呢？"

孟子说："什么事他自己已就做主了，我还有什么要说的呢？"

点悟：孟子很有原则，也敏感，他显然是一个大脑与神经都很发达的人。此前对于齐王来看望他还是他去朝见，他就很介意，这里，对于王驩，他亦如是。

不难想象，表面上看，孟子是国卿，是正使，王驩是地方官，是副使，实际上，王驩似是有实权的人，孟子最多是社会贤达、知名人士、有影响人士，说到极处他是德高望重，而德高望重对于实权在手的人，并没有太大的了不起。孟子很明白这一条，除非你君王与重臣尊重我，向我请教，否则我有什么话需要与你谈论的呢？

不难理解，第一把手的身份是重要也是体面的，但实际上往往存在：所谓第一把手，荣誉而已，实权并不在握。这一点，他人偶有不明白的，也就罢了，自己必须明白。

但这与孔子"知其不可而为之"的教导不符合了。

这一段紧接孟子的言责问题的讨论，说明孟子还有被认为尽言责不够的地方。孟子对梁惠王、齐宣王，有些话说得很直截了当乃至涉嫌失之绝对与强硬，不顾对方感受。但他也有不想说话的时候。

是不是还包含着区区地方官王驩、不值得孟子与之切实论政、不配听他的言必称尧舜的大道等的意味呢？

--- 4.7 ---

孟子自齐葬于鲁，反于齐，止于嬴。

充虞请曰："前日不知虞之不肖，使虞敦匠事。严，虞不敢请。今愿窃有请也：木若以美然。"

曰："古者棺椁无度，中古棺七寸，椁称之。自天子达于庶人，非直为观美也，然后尽于人心。不得，不可以为悦；无财，不可以为悦。得之为有财，古之人皆用之，吾何为独不然？且比化者无使土亲肤，于人心独无恔乎？吾闻之也：君子不以天下俭其亲。"

王解： 孟子从齐国到鲁国安葬了母亲，回到齐国，停留在嬴地。

他的学生充虞请问："此前承蒙教师错爱，让我去负责木匠打造棺椁的事。忙碌中我就没有敢于前来请示。我个人考虑：那个棺木的规格是不是太高了？"

孟子回答说："古代对于棺椁的尺寸并没有明确规定，后来到了中古时期，规定棺木的厚度是七寸，椁木的尺寸与之适应。不论是天子还是一般人，希望把棺木做得好一些，不仅仅是为了好看，更是为了尽到心意。不能用上好的材料，不是一件称心的事；财力不够，买不起好材料，也是不高兴的。如果规矩与财力两方面都没有困难，古人早已经这样做过了，我为什么独独不能这样做呢？无非是希望父母的遗体不直接接触泥土，就不可以使这样的一个心思有所满足吗？有这样一说：君子不因外界的理由而俭约自己对双亲的花费。"

点悟： 这一段文本讲的丧葬问题，对于今天的读者来说，似乎并不是特别重要，一是由于当年的丧葬礼制对于今人已没有太大意义，一是因为孟子讲的一些事情与道理都相对小微，处理的灵活性也强，不像谈别的那么事关大局、义正词严。

但仍有可说。第一，它透露了一个重要消息，凡是能够上升到原则问题义理问题的，用今天的话就是能够上纲上线的，孟子的姿态是刚强分明、毫不含糊。凡是具体处理的事务，孟子都具有弹性乃至随机性。这个思路于今仍然有效，影响广泛长远。

第二，这里说的是孟母，孟母不是一般人，她对孟子的教育培养脍炙人口，孟母三迁、孟母断织的故事家喻户晓。

第三，这里孟子提出了一个"尽心"观念，这是孟子的心性之学的一个重要概念。《孟子》最后两章，题名恰恰就是"尽心"二字。一个人做什么事情是自己内心的需要，不能仅仅从外物上找原因依据。但各人内心感觉不可能相同，这似乎与礼的统一化、标准化、秩序化考量有所参差。

"尽心"的说法是道德家言,道德当然不是为了沽名钓誉,不是为了获取选票,而是为了对得起自己的良心,使自己心安,安而后能虑,虑而后能得。尽心同时是艺术家言,尽心云云,有自我表现、自我实现的意味。对于权力中人来说,尽心则是政治考量的道德化与情感化,是情与理的充分结合,是本能文化化的提升,是安心尽心第一、功利第二的一种境界。

第四,君子不以天下俭其亲,这是一个重要的提法,非常中国,但是未必站得住,君子的责任不仅在于自己的双亲,还要考虑到家国、百姓、天下。

这个说法也勾画出了孔孟的从人性出发、从孝悌出发的特色以及他们的学说与墨子学说的区别。孔孟认为人应该从对自身亲人的情感出发推己及人,墨子则提倡不分亲疏的兼相爱。前者比较自然,合乎情理,但亦可能利己是真,及人成伪;汉奸中、贪官中也有"孝子",便是尴尬一例。后者难能可贵,献身精神催人泪下,它令人想起一生独身的革命家、政治家、慈善家、事业家,如胡志明、林巧稚等。

4.8

沈同以其私问曰:"燕可伐与?"

孟子曰:"可;子哙不得与人燕,子之不得受燕于子哙;有仕于此,而子悦之,不告于王而私与之吾子之禄爵;夫士也,亦无王命而私受之于子,则可乎?——何以异于是!"

齐人伐燕。

或问曰:"劝其伐燕,有诸?"

曰:"未也;沈同问'燕可伐与',吾应之曰:'可。'彼然而伐之也。彼如曰:'孰可以伐之?'则将应之曰:'为天吏,则可以伐。'今有杀人者,或问之曰:'人可杀与?'则将应之曰:'可。'彼如曰:'孰可以杀之?'

则将应之曰：'为士师，则可以杀之。'今以燕伐燕，何为劝之哉？"

王解：齐国大臣沈同私下里问孟子："可不可以去讨伐燕国呢？"

孟子说："可以。子哙不能够把燕国赠送给别人，而子之也不可以从子哙手里接受燕国。好比一个士人，你很喜欢他，就不经过君王，私下里把爵位与俸禄转让给他；而那个士人也就没有得到君王的命令而这么接受了。这怎么可以呢？现在的情况与这个样子有什么不一样的呢？（出现了这样的情况，怎么不可以去讨伐呢？）"

后来齐国讨伐了燕国。

有人问孟子："您认可齐国讨伐燕国，有这么一回事吗？"

孟子说："并不是这样的。不错，沈同问过我，可不可以讨伐燕国，我说过可以。他认同了这个说法就去打燕国了。但是如果他问：'谁可以去讨伐燕国呢？'我就会告诉他：'只有受到上天的委派才有资格去打燕国。'譬如这里有一个杀人犯，如果有人问我：'这个人是否应该杀掉？'我会回答：'是的。'如果再问：'谁可以去杀他呢？'那么我的回答是：'只有治狱官才能去杀他。'而现在对于燕国的讨伐，（齐国的那一套）是以燕国的那一套讨伐燕国，我怎么能劝告他们去实行讨伐呢？"

点悟：燕君子哙，沽名钓誉，赠其国与子之，从而乱局危局连连。这可以去查史料记载。

问题是孟子此前对齐国大臣沈同的可不可以讨伐燕国的提问作过肯定的答复。第一，所谓沈同"以其私问"，一般解释为以私人身份提问；我解为私下提问，似乎也还靠谱。因为我无法设想沈提问时先声明自己只代表个人。征伐或者不征伐燕国，问题本身完全与私人事务无关，这是一。一般认为沈是齐国大臣，少数人认为沈的身份不可考，这是二。即使一个匹夫，问这样的问题，如无极特殊身份（如外国间谍，与子之或子哙有极大个人恩怨者……）也是为齐国伐燕而设问，不会是天知道的天意天吏的经纪人或代表人而向孟子发问。按：任何人提问，如果没有特殊说明，都是为自己为当时发问。比如问一条路能不能到甲地，就意味着自己或自己的一个伙伴此时要去甲地，而不可能是问天神或者地煞或者其他一个八竿子打不着的 × 玩意儿在 N 年 N 月 N 日要到甲地。孟子如果思维正常，也不会是明明认为只有 × 地 × 人才够得上天吏的格儿却告诉齐国人沈姓者可以打燕国，这是三。

第二，孟子自己告诉后来的提问者，沈同问了孟，孟点了头，后来就真的打了过去。说明孟的身份也不是真正的匹夫，他明明是齐王的客卿嘛。孟的身份是客座顾问、学者兼社会活动家，是 VIP，是说话管用的人，他的话绝对不是匹夫的个人意见。即使沈同有言在先，我们以个人身份先谈谈，他们对自己的对谈的严肃性、重要性仍然有足够的认识，应该说，正是由于话题太重大了，才声明先以个人身份谈谈。如果二人是谈今天天气，哈哈哈，还用明确身份吗？

那么，第三，孟子为什么不承认他赞成过齐国去打燕国？他自己已经直言不讳，他本来以为齐国能以不同的做法来干预燕国事务，结果齐国搞的也是权力斗争、杀杀伐伐那一套。齐国的为孟子所不取的一套，是打完了才暴露出来的，不是孟子早已料到的。所以他说："今以燕伐燕，何为劝之哉？"注意，是今儿个即现在孟子才发现齐之伐燕乃是以燕伐燕，不是早就预料到的。好比是说："早知道齐国是以燕国之道征伐燕国之无道，我怎么可能去认同齐国的征伐呢？"

第四，孟子回答人家关于是否认可过齐国的伐燕意图，他的回答"未也"就站不住了，他明明说过"是也"，怎么可能变成"未也"呢？孟子太好辩了，亚圣有点强词夺理。或者，他老当时确实对齐国抱有希望，希望齐国以仁政王道去提升燕国？不太讲得通，孟在齐，他能看不出春秋无义战、战国更没有义战了——这样的局面与实质？

第五，孟子举出处置杀人犯的比喻，倒有一定的说服力。世人皆曰可杀的人，并非世人皆可杀之，而只能交付有司，找专门机关的专门人员去执行死刑。但用比喻做证，逻辑上不太严密，因为比喻不等于全同，处置杀人犯与征伐另一个无道失道的侯国，以简喻繁，以小喻大，可比性有限。

第六，如果是私下咨询，或者是以个人身份询问，此事怎么传播出去的呢？说明此事并没有特别机密保密，这本来就是一个公共话题，不是私人话题。

第七，从子哙让国说起，这里已经有了公权力不可私相授受的观点。公权力的私有化，是中国式封建社会封建意识的一个毒害性遗传基因，至今值得警惕克服。中国早在东周时代积累下来的政治课题、政治经验、政治格局与政治社会学说，太丰富也太重要了。它们在相当程度上决定了中国兹后两千余年的走向。

--------------------- 4.9 ---------------------

燕人畔。王曰："吾甚惭于孟子。"

王解： 燕国民人反抗齐国的统治。齐王说："这个事使我面对孟子，不免感到惭愧。"

点悟： 从前一段可以看出，孟子不赞成以燕之水准、燕之手段去占领燕国，孟子主张征伐燕国取胜后齐国应该撤军，齐王不听，导致孤立，遭到反抗与失败。故齐王有愧疚感。

陈贾曰："王无患焉。王自以为与周公，孰仁且智？"
曰："恶！是何言也！"
曰："周公使管叔监殷，管叔以殷畔。知而使之，是不仁也；不知而使之，是不智也。仁智，周公未之尽也，而况于王乎？贾请见而解之。"

王解： 陈贾说："君王不必不安。请问君王，您与周公比较，哪一个更加仁德与智慧呢？"

齐王说："咳，这叫什么话！（我怎么可以与周公相比！）"

陈贾说："周公曾经派管叔去监管殷商的遗民，结果管叔带领着这些遗民造反。如果周公知道管叔靠不住却要使用这样的人，说明他的仁德有缺失；不知道管叔是这样的人，说明周公的智慧有缺失。连周公这样的大人物也有在仁与智方面做不到尽善尽美的时候，何况您君王呢？我去与孟子说说，为君王解脱尴尬。"

点悟： 与大人物比成就可能困难，与大人物比失误，则有利于自身，有利于自信乃至自吹自擂。

见孟子，问曰："周公，何人也？"

曰："古圣人也。"

曰："使管叔监殷，管叔以殷畔也，有诸？"

曰："然。"

曰："周公知其将畔而使之与？"

曰："不知也。"

"然则圣人且有过与？"

曰："周公，弟也；管叔，兄也。周公之过，不亦宜乎？且古之君子，过则改之；今之君子，过则顺之。古之君子，其过也，如日月之食，民皆见之；及其更也，民皆仰之。今之君子，岂徒顺之，又从为之辞。"

王解： 陈贾见到孟子，问说："周公是个什么人呢？"

孟子说："是古代的圣人呀。"

陈贾说："周公让管叔监管殷商人士，管叔却带领他们造反，有这么一回事吧？"

孟子回答："是啊。"

陈贾问："周公是不是明知道管叔要反叛却要委派管叔去管事呢？"

孟子说："不，周公并不知道。"

陈贾问："难道圣人也有过错吗？"

孟子答道："周公是管叔的弟弟，管叔是周公的哥哥，周公（信任管叔造成的）过错不是很自然的吗？再说古代的君子，有什么过错就改正掉，今天的君子——上层人物，有什么过错常常将错就错。古代君子的过错，就像日月发生了日食、月食，他们犯的过错人人都看得见，他们改正错误人人都仰视钦佩。今天的上层人物呢，岂止是将错就错呀，还要找说辞文过饰非呢！"

点悟：对待过错的态度，这确实是君子与非君子，尤其是君子与小人的一大分水岭。早在孔子时代，他的弟子子夏已经总结出"小人之过也必文"的真知灼见。

孟子之善用譬喻，无与伦比。他把古代君子之过比作日月之食，指出他们"其过也，民皆见之。其更也，民皆仰之"。真漂亮！无怪乎刘少奇在《论共产党员的修养》中引用了此语。

但是政客有时会碰到另外的情况，将错就错，恶果在远处；公开承认与改正，立即被政敌利用，不利于己方，恶果在当下。所以，虽然孟子讲得如此漂亮，君子之过，日月之食，民皆见之，民皆仰之，太动人了，人人承认他讲得好，少有权力中人会这样做，坐天下与做文章还是不一样啊。文章上一个好的修辞，好的举例，就能转折局面，反败为胜，起死回生。权力呢？天下呢？还是多谈日月光辉，少谈日月之食吧。

4.10

孟子致为臣而归。王就见孟子，曰："前日愿见而不可得，得侍同朝，甚喜；今又弃寡人而归，不识可以继此而得见乎？"

对曰："不敢请耳，固所愿也。"

王解：（孟子与齐王的治国理政观点难求一致，）孟子乃辞掉客卿之职回家。齐王来到孟子住处看望孟子说："开始的时候想见你却没有能见到，后来能够常随左右了，我十分高兴。现在您又要离我而去了，不知道今后还有没有相见的机会？"

孟子说："与您见面，正是我的愿望，只是不好意思冒昧地提出来罢了。"

点悟：开始见不到，是由于孟子觉得齐王礼遇规格不够，特别是齐王说什么本来要来拜访，却因自己有病而去不成，刺激了孟子，于是孟子与齐王捉起迷藏来了。见前。

孟子辞职，好，他不是不讲原则只要官职的庸人。

孟子有点社会地位与名气、影响力，辞职后齐王俯就拜访，后来的客气话，两位说得都很谦和动人，一是歧见难于弥合，一是言谈流露鱼水情深，暴露了礼的文化性、润滑性与人的率真、坦直间的矛盾。

在计较礼遇方面孟子似乎超过孔子。《论语》上记载了孔子的"丧家狗"的厄运，却几乎没有任何孔子的牢骚。是孔子更能忍？是孔孟的不同个性使然？还是孟子时期，儒家行情，比以前看涨？

他日，王谓时子曰："我欲中国而授孟子室，养弟子以万钟，使诸大夫国人皆有所矜式。子盍为我言之！"

时子因陈子而以告孟子，陈子以时子之言告孟子。

王解：过了几天，齐王对时子说："我想给孟子一些位于都城中心的房舍，拨出万钟粮食供养他的弟子，让国家的高官与民人有所效仿追求，你去与孟子说说这事好不好？"

时子就想通过陈子把此话告知孟子，陈子便将时子的话告知孟子了。

孟子曰："然；夫时子恶知其不可也？如使予欲富，辞十万而受万，是

为欲富乎？季孙曰：'异哉子叔疑！使己为政，不用，则亦已矣，又使其子弟为卿。人亦孰不欲富贵？而独于富贵之中有私龙断焉。'古之为市也，以其所有易其所无者，有司者治之耳。有贱丈夫焉，必求龙断而登之，以左右望，而罔市利。人皆以为贱，故从而征之。征商自此贱丈夫始矣。"

王解： 孟子听到后说："呵呵，他时子哪里知道这是不可以的哟！如果是我贪图财富，那么，辞掉了十万钟粟的供养而去接受一万钟粟供养，岂能是发财致富的路子？"

孟子继续说："季孙就评论过：'这个子叔疑也有点太过了，自己想走为政的路子，没有得到使用，也就罢了，他又让自己的子弟去做什么公卿。哪个人不愿意富贵呢？可富贵也不能让你们一家包了呀。'

"古代的市集，无非是以己有的去换自己无有的东西，由官员有所管理也就罢了。但是偏偏有一种品格低下的人，网罗布置，站上高岗，东张西望，追求占有生意带来的利益。人们看不起这种低贱的人，就追踪他并且征收他的生意赋税。商业收税，就是从这样的下贱人开始的。"

点悟： 孟子先假定了齐王意欲请他留在齐都教授弟子的目的是为了用财富挽留他，但是担任客卿官职与建馆教学是两条路子，仅仅用财富供养的数量说明他的去留选择，似乎不足以服人。

后面联系到子叔疑某人没当成官儿，却让门徒们继续追求官职为不当，也令人困惑。莫非孟子相信血统论、种姓论，认为一个人做官不成乃是他的品种不行的证明，他们祖祖辈辈都不可能有做官的命？自己没有做成的事，让子弟去干，何龙断（垄断）之有？莫非古代的"龙断"一词另有含义？

联系到孟子自身，反而可爱可敬。既已辞职，便不再纠缠，走人最好，证明自己并非要价还价，装腔作势，黏黏糊糊。退就裸退，好！

然后举市集贸易的例子。孟子理解的市集，以有换无，以物易物，停留在自然经济水平。孟子理解的赋税，是为了惩罚贪利涉嫌垄断的下贱人士，这当然是极其前现代的观念，也是将义与利绝对对立起来的观念，还是轻商与贬商的成见。他把赋税理解为惩罚手段，这些观念，古老片面。

---------------- 4.11 ----------------

孟子去齐，宿于昼。有欲为王留行者，坐而言。不应，隐几而卧。

客不悦曰："弟子齐宿而后敢言，夫子卧而不听，请勿复敢见矣。"

曰："坐。我明语子。昔者鲁缪公无人乎子思之侧，则不能安子思；泄柳、申详无人乎缪公之侧，则不能安其身。子为长者虑，而不及子思；子绝长者乎？长者绝子乎？"

王解：孟子离开齐国，在昼地过夜。有一位人士想替齐王将孟子挽留下来。他坐下来与孟子说话，孟子不应答，靠着桌几半躺着打盹。

来者不高兴地说："我是头一天斋戒沐浴后才来见您，与您说话的，可您躺着不理我，我今后再也不敢与您见面了。"

孟子说："请坐吧。让我给你说明白。从前，鲁穆公如果没有安排好在子思身边的人员，他认为子思是不能够安心踏实的。泄柳与申祥呢，如果见到鲁穆公身边没有安排好人员，他们也是不能安心踏实的。如今如果说你是为长者考虑，你赶不上对子思的安排。那么请问，是你绝情于长者了呢，还是长者绝情于你呢？"

点悟：一句话，孟子要求尊严，认为权力系统对自己应该有足够的礼遇，原因在于他讲的是义理，是王道，是仁政，是浩然之气，是高大上，他不能随意低头，不能降格以求。这也是士可杀不可辱的意思。

又不仅仅是尊严，更不仅仅是面子问题，在东周那种混乱争夺厮杀的局面下，推行仁政王道，谈何容易！齐王没有大决心、大信念，孟子的那一套，能实行得了吗？孟子可不是后世的那种獐头鼠目的钻营小吏，他要价极高，不苟且，不出卖自家，有他的原则。

但同样也让人想起孔子的"无可无不可论"来，事物有着不同的强调方面与思虑角度。

<hr>

4.12

孟子去齐。尹士语人曰："不识王之不可以为汤武，则是不明也；识其不可，然且至，则是干泽也。千里而见王，不遇故去，三宿而后出昼，是何濡滞也？士则兹不悦。"

高子以告。

曰："夫尹士恶知予哉！千里而见王，是予所欲也；不遇故去，岂予所欲哉？予不得已也。

王解： 孟子离开了齐国，尹士对人评论说："如果孟子看不出齐王并不是商汤、周武王那样的材料，那就太不清明喽；如果看得出齐王不可能成为汤武，还是要前来，那就只是为了取得君王的恩泽而来了。不远千里来见君王，得不到知遇就离去，说离去吧，整整三天才离开昼地，这也太慢慢腾腾黏黏糊糊了，对此我实在感觉不好。"

高子把尹士此话告诉给孟子了。

孟子说："这个尹士上哪里了解我的心去？不远千里而来，是我的愿望；得不到知遇离开，那可不是我的愿望，是我没有办法啊！

"予三宿而出昼，于予心犹以为速，王庶几改之！王如改诸，则必反予。夫出昼，而王不予追也，予然后浩然有归志。予虽然，岂舍王哉！王由足用为善；王如用予，则岂徒齐民安，天下之民举安。王庶几改之！予日望之！予岂若是小丈夫然哉？谏于其君而不受，则怒，悻悻然见于其面，去则穷日之力而后宿哉！"

尹士闻之，曰："士诚小人也。"

王解： "说什么在昼地待了三天才走掉，我还觉得赶罗得够快的呢。也许齐王能够改变他的思路？如果他有所改变，（我还等待着）他必定会接我回去的啊。我离开了昼地，齐王并没有派人来追赶我。这之后我才发了大愿要回老家。虽然已经是这样了，我并没有死心舍弃齐王啊。齐王（治国理政）完全有条件做得更好。如果齐王任用我，岂止是齐国民人能够安居乐业，天下的民人将都能够安居乐业呀。我是天天盼望着齐王有所改正的啊。

"我可没有那么小家子气，给君王提出批评意见，君王没有听取，便闹情绪，气虎虎脸上带相，先走上一天最远的路才住宿，（好表示自己的不合作的决绝呢！）"

尹士听到了孟子的话说："我真是个小人啊。"

点悟： 这一节讲五伦中最重要的君臣关系，生动细致。回顾此前，孟子为了不失尊严与考量齐王的决心，对于会见的礼遇规格十分在意，并采取了他应该认为是滴水不漏的应对措施。后来，据说是孟子担任了齐国的客卿，《孟子》中没有正面交代。后来在征讨燕国的问题上，暴露了孟子与齐王的歧见，孟子似乎不无被动与勉力的自辩。后来发展到孟子辞职，虽辞职却仍然不死心。然后是挽留与坚辞。辞而如此之坚，敢情仍然等待着君王的回心转意。并不是孟子官迷，而是第一，他自信，他有使命感，他坚信他的学说能安齐，能安天下，能为万世开太平。第二，他忠君，不到黄河不死心，到了黄河还要等三宿。第三，他不是简单地安齐、安天下，而是齐民安世，还有举天下之民皆安，了得！其理其情其气其貌都是浩然啊。

从好处说，一个士，一个读书人，一个知识分子，除了自信、学识与智力，他还有什么呢？如果连这些有还是无都出现了疑问，他还去吃哪一碗饭呢？

从负面来想，随着世界的发展与复杂化，一个能说会道的士，一个不怎么主事的客卿，他的一厢情愿的逻辑，有那么大的包治百病的把握吗？能够动辄合则留，不合则去吗？既然选择了离去，既然齐王没有回心转意的征兆，还有什么可说!

士与君王，仁义道德、智慧规则与权力体现、权力威严，没有实权却又充满自信的孟子与一批诸侯的关系，不好处，孟子不管怎样有气沛然浩然，谁难受谁知道。

---------- 4.13 ----------

孟子去齐，充虞路问曰："夫子若有不豫色然。前日虞闻诸夫子曰：'君子不怨天，不尤人。'"

曰："彼一时，此一时也。五百年必有王者兴，其间必有名世者。由周而来，七百有余岁矣。以其数，则过矣；以其时考之，则可矣。夫天未欲平治天下也；如欲平治天下，当今之世，舍我其谁也？吾何为不豫哉？"

王解：孟子离开齐国了，路程上，充虞问孟子："老师您脸上似乎有不愉快的表情。前些时候我听老师还讲过，君子人既不会埋怨天时，也不会责备人事。（不怨天，不尤人，）还有什么不开心的呢？"

孟子说："那时候是那时候，现在嘛，就是现在喽。（历史的规律是）每隔五百年，必然会有称王天下的高端人物出现。同时这期间必然产生一批大人物辅佐世事。从西周以来，已经过去七百年了，从数量上说，已经超过了；从时机上来说，现在正是时候。这个天意似乎还没有打算要治理平安天下。如果天意当真要治理平安天下了，那么当今世界上除了我还有谁能当其重任呢？如此说来，我又有什么不愉快的呢？"

点悟：孟子很牛，该牛就得牛。牛得过了一点，就是过了一点。

孟子离开齐国，有不快处，前面几节已经表现了这种不愉快。充虞就此提问，当然是有所见而发，不是他没事找事。

但是孟子不承认自己不愉快，因为，从更大的格局来说，从孟子的抱负与使命来说，区区一个齐国，不够他发挥的，是不值得为那里的事而不快的。何况，孟子有浩然之气，孔子有坦荡荡，庄子有翱翔九万里的念想，老子有天道的众妙之门。孔孟是不轻易讲天道天意的，提到天了，孟子有些激动，有些不得不往老庄那边靠。孔孟老庄都有大志大格局大使命感，但无有大事功，就更要坚守自己的信念与精神的浩大辉煌。

一个是"彼一时，此一时也"，一个是"五百年必有王者兴"，一个是"平治天下，舍我其谁"，孟子的名言一出，其高大上立见了。这样的高大上的逻辑两千年后出现在周扬 1963 年《哲学与社会科学工作者的战斗任务》中，也通俗于夸张于林彪关于几千年几百年会出一个毛主席式人物的说法中。

"五百年必有王者兴"，这种说法谈不上科学，不能证明也不能证伪，未必符合历史事实。这是许多《孟子》的读者包括王某的最初印象。唐尧虞舜夏禹三位"王者"紧紧相连，完全用不着五百年的等待。西周过去七百年了，当然也不是五百年。

但此说绝对不是信口开河。它符合 19 世纪英国学者 F. 高尔顿的"子女回归定律"，还有什么投资回报"回归平均数百分之十定律"，数学的概率论所讲的"大数定理""中心极限定理"，这些都表明，在偶然性中可以发现必然性，可以把这几个定理看作是可知论的数学论证。

即使古代中国圣贤的出现是一个偶然现象，偶然也是要符合、会符合概率的数学定理的。所以伽利略、笛卡儿都鼓吹数学是上帝的语言。在某种意义上，孟子的五百年必有王者兴的说法，既表达了概率大数回归平均（五百年中有四百多年人才平平）的道理，又注意到了，而且期待着的是：总还有远高于平均数的——王者、圣贤（今天来说则是天才与伟人）昙花一现——五百年一次的王者兴局面出现。

唐虞夏的上古，至美至善至圣，掌权的都是王者或圣贤。此后，有变乱才有王者与圣贤出现，英雄固然造时势，更需要的是时势造英雄。恰恰是夏桀、商纣的暴政，夏与殷商的没落覆灭，呼唤出来了成汤、伊尹、文王、武王、周公式的王者与圣贤。恰恰是无此类王者兴，才出现了孔孟这样的玄圣素王。年而"五百"，不是普通数学，恰恰是概率论大数定理，而且它是文学乃至诗学与准神学，是一种"本质的真实"，其实也是一种事出有因的期待与祝愿。尤其重要的是，它是玄虚与抽象的人文情绪与高大上的数学、人类学、经济学的交通，是马克思、恩格斯并于必然性与偶然性的辩证统一的观点的古代中国证言。

五百年必有王者兴，此话说得鼓舞人心，哪怕是凤毛麟角，毕竟给人以至多五百年后的明朗的期待。但是如果有兴趣于数学，懂得充分领会数学的公正性与清明性、冷酷性，就会想到：事物不但有正面的极点，还会有负面的极点，二者虽然罕见，但必然会出现，而且其出现的概率应该大体相同，否则上帝的语言概率论就不灵了。如此说来，是不是同样地五百年必有夏桀商纣那样的特大号的独夫民贼问世呢？你为此而震撼、抑或为此而莞尔呢？

4.14

孟子去齐，居休。公孙丑问曰："仕而不受禄，古之道乎？"

曰："非也；于崇，吾得见王，退而有去志，不欲变，故不受也。继而有师命，不可以请。久于齐，非我志也。"

王解：孟子离开了齐国，住在离老家不远的休城。公孙丑问道："做了人家的官职又不接受俸禄，这合乎古道吗？"

孟子回答："不是的。我在崇地得到了机会见到齐王，回来后就想离开了，而且我不准备改变我的理念，所以没有接受他给的俸禄。但紧接着有了战事，我不好请辞。但是长久地留在齐国并不是我的志向。"

点悟：孟子与齐王为政理念不一致，对礼贤下士的看法不一致，对征讨与占领燕国的看法也不一致。所以二人的关系一直疙里疙瘩。另一方面，孟子一直对齐王接受自身的理念抱有期待，抱有幻想，迟迟不肯罢休。而齐王也确实认识到孟子的名声与影响，希望和他有一定程度的合作，至少可以摆摆孟子这个花瓶，然后发生了一系列事情。

问题在于孟子屡屡要为自己与齐王相处的过程进行解释与自我辩护，提起在齐的事情，自辩，或者如鲁迅所说的"辩诬"，总是不那么顺利舒适、气宇轩昂啊。

还别说，孟子在齐的故事提供的从政经验称得上五花八门。见谁不见谁；拜见还是待顾；直陈政见还是说说看看、还是暂时不说、说而不全，如说可伐燕但不是你伐，可伐燕但不可占领之，故而责不在我；终于离去，裸退还是继续留下任教成为社会贤达；辞了走了，快快地走还是一步一回头地走，讲究大了去了。孟子不但善于灵活多样地处理，而且能为各种对策辩护，言之凿凿。孟子不简单哟！且读且推敲且体悟且微笑吧，您！

与孔子相比，孟子细节方面动的心眼，似乎多了一点点。

不能与不必照抄，但是不妨从孟子的境遇与对待中有所借鉴、思考、长进。

卷五　滕文公章句上

滕文公为世子，将之楚，过宋而见孟子。孟子道性善，言必称尧舜。

世子自楚反，复见孟子。孟子曰："世子疑吾言乎？夫道一而已矣。成覸谓齐景公曰：'彼，丈夫也，我，丈夫也；吾何畏彼哉？'颜渊曰：'舜，何人也？予，何人也？有为者亦若是。'公明仪曰：'文王，我师也；周公岂欺我哉？'今滕，绝长补短，将五十里也，犹可以为善国。《书》曰：'若药不瞑眩，厥疾不瘳。'"

王解：滕文公还是太子的时候，一次去楚国，经过宋国，见到了孟子。孟子给他讲了性善的根本道理，一说话就讲述唐尧与虞舜。

太子从楚国的回程中又见到孟子，孟子说："也许太子您对我的话有些信不过吧？其实天下的大道只此（性善——尧舜）一项（很集中也很明白）罢了。成覸对齐景公就说过：'圣人也是男子汉，我也是男子汉，我为什么要（将见圣贤而思齐）视若畏途呢？'颜渊也说过：'大舜是什么人物，我又算什么人物，（尽管如此，但是）如果我想有所作为，就要走与舜一样的路子。'

公明仪说过：'我要以周文王作老师，按周公的教导做，周公的教导是不会让我上当的。'现在，滕国归里包堆，也有方圆五十里地了，可以治理成一个相当了不起的国家。《尚书》上说：'如果吃了药没有能够头晕目眩，（不用点猛药），瘤疾是痊愈不了的。'"

点悟：彼时正如《史记》所言："……秦用商君……楚、魏用吴起……齐威王、宣王用孙子、田忌……天下方务于合从连衡，以攻伐为贤，而孟轲乃述唐、虞、三代之德，是以所如者不合。"就是说各侯国注意的是富国强兵、合纵连横、国防外交、扩张自身势力、统一天下，而孟子见人只讲唐尧、虞舜、夏商周三代的道德成就，被认为是不着边际、不接地气的大话空话。

按道理，孟子应该注意总结历史经验，面对现实挑战，你当然可以鼓吹性善，同时你应该研究是时是地的人性恶的一面的表现与规律。你不但可以或必须宣扬尧、舜、文王，也可以并必须探讨管仲、苏秦、张仪、商鞅、吴起、孙子、田忌等的成败得失，孟子应该认真对与自己学派不同但确实在政事中、生活中闹出了很大动静的人物与事迹进行分析研究，而不是采取闭目政策，对非同派系者视而不见。

孟子已经感到了这一点，所以他与滕文公讲得直截了当。他坚持他的以性善论、以尧舜之道治国的道德理念。他引用成睍、颜渊、公明仪等知名人士的名言，证明尧舜之道是可以实行的。对这些话，笔者追求尽量解说得更鲜明些，希望实现孟子言论主张的理解上的优化。对于中华经典的解读，当然必须力求忠于原义，同时解读不仅是原文的传达，也无法不包含难免的解读者的理解与想象。

孟子认为他的主张用不着太多地顾虑大国小国、体量与实力。估计有些小国权力系统，更感到孟子说法的大而无当。但孟子又强调，实行他的一套，总还是要有一点规模，所以他强调，取长补短，归里包堆，滕国也不算太小。孔孟之道富有泛道德主义、道德理想主义、文化理想主义的色彩，但他们终归要俯就一下现实：例如地盘之大小、处境之顺逆，叫人慨叹，也令人莞尔。

不但是"迂远""阔于事情"即远水不解近渴、松阔不合螺纹，孟子还想下猛药，下吃下去叫人头晕目眩之药，说明他已经明确认识到东周的现实政治生活确已大大离开了尧舜至西周的古道。越离得远，越要挽狂澜于既倒，孔孟的"复古"是对现状的极端不满，是高大单纯的理想主义宣扬。为了增加理想主义的魅力，便要强调这种理想正是当年的现实，以复古之名革新，古已有之，今何无哉！中华文化传统数千年，数千年来向往古道热肠，这种古道热肠在实际政治操作中落实得有限，但它对于优化世道人心、凝聚士子志向、保持中华文化的价值走向方面的作用不容小觑。

5.2

滕定公薨，世子谓然友曰："昔者孟子尝与我言于宋，于心终不忘。今也不幸至于大故，吾欲使子问于孟子，然后行事。"

然友之邹问于孟子。

王解：滕文公的父亲定公去世了，太子（即后来的文公）对然友说："此前孟子在宋国与我谈过话，我心里始终记着他的话。现在我遭受了父丧这样的大事，请你去请教一下他，然后我再去办理这件大事。"

然友便去了邹地，找孟子求教去了。

孟子曰："不亦善乎！亲丧固所自尽也。曾子曰：'生，事之以礼；死，葬之以礼，祭之以礼，可谓孝矣。'诸侯之礼，吾未之学也；虽然，吾尝闻之矣。三年之丧，齐疏之服，饘粥之食，自天子达于庶人，三代共之。"

王解：孟子说："文公想得很周到啊。自己父母的丧事，当然是要自己全力来办。曾子说过：'活着的时候按礼法好好侍奉，死亡的时候按礼法好好守丧，按礼法好好祭祀，那就算是尽了孝道了。'诸侯的丧礼，我没有专门学习过，我听说的是守丧三年，这三年当中，穿着缝边的粗布丧服，吃一些寡淡的粥食，从天子到百姓，都要如此。夏商周三代都是这样的。"

然友反命，定为三年之丧。父兄百官皆不欲，曰："吾宗国鲁先君莫之行，吾先君亦莫之行也，至于子之身而反之，不可。且《志》曰：'丧祭从先祖。'"

曰："吾有所受之也。"

谓然友曰："吾他日未尝学问，好驰马试剑。今也父兄百官不我足也，恐其不能尽于大事，子为我问孟子！"

然友复之邹问孟子。

王解：然友回去向太子复命，确定下来守丧三年。亲族长辈与文武百官都不愿意，他们说："我们的滕国，是姬姓之国，宗国是鲁，但鲁国并没有这样守过丧。我们的先人君王也没有这样守过丧。到了您改变了规矩，恐怕不好。再说，《志》上也说的是：'守丧祭奠都要按祖上的做法去办。'"

太子说："我这边的一套说法也是有依据的。"他对然友说："我从小没有认真地学过这方面的学问，我熟悉的是骑马舞剑，现在父老百官都有不同意见，一定这样做恐怕未必做得好，请你再请教请教孟子吧。"

于是然友又去了邹地，请教孟子。

孟子曰："然；不可以他求者也。孔子曰：'君薨，听于冢宰。歠粥，面深墨，即位而哭，百官有司莫敢不哀，先之也。'上有好者，下必有甚焉者矣。君子之德，风也；小人之德，草也。草尚之风，必偃。是在世子。"

然友反命。

世子曰："然；是诚在我。"

五月居庐，未有命戒。百官族人可，谓曰知。及至葬，四方来观之，颜色之戚，哭泣之哀，吊者大悦。

王解：孟子说："是的，（这需要自己拿主意，）不能够听从他人的说法。孔子说过：'君王死了，太子什么都听宰相的，（悲哀得不言不语，）吃粥，黑着脸色，一到正式场合就哭泣，百官与各有关官吏没有敢不悲痛的。因为太子已经作了引领。'上边希望怎么样，下边一定会更多地跟着走。君子的功德作用像风，小人的功德作用像草，风怎么吹草怎么顺着风向倾倒。你们的丧事怎么办，取决于太子。"

然友回去向太子回复。

太子说："是的，诚然是应该由我做主。"

于是太子在凶庐里待葬五个月，五个月没有发号施令，百官与亲戚都认同了太子的做法，认为太子所行很符合礼法。到了下葬的时候，四面八方来了人，看到太子容颜表情十分悲凄，哭泣得十分哀痛，各方人士反映甚好。

点悟：古人重视丧礼，表现了对于君臣父子秩序的强调，表现了礼教精神、文化精神的至高无上，乃是忠孝伦理的延伸与外化，也表现了古道热肠、尊重祖先、尊重生命的恭敬品德、恭敬情操，自有它的感人合理之处。

孟子引用曾子的话："事之以礼……葬之以礼，祭之以礼，可谓孝矣。"把礼与孝干脆等同起来，存疑。孝是一种道德情操，是自然心性的启沃与发展。礼是一种文化规范，是社会的行止规则，是维护一定的秩序与价值的外在需要。礼搞得足足的，叫作行礼如仪，但内心乃是别样，这样的事态并不罕见，不足为奇。

礼法作出有关表情的规定，令人感动也令人困惑。感动的是容色确实代表一种文明礼貌，而孔孟都如此重视，我们至今仍然常见未把文明的容色调整处理好的情形。困惑的是父母长上去世，后辈悲伤，本来是真性情，变成了规则与对规则的迎合，以"吊者大悦"四字结语本节，本来是分担家属悲痛，抒发对逝者的怀念痛惜之情的嘛，怎么大悦了起来？

所以老子讲："天下皆知美之为美，斯恶已；皆知善之为善，斯不善已。"真情遇到礼文化，有变成作秀的可能。世界上的事，有一好就有一坏，有一好就有一真一伪一背道而驰。礼也如此。难怪五四时期说到"礼教",具有新思想、新文化观念的人的反应是生理的厌恶。

然友两次奉命请教,孟子的态度有发展。首次,孟子很谦虚,说是自己并没有学习过诸侯级别的丧葬礼法,意谓他讲的守丧三年也是参考性质。第二次,孟子坚持己见,无视歧见,表现得更像强调权力的法家,而不是强调道德理想的儒家。他没有讲道德是非、讲人性之善,而是强调《论语》上的一个话:君子自能决定风向风力,小人则只会跟随摇摆,等于说君子才是主动的,小人只能是被动随从听喝的。细咂起滋味来,还有点凄然,民为贵了半天,民人中的多数不过是墙头草、随风倒,被君子精英们的强势大风吹着跑。还有一种解释,这里的小人不是说的平民,而是指君王周边的奸佞,那就另当别论了。

一举丧就要坚持三年,别的不说,喝三年稀粥云云不免叫人为难。文化礼教,毕竟不能约束太过,与人生作对。三年不理政事交给宰相,不符合政治事务特别是权力攸关事务的运转规律。莫非古人性子比今人缓慢许多?想不明白。

当然,也可以解释为,隆重地为父王举丧守丧,从大处着眼是无可置疑的好事,是为天下百姓示范。开始有点七嘴八舌,根本不必在意,君子是有原则有理念的,想好了去干就是了,何以杞忧?

5.3

滕文公问为国。

孟子曰:"民事不可缓也。《诗》云:'昼尔于茅,宵尔索绹;亟其乘屋,其始播百谷。'民之为道也,有恒产者有恒心,无恒产者无恒心。苟无恒心,放辟邪侈,无不为已。及陷乎罪,然后从而刑之,是罔民也。焉有仁人在位罔民而可为也?是故贤君必恭俭礼下,取于民有制。阳虎曰:'为富不仁矣,

为仁不富矣。'

王解：滕文公就治理国家事宜向孟子请教。

孟子说："民人（民生）的事务是不能拖延迟慢的。《诗经》上说：'白天要割茅草，晚间要搓绳索，还要急速修缮房舍，适时播种百谷。'民人的规律是，有长久的产业财富，便有长久的心思安排，而如果没有恒定的产业财富，便没有恒定的心思安排。（民人的心思是随着产业财富走的。）如果没有恒定的心思安排，（没有一定之规，）就会是邪魔歪道，胡作非为，什么事都可能干出来。等到他们犯罪陷入法网以后，再惩办这些人，这等于是坑害人。哪里有仁德之人掌握了权位却要坑害民人的道理！所以说，一个贤明的君王，做事要恭敬郑重、精俭朴素、礼贤下士。尤其是在从民人那边有所征取获得（如收税等）的事宜上，必须有一定的制度约定。阳虎就说过：'你想的是发财，就必然做不到仁义，你想的是仁义，就休想发财。'

点悟："民事不可缓也"，此言到了今天，就是"人民利益无小事"。

孟子讲义不讲利，这是对权力系统、对君子而言，他们不能斤斤于自身的蝇头小利。至于老百姓的割草搓绳，修房播种，都是大事，都是政务，都是仁者最最不能掉以轻心的大事。有恒产者有恒心，无恒产者无恒心，这两句千百年来被广泛认同的至理名言，让我们看到了孟子学说的唯物、务实、接地气的一面。正常情势下，民生就是执政者的最大政治任务。头几章，在梁惠王、齐宣王那里，孟子的道德、文化理想主义调门很高，这儿，孟子一下子就把理想主义与民生（实用）主义统一到一块儿了。

搞不好民生会出现违法活动，会使某些人沦为罪犯，而某些本来可以不沦为罪犯的人沦为罪犯了，权力系统有"为政无能，陷民于罪"即坑害民人的责任。孟子发明的"罔民"罪，接近于今天所讲的"不作为"罪，但是听起来比不作为还要恶劣严重。孟子的这个说法相当尖锐，堪称振聋发聩。

可以放眼今天社会上的一些犯罪现象，例如 CCTV 社会与法频道上记述的刑事犯罪案件，作案者绝大多数都是无恒产者，还有一种是罪犯先因小罪关了几年，放出来后再犯大罪重罪，其中问题、其中苦涩，值得整个社会严重检讨。

"夏后氏五十而贡，殷人七十而助，周人百亩而彻，其实皆什一也。彻者，彻也；助者，藉也。龙子曰：'治地莫善于助，莫不善于贡。'贡者，挍数岁之中以为常。乐岁，粒米狼戾，多取之而不为虐，则寡取之；凶年，粪其田而不足，则必取盈焉。为民父母，使民盼盼然，将终岁勤动，不得以养其父母，又称贷而益之。使老稚转乎沟壑，恶在其为民父母也？夫世禄，滕固行之矣。《诗》云：'雨我公田，遂及我私。'惟助为有公田。由此观之，虽周亦助也。

王解："夏朝是一户有五十亩地以上就要上'贡'税，商朝一户有七十亩地以上就要上'助'税，周朝是一户百亩地以上要上'彻'税。其实他们都是抽十分之一的税赋。彻是通彻（计量）的意思。助是借助（民力）的意思。古代的龙子说过，征取田赋，没有比'助'的方法更好的，也没有比'贡'的方法更糟的了。'贡'就是核查比照数年的收成，制定一个固定的量，按此量征收税赋。遇到好年成，到处是粮食，多征一点本来问题不大，结果还是收那么多，显得是征收量很小。遇到灾荒之年，各户收到的粮食连次年的肥料都支撑不了，仍然要收很多。身为民人的父母，君王让百姓过得辛辛苦苦，却连养活父母都没有把握，还要借贷举债来过活。弄得一些老幼抛尸于沟壑之中，这算是什么民人的父母家长呢！在滕国，早已实行了代代相传的俸禄制度，（也是为了保持生活的稳定。）《诗经》上说：'雨洒落到上缴朝廷的公田上，也坠落在私家田地上，（上天让大家都有饭吃。）'只有采用'助'的办法才会有公田之说，看来，周朝是实行'助'的办法的。"

点悟：孟子强调的是，收取赋税要根据百姓的收入情况，不能简单划一，使灾年的贫困者为难。其次是君王朝廷要让利，对于民脂民膏不能搜括太过。孟子注意的是维护群众利益。孟子认为民生问题严重是治理不善的结果，权力系统必须对民负责。

"雨我公田，遂及我私"，两句诗非常美好，雨也姓公，天也姓公，孰敢不公？公而及私，以公为先，以天为范，以及为愿，恰到好处。

"设为庠序学校以教之。庠者，养也；校者，教也；序者，射也。夏曰校，殷曰序，周曰庠；学则三代共之，皆所以明人伦也。人伦明于上，小民亲于下。有王者起，必来取法，是为王者师也。

"《诗》云：'周虽旧邦，其命惟新。'文王之谓也。子力行之，亦以新子之国。"

王解：孟子说："要设立庠序学校来进行教育。庠，就是要有教养；校，是要教授；序，是射（导引、分析、推演比喻）。夏代叫'校'，商代叫'序'，周代叫'庠'；学，那是三代的共同提法，学的目的是明白人间的伦理关系。人伦关系首先是上层人士弄明白了，底下的民人也就相亲于民间了。有了能够为王的贤人出现兴起，他们一定会接受效法这些对于人伦的规范，说明这些人伦规范正是王者之师。

"《诗经》上说，周虽然是个古老的国家，它的使命却是在于进行新的开拓，缔造新的局面。这是讲周文王的。如果您能努力去做，也可以为您的国家缔造新的局面。"

点悟：人伦道德决定世道人心，世道人心决定邦国天下的治乱兴亡，只有好好地抓教化才能优化人伦道德与世道人心。这就是孔子的逻辑，是孔子的纯真与魅力，也是孔子孟子明洁朴素求善却屡屡碰壁的根由。现代思潮、维新思潮则在强调世道人心的同时强调制度与法治的重要性。马克思主义要强调的更是一切制度法制上层建筑的基础在于经济，在于生产力与生产关系的辩证统一，为政的基础在于发展生产力与调整生产关系。

今天，则是强调以经济建设为中心，强调改革开放、发展是硬道理。与此同时，不能忽视传统的仁义道德理念的坚持，否则，远在制度与法制、法治完善成熟之前，先会发生精神黏合剂与净化剂的归零，会发生民族文化乃至民族共同体的土崩瓦解。现在我国的讲法是两手都要抓，两手都要硬。百余年的经验，岂可小觑！

使毕战问井地。

孟子曰："子之君将行仁政，选择而使子，子必勉之！夫仁政，必自经界始。经界不正，井地不钧，谷禄不平，是故暴君污吏必慢其经界。经界既正，分田制禄可坐而定也。

"夫滕，壤地褊小，将为君子焉，将为野人焉。无君子，莫治野人；无野人，莫养君子。请野九一而助，国中什一使自赋。卿以下必有圭田，圭田五十亩；余夫二十五亩。死徙无出乡，乡田同井，出入相友，守望相助，疾病相扶持，则百姓亲睦。方里而井，井九百亩，其中为公田。八家皆私百亩，同养公田；公事毕，然后敢治私事，所以别野人也。此其大略也；若夫润泽之，则在君与子矣。"

王解：滕文公派毕战向孟子请教井田制度的事。

孟子说："你的君王愿意实施仁政，选派了你来找我，你可要用心啊！这个仁政，必须从划分好田地边界做起，如果田界划分得不公正，井田划分得不平均，作为俸禄的由井田提供的谷粮收入也就不公平。所以暴君与贪官污吏必定会把井田边界搞得稀里糊涂。而把井田边界划分公正了，怎么样分田而耕，怎么样制定俸禄，就都可以清清楚楚地妥善处理了。

"滕国地盘不大，但也得有（管事的精英）君子，以及（干活的民人百姓）野人。没有君子，野人就没有人管理统治了。没有野人，君子也就没有人养活了。农村，应该实行抽九分之一的'助'的（井田）制度，都市则实行十分之一的赋税制度。卿以下的官员，每户可以分到祭祀用地，这个祭祀用地可以是五十地。有更多的人口有可以多得二十五亩。埋葬死者或者迁徙住地，都不必离开家乡。在同一井田上劳作的各家，出入相互友好，守望相互帮助，有了疾病，互相照应扶持，这样百姓之间相亲相爱和睦相处。一平方里地做一个井田，把田地划分成一个井字，一共九百亩。中间那块地是公田，其余的分给八户人家。八户人家共同耕作那份公田。先做好公田的活计，再各自做各自的田地。这就是井田下的民人与（未曾教化管理的）野人的区别所在。当然，这只是一个大略的说法，具体怎么去充实修饰做妥帖，就看你们的君王与你这样的臣子了。"

点悟：孟子的理想是回到殷商与西周时期的井田制。

首先，他把仁政的要务定为规范民人的经济负担，不要搜括太过，不可没有章法。他说得简明有力。这位强调心性的历史唯心主义者在这个问题上谈得十分唯物，也十分法理。

暴君污吏必慢其经界，此说有重视"物权法"的味道。盖暴君污吏，烦的是法度，要的是权力滥用不受约束，孟子早就看出来了。

其次，井田制把民人的经济负担搞得简约明快，既有公共义务，又有包产到户。

其三，八家共耕公田，出入相友，守望相助，公而后私，私而奉公，甚至连种私田的收获也算作国家待遇，叫作"（俸）禄"，大家都是公家的人，农民也差不多是公务人员，这甚至让人想起人民公社、农业合作化、互助组的思路。

其四，九分之一或十分之一的税率，相当低，比如今世界各国的哪怕仅仅是所得税率都低得多，更不必说其他种类繁多的税赋，这未免令今人羡慕。

其五，干脆说得明明白白，无君子，莫治野人，无野人，莫养君子：没有但书，没有遮蔽，没有美容整形，没有平衡制约，没有对于此种关系可能出现的漏洞与偏差的预应力。倒也清楚透亮坦荡荡。

其六，强调死与活都不离乡，安土重迁，由来已久。

这些当然是小农经济、自然经济思想，与孔子的"节用而爱人，使民以时"（《论语·学而》）的理想高度吻合，与老子的"小国寡民……使民重死而不远徙……鸡犬之声相闻，民至老死不相往来"也基本一致。有一种向后看的文学情怀，却几乎毫无经济学与发展社会学的起码元素。这与中华文化的情感性有关。反过来说，这样情绪化、人文化，却正是中国文化与中国文学的某种特性：中华文化的文学性、中国社会的文学化、中国政治的文学化，恰恰也就是中国文学的百分百政治化、社会化、道德教化化与沉重化。

问题在于有了人类社会，有了生产力、生产关系、经济基础、上层建筑这一套，有了欲望、竞争、利益利润追求奋斗这一套，社会不可能停滞，而会走向复杂、走向多样、走向利益冲突与利益整合、利益扩展与利益竞争与分配，走向百花齐放、百家争鸣、起伏盛衰、巧言令色、计谋博弈、经营盘算种种。就像婴儿再好也会儿童、儿童再好也会少年，然后青年成年直到衰老一样，人类驻颜无术，社会驻制驻德驻情驻文驻礼驻诗同样也是无术的。

5.4

有为神农之言者许行，自楚之滕，踵门而告文公曰："远方之人闻君行仁政，愿受一廛而为氓。"

文公与之处。

其徒数十人，皆衣褐，捆屦，织席以为食。

陈良之徒陈相与其弟辛负耒耜而自宋之滕，曰："闻君行圣人之政，是亦圣人也，愿为圣人氓。"

陈相见许行而大悦，尽弃其学而学焉。

王解：有一位依托神农名义，宣讲与研究神农所代表的农学的许行，从楚国来到滕国，登门谒见文公，说："君王的仁政美名传到了远方，（我从远方来，）希望能够得到这里的一个住处，成为您的民人。"

滕文公给了他住处。

他带着几十个门徒，穿着粗麻布衣服，自己动手打草鞋，织芦席为生。

儒家陈良的学生陈相与弟弟陈辛，扛着农具，从宋国迁到了滕国。他们说："听说这里的君王愿意实行圣人的政事，那么滕王本人也就是圣人了。我们愿意做圣人治下的民人。"

陈相与许行会面，十分心投意合，便舍弃了原来从陈良那边学到手的儒家道理，跟随许行的神农之学。

陈相见孟子，道许行之言曰："滕君则诚贤君也；虽然，未闻道也。贤者与民并耕而食，饔飧而治。今也滕有仓廪府库，则是厉民而以自养也，恶得贤？"

孟子曰："许子必种粟而后食乎？"

曰："然。"

"许子必织布而后衣乎？"

曰："否；许子衣褐。"

"许子冠乎？"

曰："冠。"

曰："奚冠？"

曰："冠素。"

曰："自织之与？"

曰："否；以粟易之。"

曰："许子奚为不自织？"

曰："害于耕。"

曰："许子以釜甑爨，以铁耕乎？"

曰："然。"

"自为之与？"

曰："否；以粟易之。"

"以粟易械器者，不为厉陶冶；陶冶亦以其械器易粟者，岂为厉农夫哉？且许子何不为陶冶，舍皆取诸其宫中而用之？何为纷纷然与百工交易？何许

子之不惮烦？"

　　王解：陈相见到孟子，说起许行的说法："滕文公贤明倒也确是贤明，但是他并没有获知道术的更高理念。（我们的理念是，）真正的贤者，应该与民人一起耕作为生，要自己下厨做饭同时治理政事。现在的滕国还设置着专为王室朝廷供给的粮食仓廪与钱财府库，这就还是压榨百姓来养肥自身，这怎么能够得上贤明君王的条件呢？"

　　孟子问："许先生是自己种粮食来求食吗？"

　　答："是呀。"

　　问："许先生是自己织布来做衣裳的吗？"

　　答："不是，他只穿粗麻布衣服。"

　　问："许先生戴不戴帽子呢？"

　　答："戴的。"

　　问："戴什么帽子？"

　　答："是白绸料帽子。"

　　问："是许先生自己织就的吗？"

　　答："不是的，是许先生用粮食交换而来的。"

　　问："许先生为什么不自己去织造白绸帽子呢？"

　　答："怕是妨碍他的农耕活计呀。"

　　问："许先生是不是用锅呀罐呀什么的做饭，用铁器去耕地呢？"

　　答："是的。"

　　问："那些锅罐铁器，是许先生自己制造的吗？"

　　答："不是，是他用粮食交换来的。"

　　孟子说："用粮食交换铁器陶器等等的人不能算是压榨陶器铁器工人，那么用陶器铁器交换粮食的人怎么能算是压榨了生产粮食的农民了呢？你再想想，许先生为什么不亲自去做陶器铁器的活计，那样就可以用什么从家里拿什么，现在呢，他要用粮食去交换各种器具产品，许先生为什么这样不怕麻烦呢？"

点悟：许行是诸子百家中"农家"的代表人物。这使人想起法国 18 世纪的重农学派。许行就是重农学派，比欧洲早了两千一百年。而法国重农学派的关于只课土地税赋的主张也令人想起孟子的恢复井田制的思想。

孟子在中国重农学派的立论面前，反而成了接受社会分工主张的代表。

事情可能没有那么简单。农业文明，农耕生活，在人类历史上毕竟有自己的特殊意义。尤其是在中国，从靠天吃饭到天人合一，从崇拜天地到安土重迁，从田园诗到山水画，从天下观念到莫非王土观念，从家庭观念到集体观念，从勤俭、朴直、互助、惜福、孝悌、忠信、礼义、廉耻等美德价值的形成到祖先崇拜，以及各方面传统中都含有重农主义的元素。以农立国，在中国的历史约三千年。包括毛泽东主席在当代动辄提倡下乡接受再教育，提倡与贫下中农同吃同住同劳动，都与中华文化的重农倾向有关。

在中国，农业文明延续久长，工业与现代科技文明，不过是一百多年的事。农民至今占据人口多数。农业始终给人更多的天地感、原生态感、纯洁朴素感与主体感。其他则更多地给人以奇异感、边缘感、花样感。中国人有一种天生的重农认定与重农心肠。这应该不难理解。

农业文明相对来说更自然、更环保、更脉脉含情、更从容，也更容易往和谐上走。直到今天还有各式各样的许行与弗朗索瓦·魁奈（法国 18 世纪的重农主义者）怀念着也向往着回到大自然、回到农业文明时代去。

曰："百工之事固不可耕且为也。"

"然则治天下独可耕且为与？有大人之事，有小人之事。且一人之身，而百工之所为备，如必自为而后用之，是率天下而路也。故曰，或劳心，或劳力；劳心者治人，劳力者治于人；治于人者食人，治人者食于人，天下之通义也。

王解：陈相回答："一个人不可能既做农耕，同时又做种种工匠的活计呀！"

孟子说："那么一面治理着天下政事，一面去耕作，独独是可行的吗？

有大人物该做的事，也有小老百姓该做的事。而且想想看，即使是一个人，他也需要上百种工匠为他提供便利与产品。如果一定都要由自身来做，那就等于率领着全天下的人奔波劳碌。所以人们说，要不你就去劳累心思，做脑力劳动者，要不你就去劳累体力，做体力劳动者。脑力劳动者是要治理民人的，体力劳动者是要被治理的。被治理的民人，是要养活大家的；而治理别人的人，是需要被养活的。这是普天下通行的概莫能外的道理。

点悟：先是讲分工，社会必须分工，越发展越分工，即使分工带来遗憾。故而马克思要讲"人的全面自由发展"，并把分工带来的各种弊病归咎于资本主义与私有制。

谈到治人治于人的问题，讨论进入了新的敏感领域，因为分工问题有向阶级问题方向倾斜的危险。

孟子毫不避讳地直言："劳心者治人，劳力者治于人。"坦白率真，合情合理，但今天听着不甚好听，因为它有悖于民主、平等、自由、博爱、社会主义、消灭阶级、奋斗改变命运即自己掌握自己的命运等观念。

古人说话即使是为了雄辩而张扬辞令，也仍然比今人简明。

农夫与工匠生产生活方式的区别，说是分工，较易明白。治人与治于人的工作条件生活条件的巨大差别，只用一个分工来讲，则有"不能容受之轻"的感觉。

我们曾经在这方面想了许多办法，下了许多力气。如干部参加劳动、树立淘粪劳模典型并由国家主席接见、强调淘粪工人与国家主席二者的差别仅限于社会分工，发出"五七指示"主张各行各业都要以本业为主兼学（农、工、军、文……）别样，等等。

这说明，分工是事实，治人与治于人之别是事实，孟子的分工分治有理论也站得住。孔孟之道是承认分工，接受分工，同时承认分工中体现的尊卑长幼的秩序，并以道德与礼法来保持这种秩序的正当与合乎分寸。

同时，自古迄今，人们关心对于分工的掌控与引导，不希望分工造成分裂与对抗。人们致力于对一味治人或一味治于人的畸变的预防，希望人或群体与他人他群体的界限不要分明得太绝对，人们有对于公平社会——混沌社会——尚同社会的要求，人类社会需要有个许行之类人物来搅和搅和，提醒提醒。

"当尧之时，天下犹未平，洪水横流，泛滥于天下。草木畅茂，禽兽繁殖，五谷不登，禽兽逼人，兽蹄鸟迹之道交于中国。尧独忧之，举舜而敷治焉。舜使益掌火，益烈山泽而焚之，禽兽逃匿。禹疏九河，瀹济漯而注诸海，决汝汉，排淮泗而注之江，然后中国可得而食也。当是时也，禹八年于外，三过其门而不入，虽欲耕，得乎？

"后稷教民稼穑，树艺五谷；五谷熟而民人育。人之有道也，饱食、暖衣、逸居而无教，则近于禽兽。圣人有忧之，使契为司徒，教以人伦，——父子有亲，君臣有义，夫妇有别，长幼有序，朋友有信。放勋曰：'劳之来之，匡之直之，辅之翼之，使自得之，又从而振德之。'圣人之忧民如此，而暇耕乎？

"尧以不得舜为己忧，舜以不得禹、皋陶为己忧。夫以百亩之不易为己忧者，农夫也。分人以财谓之惠，教人以善谓之忠，为天下得人者谓之仁。是故以天下与人易，为天下得人难。孔子曰：'大哉尧之为君！惟天为大，惟尧则之，荡荡乎民无能名焉！君哉舜也！巍巍乎有天下而不与焉！'尧舜之治天下，岂无所用其心哉？亦不用于耕耳。

王解："在唐尧时代，天下还没有安定，到处是洪水泛滥，草木生长繁盛，禽兽大量繁殖，五谷粮食收成很差，禽兽危害人类，遍布飞鸟走兽爪蹄印迹的道路交汇在中原，旁人习以为常，尧对此独感忧虑，选择舜去全面治理。舜任命益去掌管火政，益在山峦沼泽等地点火烧荒，把禽兽赶跑。然后是禹疏通九河，治理济水、漯水，引导河水入海，开挖汝水、汉水，疏浚淮水、泗水，使它们更加顺畅地流入长江。这样，中原的土地上才有了能养活自身的耕作条件。这一段时间，禹在外奔波操劳八年，三次路过自家的门口，连进一下家门都不曾，你还能让他自己去耕作田间吗？

　　"后稷教导老百姓如何去种植庄稼，得到五谷食粮，粮食打下来了，民人有食物便能维持生计。民人有了生存之道了，吃饱肚子，穿暖身躯，过得安逸了，如果没有教化，那仍然是停留在与禽兽无异的水准上。圣人对此也有忧虑，让契担任司徒，主管教化，给大家以人际关系基本准则的教化：父子之间是有亲情（慈爱与孝敬）的，君臣之间是有义理（大道理大原则、忠诚礼义）的，夫妇之间是有不同的要求与地位（内外、主从）的，长幼之间是有秩序（尊老爱幼）的，朋友之间是有诚信的。唐尧的说法是：'要引领推动他们，纠正调理他们，辅佐协助他们。这样，人们就能各有所得所安，然后再给以鼓励提振。'圣人为了民人操心到这种程度，难道他们还有功夫去田间耕作吗？

　　"唐尧操心的是怕得不到舜这样的（辅佐或接班）人，舜操心的是得不到禹、皋陶这样的（辅佐或接班）人，那么为了上百亩地没有种好而为自己操心的人呢，是农夫。把财富分给别人的叫作惠，把善良的心思才华给他人的叫作忠，为了天下而选择人才的人叫作仁。所以说，把天下的治理责任推让给他人比较好办，为天下选择出好的人才来就难了。孔子说过：'君王唐尧真是太伟大了，世上最伟大的是天，而唐尧是以天为准则行事的，他的德行浩浩荡荡，和天一样伟大，民人找不到一个名词来形容他。舜真是君王的榜样啊，他统领着天下，从来不是享用它（而是操劳它）。'尧与舜他们岂是不费心思的安逸的人？只不过他们并没有把心思用到田间劳作上就是了。

　　点悟：正如本章一开始所说，孟子是言必称尧舜的。在孟子眼里，对于中华民族来说，尧舜时代是开端、创业、披荆斩棘、齐心合力、新意连连、一心向上的时代，这个时代至少延续到了西周，然后是盛极必衰，兴久必亡，到了东周渐渐现出了争夺、分裂、阴谋、卑劣种种乱局景象。

　　而在庄子眼里，唐尧虞舜已经由于其高大上的圣名而孕育着走向反面的危险，圣君贤君明君的出现，便意味着伟大的名目能有助于权力的稳固与运作，人们必然会争夺这种圣名而给自己的对手扣上污名。同时，有圣名就有名实脱节，既会有赶不上尧舜——不圣不贤不明的君王，更有庸君昏君暴君抓狂君废物君出现的可能。进一步也就有为了将谁谁是圣君、谁谁是庸昏暴抓狂废物之君王争个水落石出而尸横遍野、血流成河的危险。所以庄子以及老子孔子等都喜欢复古，甚至越古越好。庄子的推崇是到神农氏为止，连黄帝大战蚩尤，也是令庄子反感的。因为历史已经提供了范式，胜利者才能享受圣贤明的一切美名，而失败者只能被淘汰出局，乃至丢弃到"历史的垃圾堆"。

孟子描绘的唐尧初当政时的图景："当尧之时，天下犹未平，洪水横流，泛滥于天下。草木畅茂，禽兽繁殖，五谷不登，禽兽偪人。兽蹄鸟迹之道交于中国……"今天读起来有其可怀念乃至可向往处，如影片《阿凡达》然。《庄子·外篇·马蹄》上也有类似的描写："当是时也，山无蹊隧，泽无舟梁；万物群生，连属其乡；禽兽成群，草木遂长。是故禽兽可系羁而游，鸟鹊之巢可攀援而窥。夫至德之世，同与禽兽居，族与万物并。"

孔孟老庄都有恋古复古倾向，孔孟怀念的是文明秩序的草创初建，是人类至少是中国文明启蒙，是权力有效运作在建设文明社会中的作用，即从"天下未平"到尧舜的乃"平天下"进步。老庄怀念的是前文明，他们以锐利的毒眼看到了文明文化带来的副作用。而到了两千一百年后现代化后现代化的今天，连美国时尚大片《阿凡达》也在向往远古。

这其实与其说是复古，不如说是它反映了历史的一个真理：不管多么好的开端，都难以避免物壮则老，难以避免一种观念、一种制度、一种礼法随着时间的逝去而复杂化、混乱化、异化、修正化、教条化、僵化、老一套化、迟钝麻木化、言行不一化、歧义化、分裂化、腐烂化……即不管什么样的好东西，如果没有发展变化，没有自我调整与自我更新，如果不能不断创造与突破局限，就必然会走向自己的反面。

所以，复古可能是无益的虚幻，是糊涂冬烘的昏聩，也可能是自我批判与求新求变的一种表现路数。任何一种理念，一种制度，一种方法，一种尝试，在它的开端，往往都有可取可喜之处，所以"古"就是有好东西，有可复之处，复古的思路不足为奇，但更需要明白的是，时光不可能倒流，好的古只能通过维新求变来达到。

孟子在这里勾画了尧舜创业维艰、朝气蓬勃、夙夜匪懈、百废俱兴的局面。第一其实仍然是民生，驱鸟兽、烧荒草，让大自然为人类的生存特别是农业活动腾出空间，开始了农业文明。第二第三是大禹的解除水患水利工程与后稷的农事培训，早期的水利学与作物栽培学。第四是教化，是尊卑长幼的秩序与礼义文明，是维持社会的稳定与和谐。第五是知人用人的问题，是接班人问题，是延续保持文明成果的问题。这个描写有很强的概括性，也有很强的道德情感色彩：敬祖、继承有责、维护有责、守成有责。至今，我们仍然会有类似的思路，以文化人，以礼规范，选人以推进人治，通过精英化、君子化、圣贤化、道德化保持先进性以保证自身与家国天下的修齐治平。

孟子极其强调古圣先贤的辛苦劳累，以批驳许行的要求官员下地劳动。其意义与其说是强调社会分工，不如说是强调治国理政的精英主义。这当然不是偶然的，也不是轻易可以否定的。治国理政的精英主义、权威主义、民主主义、民粹主义，在中国都有自己的历史根据与文化背景，也都有自己的地域人文特色。

"吾闻用夏变夷者，未闻变于夷者也。陈良，楚产也，悦周公、仲尼之道，北学于中国。北方之学者，未能或之先也。彼所谓豪杰之士也。子之兄弟事之数十年，师死而遂倍之！昔者孔子没，三年之外，门人治任将归，入揖于子贡，相向而哭，皆失声，然后归。子贡反，筑室于场，独居三年，然后归。他日，子夏、子张、子游以有若似圣人，欲以所事孔子事之，强曾子。曾子曰：'不可；江汉以濯之，秋阳以暴之，皜皜乎不可尚已。'今也南蛮鴃舌之人，非先王之道，子倍子之师而学之，亦异于曾子矣。吾闻出于幽谷迁于乔木者，未闻下乔木而入于幽谷者。《鲁颂》曰：'戎狄是膺，荆舒是惩。'周公方且膺之，子是之学，亦为不善变矣。"

王解：孟子说："我知道人们会以华夏的文化去改变边陲的文化，可没有听说过要用边陲的文化去改变华夏的文化。陈良是楚地的人，他倾慕孔子与周公的治国之道，到北方学习中原文化，北方的学者没有谁比他更先进。他可以说是杰出的英豪人物。你们弟兄几个人数十年来做他的随从弟子，现在老师刚死就背离了他。想想吧，过往孔子去世了，他的弟子们守丧三年，过了三年才准备离开回归。回归前人们去揖别子贡，相对失声痛哭，然后才回归自家。子贡回到墓地，给自己盖了房舍，又独自居住了三年才离去。

"又过了些日子，子夏、子张、子游他们觉得有子（有若）有些圣人的气度，便要以对待孔子的方式师从侍奉有子，并且想说服曾子也这样做。曾子说：'不可以的，我们这些人，师从了孔子，而孔子就好像在江汉河水里进行了洗礼，再在夏天的阳光下进行了日光浴，孔子的洁净已经达到了顶峰，没有人能比得上了。'

"现在呢，许行这样一个口齿不清的南蛮子来了，非难尧舜先王之道，你们背叛了自己的老师去从他而学，你们也与曾子的范例相距太远了。我听说过鸟儿从幽深的谷地向高耸的大树上飞翔的，没有听说过从高耸的大树上往幽深的谷地飞去的。《诗经·鲁颂》上说：'对待戎狄，要征服他们，对待荆舒，要教训他们。'周公要去征服的地域，你却要向那里的人就学，你也太不善于选择适应了。"

"从许子之道，则市贾不贰，国中无伪；虽使五尺之童适市，莫之或欺。布帛长短同，则贾相若；麻缕丝絮轻重同，则贾相若；五谷多寡同，则贾相若；屦大小同，则贾相若。"

曰："夫物之不齐，物之情也；或相倍蓰，或相什百，或相千万。子比而同之，是乱天下也。巨屦小屦同贾，人岂为之哉？从许子之道，相率而为伪者也，恶能治国家？"

王解：陈相说："按许先生的主张去做，市场上能做到言无二价，（童叟无欺，）国土上没有欺诈，即使五尺高的孩子去市场，也没有人欺负他，布匹纺织品长短相同，就一个统一的价格，麻棉纤维同样的重量，也都统一的价钱，五谷粮食多少一样，就一个价，靴鞋大小一样，也都一个价。"

孟子说："物品各不相同，是物品的必然情理。它们之间的差别有一倍五倍的，有十倍百倍的，也有千倍万倍的。你想使它们整齐划一，那是要搞乱天下。大靴小靴（粗靴细靴）一个价钱，谁能这样做呢？按照许先生的主张行事，是纷纷做伪，又怎么可能治理好国家呢？"

点悟：讲孔子弟子的守丧，这里有中国文化的道德情感化以及情感发生及表现的道德化原则。好处是"诚于中而形于外"，使人的喜怒哀乐敬畏亲疏……全都中规中矩，合理合礼。但坏处也有，使人的情感脱离了自然状态，有作秀的可能。使道德规范挟带了煽情而不容分说，减少了理性的衡量。就以为孔子守丧为例吧，孟子盛赞几个弟子守丧的时间之长与情感之悲，但长与悲是没有标准的呀，延长守丧时间，加强守丧悲痛，这其实未必是可以一味提倡的。有的宗教就主张，丧事过悲是一种罪孽，因为死亡是神的召唤。事实上，为长上守丧，至少今人已经大大简化与缩短化了。

其实当年的庄子就主张以"安时处顺"的态度直面生死，实现"帝之县解"（主体的根本解脱），懂得人一生的"载我以形，劳我以生，佚我以老，息我以死"，还是庄子更加尊重自然规律也更达观。

庄子视生死太"逍遥"了，难免虚无。孔孟又一味强调得正儿八经，也有片面性。

孟子反复强调孔子伟大的唯一性，他懂得对于邦国来说，树立一元化思想文化权威的重要即不能把思想搞乱的迫切性。但任何一种文化的优越性都不是单向的与绝对的，所谓先进一些的文化与相对滞后一点的文化交流，不是简单的单向的先进化滞后、中原化边陲，同样滞后一点的文化也有自己的雄武奔放质朴诚挚的一面，为先进文化所缺乏、所急需。孟子大讲什么只能是"用夏变夷者，未闻变于夷者也"，等于说只能是我化你，你不能化我，这有一种文化沙文主义的味道，不足为训。

中华文化长期以来无敌于四面八方，长期以来是化人家但不化自己，这正是中华文化近现代以来显现了落在世界格局后面的一面，产生极大的文化危机与文化焦虑的原因之一。文化需要发展完善，与时俱进，这就必须接受挑战、面对新成果新局面、善于与异质文化碰撞交流，懂得穷则变、变则通、通则久的道理，善于见贤思齐，见不贤而内自省。呆板地强调夷夏之别、化与不化之分，弄不好会害了自身。

　　再者，陈相认为物品与价格的简单化标准化是一种理想，孟子否定了这种复古幽思。他的理由很实在：必须承认事物的多样性。在这里，孟子反而是接受社会的发展变化的。

5.5

　　墨者夷之因徐辟而求见孟子。孟子曰："吾固愿见，今吾尚病，病愈，我且往见，夷子不来！"

　　他日又求见孟子。孟子曰："吾今则可以见矣。不直，则道不见；我且直之。吾闻夷子墨者，墨之治丧也，以薄为其道也；夷子思以易天下，岂以为非是而不贵也；然而夷子葬其亲厚，则是以所贱事亲也。"

　　徐子以告夷子。

　　夷子曰："儒者之道，古之人若保赤子，此言何谓也？之则以为爱无差等，施由亲始。"

　　徐子以告孟子。

　　孟子曰："夫夷子，信以为人之亲其兄之子为若亲其邻之赤子乎？彼有取尔也。赤子匍匐将入井，非赤子之罪也。且天之生物也，使之一本，而夷子二本故也。盖上世尝有不葬其亲者，其亲死，则举而委之于壑。他日过之，狐狸食之，蝇蚋姑嘬之。其颡有泚，睨而不视。夫泚也，非为人泚，中心达于面目，盖归反蔂梩而掩之。掩之诚是也，则孝子仁人之掩其亲，亦必有道矣。"

徐子以告夷子。夷子怃然为闲曰："命之矣。"

王解：归属墨子学派的夷之通过孟子的学生徐辟求见孟子。孟子说："我本来是要与他见面的，现在我正在生病，等病好了，我会去看他的，夷之先生现在不要来吧。"

过了几天，夷之又求见。孟子说："现在我倒是可以见他了。（见了他，）不直言，圣道也就说不清楚喽。那么我直说吧：听说夷之先生是墨家一派，墨家对于丧事的主张是薄葬。夷先生要用墨子的学说来给天下民人移风易俗，当然是认为不薄葬就是不够高贵的。但是听说夷之为自己的父母丧事所做的是厚葬，不等于是用低贱的方法来对待自己的双亲了吗？"

徐辟把这个话告诉给夷之了。

夷之说："儒家的道理是讲求爱护民人像爱护自己的赤子婴孩一样的，那就是说，爱是无等差的，父母，不过是这种兼爱的起始罢了。（还要推广到众人身上嘛。）"

徐辟又把这个话告诉孟子了。

孟子说："这位夷先生，他当真认为爱一个人的邻居的小孩就像爱自己的大哥的孩子一样吗？他不过是要采用如此一个说法就是了。（如人们所说的，）一个婴儿在地上爬，快要落到井里去了，这样的情势下，当然婴儿本身没有责任，（责任在在场的成人身上。）天下事物的本源是单一的，（大家都有从孝悌延伸的爱心，）但是夷之的说法把一个简单的道理双重化复杂化诡辩化了。（说什么兼爱无等差。其实事情很简单，）早先，有人不埋葬自己的双亲，父母死了，把他们的遗体抛到沟壑之中，几天后从那里经过，看到父母遗体被狐狸啃咬，被虫豸吮嘬。见到此种情况，人们当然会额头出汗，转睛避看。这样的汗水，不是为他人而流出来的，是他自身心中愧悔而表现出来的。这样的人回去后带来工具，掩埋父母的遗体，这样的掩埋是做得对的。孝顺的子弟，仁爱的好人，他们对于丧葬的做法是有自己的道理原则的。"

徐子把这个话告诉给夷先生，夷先生听了，表情凝重，过了一会儿，他说："我算是受到教导啦。"

点悟： 先是称病不见，令人觉得孟子对夷之不怎么坦直。

后来说是能见了，但始终未见，而是托徐某传话，也够费劲的啦。

墨子主张薄葬，其实当今的社会也主张薄葬，一个骨灰盒没有旧日的棺木排场，现今的墓地，也是局促寒碜得紧。

问题在于薄到什么程度，薄葬是不是一定等于弃如敝屣、丢之山谷、交给禽兽虫豸消受？从字面上实在看不出薄葬有这样的含义来。

你不可能像爱侄子一样地爱邻居的孩子？有那么肯定吗？与自己的子女或亲戚的后辈关系一般乃至不佳，绝非少数，我的感觉是有三四成，与并无任何血缘关系的孩子感情甚笃，也不足为奇，我觉得起码也有一成。中外老人，把自己的遗产赠给非亲眷的他人的，多了去啦。有什么新奇的吗？

中国人更重血缘关系不假，正因如此，我们才提倡大公无私，提倡关心大局比关心自己为重，提倡先人后己。提倡推己及人、老吾老以及人之老、幼吾幼以及人之幼。如果是先己后人，如果是先侄子后邻居，还需要提倡与教化吗？

这一段记录，最有趣的恰恰在于后人不大摸得着脉的"……天之生物也，使之一本，而夷子二本故也"。王解为：天下各种事物，本来脉络单纯清晰，本源单一明白，是夷之把它双重化复杂化诡辩化了。"二本"，说的是夷之对于绝非高深玄奥的道理不认同，怀有二心异念，充当对立面反对派。中华文化常常是颂一与恶二的，此乃一例。

或可以解读为，孔孟都认为一切美德起源于孝亲悌兄的家庭伦理，这是一元的、唯一的本源。而墨子的兼爱无等差等于是抬出了道德文化的两个本源，一个是孝悌，一个是兼爱，前者是先天的人性，后者是后天的主张与教诲，是搞乱本源，搞乱思想。中华文化从起初就追求一元化。

人自己与自己较劲，人常常给自己找别扭，恐怕是真的。包括孟子本人，辩词有时候犀利有余，工稳不足。

东周诸家，孔子孟子的说法比较自然美善，或嫌一厢情愿。墨子的说法比较用力，需要攀登高峰，咬牙切齿。老庄的说法高大上玄深，庸常智力根本闹不明白是在说啥。

卷六 滕文公章句下

陈代曰："不见诸侯，宜若小然；今一见之，大则以王，小则以霸。且《志》曰：'枉尺而直寻。'宜若可为也。"

孟子曰："昔齐景公田，招虞人以旌，不至，将杀之。志士不忘在沟壑，勇士不忘丧其元。孔子奚取焉？取非其招不往也。如不待其招而往，何哉？且夫枉尺而直寻者，以利言也。如以利，则枉寻直尺而利，亦可为与？昔者赵简子使王良与嬖奚乘，终日而不获一禽。嬖奚反命曰：'天下之贱工也。'或以告王良。良曰：'请复之。'强而后可，一朝而获十禽。嬖奚反命曰：'天下之良工也。'简子曰：'我使掌与女乘。'谓王良。良不可，曰：'吾为之范我驰驱，终日不获一；为之诡遇，一朝而获十。《诗》云："不失其驰，舍矢如破。"我不贯与小人乘，请辞。'御者且羞与射者比；比而得禽兽，虽若丘陵，弗为也。如枉道而从彼，何也？且子过矣：枉己者，未有能直人者也。"

王解：孟子的弟子陈代对孟子说："您到各地，不肯求见诸侯，是不是好像有点小气了呢？如果能得到与他们会见的机会，往大了说，可以实行王道、完成王者的大业，小了说，也可以推行霸业，称霸天下。《志》上说，曲时不过一尺，伸直了就有八尺，（为了大业）而小小委曲一时，也是值得一做的嘛。"

孟子说："从前齐景公去打猎的时候，用带羽毛的旌旗去召唤猎场人员，猎场人员不听调遣，齐景公想杀他。（孔子却称赞他，）原因是有追求有格调的人士不怕暴尸沟壑，有勇气有担当的人士不怕抛却头颅。孔子认为是什么值得取法呢？是猎场人员的遵守礼法，他认为不符合自己身份的召唤不可响应。咱们如果没有得到合乎礼法的召唤就跑去找诸侯求见，那又成何体统！

"再说关于曲则一尺，伸则八尺的说法，这是讲求（自身的名）利（地位）。如果我们追求的是眼皮子底下的利益，反过来曲八尺伸一尺也仍然有利可图，是不是也会去做呢？

"从前晋国正卿赵简子让王良驾车供他的宠信奚去打猎，一天过去了，没有打到一只禽鸟。奚回去说：'王良是个大笨蛋。'赵简子将此话告诉给王良，王良说：'让我再次驾车试试。'王良坚求再驾，最后奚同意了，一早上就打了十只禽鸟。奚回来又报告说：'王良驾车太棒了。'赵简子说：'那好，今后我让王良做你的专用驾车手。'他与王良说了，王良不接受，他说：'我守着规则跑车，一天也打不到一个猎物。我来歪的邪的不规范地驾车，一早上就打了十只禽鸟。《诗经》上有句："车子跑得不失规范，箭射出去直中目标。"我受不了给不守规矩的小人驾驶车辆。我请求辞职。'看，一个驾车工也不愿意陪着不三不四的射手行事。陪着他，就是猎物禽兽堆积如山，也不能干。如果人们听从歪门邪道的，成何体统！再说，你错了，自己歪门邪道的人，哪里还能够匡正别人呢！"

点悟：这里我将"何哉""何也"解为"成何体统"。因为孟子这次主要是讲一个体统问题、礼法问题、规矩问题、程序问题、尊严问题。

孟子的要点在于，宁失利，不失义；宁失机遇，不失体统尊严礼法规矩程序；宁失结果，不失过程；宁要正大光明的猎而无获，不要歪门邪道的猎物如山。

这甚至有点"宁要社会主义的草，不要资本主义的苗"的句式。

但孟子不是掌权者，而是学者型政治活动家。他的主张带有"在野党"的强调意识形态，从而认为现政权十足不可、必须取而代之的特点。他强调的是，合乎体统程序大义，才能取得长远与重大利益；而歪门邪道，不过是能多打几只禽兽而已。

而"文化大革命"中强调"要草不要苗"的说法是权力话语，是权力对人民不负责任，是空谈误国，妖言惑众，是假大空，是诡辩歇斯底里。

孟子的问题在于他总是把义与利截然对立起来。孟子的可爱在于他强调原则，坚持程序，坚持前后一贯，坚持抓根本，彻底杜绝机会主义。

孔子则有"富而可求也，虽执鞭之士，吾亦为之。如不可求，从吾所好"（《论语·述而》）的言语。更有"我则异于是，无可无不可"（《论语·微子》）的表白。起码在定调调上，孔子不像孟子那样高亢激烈。不知是不是孔子在前，他不拒绝一切可能的尝试，去推广他的学说。孟子在后，列国斗得更惨烈，诸子也争得更激昂，孟子乃更加强调自己的义利之辨，半步也不能退缩。

孟子的具体论述有些仓促。如为什么能曲能伸就只会是见利忘义，能曲能伸就会从曲一伸八出溜成曲八伸一。还有为什么规范会杀减绩效，遵守驾车规则就打不到野物，等等，都缺乏必然性与说服力，不能完全服人。

从后人接受来看，"大丈夫能屈能伸""以曲求伸""好汉不吃眼前亏"，等等，虽然境界有限，终被大众接受，值得想想。

"枉己者，未有能直人者也"，即"不能正己，焉能正人"，则是极好极精彩的格言。可惜打猎的例子不那么工稳。

———————————— 6.2 ————————————

景春曰:"公孙衍、张仪岂不诚大丈夫哉？一怒而诸侯惧，安居而天下熄。"

孟子曰："是焉得为大丈夫乎？子未学礼乎？丈夫之冠也，父命之；女子之嫁也，母命之，往送之门，戒之曰：'往之女家，必敬必戒，无违夫子！'以顺为正者，妾妇之道也。居天下之广居，立天下之正位，行天下之大道；得志，与民由之；不得志，独行其道。富贵不能淫，贫贱不能移，威武不能屈，此之谓大丈夫。"

王解：纵横家景春说："瞧人家公孙衍、张仪，可真称得上大丈夫、大人物呀。他们一愤怒，连诸侯也畏惧。他们安宁下来，天下也就跟随着平安下来了。"

孟子说："那算得上什么大丈夫！你没有学习过礼吗？男子成人行加冠礼的时候，他的父亲要教导他以做人的道理原则。至于女子，是她们出嫁的时候由母亲来教导她们，她们出门，告诫她们：'到了你的家，要恭敬自律，不可违背丈夫。'

"以顺从为主导原则，这是女人的妇道。以天下为自己的宏大寓所，站立在天下的正义立场上，这样就要推行天下公认的根本大道。你能实现你的愿望理念，那就与民人一道前进落实；没有这样的条件，就独自坚持自己的原则理念。不论什么样的大富大贵，不可能迷惑他的志向，无论什么样的贫穷低贱，也不能改变他的追求原则，无论什么样的威势暴力，也不可能屈服他的意志坚持。这才能叫大丈夫、大人物呀！"

点悟：此段落很重要也很麻烦。

它反映了理想主义与实利主义、儒家与纵横家或法家、仁义论与实力论、王道与霸道的矛盾冲突。

从当时当地的效果来看，作为政治活动家的张仪等人，当然是成功人士。但是，从长远来说，不符合孔孟的理念。纵横家与法家，不可能带来王道仁政、天下太平、长治久安、人民福祉。他们的成功是争夺到胜利，是谋略的成功，是权力扩张，是对立面的惨败，是新的不安不平争斗的酝酿，而不是圣人君子们所追求的为万世开太平。

一个是功业，一个是道德正义，这本来是不同的两个范畴，但又密切相关。道德的力量在于打动人心，赢取人心，高举道德的大旗，履行道德的义务，认真地以道德规范律己，在孔孟看来，是一切功业的动机、前提、基本与保证。立德、立功、立言三者中，立德是根本。而非道德的功业，不能长久，不能真正有益于家国、社会、人民。

这个逻辑本来听起来是颠扑不破的。但现实中、历史中不断发生道德家在争拗中失利，阴谋家、无赖、恶魔在斗争中取胜的令人齿冷的经验。前者如被毛主席嘲笑的宋襄公的"蠢猪式的仁义道德"，后者如楚汉相争中刘邦战胜了项羽。此外秦始皇统一中国、曹操雄踞一方、李世民的玄武门之变到贞观之治、明成祖的"靖难之役"与大肆屠杀与得势后的文治武功，都令人困惑不解。

只能这样说，从民粹的观点看，老百姓是喜欢泛道德主义的政治的，儒者们是需要从学理上提倡泛道德主义的，从长远与理念上看，违背道德底线的权力运作是不能长久的。但另一方面，如果忽视了权力的取得（在古代中国，这种夺取往往是通过非道德的血腥厮杀加阴谋诡计来实现的），你的讲道德的成果可能非常有限，最后，你算不算有道德本身就成了问题："胜者王侯败者贼"嘛！在血腥争夺中失败的结果，不但是身败名裂，既丢镇压权又丢话语权，而且是祸延八方，损失伤害并非个人包揽得了。庄子早就发现了"诸侯之门而仁义存焉"——当了诸侯身份自然也就拥有了道德的光荣证书。离了最起码的权力，救不了谁反而害了一些人……谁承认你的仁义道德？

至于张仪等人，是不是有道德，是否具备几个不淫不移不屈的品质，孟子并没有举出例证，作出是或非的判断。但孟子提出迎合主义、机会主义者绝对不是大丈夫，讲得好。在中国封建宗法社会中，一个士，一个君子，一个大丈夫，他们的主体性到底能发挥到什么程度：岳飞是英雄，他的成就与悲剧下场决定于朝廷；文天祥是烈士，原因是他用生命殉了已经无力回天的土崩瓦解的大宋。他们当然是大丈夫，却又是窝窝囊囊的无计可施者，还能说什么呢？

这里还有一个问题，苏秦、张仪，是数千年来公认的说客，也许还应该加上我所感兴趣的范雎、后世的范增等人，他们巧言鼓舌、精于权术、敏察间隙、因势利导，成就了权力场的无本大生意。孔孟在某种意义上，也并非不是说客，他们的理念光辉灿烂，也都极善言辞，但实际操作相当有限。所以无人称他们为说客，而且孟子极其轻视说客。这里，孟子讲的是否大丈夫的问题是一个分水岭。苏秦、张仪他们是迎合诸侯们的权力欲，投其所好，挑拨离间，炮制战略策略，损敌肥己。而孔孟偏偏要与诸侯等权力大户辩论，力图让权力大户们改弦更张，走仁义道德至上的别样道路。孟子确有他的大丈夫处。

6.3

周霄问曰："古之君子仕乎？"

孟子曰："仕。《传》曰：'孔子三月无君，则皇皇如也，出疆必载质。'公明仪曰：'古之人三月无君，则吊。'"

"三月无君则吊，不以急乎？"

曰："士之失位也，犹诸侯之失国家也。《礼》曰：'诸侯耕助，以供粢盛；夫人蚕缫，以为衣服。牺牲不成，粢盛不洁，衣服不备，不敢以祭。惟士无田，则亦不祭。'牲杀、器皿、衣服不备，不敢以祭，则不敢以宴，亦不足吊乎？"

王解：魏国人周霄问道："古代的君子要做官吗？"

孟子回答："要的。《传》上说：'孔子三个月得不到君王的使用，就会感到无依无靠、心慌意乱。离开一国的疆界，就要带上拜会他国君王时的礼物。'而公明仪的说法是：'古人三个月得不到君王的统领，就会伤怀自怜。'"

周霄说："三个月没有君王统领就伤怀自怜，是不是有点太着急了呢？"

孟子说："士失去了自己的官位，与君王失掉了国家是一个性质。《礼》上说：'诸侯耕作，是要准备祭祀的物品。他们的夫人缫丝，是为了准备祭祀的服装。没有准备好祭祀的牛羊或者祭祀用的谷物不整洁，或者是祭祀服装没有准备好，就不能去祭祀。至于士，如果没有提供祭祀用品的土地，也是不能去祭祀的。'如果祭祀用的牲畜、器物、衣服没有准备好，就不敢去祭祀，自然也就不敢举行祭祀宴请，这难道还不伤怀自怜吗？"

"出疆必载质，何也？"

曰："士之仕也，犹农夫之耕也；农夫岂为出疆舍其耒耜哉？"

曰："晋国亦仕国也，未尝闻仕如此其急。仕如此其急也，君子之难仕，何也？"

曰："丈夫生而愿为之有室，女子生而愿为之有家；父母之心，人皆有之。不待父母之命、媒妁之言，钻穴隙相窥，逾墙相从，则父母国人皆贱之。古之人未尝不欲仕也，又恶不由其道。不由其道而往者，与钻穴隙之类也。"

王解：周霄问："至于离开一国去到新国时带上拜见新君王时的礼物，又是什么讲究呢？"

孟子说："读书人做官，就好比农民种地，一个农夫怎么可能因为迁居就不带自己的耕作农具呢？"

周霄问："魏国也是个适合做官的国家呀，但是我没有听说过那里的人们如何急于做官。既急于做官，却又说君子做官如何之难以定夺，这是怎么一回事呢？"

孟子说："男孩子出生了，希望他能够拥有妻室，女孩子出生了，希望她能够拥有夫家。这样的父母的心愿，大家都是有的。但是如果子女等不到父母下令，等不到媒妁介绍，钻凿个洞隙来相窥视，跳过墙去相苟且，那么父母与国人都会轻蔑他们。古代的君子并不是不想做官，但是他们讨厌那种不走正道而求官的家伙。不走正道而去求官，与那种钻洞凿缝相苟且的男女是一类人呀。"

点悟： 孔孟都直截了当地要求君子精英做官，投入治国平天下的大业。那个时候估计还没有类似对于"官迷"的嘲笑。第一，求官是为了有所贡献，而不是有所获取。第二，社会分工还没有展示不做官而有所贡献的可能。或者是第三，人们长久以来尚没有认识到不做官而是以民的身份，以专业人员的身份，以学者、教育家、发明家、思想家、文学家、科学家、工匠、商人、艺术家的身份所能做出的贡献。

这个第三最要命，万般皆下品、唯有读书高的实质是做官最高，这倒是一个长处，古代中国读书是做官的必由之路。如果读书不是必由之路，那么最可能的是通过奸佞邀宠之路来做官了。

孔子毫不犹豫地提倡待贾而沽。孟子则认为官职就是农夫的土地，就是公关的见面礼，就是官与士祭祀的起码物质准备。离了官职，君子人就像农夫无土地，入新邦无见面礼，欲祭祀而无牛羊、无祭服、无器具一样，寸步难行，一筹莫展。

既急于求官，又要符合一定的程序规则要求，不可不择手段，不可偏离正道、丢人现眼、丑态百出。这使王某想起自己在小说《狂欢的季节》中的一个说法：官欲犹如性欲，有可以理解、可以支持之处，但是不可以胡乱发情、不可以违反文明风俗、不可以诈骗钻营穷磨死赖。二十余年前王某写这一段时并未想起孟子的有关论述。

孟子的主张是，万事皆有其正道，不合正道，即使达到了目的也是耻辱，也站不住：正有正报，歪有歪报，不是不报，时候未到，时候一到，丢人现眼你跑不掉。

6.4

彭更问曰："后车数十乘，从者数百人，以传食于诸侯，不以泰乎？"

孟子曰："非其道，则一箪食不可受于人；如其道，则舜受尧之天下，不以为泰——子以为泰乎？"

曰："否；士无事而食，不可也。"

曰："子不通功易事，以羡补不足，则农有余粟，女有余布；子如通之，则梓匠轮舆皆得食于子。于此有人焉，入则孝，出则悌，守先王之道，以待后之学者，而不得食于子；子何尊梓匠轮舆而轻为仁义者哉？"

王解：弟子彭更问孟子："您到各地去，跟随有车子好几十辆，跟随的人员有好几百人，从一个诸侯国家吃到另一个诸侯国家，这个阵势太过分了吧？"

孟子说："不合乎正道，一筐食品也不能接受，符合正道，虞舜从唐尧手里接受了天下，那并不算过分。你以为虞舜接受唐尧的禅让天下是太过分了吗？"

彭更说："不，我并不认为虞舜过分，我只是认为一个读书人——士没有做什么事，却吃人家的饭，是不合适的。"

孟子说："是你不懂交换劳务与产品，即用各自的富余去换取不足啊。如果能够交通易换，那么农夫那里会有余粮，女人那里会有余布，如果你让他们通换，那么木工车辆师傅，（虽然不种田，）也都会得到食物。如果这里有一个人，在家孝顺，在外仁义，坚守先辈的老规矩，并以这种规范培养引领后世子孙，却得不到糊口的食物，那我就要问，你为什么尊重木匠大车匠却反而慢待这样的人呢？"

曰："梓匠轮舆，其志将以求食也；君子之为道也，其志亦将以求食与？"

曰："子何以其志为哉？其有功于子，可食而食之矣。且子食志乎？食功乎？"

曰："食志。"

曰："有人于此，毁瓦画墁，其志将以求食也，则子食之乎？"

曰："否。"

曰："然则子非食志也，食功也。"

王解：彭更说："木匠大车匠，他们做工的目的是求糊口啊。君子提倡正道，难道也是为了糊口吗？"

孟子说："你何必管他们的目的呢？他们为你做了事功，该有报酬，你就给他们食品不就对了吗？你说说，你是因为他们的志向而提供报酬，还是由于他们能做事情而提供报酬呢？"

彭更说："我如果是按照他们的志趣来付报酬呢？"

孟子说："如果有人在这里毁坏房瓦，胡涂乱画，目的是为了糊口，那么你给他提供食物作为报酬吗？"

彭更说："那当然不给他了。"

孟子说："这证明你还是要考虑事功的啊。"

点悟：无法设想孟子带着几十辆车、几百号人周游列国的情景，彭更觉得有点过分，如今的读者也会有同感。别说彼时孟子不过是待贾而沽的一个社会活动人士，就是如今的首长出行也不宜这样兴师动众。

孟子的辩解理由一个是唯道德论：这批人是正道的代表，高于木匠车轮匠，高于民生行业。另一方面是分工论：既然木匠车轮匠能有饭吃，高于他们的正道人物，入则孝、出则悌的人物岂能饿饭？

这时彭更的疑问是自然的与合理的：木匠、车轮匠是一个求生的职业，而孝悌忠信等属于品质，以孟子的理论，此种美德属于人性天良的完善与发挥，这与吃饭糊口有什么必然的关系呢？

底下的讨论更加狼奔豕突，付酬为事功乎、为目的乎？这与当初孟子出行周游的规模是否过大，已经没有一毛钱的关系了，而且，从事功的意义上讲道德的重要性，这与孟子一贯的重义轻利论不甚衔接了。

孟子的好辩与善辩可能是事实，但他的辩论不无强词夺理处。

毕竟又不是一个单纯的学理与逻辑问题。这个问题很实在，有一批士、读书人、候补官员、知识分子、君子、精英、说客，他们的志向远远不止于糊口谋生，他们治国或许有道，求生难免犯难。孔子厄于蔡，孟子绝粮于邹。而中华文化从历史上看，整体来说还是尊重这些人的，起码不能把他们饿死，起码要"养起来"。

问题在于既然养之有理，自然也就用之有理，政权养士的目的与豪门孟尝君的养士是一样的，或有不时之需，哪怕只有鸡鸣狗盗的小技，也要为主人贡献。权力是皮，各类层次不等、真伪莫辨的士是毛，附着于皮上的毛毛却要做到不淫不移不屈、主体性独立性、有机性，第一可贵至上，第二难能已极。

6.5

万章问曰："宋，小国也；今将行王政，齐楚恶而伐之，则如之何？"

孟子曰："汤居亳，与葛为邻，葛伯放而不祀。汤使人问之曰：'何为不祀？'曰：'无以供牺牲也。'汤使遗之牛羊。葛伯食之，又不以祀。汤又使人问之曰：'何为不祀？'曰：'无以供粢盛也。'汤使亳众往为之耕，老弱馈食。葛伯率其民，要其有酒食黍稻者夺之，不授者杀之。有童子以黍肉饷，杀而夺之。《书》曰：'葛伯仇饷。'此之谓也。

"为其杀是童子而征之，四海之内皆曰：'非富天下也，为匹夫匹妇复仇也。''汤始征，自葛载'，十一征而无敌于天下。东面而征，西夷怨；南面而征，北狄怨，曰：'奚为后我？'民之望之，若大旱之望雨也。归市者弗止，芸者不变，诛其君，吊其民，如时雨降。民大悦。《书》曰：'徯我后，后来其无罚。''有攸不惟臣，东征，绥厥士女，篚厥玄黄，绍我周王见休，惟臣附于大邑周。'其君子实玄黄于篚以迎其君子，其小人箪食壶浆以迎其小人；救民于水火之中，取其残而已矣。《太誓》曰：'我武惟扬，侵于之疆，则取于残，杀伐用张，于汤有光。'不行王政云尔；苟行王政，四海之内皆举首而望之，欲以为君；齐楚虽大，何畏焉？"

王解：学生万章请教孟子："宋国是个小国，它现在要实行仁政，可能引起（两个大邻国）齐与楚的厌恶讨伐，该怎么办呢？"

孟子说："当年商汤居住在亳地，与葛国为邻，葛伯任性放肆，不去祭祀。汤派人去询问：'你为什么不依例去祭祀呢？'葛伯说是没有牛羊为供，汤便差人送去了牛羊。葛伯将牛羊吃了，没有拿去祭祀。汤又差人去问：'为什么不去祭祀？'回答是没有谷物可供。汤便差遣众人去葛地耕作，生产谷物，老弱者去送饭。葛伯带着人拦劫运送酒食谷粮的人，不给就杀人。有一个少年去送粮食肉食，竟被杀戮抢夺。《尚书》上有记载：'葛伯仇视给他们送粮食的人。'指的就是这件事。

"为此，汤讨伐了葛伯。四海之内都说：'讨伐葛伯不是为了图利图天下，而是为了平民百姓。'又说：'汤开始了征伐，从葛地开始。'征伐搞了十一起，一直是所向无敌。汤打到东面，西边的夷人埋怨：'为什么不先打我们这边呢？'汤打到南边，北面的狄人又抱怨了：'为什么不先打到我们这儿来？'各地的老百姓期盼着汤的队伍到来，如同大旱期间人们盼望下雨一般。在汤师的征伐过程中，生意照做，农事照常，把压迫民人的君王诛杀，安抚各地的民人，如同降下了及时好雨。民人欢欣鼓舞。《尚书》上说：'期盼我们的君王，他来了我们不再受苦。'《尚书》中还记载：'攸地不服。周王东征，安抚众男女，他们将黑色黄色的绸帛放好，向周王致敬求见，表达对周的臣服。'就是说那里的精英君子把黑色黄色的绸帛装到竹器中，那里的小民则带上筐中的饭食、壶中的酒水去欢迎士兵。这证明周王的正义之师是救民于水火，而把残忍的君王诛杀。《太誓》的说法是：'我们的队伍武德弘扬，进入边境理所应当，打掉凶残伐之有道，继承商汤大义荣光。'（历史已经证明，）不实行仁政也就罢了，如果实行仁政，四海之内，所有的人都会仰望向往，期待这样的人成为自己的君王，齐国、楚国再大，又有什么可怕的呢？"

点悟：孟子确有浩然之气，引《诗》据《书》，理直气壮，坚信理念。其余不在话下。

力量在于民心，人心所向，自然无敌，孟子学说，高大上强远。

怕的是一时一地，一战一役，谈到宋国可能的危局，谈到宋国的安全形势，谈到齐与楚的威胁，完全不考虑军事、外交、战略、策略、敌情、国力、预案，这能是治国理政之道吗？能够是长远不败、固若金汤、能攻能守之道吗？

赢得民心的事也并不那么单纯高效，立竿见影。为政之德之过，并非显而易见。东周再恢复井田制，行得通吗？发展商品经济，一些人致富了，另一些致贫了，反响能是一个调子吗？主张相对厚葬，一定符合各地区各阶层各色人等的要求吗？仁德忠良而遇诬遭谗见疑，奸佞巧伪，一时骗了一大片，尤其是骗了糊涂君王，照样轰轰烈烈、咋咋呼呼一阵子，这样的事在历史上难道罕见吗？

从长远来说，人民，才是创造历史的动力，民心就是天心，民心决定盛衰兴亡，不错。这说的是天下的大局，是历史的长河，是浑然的整体。从一点一滴、一地一事来说，也许成败只决定于一念、一兵、一将、一策、一场厮杀，至少是取决于力量对比、武装力量的消长。能不面对吗？

孟子不遗余力地提倡仁义和平，但同时多次肯定商汤、武王的征伐，饱满地描述民人如何欢迎他们的征伐之胜利。又要仁义、道德、和平、不侵不战，又认同在仁义首先和平的旗帜下的征伐作战，这也是一件麻烦事情。商汤周武的征伐被肯定，夏桀商纣之覆灭被欢呼，能够脱离开胜负的形势吗？如果商汤败了，如果商纣胜了，各种说法又会大不相同了啊。

6.6

孟子谓戴不胜曰："子欲子之王之善与？我明告子。有楚大夫于此，欲其子之齐语也，则使齐人傅诸？使楚人傅诸？"

曰："使齐人傅之。"

曰："一齐人傅之，众楚人咻之，虽日挞而求其齐也，不可得矣；引而置之庄岳之间数年，虽日挞而求其楚，亦不可得矣。子谓薛居州，善士也，使之居于王所。在于王所者，长幼卑尊皆薛居州也，王谁与为不善？在王所者，长幼卑尊皆非薛居州也，王谁与为善？一薛居州，独如宋王何？"

王解：孟子对宋臣戴不胜说："您是想要让您的君王积善行仁吧？我要实话相告。比如有这么一个楚国大夫，想让他的儿子学齐地语言，是请齐人还是请楚人来教授好呢？"

戴不胜说："（既是学齐国话，那就）请齐人来教嘛。"

孟子说："好的，请了一个齐人来教授他，但周围都是楚人，他们都用楚语来聒噪，你就是每天用鞭打强迫他讲齐语，也难以办到的了。您说那个薛居州是积善行仁之士，故而要让薛先生住进宋王寓所。问题在于如果宋王寓所中，不论年龄大小，职位高低，都是薛居州那样的仁德善士，那么君王想不善也没有伙伴或者行不善、发泄不善恶德的对象。而在君王寓所，如果老中青、高中低人物中一个薛居州那样的人也没有，单独一个薛居州又能对君王有什么影响呢？"

点悟：这一节比较有趣。孔子、孟子本来都是注重心学、心性之学的，他们认为个人的道德天性与是非选择不但决定个人的善恶吉凶，而且决定世道人心——家国兴亡——天下治乱。孔子的说法是"我欲仁，斯仁至矣"。我追求仁，我就是个仁人。孟子的说法是"故王之不王，是不为也，非不能也"。君王而不行王道，不是有什么难处，而是你自己硬是不干。孔、孟更强调个人的心志的坚强伟大，所谓"三军可夺帅也，匹夫不可夺志也"，所谓"富贵不能淫，贫贱不能移，威武不能屈"。孟子还到处讲道德家的重要意义，刚刚说过"守先王之道，以待后之学者"，但为什么这里，孟子对薛居州的作用如此不以为意呢？

第一个可能，孟子并不那么信服薛子的道德品性与道德力量。这是泛道德主义的一个困难，道德高尚与否，判断起来不像事功、体育、经济成就那样容易量化与较少争议。

第二个可能，不淫不移不屈，恰恰说的是庶民、是匹夫，最多是士，而权力系统中的君王大臣，责任重大、牵扯面广、事务纷繁、日理万机、统筹兼顾、照顾多方，必然有妥协、有退让、有迁就、有等待，不可能一味自行其是、不淫不移不屈。

第三个可能，有鹤立鸡群、独断专行的君王，也有夤缘时会、相因成事、胸无大志、凑合对付的君王。这里的宋王，孟子对他的期望值大略为零。

第四个可能，孟子期待的是自己的学说能掌握君王、掌握权力、掌握万民，希望儒家理念大成气候，变为物质的力量，使万众一心、万民仰望，而不是派个把道学家，偶尔陪君王忽悠两下。

第五个可能，孟子实际上提出了一个问题：环境条件与个人愿望的关系。在某种环境下，特定的主张信念、主观努力能够成气候、见效果、改变世界，另外的情况下，另外的环境下，主观努力碰到强大的环境中的习惯势力，只能是甘拜下风，随风飘散。孟子以学习语言为例，强调环境的力量，是务实的说法。

---

6. 7

公孙丑问曰："不见诸侯何义？"

孟子曰："古者不为臣不见。段干木逾垣而辟之，泄柳闭门而不纳，是皆已甚；迫，斯可以见矣。阳货欲见孔子而恶无礼，大夫有赐于士，不得受于其家，则往拜其门。阳货瞰孔子之亡也，而馈孔子蒸豚；孔子亦瞰其亡也，而往拜之。当是时，阳货先，岂得不见？

"曾子曰：'胁肩谄笑，病于夏畦。'子路曰：'未同而言，观其色赧赧然，非由之所知也。'由是观之，则君子之所养，可知已矣。"

王解： 弟子公孙丑请教孟子："不去求见诸侯，它的意义在哪里呢？"

孟子说："自古以来，你不是他的臣子，就不必去谒见。从前的贤者段干木，（为了不见魏文侯，）竟然跳墙外出躲避。而泄柳为了不见侯王，干脆关门不开。这也就做得够过分的了。实在不得已，见也就见了。重臣阳货想让孔子来见他，但又不愿意自己有什么失礼。那时的礼节是，大夫给士赠送了礼物，士没有能在家中当面接受馈赠，便要在事后登门拜谢。阳货得知孔子没有在家的时候，给孔子送去蒸乳猪。孔子便也是等到得知阳货不在家的时候，去阳货家拜谢。那一次，如果是阳货先求见，孔子怎么可能不见他呢？

"曾子说：'见到大人物，溜肩缩脖贱笑，比夏天田间干活还难挨。'子路说的是：'互不认同，又要交谈，一脸的别别扭扭，这个罪我还真没有受过。'从这些事情和说法上看，君子人应该怎样安顿自身，也就明白了吧。"

点悟： 一是求仕，要做官，无须遮掩回避，明明白白的。

二是，不主动求见，保持自身的尊严。与前者相辅相成。

三是，勉强见权贵，滋味不舒服，实话实说，带几分酸涩，带几分屌丝口吻。

四是，其实见与不见，也没有什么大不了的，想见就见，不想见就不见。不想见却对付着见了一见，也就见了。想见又患得患失地不见，也就不见了，不足挂齿。人生中计划又非计划、合适与可能不太合适、不太拿得定主意的事多了，因势利导，各随其缘，随它去吧。

6.8

戴盈之曰："什一，去关市之征，今兹未能，请轻之，以待来年，然后已，何如？"

孟子曰："今有人日攘其邻之鸡者，或告之曰：'是非君子之道。'曰：'请损之，月攘一鸡，以待来年，然后已。'——如知其非义，斯速已矣，何待来年。"

王解：宋国大夫戴盈之请教孟子："我想实行十分之一的税率，并把关卡与市集的征税免除，今年是做不成了，我先减轻一下税负，等明年再完成，你看怎样？"

孟子说："如果有个人拿他的邻居家的鸡，有人告诉他：'你这样做不符合君子之道。'他说：'好的，我会减少拿鸡的数量，改为一个月只拿一只，等到明年，我就一只也不拿了。'如果你承认某件事做得不对，立刻改过来就是了，何必要等到明年！"

点悟：孟子的文风干脆利落，明快泼辣。偷鸡的比喻相当幽默，尤其是以偷鸡比喻赋税，令人解颐。可惜的是，收税的事不像偷鸡那样一眼望去就能明辨是非。中华文化似有反税抗税的遗传基因，而几乎不见以认真纳税为公民义务的言论。这也许与数千年来多次造反起义、改朝换代有关，对于起事者来说，抗苛捐杂税是一个好题目："迎闯王，不纳粮"云云，着实简明煽情，打动人心。可称为无税乌托邦主义，可以创作一部造反大合唱，以此六字作为领颂或领唱。

6.9

公都子曰："外人皆称夫子好辩，敢问何也？"

孟子曰："予岂好辩哉？予不得已也。天下之生久矣，一治一乱。当尧之时，水逆行，泛滥于中国，蛇龙居之，民无所定；下者为巢，上者为营窟。《书》曰：'洚水警余。'洚水者，洪水也。使禹治之。禹掘地而注之海，驱蛇龙而放之菹；水由地中行，江、淮、河、汉是也。险阻既远，鸟兽之害人者消，然后人得平土而居之。

王解：弟子公都子问孟子："外界的人都说您老喜欢与人辩论争执，我大胆问一句，这是怎么回事呢？"

孟子说："哪里是我爱好辩论呀，我的争辩都是迫不得已而为之呀！天下生成已经很久了，有时候太平治世，有时候失道乱世。唐尧时代，洪水泛滥、淹没中原，到处是蛇龙居处爬行、民人没有定居的地方，低洼处人们上树做巢，高岗处人们掘洞穴居。《尚书》上写道：'泽水惊心动魄。'泽水，说的就是洪水啊。唐尧于是分配大禹去治理。大禹掘地疏浚河道，引水入海，将蛇与龙驱赶到草丛湖泽中去。洪水从地面的河道流去，长江、淮河、黄河、汉江就这样形成了。水灾远去了，伤人的鸟兽也消失了，人们可以居住在平原上了。

"尧舜既没，圣人之道衰，暴君代作，坏宫室以为污池，民无所安息；弃田以为园囿，使民不得衣食。邪说暴行又作，园囿、污池、沛泽多而禽兽至。及纣之身，天下又大乱。周公相武王诛纣，伐奄三年讨其君，驱飞廉于海隅而戮之，灭国者五十，驱虎、豹、犀、象而远之，天下大悦。《书》曰：'丕显哉，文王谟！丕承哉，武王烈！佑启我后人，咸以正无缺。'

"世衰道微，邪说暴行有作，臣弑其君者有之，子弑其父者有之。孔子惧，作《春秋》。《春秋》，天子之事也；是故孔子曰：'知我者其惟《春秋》乎！罪我者其惟《春秋》乎！'

"圣王不作，诸侯放恣，处士横议，杨朱、墨翟之言盈天下。天下之言不归杨，则归墨。杨氏为我，是无君也；墨氏兼爱，是无父也。无父无君，是禽兽也。公明仪曰：'庖有肥肉，厩有肥马；民有饥色，野有饿莩，此率兽而食人也。'杨墨之道不息，孔子之道不著，是邪说诬民，充塞仁义也。仁义充塞，则率兽食人，人将相食。吾为此惧，闲先圣之道，距杨墨，放淫辞，邪说者不得作。作于其心，害于其事；作于其事，害于其政。圣人复起，不易吾言矣。

王解："唐尧虞舜死后，圣人之道渐渐衰微，暴君一代又一代地出现。

他们毁坏人们的住所修建池塘，让百姓无处安身。暴君们又毁掉农田改作园林兽苑，使民人衣食无着。同时，各种邪说歪理、残暴恶行也流行开来。园林、兽苑、池塘、沼泽、湿地越来越多，鸟兽们重新回来。到了殷纣时期，天下再次大乱。是周公襄助武王，杀掉了商纣，讨伐奄国，三年后除掉了奄君。武王并把商纣宠臣飞廉赶到了海边，杀掉了他。前后灭掉了五十个侯国，再次驱逐掉老虎、豹子、犀牛、大象，普天下欢欣鼓舞。《尚书》上记载：'何等荣显啊，文王的方略！何等激越啊，武王的伟业！他们保佑了后人，开启了未来，让人们走在正道上而不犯错误失缺。'

"然后世道又不行了，异端邪说、残暴恶行纷纷出现。以臣杀害君主的倒行逆施出现了，以子杀害父亲的倒行逆施也出现了。孔子深感忧惧，于是编撰了《春秋》，《春秋》写的是天子的事迹。所以孔子说：'想了解我，岂能不看我写作的《春秋》呢？想责备我，岂能不看我写作的《春秋》呢？'

"圣人与圣王没有出现，诸侯放恣任性，一些寓公书生横加议论，杨朱、墨翟之类的言论充斥天下，天下的读书人不是归附于杨朱，就是归附于墨翟。杨氏提倡为自己而活着，是心里没有君王。墨子提倡普遍的爱，是心中没有父母。不在意君王，不在意父母，那样的人就与禽兽没有两样了。公明仪说过：'厨房里不缺肥肉，马厩里不缺肥马，老百姓脸带饥饿气色，田野上有饿死的尸体，这就是统治者率领着野兽来吃人啊。'杨墨的异端邪说刹不住车，孔子的正道得不到落实，那就是说异端邪说毒害了民人，堵塞了妨碍了仁义的弘扬。仁义被堵塞了，到处是率领野兽吃人，人们也会因争夺而互相残杀吞噬起来。我正是为此而忧虑恐惧。坚守前辈圣人的大道，拒绝杨墨的主张，驱逐各式胡说八道，异端邪说也就无法兴起了。这种邪说产生在心中，就会危害你所做的事宜；这种邪说已经影响到你做事情了，就会危害一个地方的政治局面。古圣先贤们再生，他们也不会不持我这样的主张的。

"昔者禹抑洪水而天下平，周公兼夷狄、驱猛兽而百姓宁，孔子成《春秋》而乱臣贼子惧。《诗》云：'戎狄是膺，荆舒是惩，则莫我敢承。'无父无君，是周公所膺也。我亦欲正人心，息邪说，距诐行，放淫辞，以承三圣者；岂好辩哉？予不得已也。能言距杨墨者，圣人之徒也。"

王解："想当年，大禹治水成功，天下得到了太平。周公兼并融合了夷狄边地，驱逐了猛兽，老百姓才过上安宁的日子。孔子写成了《春秋》，（分清正邪，）让乱臣贼子们胆战心惊。《诗经》上说：'臣服了戎狄，惩治了荆舒，没有人敢于抗拒作乱。'无父无君的胡说八道，正是周公当年就要收拾的。那么，我也是要端正人心，平息邪说，拒绝偏颇的做法，放逐各种胡说八道。我这样做是为了继承大禹、周公、孔子三位圣人的事业，这难道能叫什么爱好争辩吗？我是迫不得已啊。能够拒绝抵抗杨、墨的邪说，正说明我是圣人的门徒啊。"

点悟：这一节孟子讲得很激动，像是"痛说儒学家史"，也是痛说中华文明的奠基史、开化史。唐尧虞舜之前，中华大地尚处于准原始状态，由于有了尧舜的仁爱，才开始实现了如马克思所论述的大自然的人化。可以看出，孟子眼中，儒家思想史与中华文明史的走向是一致的。其他一些学术流派，尤其是老庄道家，则从起始就对文明的产生与发展抱保留态度。

孟子激动的另一原因是"外人皆称夫子好辩"。八个字是确确实实地打中了孟子的特点，结结实实地触动了孟子。倒不一定算"要害"，好辩云云，百分之六十的贬义，至少还有百分之四十的褒义或中性义。它说明的是孟子理论与舆论处境的不良，听从他的、接受他的人少，怀疑他的、反驳他的人多，才将他置于辩诬的险境、困境。该辩就得辩一辩，无须理亏。

洪水泛滥，蛇龙横行，民无定所，似乎是回到了洪荒时期。希望在圣人圣君那里，救民靠的是唐尧虞舜大禹，悲壮奋斗，公益第一，天下大治，化险为夷；伟哉善哉，大道、正道、儒道的根基早早奠定了。

唐尧虞舜一死，不行了，没有提大禹。大禹本人治水功勋盖世，公而忘私，三过家门不入的态度也好，但是他在坚持正道公道上或有不足。至少是夏以后不再是天下为公，而天下归一个人与他的子孙后代了。只是在本节最后讲到三圣，似乎又有禹的份儿了，那么为什么说尧舜一死，圣人之道就衰微了呢？

还有暴君的接连作恶。问题也是由于缺少了圣人圣君，价值观搞乱了吧。更主要的原因是权力的缺少监督，从而渐渐产生腐化。当年尧舜，掌权仅仅是开始，而且多少是天下为公，他们的掌权应该有谨慎小心一面，后来，夏桀、商纣等，则显现了滥权、弄权、野蛮用权的倾向。他们这里提到了毁坏农田与住房，增加了污池（蓄水池塘）、园囿（封闭的园林兽场），使农耕受损。那么污池、园囿应该是为君王大臣们的享乐服务的，这里客观上表述了阶级分化问题，也表述了发展引发的利益分配问题、耕地保护问题与农耕文明的某种脆弱性。这一类问题至今仍然存在。光靠一个古圣先贤的道德修养可能解决不了社会发展中人们的享乐需要与耕作需要的碰撞问题。

于是又出现了圣君文王，但文王时期难说天下大治，他的仁政只限于西部，他是西伯，主管过西部诸侯，而当时的中央政权仍然掌握在暴君殷纣手中。底下武王有功业，开杀戒，诛杀纣、奄君、飞廉，灭掉小国五十，已经与先圣大异其趣，把武装斗争堂堂皇皇地请上了历史发展前进的火车头，而且，至少此段武王并没有算作圣人圣君。孟子等大儒，倒是把不但会打仗更有制作礼乐的执政法度与礼制的武王四弟周公封上了圣人光荣榜。

没了圣人了，思想搞乱了，天下出现了无序乃至某种无政府状态，表现为诸侯放恣、地方势力坐大、处士横议、百家争鸣、莫衷一是。中国的古老经验是：中央政权式微，提供了某种地方自治化、学术自由化机遇，同时是武人血腥混战、文人兜售叫卖的一片乱象乱局，使圣人们忧心如焚。

我们至今赞美东周时代的学术自由、百家争鸣，但是至少孔孟未必这样看，他们认为那时是乱象丛生、天下大乱、民不聊生、血流成河。过去有"国家不幸诗家幸，赋到沧桑句便工"（清·赵翼）名句，莫非还有国家不幸学家幸的事实吗？

圣人横空出世：仁义礼智信、文韬武略、仁义道德、无敌天下、天下定于一。于是太平盛世、安居乐业、铁打江山、井然有序；而创造性与深刻性便没有了。渐渐地，又是天下大乱、乱世英雄起四方、群雄并起、百家并起、名人如毛，然后如何呢？

毕竟权威是越来越难于成就成型了。孔子已经没有当年唐尧虞舜夏禹周文武王加周公的威风。孔子的威风在于作《春秋》，使乱臣贼子惧了，如果乱臣贼子人家不惧呢？真正达标的乱臣贼子，未必那么在意纸面上的记述吧？

但孟子讲得仍然悲壮英勇，有气浩然，尤其是他的使命感，他要把士的主体性直到自恋性与历史的（天的）要求期待的必然性结合起来，不论顺境逆境，决不含糊。令人伸大拇指！

--------- 6.10 ---------

匡章曰："陈仲子岂不诚廉士哉？居於陵，三日不食，耳无闻，目无见也。井上有李，螬食实者过半矣，匍匐往，将食之，三咽，然后耳有闻，目有见。"

孟子曰："于齐国之士，吾必以仲子为巨擘焉。虽然，仲子恶能廉？充仲子之操，则蚓而后可者也。夫蚓，上食槁壤，下饮黄泉。仲子所居之室，伯夷之所筑与？抑亦盗跖之所筑与？所食之粟，伯夷之所树与？抑亦盗跖之所树与？是未可知也。"

王解：友人匡章对孟子说："陈仲子还不能算真正的廉洁之士吗？他在於陵住家的时候，三天吃不上饭，饿得眼睛看不见东西，耳朵听不到声响。那里的井台旁边有一棵李子树，果实已经被昆虫吃了一多半了，他爬过去，吃了三口以后才慢慢恢复了视觉听觉。"

孟子说："谈到齐国的士人，我当然会以仲子为大块头。然而，怎么能因此就说他是廉洁的代表呢？说到仲子的操守，其实蚯蚓已经做到了。这个蚯蚓，从上头吃一点干土，往下头，喝一点地下泉水。（一味地讲高洁，）那么请问，仲子他住的房子有把握是伯夷那样的人，而不是盗跖那一类人修筑的吗？他吃的粮食，他有把握是伯夷那样的人而不是盗跖那类人种植出来的吗？他不也是弄不太明晰的嘛。（他能做到绝对的高洁——廉洁、不与任何不洁之人打交道吗？）"

曰："是何伤哉？彼身织屦，妻辟纑，以易之也。"

曰："仲子，齐之世家也；兄戴，盖禄万钟；以兄之禄为不义之禄而不食也，以兄之室为不义之室而不居也，辟兄离母，处于於陵。他日归，则有馈其兄生鹅者，己频顣曰：'恶用是鶂鶂者为哉？'他日，其母杀是鹅也，与之食之。其兄自外至，曰：'是鶂鶂之肉也。'出而哇之。以母则不食，以妻则食之；以兄之室则弗居，以於陵则居之，是尚为能充其类也乎？若仲子者，蚓而后充其操者也。"

王解：匡章说："那又有什么关系呢？他们的住房、食品都是仲子编鞋屦、其妻捋织麻线交换来的嘛。"

孟子说："仲子，是齐国一个显赫家族的后人，他的兄长名戴，继承了齐国代代传下的盖地禄田，折合粟米万石的俸禄。他认为那是不合乎大义的俸禄，拒绝受用。他哥哥住的房室，他也认为是不合乎大义的，不肯在那里居住。躲避兄长，离开母亲，自己住到於陵去。一次回来，遇到有人给哥哥送鹅，他皱着眉头说：'要这么一只咯咯叫的东西又有什么用呢？'过了几天，他的母亲宰了鹅做了菜肴给仲子吃了，恰巧让他的哥哥撞见了，哥哥说：'这就是那个咯咯叫的东西的肉呀。'仲子听了，赶紧跑出去将鹅肉呕吐出来。

"这样的人，母亲做的菜，就不能吃，如果是自己的妻室做的呢，就可以吃了。哥哥的房室就不能居住，於陵的房室就可以住。像这样的行事风格，难道是可以普遍提倡的人类模式吗？它应该算作蚯蚓类的模式啊。"

点悟：陈仲子也是对文明开化、社会形成并发展复杂化抱怀疑态度的。孟子否认陈仲子一派主张特别是其行事方式的社会意义，但先得承认他是齐国的巨擘，可见当时特立独行的仲子影响巨大，未可小觑。为什么影响巨大？在一个熙熙攘攘、纷争混乱、阴险诡诈、蝇营狗苟的乱局下，有陈仲子这样的人，追求廉正、高洁、苦行、退隐；反世道而行之，创立了一种高蹈脱俗、超越古代体制与政治厮杀的活法，也是一种超越了权、利、名的昏天黑地的争夺的活法，当然会有一种警世效应。

仲子出于世家，他过着世袭的养尊处优的日子。与此同时是野有饿莩，是尸填沟壑，是民不聊生，他的天良告诉了他他们一家的养尊处优是不义的，他不愿意过这种不义的生活，他当然有权力设法摆脱，宁可饿得失明失聪，不愿做多行不义的嗜血贵族。他让人想起俄罗斯的托尔斯泰。他可能有点敏感，他可能有点情绪化，他也许有点过犹不及，他有可能受到一些俗人的盲目吹捧同时也就必然受到另外的俗人的猜忌怀疑，被扣上沽名钓誉、伪善作秀等帽子。

伪善云云，不大好讲，陈仲子弃养尊处优而取艰苦清白，这是货真价实的。说他食用居用的物质手段并不一定出自伯夷类人物的清高之手，这无论如何更像硬抬杠，伯夷叔齐那样的高人，根本就不从事农耕建筑的业务，唐尧虞舜文王孔子也不能保证所食所居全部出自伯夷叔齐之手。说他的动机不纯，至多说明他珍惜的是廉正高洁清纯的高雅价值，他不惧放弃、不怕丢失、不怵受苦，而不是从俗追求功名利禄富贵荣华的卑俗利好，如果说追求高雅中有求名成分，也仍比不求高雅但求俗鄙好得多。一个人哪怕含有求名成分，从而大做善事雅事，比一个人为了眼皮子底下蝇头小利而无所不为、无恶不作不知道要好多少。

其实孔孟也不赞成统治者巧取豪夺，而坠毁民人于啼饥号寒之境。

仲子出走，让我想起佛陀。仲子没有去创造一门宗教，但是他创造了独善其身的精神追求之道。仲子的道路还令人想起庄周。但是他的重点不在于逍遥，而在于廉正高洁。他的苦行主义，则令人想起墨子的摩顶放踵、以利天下的呼吁。万事万物，一正就有一反，有五霸七雄政治进取、政治贪婪，就有庄周、仲子这样的自我救赎；有孔子、孟子的斯文济世、天下归仁的挽狂澜于既倒，就有视儒家为空谈误国的法家、兵家；有待价而沽的孔、孟，就有宁可饿死的伯夷、叔齐与陈仲子。他们相反相成，相辅相成。

孟子对陈仲子比较反感，承认其巨擘地位是不得已。孟子可能觉得他太过分、太极端，脱离了人性，只剩下了蚯蚓性。这是可以理解的，大凡极其特立独行、脱离大众、违背常理与风俗习惯的人，都会受到抨击与怀疑。

而且孟子谈问题似乎有一个预设的价值辨析，就是说赞还是批，态度鲜明、立场清晰、不容混淆。对于陈仲子居然一句肯定的话没有，出乎读者意料，或许他亚圣对之早有不喜之意。

孟子喜欢用非人来批评一些人的极端主张，言之有理。但人类也有仿生的认知与冲动：庄周心仪鲲鹏与鱼之乐，中国功夫包含猫窜狗闪、兔滚鹰翻、鸡伸龟缩、鼠钻蛇缠、龙蹲虎踞等形意拳术，新中国提倡老黄牛精神，现代以来其实蚯蚓的形象是越来越好了，不赘。

孟子强调仁义、道德、礼信，但对廉洁清高似有所保留。中华文化各种美德命名极丰富，个中掂量，古今不同，各派、各家也有所不同。

卷七　离娄章句上

──────────── 7.1 ────────────

孟子曰："离娄之明、公输子之巧，不以规矩，不能成方圆；师旷之聪，不以六律，不能正五音；尧舜之道，不以仁政，不能平治天下。

"今有仁心仁闻而民不被其泽、不可法于后世者，不行先王之道也。故曰：徒善不足以为政，徒法不能以自行。《诗》云：'不愆不忘，率由旧章。'遵先王之法而过者，未之有也。

王解： 孟子说："即使有离娄的目力，鲁班的技巧，没有圆规与矩尺，你也标不成正确的圆形与方形。你有师旷的听力，没有六律的规范，也不能成就五音的准确定位；即使你把握了尧舜的正道，如果没有仁政的实施，也不能治理好、安定好天下政局。

"现在有这样的情况，君王臣子不是没有仁爱之心意、仁爱之名声，但是老百姓得不到他们执政的恩泽实惠，也不能为后世树立一个榜样范式，原因在于他们没有实行古代先王（尧、舜、禹、文王、周公）的治国之道。所以说，仅仅有善心不足以作为成功施政的保证，仅仅有法律也不可能自动落实。

《诗经》上说：'不要失误，不要遗忘，一切遵照旧有法章！'遵从古代帝王的正道来治国理政而产生过失的，从来没有发生过。

"圣人既竭目力焉，继之以规矩准绳，以为方圆平直，不可胜用也；既竭耳力焉，继之以六律正五音，不可胜用也；既竭心思焉，继之以不忍人之政，而仁覆天下矣。故曰：为高必因丘陵，为下必因川泽；为政不因先王之道，可谓智乎？是以惟仁者宜在高位。不仁而在高位，是播其恶于众也。

"上无道揆也，下无法守也，朝不信道，工不信度，君子犯义，小人犯刑，国之所存者幸也。故曰：城郭不完，兵甲不多，非国之灾也；田野不辟，货财不聚，非国之害也。上无礼，下无学，贼民兴，丧无日矣。

"《诗》曰：'天之方蹶，无然泄泄。'泄泄犹沓沓也。事君无义，进退无礼，言则非先王之道者，犹沓沓也。故曰，责难于君谓之恭，陈善闭邪谓之敬，吾君不能谓之贼。"

王解："圣人努力使用自己的目力，还要加上规矩与准绳，做出方形、圆形、水平与垂直的线条，用之不竭；圣人竭尽耳力，再用六律校正五音，则用之不竭；圣人尽心尽力了，接着还要有富有同情之心的行政，于是仁爱的心志覆盖于普天下。这就是说，想修高屋，就要因缘丘陵山坡；想挖深池，就要借助河泽湿地。治国理政却不借助先王之道的高地，能算是有智慧的选择吗？所以说，只有怀有仁爱的人才适合登上高级职位，没有仁德之心却又爬上高位，散布的只能是他本人的丑恶。

"上头做事没有章程可循，底下做事没有法制可守，朝廷里没有正道可以讲究，工匠没有尺度可以量测，君子不讲并违反原则，小人做事违反刑法，这样的国家还能存在，未免也太偶然了。故而有道是：'城防不坚固，兵卒不够数，未必成为国家的灾难；田野未开荒，物资财物没有厚藏，未必国家闹饥荒。朝廷不讲礼，百姓不教育，刁民坏蛋兴风作鬼蜮，这个国家注定一蹶不起。'

"《诗经》上说：'天然起动，何必多言！'多言就是废话。侍奉君王不讲道义责任，行为举止不讲礼法规范，一张嘴就否定先王的治平正道，于是只剩下了废话连篇。所以有道是："用正道衡量责难君王，才算恭；陈述善理规矩、避邪说，才叫敬；动辄说君王不好、不能做善事，而又不去谏正的，是贼。'"

点悟：一要有好的素质，二要有一套行之有效的章法与手段，而章法与手段是一种文化，是历史经验的积淀。人应该学会反求诸己，向自己的天良、自己的良知良能要求美好与智慧；但仅仅靠"天生丽质"是不够的，还要向先贤、向历史、向文化的操作手段求得规矩准绳，人必须借助历史的经验与高度。人再伟大，还需要有不懈的规范与操作，没有规矩，不能成方圆，没有六律，不能成五音（音阶）。没有行政规范与操作，美好如尧舜之道也不可能落实。

孟子是心性之学，但是他也看到仅仅有好心、好动机并不足够。当然，也可以理解为：心性并不仅仅是情感的价值趋向，还必须有规范意识。当俗人们说某某人规规矩矩、"靠谱"的时候，这正是对心性与文化相结合的一种认同。

那么规范与操作的范式在哪里？孟子说，就在先王之道。原因是据说当初一切都相当好，是后来才变坏了的。关键不在于万事起头难，而在于万事起头美，万事起头好，而美得时间太长了，好的阶段太久了，事情就有走向反面的危险。

万事起头时充满希望、一派光明。中国各朝各代，乃至各个名公大臣，各个学派教派，各方面的风气，开头都有两下子，起头难正是起头美的原因。正因为起头难，你没有过人之处，没有两下子漂亮表演，根本成不了气候。创业维艰：开国皇帝、开国功臣、企业创办人、一门学问的一代宗师，能不精诚团结、艰苦奋斗、扶危济困、简明高效、创意连连、振聋发聩、谐和万邦、人气冲天？没有民人的拥戴、历史杠杆的倾斜，他们早就无影无踪乃至死无葬身之地了。

而后来呢，或名震寰宇，或富可敌国，或权势如天、颂歌盈耳、优胜如蜜、高高在上；在缺少制衡的权力、名利腐蚀下，君王任性化、学问牛皮化、商企垄断化、官宦腐败化、文章官样化、政事复杂化、贵族寄生化、风气虚矫化、官民对立化、民人刁恶化、社会分裂化，所谓"上无礼，下无学，贼民兴，丧无日矣"，历史的悲喜剧已经上演多次了。

时间的积累带来经验，经验带来丰富与招术，但也会带来挫折、狡猾、疲惫、曲曲弯弯，各种的弱化与折扣。

这样，古今中外，产生怀古思潮、原教旨主义是完全可以理解的。

从简到繁、从天真到圆熟老练乃至花样纷呈、从同贫到富而不均以至分化两极、从实效到空头、从团结到某些分裂、从坚信到困惑、从颂歌到腹诽，有它难免的发展趋势、自发趋势。从整个人类历史来看，再回到简朴浑厚的数千年前，也许只有在小说里实现。

历史是与时俱化着的，只有吐故纳新、用新鲜细胞置换衰老没落、用推陈出新代替呆板重复，才有希望。或可以向后看，寻求当年的好人好事好基因，但是更不能忘记向前看。

--- 7.2 ---

孟子曰："规矩，方圆之至也；圣人，人伦之至也。欲为君，尽君道；欲为臣，尽臣道。二者皆法尧舜而已矣。不以舜之所以事尧事君，不敬其君者也；不以尧之所以治民治民，贼其民者也。孔子曰：'道二，仁与不仁而已矣。'暴其民甚，则身弑国亡；不甚，则身危国削，名之曰'幽''厉'，虽孝子慈孙，百世不能改也。《诗》云'殷鉴不远，在夏后之世'，此之谓也。"

王解：孟子说："圆规与画直角与方形的矩尺，是方与圆的标准；圣人，是人伦道德的标准。一个君王想要做得符合君王正道，一个臣子想要做得符合臣子正道，两者效法尧舜就达标了。一个臣子，不按照当年舜侍奉唐尧的路子侍奉自己的君王，就不是一个尊敬自己君王的好臣子；一个君王，不按当年唐尧治理民人的路子治理人民，就是糟害自己的人民。孔子说：'治国之道与做人之道就两种，仁之道或者不仁之道。'对民人暴虐太甚，就会丢掉性命、灭亡家国。即使有暴虐但并非那样过分，也会身家危殆，家国削弱。这样的暴君，死后的谥号是幽王、厉王，即使有孝子贤孙，过上一百代，恶名也不可能更改。《诗经》上说：'殷商应该借鉴的教训离得不远，就在它的前身夏朝。'说的就是这个意思。"

点悟：《孟子》这一段讲得语重心长。

不师尧舜就是不敬君、害民人，不实行仁政就是不仁，这种二分法似乎简单化了一些。但语气恳切火热，忧国忧民之心动人。用今天的观点来看，义与利，仁与不仁，政、法、罚、暴与仁、义、礼、智、信，行尧舜之道与不行尧舜之道，都不是时刻绝对对立、端端非此即彼的。

这里最大的问题与其说是义与利的对立，不如说是权与仁的相悖与统一。仁者是理想主义，理想主义爱民敬民、律己律权一般不会滥用权力：不贪权、不专权、不滥权、不任意膨胀。但是仁者无权、丧权、弱化权力的结果不是好事，权力系统的威权不够用，不是民主民欢，倒可能是被更少仁与不仁者夺去了权力而走向暴虐或者混乱。《孟子》上引用孔子的话说"道二，仁与不仁而已矣"，很干脆，但是太简单。不仁者把权用得有声有色，也会做一些乃至很多好事，但得不到足够的民心，最终也难以持久。仁者圣也，权者用也，成为圣者与巧于、精于、善于用权时有龃龉。

对于大道、正道的理解与实行，对于义利之辨、仁与不仁之辨，除了对立的两极以外还会有许多中间与混合状态。例如适逢内乱外敌，必须当机立断，采取强力措施，贞观之治，恰恰出现在玄武门之变的后面，而像宋襄公那样在战争中讲求仁义道德的结果是身弑国亡。其实中外历史上的政治权力，都有专权暴力的一面，也不可能全无为民造福的宣示与行为。古今中外的权臣，不乏兼有精明强悍成事出活儿与专权弄权以权谋私两面的。说来话长。把儒家观念绝对化了，不免"博而寡要，劳而少功"（《史记·太史公自序·论六家要指》）。要权不要仁，最后会走到人民的对立面。要仁不要权至少是羞于用权，是傻子，最后结果闹不好是丢权、丢仁、丢脑袋。

孟子曰："三代之得天下也以仁，其失天下也以不仁。国之所以废兴存亡者亦然。天子不仁，不保四海；诸侯不仁，不保社稷；卿大夫不仁，不保宗庙；士庶人不仁，不保四体。今恶死亡而乐不仁，是犹恶醉而强酒。"

王解：孟子说："夏商周三代得到对天下的治理权与民心拥戴，是由于它们的仁德。它们后来丢掉了天下，是由于它们（后来的）不讲仁德。一个国家兴衰、存亡也是由于这样的道理。天子没有仁德，保不住四海之内的安宁；诸侯不讲仁德，保不住自己的江山地盘；高官不讲仁德，保不住自己的封地宗庙；士与百姓不讲仁德，保不住自己的身家性命。不希望灭亡却又喜欢做不符合仁德的事，等于是不愿意醉酒却拼命喝酒一样的。"

点悟：不愿意喝醉却拼命喝酒，原因很简单，喝酒是有乐趣的，沉浸在饮酒的乐趣中，你可能顾不上醉酒的不适与失态。不愿意亡国亡头而又不仁，孟子说得很清楚，是有人"乐"不仁，此地"乐"字要紧。不仁为什么有"乐"？这是关键所在。有人乐权，有人乐财，有人乐于巧取豪夺，有人乐于以势压人，有人乐于制造别人的贫穷痛苦，以彰显自身的福大命大权大。人性中有这样的丑恶一面，尤其到了自以为天下第一、无往不胜的处境下，岂能不尽显无德与不仁！

孟子是强烈主张性善的，但一个"乐不仁"，泄露了性恶的刺目刺耳消息。"量小非君子，无毒不丈夫""先下手为强，后下手遭殃""宁教我负天下人，不教天下人负我""人不为己，天诛地灭""马无夜草不肥，人无外财不富""不打勤的，不打懒的，只打没眼的"……众多的这一类说法，透露了人间"乐不仁"情绪。

孟子曰:"爱人不亲,反其仁;治人不治,反其智;礼人不答,反其敬——行有不得者皆反求诸己,其身正而天下归之。《诗》云:'永言配命,自求多福。'"

王解: 孟子说:"爱别人,但不能与之亲近相处,应该反思自己的仁德还有哪些缺失;治理民人,但不能治理得良好有效,应该反思自己的智能知识有哪些不足;向别人施礼致敬,对他人彬彬有礼却得不到相应的回报,应该反思自己的敬重表现上有哪些缺失。行为有未能达到预期目的者,都要反过来要求自身做得更加完善。只有自己做得正,天下才会向你倾心。《诗经》上说得好:'永远与天命配合,靠自己的努力获得幸福。'"

点悟: 没有少见这样的人:当领导、做学问、交友、购物、读书……遇事受挫,便怨天尤人、一腔怒火。领导不了抱怨被领导者素质太差;学问立不住,抱怨同行不识货;孤家寡人抱怨友人不义,购物不满意抱怨商家,读书不通抱怨作者或老师,除了从来不反省自己以外,谁都骂个狗血喷头。不可救药的懦夫与废物哟!

永言配命,就是要与命运与现有条件保持某种程度的合作。当然你要努力奋斗改变自己的命运与条件,但是改变命运也是建立在认同命运、条件的起点上。

孟子曰:"人有恒言,皆曰:'天下国家。'天下之本在国,国之本在家,家之本在身。"

王解：孟子说："人们久久以来有个说法：'天下国家。'可见，天下的根基是国，国的根基是家，而家的根基是每个人自身。"

点悟：天下是由各国组成的，此说应无太大的异议。虽然孟子时期说的天下主要是中国自身，最多加上一些小的"番邦"。国的根基是家庭，这个观点就很难普及，而且比较"前现代"。也许更正确的说法是国家的根基是人民，也许从行政角度上说国家的根基是城市与郡县，也许从经济基础的角度上说应该是国家根基是工农商业的经营单位，这里除了小农经济是以家庭为单位的，其他则常常是以公司、企业、农场与工厂为根基的。总之由许多家族、家庭来组织国家的说法是相当可疑的。

然而，在中国，又确实存在着以家庭、家族治国谋国的现象，"家天下"的现象。对于皇帝来说，"普天之下，莫非王土"，就是王室、王的家庭家族占有了天下。或者，就是以王室为主，联合数大权贵家族，占有了天下。正是由于"家天下"的现实，才激起了"天下为公"的古代中国梦，也终于有了旧民主主义革命与新民主主义革命，有了中华民国与中华人民共和国。

从个人、一些人的婚姻血缘关系而组织成为家庭——生活与命运共同体，许多家庭、家族、个人分化为"治"与"治于"（被治），分化成权力与资源及庶民，分化成工农兵学商、三教九流，而后组成国家，这些不仅是量变也是质变，是突破也是飞跃，是良心、亲情、道德、情感、习俗的延展更是社会化、体制化、法制化、理性化、合理化与科学分工与科学管理化。简单地讲天下、国家、自身，是只讲同源，不讲飞跃。

7.6

孟子曰："为政不难，不得罪于巨室。巨室之所慕，一国慕之；一国之所慕，天下慕之；故沛然德教溢乎四海。"

王解：孟子说："行使与担负政务并没有多么难办，只要不得罪那些有巨大影响的卿大夫家族就行了。这样的人所追求所羡慕的，一国民人都会跟着追慕；而一国民人的追慕，会成为天下民人的追慕；这样丰沛的仁德教化就会在四海润泽灌溉民人的心灵。"

点悟：现代人读到这一节可能觉得前提与结论的分裂。不得罪于巨室，有精英主义与实用主义的味道，有勾结联合精英掌控人民的味道，有几大家族高高在上的味道。"不得罪"一词，还有庸俗气与实利计较的小人气。"君子喻于义，小人喻于利"（《论语·里仁》），孟子的这个话如今听起来，几乎似是小人说的，不像是君子说的。

或此地的"得罪"不具现代口语的俚俗含义，是不得"罪于"，即不受巨室精英 VIP 的指责怪罪。这仍然有功利主义的味道，却是说出了实情。

还有一点，孟子是最鄙薄言必称利与言不及义的。那么可以有一个解释，孟子对巨室的理解不是权贵，不是豪门，不是富商，而是以文化理念、道德理念称颂于世的圣人贤氏。

这样，本节的前提虽然只是为政，还有不得罪与不应得罪，还有不罪于与不应罪于的巨室，结论却是沛然的"德教"，而且是溢乎四海。

--- 7.7 ---

孟子曰："天下有道，小德役大德，小贤役大贤；天下无道，小役大，弱役强。斯二者，天也。顺天者存，逆天者亡。

"齐景公曰：'既不能令，又不受命，是绝物也。'涕出而女于吴。今也小国师大国而耻受命焉，是犹弟子而耻受命于先师也。如耻之，莫若师文王。师文王，大国五年，小国七年，必为政于天下矣。《诗》云：'商之孙子，其丽不亿。上帝既命，侯于周服。侯服于周，天命靡常。殷士肤敏，祼将于京。'孔子曰：'仁不可为众也。夫国君好仁，天下无敌。'今也欲无敌于天下而不以仁，是犹执热而不以濯也。《诗》云：'谁能执热，逝不以濯？'"

王解：孟子说："天下有正道与章法，德行修养狭小的侯国要听命于德行修养阔大的侯国，贤能狭小的侯国要听命于贤能阔大的侯国。而天下失去了正道章法，块头小的侯国听命于块头大的侯国，实力弱的要听命于实力强的侯国。这两种情况都是出自天意，（不取决于人的愿望。）顺天意而行的能够生存，顶着天意行事的侯国就会灭亡。

"齐景公说过：'你的国力不足以发号施令，又不肯接受他国的发号施令，那你不就是自找绝路吗？'他就是这样含着泪把女儿嫁到了吴国。现在的一些小国侍奉大国又以听从大国号令为耻，这就等于你当了弟子却以接受老师的指导为耻。如果以接受大国命令为耻，不如都去学习周文王。如果去学习文王，一个大国用上五年时间，一个小国用上七年时间一定能够管理天下的政务。《诗经》上说：'殷商的子民，数量过亿，上苍既然有了不同的意旨，他们就臣服于周。他们成了周的臣民，说明了天意并非恒常不变。殷商的臣子都很优秀，在周的都城服务于祭祀的礼行。'孔子说过：'仁的力量不等同于人多势众，只要一个国君喜好仁德，他就是天下无敌。'如今这么多侯国希望自己立于不败之地，却又不接受以仁德治国的正道，这不就与一边闹着天太热却又不肯去洗澡一个样儿吗！《诗经》上说：'谁能受到天热之苦，却又不肯去洗澡冲凉呢？'"

点悟：孟子不遗余力地提倡仁德，但是他无法否认一些侯国不是以仁德而是以实力称王称霸的事实。他的说法是，不以仁德而以实力号令天下的事实证明了天下有时无道，而且这个无道是天心天意，人拿它没有办法。这个说法，对不起，有理屈词穷的征兆透露出来。

同时，又说，你没有实力号令天下，你干脆就认命吧，你就得听人家的号令，否则是自走绝路。

孟子在这里引用了齐景公的说法与嫁女故事。齐景公在位五十八年，是齐国在位最长的国君，历史对他的评价应该大致不差。但是他的话表达的不是"道"，只是无奈的因应与低头。其实不仅是当时的天下，其道理也不限于侯国之间。社会上有许多庸人，他们自知没有大格局大出息大志向，没有杀伐决断、发号施令、开拓创新的可能，那么他们就"押宝"于一个能人，不一定是德行好的人，而是所谓有背景、有办法且跃跃欲试的人，有某种实力或资源的人。因人成事，以分一杯羹为最大快乐。这不失为庸俗有效的处世之术，可能这种"术士"比既没有高度深度格局、又无比妒恨比自己强的人的人好一些。

然后讲文王之道，五年七年定能成事，这个说法不算高格调，其气并不浩然。赶上天命决定了天下无道怎么办？仁德的价值应该在于爱民惠民、顺天应时、为善倡慈，而不在于立马得天下，更不应该开几年时间必能大获全胜的包票来吊胃口。

这里还有一个大麻烦，孟子动辄讲什么你这个君王仁德起来，有个五年到七年就可王天下、为政天下，万一他讲的大获成功，十个八个诸侯君王都一心向仁，从而都无敌于天下了，都王天下了、为政天下了，那不更乱了吗？万一天有十日，那还有老百姓的活路吗？仁并不能杜绝竞争，竞争既带来发展进步又带来厮杀纷争，为什么伟大如孔孟却没有想到呢？

历代的专家都解释这一节一上来的"役"字是"役于"的省略。本来小役大，是小向大发号施令之意，现在必须反过来讲，是小役于大，即被大发号施令。作为业余阅读者，忍不住想捉摸，如果役就是役呢？例如，天下有道，君王大臣以少数人的德行，引导了多数人乃至全民全国的德行，以有限的贤明才智，吸引凝聚了广大的贤明才智之士之民；加上天下无道，少数人挟持了多数人，弱者懦夫弱智者挟持了本来是强有力的仁人志士？读古书，可以遵从前贤的某一种疏解，也不妨试一试他解的可能性，解释错了，就算是一种脑筋操练吧。

孟子曰："不仁者可与言哉？安其危而利其菑，乐其所以亡者。不仁而可与言，则何亡国败家之有？

"有孺子歌曰：'沧浪之水清兮，可以濯我缨；沧浪之水浊兮，可以濯我足。'孔子曰：'小子听之！清斯濯缨，浊斯濯足矣。自取之也。'夫人必自侮，然后人侮之；家必自毁，而后人毁之；国必自伐，而后人伐之。《太甲》曰：'天作孽，犹可违；自作孽，不可活。'此之谓也。"

王解：孟子说："不讲仁德的人你能够给他说什么呢？（他能听进什么话呢？）他安于享受而不知道自己的危亡处境，他但知享乐而不知他们所享受的（骄奢淫佚），正是使他们灭亡的原由。如果不仁的人都可以听进一些好话，世界上就不会发生亡国败家的事情了。

"有个孩子唱歌：'沧浪之水清纯呵，可以濯洗我的帽花；沧浪之水混浊呵，可以濯洗我的脚丫。'孔子听了说：'孩子们好好听呀，清水洗头，浊水洗脚，这是怎么造成的呢？（这不是洗者造成，而是）水质自己造成的喔。'一个人必定是自己先辱没了自身，然后才受到了他人的侮辱；一个家必定是先受到自身的毁坏，才受到旁人的毁损；一个国必定是自己先打乱了自己，然后才被他国所攻打。《尚书·太甲》上说：'如果是天降灾祸，你也许还能顶得住；如果是自己作孽，你就无活路可以逃脱了。'讲的就是这个意思。"

点悟：或有专家解释"安危利菑"为幸灾乐祸，即乐他人之危祸，但原文并没有说清是谁的危谁的灾（菑）。或有这样的不仁之人，本地有危殆，本地有灾祸，他却只知道发国难财、天灾财，花天酒地，不顾他人死活与家国命运。君王大臣呢，他们的为富不仁、为王不仁、为贵不仁，这正是他们的家国灭亡的原由。孟子痛陈利害，看到能够使得家国兴旺的仁义道德，恰恰是缺乏恻隐之心的君王大臣所不感兴趣的；而他们最感兴趣的正是足以亡国亡家亡头的骄奢淫佚、铺张浪费、作威作福……孟子讲起来是多么沉痛啊。

楚辞中的《渔父》篇里，渔父劝慰屈原用的也是沧浪之水的这几句歌谣，其含义是清有清的活法，浊有浊的活法，人不必死较劲，人应该清浊随缘，缨足皆濯俱喜。渔父的说法与孟子此处讲的针锋相对。对于孔孟来说，濯缨高贵光荣，濯足低下耻辱。用诗歌教化世道，毕竟有解读的弹性。

从清浊不同的水质的不同用途，归结为家国政治兴衰存亡的责任首在自身，即内因为主，倒也可叹。孟子是从水质清浊的观点来谈做人修身，屈原是从际遇的观点看水质的清浊，角度不同，评说不一。

7.9

孟子曰："桀纣之失天下也，失其民也；失其民者，失其心也。得天下有道：得其民，斯得天下矣；得其民有道：得其心，斯得民矣；得其心有道：所欲与之聚之，所恶勿施，尔也。

"民之归仁也，犹水之就下、兽之走圹也。故为渊驱鱼者，獭也；为丛驱爵者，鹯也；为汤武驱民者，桀与纣也。今天下之君有好仁者，则诸侯皆为之驱矣。虽欲无王，不可得已。

"今之欲王者，犹七年之病求三年之艾也。苟为不畜，终身不得。苟不志于仁，终身忧辱，以陷于死亡。《诗》云：'其何能淑，载胥及溺。'此之谓也。"

王解： 孟子说："桀纣丢了天下，是由于失去了民人的拥护。什么叫失去民人拥护呢？就是失去了民人的心。获得天下是有自己的正道的，就是赢得民人拥护。赢得民人的拥护是有正道的，那就是赢得民人的心。赢得了他们的心，也就赢得了民人的拥护。赢得民心也是有正道的：民人希望得到的，帮他们获得并且有以聚攒。民人所讨厌的事情，你不要做，不要强加到他们身上。

"民人自然归拢于仁德，正像水自然而然地往低处流，野兽自然而然地往旷野走。把鱼赶到深渊里去的是（伤害鱼的）水獭。把鸟雀赶到密林中去的是（伤害鸟雀的）鹰鹯。把百姓赶到商汤与周武王那边去的，恰恰是夏桀与商纣。如果当今有追求仁政的君王，那些个不愿意实行仁政的诸侯，就等于都在替他驱赶民人去归附。即使他不想称王天下，也不可能了。

"现在愿意称王天下的诸侯很多，他们就像已经患了七年的重病，需要用存贮或炮制达三年的艾草来治疗一样，如果没有早作积蓄，你一辈子也达不到目的。如果不立志于仁德，只会是终身忧愁耻辱，以致灭亡。《诗经》上说：'他永远也做不好，只能使人一个又一个地淹死。'说的就是这个意思。"

点悟：政治、军事的竞争，你的失败就是我的胜利，我的失败就是你的胜利。胜者的逻辑往往是，对手的凶恶与愚蠢，倒行逆施与气急败坏为自己的胜利奠定了基础。毛泽东最喜欢讲这一类的话，所谓敌方是"搬起石头砸自己的脚"，所谓对手"是我们的运输大队长"，这些说法足以大灭对方的威风，而彰显自身的神通、潇洒、游刃有余。

民人希望的，你给他；民人躲避的，你别做。老子也是这么说的："圣人无常心，以百姓心为心。"但这个看来不移之论，做起来有时仍然很纠结。民人多半考虑的是眼前利益、局部利益，而它们会与长远利益、全局利益、战略思考有龃龉。民人利益思考中此地与彼地、此业与彼业、此层级与彼层级、此时与彼时之间常有不同，端赖政治家、君王大臣操盘计议选择平衡，这就没有孟子乃至老子说的那样简单了。

一搞仁德就天下归附，你想推也推不掉，这话可爱，但是天真。君王而仁德无比，只有牧师的一手，没有行刑官的一手，不可能是天下自行归心，而多半是天下大乱，丢权丢位，丢地盘丢头。

尤其是在古代中国，一个是理念，一个是实力；一个是民心，一个是权力的掌控引领；一个是大道，一个是经营；一个是民粹，一个是精英；一个是行为，一个是宣扬。对于权力系统中人，缺一不可。

7.10

孟子曰： "自暴者，不可与有言也；自弃者，不可与有为也。言非礼义，谓之自暴也；吾身不能居仁由义，谓之自弃也。仁，人之安宅也；义，人之正路也。旷安宅而弗居，舍正路而不由，哀哉！"

王解： 孟子说："自己戕害自己的人，无法与他有所言说。自己放弃自己（的努力）的人，无法共他有所作为。发表言论而不讲礼法与义理，那就叫自己戕害自己，不知自爱。自身不肯恪守仁德与依义理行事，那就叫自己放弃了自己，不知自重。仁德，是人的最安定的住宅（依傍）；义理，是人的最正确的道路。有安定的住宅却不去居住，有正大的道路却不在上面行走，太可悲了啊！"

点悟： 自暴自弃，已经成为成语。其反义语就是自爱自重。自爱自重的人境界自然要高，要向圣贤学习，要提高自己的精神品质。自暴自弃的人则显得没有希望。

为什么会有自暴自弃者呢？一是缺少学习教化，一是社会风气使然。都在那里争夺名利，谁还能跟你讲义理原则、仁德教化、正道安宅？

孔孟都相信人性中本来就具有美好的东西。让人更美好一些，让你自己更好些，让你为仁德所簇拥，为义理所起动，为正路所引领，为大道所陶冶，这里头有多么美好的心愿啊！

　　孟子曰："道在迩而求诸远，事在易而求诸难：人人亲其亲、长其长，而天下平。"

　　王解：孟子说："大道就在你的身旁，你偏偏舍近求远；事功本来很容易成就，你偏偏舍易就难。每个人都能爱自己的亲人，敬自己的长上，天下自然就会太平安定。"

　　点悟：爱亲敬长天下自然太平，这是真纯的性善论。舍近求远、舍易就难，自己把自己绕进去，则是人的毛病，是性恶的某种表现。道在近处，为什么你不知珍惜？因为你是人，人常常急躁贪婪、不肯适可而止、不肯无为而治、不肯与民同乐、不肯为民而虑。事"易成"，而你把它搞得复杂困难，因为你不相信"易"而相信"难"、不相信以百姓之心为心、不相信循序渐进、不尊重科学、不尊重民人、不尊重常识常理常规，要自我膨胀、高大上、一步登天、与客观规律顶牛较劲。这个说法与老庄的道家的无为、无私、无争、尚愚、尚朴比较相通。

　　孟子这里指的主要是在社会发展过程中人们易有的毛病：贪欲、竞争、攀比、妒忌、诡诈、作伪、投机、侥幸，等等。人们智能的发展有时与品德的提升不成正比，乃至越来越多的人感觉智能的发展是社会风气恶化的根源，越来越多的人误以为发展、进步、富裕、智能、效率的代价是品德的恶劣化，是机事与机心（语出《庄子》）。有的人越来越向往远古、返璞归真、愚直、闭塞，越来越追求保守乃至停滞。但是这种想法也是一种误会，第一，事情并非如此，智能发达、知识海量的人也有品德极优秀者；第二，人类的智能史、知识史很难走倒退的路。

孟子曰："居下位而不获于上，民不可得而治也。获于上有道，不信于友，弗获于上矣。信于友有道，事亲弗悦，弗信于友矣。悦亲有道，反身不诚，不悦于亲矣。诚身有道，不明乎善，不诚其身矣。是故诚者，天之道也；思诚者，人之道也。至诚而不动者，未之有也；不诚，未有能动者也。"

王解：孟子说："处在低下的地位，得不到上峰的支持，你是无法治理民人的。想得到上峰支持是有途径的，得不到友人的信服，也就得不到上峰的支持。得到友人的信服也是有途径的：你侍奉双亲而不能使他们满意，也就得不到友人的信服。让双亲满意也是有途径的：反省自身没有做到诚心诚意，双亲也就不会满意了。让自身做到诚心诚意也有途径：不明白怎样才算是美好善良，自身也做不到诚心诚意了。所以说，诚心诚意，正是天之道。要求诚心诚意，这正是人之道。极尽诚心诚意，却不能感动旁人，这是不可能的。而做不到诚心诚意，却要感动旁人，这也是不可能的。"

点悟：孔孟都宣扬万事从身边做起，孔子讲孝悌，孟子讲事亲，都是这个意思。逻辑判断则不一定足够严密。诚心诚意，父母就满意快活了？未必，还受制于许多其他条件。父母满意了朋友就信任你了，更未必，对双亲好，被双亲肯定，完全不等于被友朋、同事、同僚所满意。友朋说好，上峰就支持，也不一定，拉上一批友朋抱团，说不定引起上峰猜疑。倒是反面的说法容易成为事实：对父母不诚心诚意，双亲不满。双亲不满了，在友朋中反映也不好。朋辈中人都说你的坏话，上峰难免从"群众反映"中得出对你的负面印象。就是说，朋友信服你，或许是获得上峰支持的必要条件，但不是充分条件，友朋说你好，上峰不说你好也是可能的。双亲满意你，同样至多是友朋信服的必要条件，更非是充分条件。诚心诚意，这倒肯定是你取悦父母的必要条件，父母不可能喜欢对自己虚情假意的子女。

整本《孟子》中逻辑问题多多，都道是好文章，还有善辩什么的，但是这么多逻辑问题总该点明，我们对《孟子》诸论的逻辑架构应该心中有数。《庄子》名篇《秋水·濠上》写庄与惠施的辩论也是如此，从逻辑上说庄是诡辩，是循环论证——语词魔术。难点在于，知鱼之乐的说法又颇美妙。

中国人讲文章，讲言之不文，行之不远。但文章的形式化，可能也有它的危害祸患。

这一节还有文字游戏（无贬义）特色，汉字的单音节与文字的表音、表意、表形的综合信息性，使字与字的穿梭交互运动引人入胜，读来甚觉爽快。

7.13

孟子曰："伯夷辟纣，居北海之滨，闻文王作，兴曰：'盍归乎来！吾闻西伯善养老者。'太公辟纣，居东海之滨，闻文王作，兴曰：'盍归乎来！吾闻西伯善养老者。'二老者，天下之大老也，而归之，是天下之父归之也。天下之父归之，其子焉往？诸侯有行文王之政者，七年之内，必为政于天下矣。"

王解：孟子说："伯夷为了躲避纣王暴政，住到北海之滨去了。听说文王兴起，说道：'何不到西伯所在的地区去呢。听说那边对待老年人养护得很好。'姜太公为了躲避纣王暴政，住到东海之滨去了，也听说文王兴起，说道：'何不到西伯所在的地区去呢？听说那边对待老年人养护得很好。'一个伯夷，一个姜太公，这是天下有名的伟大老人。他们去归附文王，那就等于天下的父亲去归附文王啊。天下的父亲归附了文王，儿子们又应该到哪里去呢？现在的诸侯如有人将文王的正道付诸实施七年，一定会得到治理天下的可能啊。"

点悟：故事美好动人，逻辑一厢情愿。逻辑虽不严密，但也有动人处，行善求仁，从小及大，由近及远，一好便成百善源，一德自是千德母，小仁可成大仁，一事感动便可扭转乾坤；具体成为普适、事功证明大道、顺风顺水、无往不胜。这是好文章，不一定是好教材。

———————————— 7.14 ————————————

孟子曰："求也为季氏宰，无能改于其德，而赋粟倍他日。孔子曰：'求非我徒也，小子鸣鼓而攻之可也。'由此观之，君不行仁政而富之，皆弃于孔子者也，况于为之强战？争地以战，杀人盈野；争城以战，杀人盈城，此所谓率土地而食人肉，罪不容于死。故善战者服上刑，连诸侯者次之，辟草莱、任土地者次之。"

王解：孟子说："冉求为季康子做总管，没有改善季氏的章法，却增加了好几倍赋税。孔子说：'冉求算不上我的弟子，徒儿们大张旗鼓去攻击他吧。'从这件事可以看得出，辅佐君王不实行仁政却要扩大财富，那是孔子所唾弃的，何况那些为不仁的君王作战杀戮的人们呢？为争夺地盘而打仗，杀掉的人尸横遍野；为争夺城池而打仗，杀掉的人尸横城池。这就是人们所说的那种明明拥有土地却去吃人肉的事情，他们的罪恶处死也不为过。所以爱战争的人应该受到最高的惩罚，搞什么合纵连横的人可以接受次一等惩罚，至于搞什么开荒屯垦搜括地力的人，那就是更次一等惩罚了。"

点悟：孟子的话非常锐利。他反战，反争夺霸权，反政治上分化瓦解、拉拉打打的一套谋略，他甚至反对垦荒等加剧民人负担、满足他以为是君王的扩张欲的行为。他要的是一切以民为本，以民人之福祉为先，乃至为全部。这里头有一种民本理想主义、小康理想主义。舒舒服服地小康化就够了。那时候不会想到发展生产力的历史规律。

孔孟老庄，都不在意乃至不赞成搞什么发展，现在看起来不免荒谬，但也是事出有因。发展是要付出代价的，民人是要为发展买单的，发展不是牧歌，而且会困扰牧歌，发展不是仙药，而且会带来某些社会病症。西方左翼学派对于发展观念是有所抵触的。例如美国的发展学者阿图罗·埃斯科瓦尔所著《遭遇发展：第三世界的形成与瓦解》，便号称颠覆了发展概念。在中国，早在两千五百年前，就有思想家质疑发展。

我们今天当然坚持"发展是硬道理"，但是能够考虑一下发展的代价与带来的新问题，包括了解一下考虑一下古今中外的质疑发展理论，则是极其必要与不无好处的。

7.15

孟子曰："存乎人者，莫良于眸子。眸子不能掩其恶。胸中正，则眸子了焉；胸中不正，则眸子眊焉。听其言也，观其眸子，人焉廋哉？"

王解：孟子说："看一个人最好是看他的眸子，眸子是掩盖不住一个人的不良居心的。心胸正大，他的眸子光明；心胸不正派，他的眸子暗淡。听着一个人说话，观看他的眸子，他还能隐瞒掉什么呢？"

点悟：这一节有点文学、人学、刑侦学内涵。

孟子强烈主张性善，看来应该理解为提倡善。谈到眼珠的时候，他想到的却首先是目光隐藏不住人之丑恶。他其实仍然敏感于人之不善。越是感受到了人的非善方面，越是要强调人性本善，这里头有自己善化全民的目标。

可以想象，浩然之气、理直气壮的孟子眸子一定是光亮的，而当时的某些人，很可能是非儒家，他们的眸子是畏缩暗淡的。王某还有一个印象，东张西望、鬼鬼祟祟、目光不定的人，往往也是不大正派的。

孟子曰: "恭者不侮人,俭者不夺人。侮夺人之君,惟恐不顺焉,恶得为恭俭?恭俭岂可以声音笑貌为哉?"

王解: 孟子说:"懂得恭敬的人不会侮辱旁人。懂得节俭(克己)的人不会侵犯旁人。一个君王,侮辱侵犯旁人,唯恐旁人或他国不顺从自身,这样的国君,怎么可能有所谓恭敬与节俭的风格呢?恭敬与节俭,难道仅仅是音容笑貌的作秀吗?"

点悟: 老子讲三宝:慈、俭、不为天下先。孔子也讲"温良恭俭让"。孟子讲"恭俭"。这里的"俭"应该不仅是物质上的不奢华靡费,而且是讲精神上的谦卑克己、为政上的爱惜民财民力慎重行事、做人上的内敛含蓄。辞书上的解释,俭的含义是节约、歉收、不富足、谦虚等。总之,俭就是反骄破满。

孔孟都是很重视人的态度、举止、礼仪、表情的。孔子的讲法是"色难",即表情容貌的把握不是易事。但是更重要的是对他人他国的态度,即己所不欲,勿施于人,再一步,克己复礼,天下归仁。

深层的意思还在于,君王是有权威、有实力的人,是一呼百应、所向无敌的人,正是权力与实力,使某些君王不懂得恭与俭,不懂得不可侮辱他人与侵犯他人,他志在王者师,可谓语重心长,对症下药。

淳于髡曰：“男女授受不亲，礼与？”

孟子曰：“礼也。”

曰：“嫂溺，则援之以手乎？”

曰：“嫂溺不援，是豺狼也。男女授受不亲，礼也；嫂溺，援之以手者，权也。”

曰：“今天下溺矣，夫子之不援，何也？”

曰：“天下溺，援之以道；嫂溺，援之以手——子欲手援天下乎？”

王解：淳于髡问：“男女间，不能用各自的手去交接物品。这是礼法的规矩吧？”

孟子说：“是有这样的礼法。”

问：“那么嫂子落水，男性能不能用手去援救她呢？”

答：“见了嫂子落水，不予救援，那就成了豺狼了。男女间不可用手交接物品，这是礼法。嫂子落水，用手去援救，这是特殊情况下的一时变通。”

问：“现在天下民人如同落入水中，（水深火热，）你怎么不伸手去救援他们呢？”

孟子答道：“天下水深火热，用来援救他们的是正道。嫂子落水，用来援救她的是手。您是想要我用手去救援天下吗？”

点悟：本节虽然精彩，但谈得不深不透，停留在斗嘴上。淳于髡当然也是战国时期的名嘴，但孟子不应该停留在名嘴水平上。

援之以手与援之以道，其区别在于天下之水深火热事大，嫂子之落水事小，天下之困顿首在于政治路线，嫂子之落水则大多出于不小心或力气不够、水性不谙，救援天下当然比救援嫂子困难得多，争议也大得多。

淳于髡以嫂子落水讥刺孟子未能援救天下陷于水深火热的民人，已经有点简单化处理，简单化将孟子的军了，孟子则惯用他的以错就错法，干脆与你讨论嫂子的不慎掉到水里的事。嫂子的事情也很重要，它说明的是生命重于礼法，在生命受到威胁的时候，一切礼法都必须服从拯救生命的需要。

逻辑上没有共识与严格要求的争鸣，有时不免影响了深度与内涵。

---

7. 18

公孙丑曰："君子之不教子，何也？"

孟子曰："势不行也。教者必以正；以正不行，继之以怒。继之以怒，则反夷矣。'夫子教我以正，夫子未出于正也'，则是父子相夷也。父子相夷，则恶矣。古者易子而教之，父子之间不责善。责善则离，离则不祥莫大焉。"

王解：公孙丑问："君子人一般不亲自教导自己的孩子，这是为什么呢？"

孟子说："情势行不通啊。教导必须义正词严，如果你的义正词严没有能够收效推行，随之你会发怒，你一发怒，就会伤人。'老师教导得义正词严，但老师自己的行为不一定都是出于正义的嘛。'孩子这么一说，如果是父子间，就成了父子互相伤害；父子相伤，当然不好。所以古时候，是换成别人的孩子来进行教导。父子之间不要相互挑剔求全责备，互相一求全，父子之间拉大了距离，这样的距离是很不祥和的。"

点悟：说得很实在，它说明正义——正经道理带有一定的理想性，越是亲人，越容易发现讲授正义的人未必全部做到了正义。以致父亲难以以正义来严格教育自己的孩子。这话很老到，也不无苦涩。

孔、孟都很重视孝亲，但是亲人之间反而难以做到义正词严，这里透露了一些什么信息呢？亲子关系当中有非义理成分，有难以做到义正词严的成分。什么成分呢？亲子间感情成分、利害成分、私密生活成分、不甚能上台面的打折扣成分会有其存在的。呜呼，难矣哉！却原来亲子孝慈，可以发展为高级的伦理道德，同时亲子关系的亲昵细密琐碎滥情又可能成为一种软化稀释懈怠正道义理、浩然之气的非理性、非社会乃至非礼法因素。关系太亲密了，就要避嫌，太亲密了反倒会不够坚持原则、坚持义理，此语甚值得思索把握。一些贪腐官员，恰恰是在亲人面前丧失了原则立场的，他们的教训是沉痛的。

7.19

孟子曰："事，孰为大？事亲为大；守，孰为大？守身为大。不失其身而能事其亲者，吾闻之矣；失其身而能事其亲者，吾未之闻也。孰不为事？事亲，事之本也；孰不为守？守身，守之本也。曾子养曾皙，必有酒肉；将彻，必请所与；问有余，必曰：'有。'曾皙死，曾元养曾子，必有酒肉；将彻，不请所与；问有余，曰：'亡矣。'——将以复进也。此所谓养口体者也。若曾子，则可谓养志也。事亲若曾子者，可也。"

王解：孟子说："侍奉谁最要紧呢？侍奉父母最要紧。守护什么最要紧呢？守护自身（的品格名节）最要紧。在守身方面没有差失，同时能好好侍奉父母的，我听说过这样的人；在守护自身方面有所差失，却能侍奉好父母的人，我没有听说过。谁能不侍奉他人呢？但最根本的是侍奉父母。谁能不有所守护呢？那么最根本的是守护住自己的品格名节。

"曾子奉养父亲曾皙，每顿吃饭都有酒肉，要撤走一样菜了，一定要请示父亲将此未尽菜肴给谁用。父亲问还有没有余下的，一定回答说还有。曾皙死后，曾子的儿子曾元奉养曾子，每顿饭也都有酒有肉。到了撤菜的时候，不请示此未尽菜肴给谁用。询问是否还有余菜时，就回答没有了。目的是下次再奉上。曾元这样，就是奉养父母的口腹。而曾子对父亲，那是奉养父母的心愿。侍奉父母，如果做得像曾子那样，就对了。"

点悟： 孟子坚持的是富有中华特色的整体论，一元论，把侍奉父母与个人的道德守持统一起来。这当然有道理，一个孝子，应该懂得爱惜自己的名声与形象，"身体发肤受之父母，不敢毁伤"（《孝经》）是孝，那么不敢毁伤自己的品格名节，就更是大孝了。"守身如执玉，积德胜遗金"，过去的门联多有此语。

但不同的事物除了共同性也有相异性。历史上的一批贪官汉奸，颇有具孝子之名声者。他们脑满肠肥，除了为自己牟利就是为自家捞油水，从父母妻子到七大姑八大姨。孟子说"失其身而能事其亲者，吾未之闻也"，莫非战国时期当真没有出现这样的丝毫不足为奇的现象？抑或是孟子太相信他的一厢情愿的人性与道德上的一元性了？

曾子侍奉双亲与被儿子侍奉的故事有趣。仅仅符合父母的生理需要是不够的，更重要的是符合他们的心思，妙哉！但心思、愿望、志，远不像口腹需要那样明确与可以量化，这就又出现了一大堆难题，也出现了一套学问，揣摩心思成为一种特殊的技巧，有用到孝道上的，好；有用到求宠上的，则是奸佞的绝技。这也是"皆知美之为美，斯恶已"（《老子》）。

7.20

孟子曰："人不足与适也，政不足闲也；唯大人为能格君心之非。君仁，莫不仁；君义，莫不义；君正，莫不正。一正君而国定矣。"

王解： 孟子说："一般庸人不值得予以评论责备，他们的为政事务也不值得挑剔非议。只有大人精英才可能端正君王心思中的不当。君王仁爱了，没有人会不仁爱；君王讲道义，就没有人会不讲道义；君王正直端方，就没有人会不正直端方的了。只要能将君王引入正道，一国也就安定下来了。"

点悟：民粹主义还是精英主义，这是一个问题。

不足与适从几方面都讲得通，一个是当时的君王精神品质太低微，他们的政事不值一论。一个是为政的众官员都是些没头脑的因人成事或坏事者，他们关于君王得失的议论不值与闻。一个是议论正事的士人直到百姓太低微，他们的妄议不值一提。

孟子是大讲特讲民为贵的，那是治国的战略与标榜。这里又提不足与适与不足闲，这是治国的操作与依靠问题。

走到哪里，都会听到对君王——元首的责备非议，也会听到对官风的强烈不满，这种民意当然重要，但未必全部具有什么特别重大的意义。

从操作的层面看。第一把手周围的几个重臣的作用不能不强调一下。重臣的作用，大人的作用首先在于"格君心之非"，这个话有分量！也有难处。孟子语出，振聋发聩。

君王正则无不正，这是一个理论的命题，是一个理想条件下的定理，是4摄氏度、真空状态下的判断。实际上，君王的权力并非恒定，君王的周围并非可以任意掌控，君王的个性与智商并非一格，君王面对的情势并非不是千奇百怪或瞬息万变，影响一国政局的因素绝对不仅仅是君王的端正度一项。

关于人足与适，有的解为责难者资质不够，有的解为被责难者资质不够，如果倾向于前者，能以更适应"唯大人为能格君心之非"这个结论。但也不可否定后者，"格君心之非"这种事项，不能搞得太廉价轻率。中文的特色正在于它们的解释的弹性，可以各取所需。

孟子曰："有不虞之誉，有求全之毁。"

王解：孟子说："有时会得到未曾料到的赞美声誉，有时会碰到求全苛责的毁谤攻击。"

点悟：二者并列关系，甚至可以是因果关系。骤起大名的暴发户，最易成为突然改变风向的舆论牺牲品。

但是孟子此话中有对于人格定力的提倡，不要太在意别人说你什么，知人是易事吗？尤其是被注意的社会化人士，会被毁被誉不虞与求全一辈子、半辈子，甚至死后还被争论，几百至几千年。

所以，爱尔兰著名作家、《尤利西斯》作者詹姆斯·乔伊斯说："对于这个世界我有三个办法：沉默、逃遁与小小花招。"

只是在谈无厘头的毁誉时，孟子流露了一种自由派知识分子的主体意识。

孟子曰："人之易其言也，无责耳矣。"

王解：孟子说："人为什么会改变自己的说法呢，因为他不会由于改变说法而承担责任。（或者，他可以改变说法而不受责难。）"

点悟： 这里的易，既是容易，也是变易，容易与变易的含义是有关联的：能够变的事情是易事，不能变的事情是难事。例如封建中国的婚姻就不好变，就不是容易办好的事。君王发表言论也不是易事，因为他的话是圣旨，马上执行，后果巨大，有的能改变弥补，有的无法改变。

易言的问题从个人来说，牵扯到责任问题，故而说："一言既出，驷马难追。"又似乎是"无责耳矣"，牵扯到言论自由问题。从法律上说，从公权力层面来说，对于改变论点与说法，需要保留某种宽松性、包容性，容易容易，包容的容也有"易于"之义，孟子此言有远见卓识。

却又不能排除作相反解读的可能。孟子遗憾的是有一些人轻率地改变自己的论点与言语，孟子认为君子、士、大丈夫应该对自己的言语负更大的责任。

前贤多认为此节不易解。不一定是难解，而可能是太易解，正面解与反面解都说得通。

7.23

孟子曰："人之患在好为人师。"

王解： 孟子说："人常有的毛病是好教训纠正旁人。"

点悟： 应该说，孟子的特点之一正是好为人师，尤其是好为君王之师。

孟子此言也有自由主义气息，暗含着此亦一是非，彼亦一是非之意，暗含着非独断论、非绝对化的包容心态。

乐正子从于子敖之齐。

乐正子见孟子。孟子曰："子亦来见我乎？"

曰："先生何为出此言也？"

曰："子来几日矣？"

曰："昔者。"

曰："昔者，则我出此言也，不亦宜乎？"

曰："舍馆未定。"

曰："子闻之也，舍馆定，然后求见长者乎？"

曰："克有罪。"

王解：乐正子跟随王子敖到达齐国。

乐正子来见孟子。孟子说："你也来看我吗？"

乐正子说："先生怎么这样说呢？"

孟子说："你来了几天了？"

乐正子回答："昨天呀。"

孟子说："昨天？那么我这样说话不是正应该的吗？"

乐正子说："昨天还没安排好住处。（故而没有来得及拜见您。）"

孟子说："听听，你得等到住宿的事安排好以后才想起拜见长上呀！"

乐正子说："是我错了。"

点悟：孟子注意礼节，尤其是注意他人对自己的礼遇与礼貌，孟子与孔子比，要牛气一些，一个是说自己有浩然之气，一个是说按他的理念办数年内必有奇效，一个是拒绝先去拜见诸侯而是要求诸侯拜见自己，一个是这次责备乐正子。相反孔子似乎没有这类的言语与行为记录。

他很自信，所以坦率，别人遇到乐正子没有当天拜见这种事，可能心里不快，不会这样说。

具体状况倒让人对乐正子有所同情，到了一个新地方，还没有安排好住宿，第二天再去拜访长上，应无甚可恼也。

现在各种拜见、会面、交际大大增加了，各种名流、权威、大人物也海量化了，人们不再要求谁谁一到没找上住处必须先来看自己了。也许孟子时代另有今人难以理解的情况与习俗，也许孟子在当时的社会影响远非今人所能理解。

—— 7.25 ——

孟子谓乐正子曰：“子之从于子敖来，徒餔啜也。我不意子学古之道而以餔啜也。”

王解： 孟子对乐正子说：“你跟随王子敖来，不过是为了吃喝。我没有想到，你学习古远的大道竟是为了吃喝。”

点悟： 现在社会上也有所谓混吃混喝一说。吃喝无虞了，至少是足以温饱了，人应该有更高大上的追求，人不能停留在混吃混喝的水平。如果尚未温饱呢，一般地说，如果不是准备就义，那就可以将解决温饱视为当务之急。问题是，不知道乐正子混到的“餔啜”是什么级别的待遇，是半饥半饱、温饱、小康、丰衣足食、高大上、奢靡？

孟子曰："不孝有三,无后为大。舜不告而娶,为无后也,君子以为犹告也。"

王解： 孟子说："不孝的表现有三种,其中最大的不孝是没有子女。舜没有报告父母就娶了妻,原因是他怕造成家族没有后续人丁的后果,从君子的观点来看,舜的没有报告,其实是与报告了一样的。"

点悟： 没有报告其实就是报告了,涉嫌强辩。孟子此前刚刚讲过了婚姻大事必须由父母做主的凛然大义。除非说,因为他是大舜,他的身份不同,可以有不同的说法。

但咱们还有一说：小道理服从大道理。无后对于孝道来说,是大问题;得不得到父母的首肯,是第二位的问题。这样一说,质疑者就没词儿了。

也还有一种思路,大道理就是大道理,小道理就是小道理,从认识论、真理论、逻辑学上来说,道理不分大小,都有存在的理由。每天抹杀一个小道理,积累数年,也会出大麻烦。目的是大道理,手段似乎是小道理,手段太荒谬了,也会影响目的的公信力,小大道理是可以互相转化易位的。

不孝有三,无后为大的说法,现在看起来很陈旧了,城市中的丁克户也自有道理。但是仔细想想,把生命的一部分意义看成一个血缘相继的链条,应是不无道理的想法。其实孔孟也不是仅知血缘的接续,后世叫作接续香烟,孔孟还大讲杀身成仁,舍生取义。

在生生不已的世界上,每个人的生命都是链条上的一个环节,孔孟的这种说法有它的感人之处。甚至苏联时期的著名小说——《这里的黎明静悄悄》中也有这样的描写,一个女兵牺牲了,书中有类似生命的链条、生育的链条中断了的言辞。而博客上,一个署名"黎明静悄悄9378"的人写道："孝是生命与生命交接处的链条。"

<hr/>

—— 7.27 ——

　　孟子曰："仁之实，事亲是也；义之实，从兄是也；智之实，知斯二者弗去是也；礼之实，节文斯二者是也；乐之实，乐斯二者，乐则生矣；生则恶可已也，恶可已，则不知足之蹈之手之舞之。"

　　王解：孟子说："仁的实质是侍奉双亲；义的实质是服从兄长；智的实质是知道前述两项是谁也不能漠视的；礼的实质是对前述两项加以安排与美化；乐的实质是为前述两项而快乐演奏吟唱，音乐就这样出现了，音乐演奏吟唱起来了哪里可以休止，音乐停不下来，不由得也就手舞足蹈、跳起舞来了。"

　　点悟：中华文化的尚一、泛一论，强调的是万事万物并不复杂，真理并不复杂，治国平天下并不复杂；返璞归真，抱元守一，保持住唐、虞、夏三代的美德，保持住西周的文礼，保持本人的孝亲与悌兄天性——老子的说法则是保住婴儿的天性，自然一切迎刃而解。

　　侍奉双亲，首先令人想到的美德是孝，这里解释为仁。将仁孝化，将孝仁化，孝与仁合二为一。顺从兄长，令人首先想到的是悌，将悌义化，将义悌化，又一个合二为一。一跃而为知即智，干脆合仁孝义悌知智为一，合多为一了。礼则无非上述的多化一后的外化、细化、美化，更是万物皆备于斯了。这样的思想方法明哲、简约、神秘、魅力，但是不精确，不无简单化。

　　然后一路整合到乐这里，既然前面诸项都是整而合之一之，那么这里的乐必定是既是快乐，又是音乐，与知既是知识、又是智慧同理。故而我做出了乐（lè）与乐（yuè）综合的解读，还可以做出与乐（yào——"仁者乐山，智者乐水"中的"乐"应读 yào）综合的解释。即应该喜爱什么呢？喜爱前面所说的一切的大整合。

—— 7.28 ——

孟子曰："天下大悦而将归己，视天下悦而归己，犹草芥也，惟舜为然。不得乎亲，不可以为人；不顺乎亲，不可以为子。舜尽事亲之道而瞽瞍底豫，瞽瞍底豫而天下化，瞽瞍底豫而天下之为父子者定，此之谓大孝。"

王解：孟子说："使得天下民人高兴，他们将会归附于自己。将天下民人的喜悦归附，看得草芥一样轻的，只有大舜一人。原因是没有使得父母满意的人，不能算是好的为人；不能顺应好父母意愿的人，不能算是好的儿子。舜尽到了侍奉父母之道，他的父亲瞽瞍变得很开心，瞽瞍的开心使天下受到教化，瞽瞍的开心使天下的父子伦理得到确定化（规范化），这就叫作大孝。"

点悟：舜是因为孝名而得到唐尧赏识、得到唐尧的两个女儿为妻，又得到唐尧禅让的天下的。瞽瞍在家里似乎有些问题，记载说舜的母亲与弟弟对瞽瞍的态度都不太好，唯独舜能无条件地孝敬父亲。瞽者失明也，至少他的尽孝任务更加艰巨。对于一个个体人来说，父亲比天下更重要，这是孟子的一个重要观点。从儒家理论来说，孝是忠的基础，二者理论上是统一的。万一二者发生了矛盾，孝更重要，孝更切近实在，必须从孝做起。这是一个重要的价值序列，带有某种务实性与亲切性、情理性。但又与公而忘私、大公无私、先人后己的价值认知相悖。孔孟都希望做到人的至情至性，同时也是至孝至悌至善至仁，孟子不断地以舜的艰难的孝做榜样，教化天下，洗涤人心，培育道德。可惜的是，后世这样的孝的榜样和道德难题的精彩、惊人的答卷没有再看到，以至于让读者对大舜的孝道了解得也是半明半暗，一头雾水。道德上要严格地要求自己，则是无疑。

卷八　离娄章句下

8.1

　　孟子曰："舜生于诸冯，迁于负夏，卒于鸣条，东夷之人也。文王生于岐周，卒于毕郢，西夷之人也。地之相去也，千有余里；世之相后也，千有余岁。得志行乎中国，若合符节，先圣后圣，其揆一也。"

　　王解：孟子说："舜是出生在诸冯、迁移到了负夏、死于鸣条，是东面边远地区的人氏。文王出生于岐周、死在毕郢，是西面边远地区人氏。地点相距一千多里，时间相距一千多年。他们得以将自己的理念愿望施行在国之中原，就像需要互相查证对照的信物符节一样彼此符合。不管是在先的圣人舜，还是在后的圣人文王，他们的尺度是一致的。"

　　点悟：真理是固定的、不变的、绝对的吧？千年之隔、千里之遥，都不会改变真理的内涵与性状。如果并非如此呢？如果真理既有其绝对性又有其相对性呢？如果真理是与时俱进并且因地制宜的呢？如果承认苟日新、日日新、又日新呢？如果承认发展、变易、随遇而安、穷则变、变则通、通则久呢？列宁与斯大林还有一说法："一切决定于时间、地点、条件。"这可就不一样了。

也许恰恰是相距千里，相离千载，人们对他们的认识会偏于大致、疏于细节，偏于理念、疏于操作，偏于崇拜、疏于分析，才把二圣统一起来的。相距相离如此巨大，所以才没有对证符节的可能呀。

另一方面呢，事物、世界无疑有恒久不变的一面：仁政王道，有不变的特质；美德善性，有不变的品相；天理人心有永远的主导地位。看看千里之外、千年之遥的大舜与文王的美德美质的普适性，孟子此论有其良苦用心。

从人性的角度分析这些说法，孟子强调性善。以性善为他的一切主张的绝对前提，绝对律令：人即是善，善即是人，人即是仁，仁即是人，因此一切残暴、非仁德、非善良，都是非人类乃至反人类的。既然人性善是普适规律，舜与文王的一致性、可对接性也就是必然的了。

8.2

子产听郑国之政，以其乘舆济人于溱洧。孟子曰："惠而不知为政。岁十一月，徒杠成；十二月，舆梁成，民未病涉也。君子平其政，行辟人可也，焉得人人而济之？故为政者，每人而悦之，日亦不足矣。"

王解：子产在郑国主持行政管理的时候，用自己的专用轿车搭乘人渡过溱、洧二河。孟子说："子产想做点惠于民人的事，但是他不懂得行政惠民。如果十一月修好行人的桥梁，十二月修好行车的桥梁，民人就不会为渡河而为难了。君子妥为行政，出门时开道并让民人让路也是允许的，哪里可能一个人一个人地帮助呢？所以说，一个执政者见一个人帮一个人，只怕整天也帮不过来的呀。"

点悟：孟子的意思是，把行政——公共管理做好，是真正地利于万民，一个政治家无须对某个个别的人搞小恩小惠。这让人想起一个说法："我为人民服务，不为你服务。"有一阵子，一些态度不好的三产作业人员喜欢用这种思路说话。

孟子的用意本是不移之论，一个一个地帮，你帮得过来吗？你需要首先承担的是公共义务。你被君王委以重任，你就要负起整体责任。

个别与全体的关系，又不宜取鱼而舍熊掌。古今中外的政治家，在献身于政务的同时，无不喜欢做一些象征意义与传播意义巨大的好事，扶危济困、爱民如子、以一当十、大爱无涯。孟子干脆犀利，坚定自信，但是他比较喜欢零和模式，不太在意互补与双赢的哲理。

孟子是喜欢大道理，喜欢浩然之气，喜欢从最高大处讲什么事的。以大压小、以大化小、以大代小，是他的立论特色。这里具有以哲学取代科学的思路。周恩来的特色不然，事无巨细，各有其紧要处。周追求的是尽善尽美，统筹兼顾，件件妥帖。巴顿将军在关键时刻能够去指挥交通，也是一种能干，同样令人拍案叫绝。

8.3

孟子告齐宣王曰："君之视臣如手足，则臣视君如腹心；君之视臣如犬马，则臣视君如国人；君之视臣如土芥，则臣视君如寇仇。"

王解：孟子对齐宣王说："君王如果将臣子看成自己的手足（关系亲密，出自一体，如同兄弟），那么臣子就会将君王看作自己的腹心（主心骨和灵魂）；君王如果将臣子看作犬马（能为自己效力的有用的奴仆工具），臣子就会将君王看作一个一般的本国人（没有感情也没有效死的决心）；如果君王将臣子看作土芥（低贱的土坷垃与野草），那么臣子就会将君王视若仇敌。"

点悟：这段话很有名，因为它很刺激。与一般的君臣关系说法的单向与高度倾斜不同，它讲的是君臣关系的双向性、互动性、平衡性。

孟子的一大贡献是给君王以忠告、劝告、警告、告诫。一要亲民，要视民心为天心天命，一个是要敬臣，要信任与尊重臣子。这就比一味地讲君要臣死臣不敢不死、赐了死也要谢恩、臣为君要肝脑涂地、臣对君要自称奴才、要经常称自己罪该万死，还有后来发展成的理解也要执行、不理解也要执行等等矫情谬论高明得多。

"君之视臣如土芥，则臣视君如寇仇。"这话相当雷人。这是加倍反应、过度反应的语言。你视我如土芥，我视你如灰尘，也就行了，何至于成为寇仇？谁让你是君王呢？这叫作君王政责加倍论，君王政治道德从严论。这还有点刀锋战士的语言风格。

王曰："礼，为旧君有服，何如斯可为服矣？"

曰："谏行言听，膏泽下于民；有故而去，则君使人道之出疆，又先于其所往；去三年不反，然后收其田里。此之谓三有礼焉。如此，则为之服矣。今也为臣，谏则不行，言则不听；膏泽不下于民；有故而去，则君搏执之，又极之于其所往；去之日，遂收其田里。此之谓寇仇。寇仇，何服之有？"

王解：齐宣王问："礼法上有个说法，一个给君王当过差的臣子，要为自己往昔曾经侍奉过的君王的丧事守孝。怎样做就能使旧日的臣子为你守孝呢？"

孟子说："臣子给君王进言提批评，君王能够听从；国家有什么利好油水，能够让民人分享；因故臣子需要离去，君王派人引导他出境，并事先派人去臣子要去的地方打前站；去了三年没有返回，这才收回他原在此国所具有的田产。这称为君王善待臣下的"三有礼"。这样，臣子当然应该为你守孝。现在呢，给君王提什么批评，君王是不会听从而有什么行动的；说什么意见，君王是听不进去的；国家有什么利好油水，民人是没有份儿的；一个臣子因故想要离去，君王是要将他捆绑起来的，还要派人到他去的地方为难他；而在他离去的那一天，就没收他的田产。这是什么？这是对待仇敌的办法呀。

既然视若仇敌了，谁还给谁守孝呢！"

点悟：自然，时间地点条件都不一样了，孟子所说的君王对臣子的"三有礼"难以照搬落实，但是所说的待下臣的仁至义尽，仍然感人。

正是因为君权日益强大隆盛，臣子日益向愚忠、死忠叩头如捣蒜方面发展，孟子才更加向往、怀念可能是三代时期的三有礼待遇，三有礼虽是向往，却总是渐行渐远了。

8.4

孟子曰："无罪而杀士，则大夫可以去；无罪而戮民，则士可以徙。"

王解：孟子说："没有罪名与罪过，却杀掉一个士人，那么这里的大夫都可以走人。没有罪名与罪过，却杀害民人，士人就有权利移民而去。"

点悟：铿锵作响，坚决痛快。不但讲君权也讲士权。当然，还没有发展到具体论述民权与人权的程度。孟子不认为君权是绝对的与无条件的，这个认识极其重要。历代帝王虽然对孟子的主张有非议乃至篡改，但是总体上说来，仍然承认其亚圣地位。这也是很有意义的一件事。中国的封建专制能够延续那么长时间，看来专制中仍然有非专制的元素。有互动、调节、变革的元素。

8.5

孟子曰："君仁，莫不仁；君义，莫不义。"

王解：孟子说："君王讲仁政，全国就没有不讲仁德的了。君王讲正义，全国就没有不讲正义的了。"

点悟：一个简单明白干净的判断。但是牵涉到五个问题：

一是，君王的责任太重大了，但是事情当真有这样简单吗？君王碰到刁恶的奸臣，遇到恶人的兴风作浪，遇到与外敌勾结的内奸，种种可能性都是存在的。仅仅一个道德示范，恐怕解决不了治国平天下的难题。

二是，权力果真能够决定全国的精神面貌吗？唐尧的时代天下都是唐尧？虞舜的时代全国都是虞舜？仁义道德，究竟是先验的与决定一切的因素，抑或是被经济、政治、地理、历史等各种因素所决定的呢？

三是，如果君王不仁，全国都是不仁不义的浑蛋吗？夏桀时期，商汤伊尹是哪里来的？殷纣时期，文王、武王、姜尚、比干是从哪里来的？

四是，水能载舟，也能覆舟，说明水并不是笃定要跟着舟走啊。

五是，仁与义是道德问题、价值问题、意识形态问题。尤其在政治斗争中，互相扣屎盆子，谁仁谁不仁，谁义谁不义，你说得清晰、说得精准吗？玄武门之变中，李世民是仁义道德的代表吗？还是被杀的李建成、李元吉以及被实际上废了的李渊更仁义道德呢？

8.6

孟子曰："非礼之礼，非义之义，大人弗为。"

王解：孟子说："不符合礼法的礼数，不符合正义的义理或义气，是高尚的大人物所不能照办的。"

点悟： 一个重要的信息在孟子此话中透露了出来：以礼的名义搞出来的礼数礼仪，并不是都真正合乎礼法原则与要求的；以义的名义搞出来的道理与说法，并不是都符合正义的原则与要求的。

换句话说，人们可能以礼的名义实施非礼，有可能以义的名义实施非义。不管多么好的范畴，它们的存在就意味着伪劣的、反面的、虚伪的东西会乘机打着美好的幌子而伪劣地存在。还是老子的话："皆知善之为善，斯不善已。"

也就是说，靠一个礼字、一个仁字或一个别的什么字，如道、如德、如天、如义，不可能解决一切问题。十个字也不够用。与此同时，一个仁字、礼字、义字、德字、道字，一辈子、十辈子、一百年、十百年，你落实不完、学习不完、研究不完。符号可能在某种意义上大于实物，抽象大于具象，理论大于现实，语言尤其是文字大于功业。当然这只是一个方面。中国传统的读经，注重的恰恰是这一方面，可以称之为"一字宗"方面，而不是"理论是灰色的，生活之树常绿"（歌德）与"实践是检验真理的唯一标准"方面。

孟子是亚圣，是孔子后边的人物，孔子公元前四七九年死后一百零七年即公元前三七二年他才出生。这样他就有可能总结孔子身后百余年的经验。他既不遗余力鼓吹孔子的神圣性、唯一性、绝对性，这方面几近树立一种宗教信仰，也有可能看到无论多么好的教义、理念、范畴，有老化、庸俗化、山寨化、空洞化、异化的可能。"非礼之礼、非义之义"八个字的提出，是人类认知能力的飞跃，是人类在文化面前的清醒与自救；它的意义是怎么估计也不会过高的。

8.7

孟子曰："中也养不中，才也养不才，故人乐有贤父兄也。如中也弃不中，才也弃不才，则贤不肖之相去，其间不能以寸。"

王解： 孟子说："有识之士（认识准确的、胸有成竹的、心里有谱的、中庸之道的）应该去培育那些稀里糊涂的人（或中用的人应该去培育那些不中用的次品）；有才之士，应该去培育那些不成才的人。正因如此，人们希望自己拥有好样的父兄的教导与榜样。如果是有识之士嫌弃无识者，（中用之士嫌弃无用者，）有才之士嫌弃无才者，那么一个社会上贤能者与不成样子者的距离可就不过是一寸——距离很相近了。"

点悟：孔孟重视道德与礼法，重视社会与家国的文明化，所以也就重视教化、教育。孔子的说法是"有教无类"——全民教育。孟子的说法是不弃，是精英有教育民人的义务，君子有教导小人的义务，道德立国与教化立国，是二而一、一而二的修身齐家治国平天下的核心。"其间不能以寸"的说法，说明了孟子的一个愿望：有才之士去教化群氓，缩小精英与群氓之间的距离。

孟子的思维模式有绝对化、简单化的一面，同时也有辩证灵活的一面。礼与非礼、义与非义、中与不中、才与不才，还有下面要说的为与不为、善与不善，乃至"言不必信，行不必果"……孟子分析得很活泛，有弹性，有发展变化的空间，绝不生硬割裂。同时也有一些大儒（如朱熹），夸张地强调君子与小人的截然不同。

8.8

孟子曰："人有不为也，而后可以有为。"

王解：孟子说："人总是要有所不为的，然后才可能有所作为。"

点悟：此语与老子的"无为而无不为"相通。

王蒙曾经多次提出，好人与坏人的区别在于前者是有所不为的，后者是无所不为的。一个人做了什么，缺乏可比性，例如奥林匹克冠军、天才发明家、艺术明星，你怎么与人家比较呢？判断一个人的优劣，更应该盯住的是，他有没有做过那些好人绝对不可以做的事。

还有一个极简单通俗的道理，你做了许多不必做、不该做、境界狭小的破事，你甚至做了伤天害理、缺德不仁之事，你哪里还有可能走上正道？至少你哪里还有工夫还有精力有大抱负、有大作为？

这不仅是品德问题、好人与坏人的分野问题，也是智巧，根本性的智慧。善于有为者应该最最善于有所不为，什么都为的人，无分巨细、事必恭亲的人，不可能有太大成绩。

8.9

孟子曰："言人之不善，当如后患何？"

王解：孟子说："你讲说他人的不善之处，如果这种说法造成了后来的麻烦，你应当怎样去对待呢？"

点悟：很简单，讥人者人恒讥之，谤人者人恒谤之，助人者人恒助之，爱人者人恒爱之。偏偏有人以挑拨、离间、诽谤、诬告为一生的专业或业余爱好。越是无才并且不中（用）的无耻之徒，越是将上述这些变成自己的人生方式。问题在于有些掌权者，也喜欢多少拥有些这样的佞人，以为一己的耳目。然而他们的后患，是无穷的。

孟子曰："仲尼不为已甚者。"

王解：孟子说："孔子从来不做过分的事。"

点悟：这一点正是读《论语》时令人击节赞赏的地方。例如孔子说："不义而富且贵，于我如浮云。"他没有说不义的富贵如何如何丑恶下贱，而是说如"浮云"，个中分寸，值得拿捏。再如说"邦有道，则仕；邦无道，则可卷而怀之"，也是恰到好处。只有一处，讲"宰予昼寝。子曰：'朽木不可雕也，粪土之墙不可圬也……'"似乎说大发了一点。

孟子曰："大人者，言不必信，行不必果，惟义所在。"

王解：孟子说："高尚人物，并不是每一句话都必须信守，每一件事都必须做成。大人要考虑的只有义理，即大道理。"

点悟：这是古代的所谓"小道理服从大道理"论。从古至今，不能不举出许多言而无信、行而无果的大人物的例子。但也有不同的思路，各有各的道理，各有各的原则，各有各的责任与底线。言未落实，行未结果，这是难免的，但是如果你是大人，你应该对小民有所交代，不能因为你是大人物就可以给诚信的自律标准打上折扣。诚信是底线，不可在诚信问题上搞双重标准。尤其是，大人可以不信不果，小人呢？小人必须是有信有果的，这样说，岂不等于小人比大人更靠得住吗？这怎么行！

中国人的思路是大概念管小概念、纲管目、道管器、义理原则管为人处世做事、根本管枝节，一管一切：天下定于一，万物得一而天下太平。尤其是掌管权力的君王，他要对天下负责，对万民负责，为了天下万民，他怎样做都是对的。但世界上还有另外一种思路，大管大、小管小、君王管君王事、大臣管大臣事、百姓管百姓事、道管道、器管器。邦无道，但是器做得极佳，也是成绩；邦有道，但是器拙笨粗劣，也是弱点，引人不满意。

再说，小道理或有时需要服从大道理，更多的时候也可能是小道理成为大道理的基础与前提，有时候是"主要矛盾解决了，次要矛盾迎刃而解"，有时候则是"细节决定成败""牵一发而动全身"。精英们需要前者高屋建瓴、势如破竹的高端精神、圣贤担当，同样也需要后者精细审慎、万无一失的科学态度与工匠精神。日常生活中的马虎、拖拉、巧言令色、大话欺人、手脚不干净……并不是小事，这样的人成了大事恐怕只能是误国害民。

《论语·子路》也说："言必信，行必果，硁硁然小人哉。"尽管《论语》《孟子》中说是不必"言必信，行必果"，实际上至今国人们将此六字视为美德，领导人出访，也有在外国题写此六字的。尤其在全社会呼吁期盼诚信的今天，几乎无人认为此六字为"不必"者。这是一例，圣人教导人民，人民也有自己的价值坚守。人民有时也能一次一次地校正圣人针对某种现象所说的未必具有普适意义的话语，哪怕是名言。哪怕孔孟都说过这样的话，白纸黑字写得明明白白，百姓硬是不接受，成语普及并延续传播下来，从相反的意义上流通与被接受，这一类例子多了去了。螳臂当车、朝三暮四、出尔反尔、左右逢源、争先恐后、焦头烂额……这些成语流传下来，公认的含义与当初出笼时的意图完全不同，乃至完全相反。圣人圣语能够掌握群众、引领群众，同时，群众毫不含糊地改造圣人圣语，按自身的习惯与集体无意识，引领圣人圣语走到变到符合自己的感受与常识这边厢来。

孟子曰："大人者，不失其赤子之心者也。"

王解：孟子说："高尚人物，是没有失去其婴儿时期的纯洁与诚恳的人。"

点悟：生命的特点之一是对于生命的眷恋，因而怀旧，因而美化童年的单纯诚挚。也确实，越是伟大的人越有单纯的一面。

孟子曰："养生者不足以当大事，惟送死可以当大事。"

王解：孟子说："（父母）活时侍奉父母，并不能算什么大事，而为父母送终，那是一件大事情。"

点悟：送终是大事，无疑；比侍奉父母的老年生活还有分量，令今天的人困惑。这样说的原因恐怕是由于孔孟强调送终的文化意义、道德意义、终极意义、礼法意义。

强调送终意义，对于政治家引领人圣、贤人还有一个作用，减少一点对于存在的虚无感、色即空感，梦、幻、泡、影、露、电的六如感、无常感。即使已经死亡，仍然不是梦、幻、泡、影、露、电，而是扎扎实实的一生的隆重总结。

孟子曰："君子深造之以道，欲其自得之也。自得之，则居之安；居之安，则资之深；资之深，则取之左右逢其原，故君子欲其自得之也。"

王解：孟子说："君子希望自己对于大道有更深入的体悟理解，这样才能有自己贴切的体会心得。自己有了贴切的体会心得，自居、自知、自主才能安然有谱。自主得安然有谱，精神积累才能做到深邃丰富（资质才有深度）。精神上积累得深邃丰富了，需要时取用时才能左右逢源、得心应手。所以君子的学习最看重的是自己的贴切心得。"

点悟：学习的最高境界是主体化：即把客体的天地、家国、治乱世方面的知识学问道理与自己的理解、体验、感悟、爱憎、希冀结合起来，然后天地化为境界，知识化为格局，学问化为心胸，道理化为智慧，规律化为把握，终极化为核心范畴——概念神祇——天、道、通、仁、义。这才是深造，才是自得，才是居安，才是资深，才是得心应手、左右逢源。

这儿，左右逢源是得心应手的意思，但此语流行起来以后，有两面讨好的贬义。所有的好话，过了，便走向自己的反面，也是过犹不及。

另一面，可以看到如下的世情：资之深的人左右逢源，却会被资之浅的人只理解为处世奇术，理解为花招手段。资质浅的人上哪里理解资质深厚去？井蛙观天，夏虫语冰，连老子也被朱熹斥为"最毒"，此"智慧的痛苦"也。

孟子曰： "博学而详说之，将以反说约也。"

王解： 孟子说： "广泛地求知积累，详尽地讨论解说，是为了兹后能够简约地予以说明。"

点悟： 学习、论证、发明、创造、教授的任务越来越繁重复杂，然而新的文化成果的特点应该是它的简明化、容易化、方便化、实用化。网络的设计与改进需要不知多少博学与详说，网络使用起来却使原来的许多复杂的任务——查证、搜寻、计算、复制、修正、补充等空前地便捷化了。这是从科学的发展上来说。

从人的修为上来说呢，最复杂艰巨的过程，其目标却是达到某种空前简洁容易的结果，这是"道"的基本规律。先秦诸子百家中，比较起来，孔孟的理论相对简约，它不像道家那样哲学辩证，不像法家那样严峻精密，不像墨家那样庄严沉重，不像名家那样奥妙古怪、独出心裁。以至于黑格尔产生了对于孔子学说的不敬。然而它的成功正在于它的简约平实。恰恰是兹后的尊孔者们，为儒学平添复杂矫情，使儒学走向烦琐、生硬，成为精神桎梏，成为被贾宝玉等生动青年所厌恶至极的僵死教条。

孟子曰： "以善服人者，未有能服人者也；以善养人，然后能服天下。天下不心服而王者，未之有也。"

王解： 孟子说："靠善心来征服他人的，是征服不了谁的。靠善来培育人、滋养人，然后顺着这个路子是能让天下服膺的。得不到天下民人的心服口服，却想王天下，那是从来都不可能做到的。"

点悟： 人们常常从历史上发现，历史的角力关头，善良成为无能的遮羞布，而胜者靠的是"恶向胆边生""算你狠""先下手为强""不为铁锤，便为铁砧"（最后一句话出自季米特洛夫在"国会纵火案"审判中为自己所作的辩护词）。

同时人们会发现，仅仅靠强悍和暴力，无法成功久远，无法长治久安，马上可以得天下，却治不了天下。孟子是一个心眼提倡以德治国、仁政王道的，但他不能不面对强悍争胜的现实，他必须曲为强辩，在承认善未必能服人的同时，强调善能养人，强调做不到心服口服，不可能王天下。但是权力论者也有另外的说法：有了权，才谈得到用好权，才谈得到服不服天下。列宁也讲："革命的根本问题是政权问题。"

———————————— 8.17 ————————————

孟子曰："言无实不祥。不祥之实，蔽贤者当之。"

王解： 孟子说："不符合实际的空话，是不吉利的，这种不吉利的后果，应该由陷害、遮蔽贤能人士的佞人承受。"

点悟： 不实之言，假大空言，只能骗人骗己，害人害己，其非吉祥，毋庸置词。有趣的是，无实之言，有不祥之实：假大空的误国害民的议论的出现与后果都很实在。无实空言出现是由于"上有好之者"，搞了假大空的佞人能够从"好之者"那边收获实利。后果必然是以假求假、以大哄大、空后更空、尔虞我诈、自欺欺人，最后是自取灭亡，万劫不复。

更有趣的说法是，这种事要由蒙蔽圣上、遮蔽贤能的人负责。假大空与妒贤嫉能是一个坏蛋的两面。咋咋呼呼、假话逢迎、大言欺世、买空卖空的国贼，怎么可能不视贤能为眼中钉、肉中刺呢？怎么能不对贤能必欲除之而后快呢？怎么能不把诬贤谤能视为毕生的事业呢？或者说，除了害贤人告黑状以外，他们还能做什么呢？这样的人到今天也是呼之便出啊。

8.18

徐子曰："仲尼亟称于水，曰：'水哉，水哉！'何取于水也？"

孟子曰："源泉混混，不舍昼夜，盈科而后进，放乎四海。有本者如是，是之取尔。苟为无本，七八月之间雨集，沟浍皆盈；其涸也，可立而待也。故声闻过情，君子耻之。"

王解：徐子说："孔子多次赞扬过水，说：'水呀，水呀！'他这是看中了水的什么特质呢？"

孟子说："水从它的源泉处滚滚流涌，昼夜不停，填满了各种洼地，一直流入四面的大海，因为它有丰沛的源头，（它才有滚滚的气势，）这正是孔子赞美水的所在。如果缺少源头，七八月雨季，沟沟坎坎，积满了水，没有多少时间水也就干涸了。所以说，名声超过了实际，是君子引以为耻的。"

点悟：老子讲"上善若水"，是赞美水的谦卑与灵活顺应。孔子也讲"水哉，水哉"，孟子解释为赞美水的有源有本，丰沛充盈。

本源就是内涵，是学问、思考、经验、境界、格局。谁能做到滚滚洋洋、遍布四海、取之不尽、用之不竭？反过来说，有几个人不是浅尝辄止、应付搪塞、得过且过、蝇营狗苟？

孟子这里讲的是孔子早就讲过的反对巧言令色，反对名不符实，也反对欺世盗名，反对大言不惭，声闻过情。我们应该从孟子这里学懂：虚名可恶、可悲、可惧，虚荣害死人！历史上有多少暴得大名者转眼化为狗屎！

8.19

孟子曰："人之所以异于禽兽者几希，庶民去之，君子存之。舜明于庶物，察于人伦，由仁义行，非行仁义也。"

王解： 孟子说："人与禽兽的区别其实并没有太多，一般民人闹不好还丢掉了这种作为人必须具有的人文特质，而君子人则保存了人的人文特质。大舜明了万物，体察人伦关系，他是根据仁与义这样的人文特质来做事，并不是他要把仁与义做出来、标榜出来。"

点悟： 两个要点，一、君子与小人的区别在于君子善于保持保护保存自身的人文特质，而小人极易流于动物性本能。例如君子也有食色物欲，但他同时注意仁义之道的原则与礼法规矩。小人不然，见利忘义、见色忘礼、见权忘仁，于是恶德泛滥、恶人横行、恶俗席卷、礼崩乐坏。

二、由仁义行，非行仁义，言简意赅，很可琢磨。一是人之异于禽兽者，仁义也。一是仁义是前提，是恒有的人性，是大舜为政的依据，是舜的出发点，而不是他的发明、他的学说、他的政见、他的旗帜。舜乃是仁义所培育、所造就的，而仁义非是舜所做出来、所造就的。这个先后与主次关系必须清晰。

对于儒家来说，仁义就是至高无上，就是终极价值，就是文化道德范畴的"上帝"，唐尧、虞舜、大禹、文王、周公，这都是仁义的使者、仁义的仆人、仁义的符号，而不是相反。越这样说，越增加了仁义的权威性、绝对性、理想性、无穷性。这样说，同时与一切假仁假义、沽名钓誉、装腔作势划清了界限。

孟子曰："禹恶旨酒而好善言。汤执中，立贤无方。文王视民如伤，望道而未之见。武王不泄迩，不忘远。周公思兼三王，以施四事；其有不合者，仰而思之，夜以继日；幸而得之，坐以待旦。"

王解：孟子说："大禹讨厌好酒，却喜欢有内容的好话。商汤做事不偏不倚，选用贤能不拘一格。文王看待人民如同看待需要抚慰帮助的伤病人员，努力追求却始终认为自己尚未认识到、把握住治国平天下的大道。武王在近侍中不松懈，同时也不会忽略没有太多机会与自己接触的人士。周公希望自己能汲取夏、商、周三朝精华，实现禹、汤、文、武的事业。遇到没有完全妥善停当，他仰头思虑，夜以继日，有所心得，深以为幸，坐在那儿等待天明好去落实。"

点悟：禹追求的是头脑与精神，不是口腹与肉欲。汤的特点是冷静与理性精神。文王充满仁爱，爱民如子。武王注意的是严肃、公正、负责、周密。周公励精图治，他们的表现，非常文学化，可见可触，可敬可感。

中文中描写深入思考有多种说法，"眉头一皱，计上心来"是一种，"拈断数茎须"也是说用脑筋，"低头盘算"也是一种说法……"仰而思之"，则含有敬意，含有仰望问天的意义，比较前面的说法偏于高大上。

孟子曰："王者之迹熄而《诗》亡，《诗》亡然后《春秋》作。晋之《乘》，楚之《梼杌》，鲁之《春秋》，一也：其事则齐桓、晋文，其文则史。孔子曰：'其义则丘窃取之矣。'"

王解： 孟子说："君王不再去采风搜集（像真正的王天下者那样体察民心、民情的古圣先王没有踪影）了，《诗经》那样的集子也就没有了。没有了《诗经》的延续，孔子就去作《春秋》。晋国的历史记录叫作《乘》，楚国的叫作《梼杌》，到了鲁国就叫《春秋》，它们都是一类史书。它们记载的事迹是关于齐桓公、晋文公等的活动，他们用的文体是历史记载。孔子的特色在于，如他所说：'我在《春秋》中，不动声色地写进了褒贬臧否的大义。'"

点悟： 搜集整理民谣，与整理记载历史，这两样事务能够联系得这样紧密，这是非常富有中华特色的思路。

从民谣中看民心民意，看政治的清浊得失走势，这就是用文学佐证时政，这对于今天的政治学来说，可称另辟蹊径。其原因恐怕与儒家的民心至上论有关，或称世道人心，但世道也仍然是人心决定的，民心就是人心，民谣相当程度上代表了民心，应无异议。它所忽略的是与时下关系不那么密切与吻合的民心，例如生命、男女、四季、风雨，等等。中国式的高度道德化、人心化思路，造成了高度政治化的文学观念，此事源远流长，超出了我辈经验。

历史的经验值得注意，历史的意义必须明晰，同时必须给读者留下自己分析思考的空间，所以是"窃取其义"，应释为不动声色地有所褒贬臧否，叫作"微言大义"。

8.22

孟子曰："君子之泽五世而斩，小人之泽五世而斩。予未得为孔子徒也，

予私淑诸人也。"

王解：孟子说："君子的恩泽风范，过了五代也就中断了。小人的那一套，过了五代也会消失。我没有能成为孔子的门徒，我是自己效仿学习孔子等人，而成为他的弟子的。"

点悟：有说三世而斩的，有说五世而斩的，都有道理。不管谁，他的事业风范影响，都不限于一两代，也都不是恒久无限的。三世之后，到了曾孙，即使有过同堂之欢，也已经印象寡淡。五世玄孙，对玄祖不会有多少印象。而在朝廷官场，或是学界文坛，最好的情况下，不过是各领风骚二三十年。有些比较经得住时间与历史风云折腾的，多半是抽象化、理想化、信仰化、文艺化的"泽"，如诸子百家，如屈原、司马迁、李白、杜甫，斩的是具体遗存，不斩的是思想瀚墨。三世一小斩，五世一大斩，则是常态。

孟子此语应该还是表达对于孔子的景仰。君子的影响也会蒸发，小人的遗存也会湮灭，并非正式的孔子门徒的孟轲，仍然坚守着孔子之泽，伟哉孔子，伟哉孟子的使命感！

8.23

孟子曰："可以取，可以无取，取伤廉；可以与，可以无与，与伤惠；可以死，可以无死，死伤勇。"

王解：孟子说："可以接受，可以不接受，接受了可能有损廉洁。可以给予，可以不给予，给予了可能有损恩惠。可以死，可以不死，死了可能有损勇敢。"

点悟：可取可不取的，应该不取，取了就不够廉洁。可给可不给的，应该不给，给了就不够恩惠。可死可不死的，就不要去死，死了就不够勇敢。

这里关于廉洁的比较明白，廉以律己要严格，不但不可收取不该收取的，就是可收取却又有不可收取的疑义的也不得收取。这就消灭了灰色地带灰色收入一说。给了反倒不恩惠，稍稍绕一点，但也可解，不是对方最需要、最解渴的东西，你不要赠予，不要赏赐，不要瞎拉拢瞎做人情。勇的问题可能与当时社会风气有关，一帮子游侠、刺客、义士，遇事一死了事，以死沽名钓誉。孟子不喜欢这样。

8.24

逢蒙学射于羿，尽羿之道，思天下惟羿为愈己，于是杀羿。孟子曰："是亦羿有罪焉。"

公明仪曰："宜若无罪焉。"

曰："薄乎云尔，恶得无罪？郑人使子濯孺子侵卫，卫使庾公之斯追之。子濯孺子曰：'今日我疾作，不可以执弓，吾死矣夫！'问其仆曰：'追我者谁也？'其仆曰：'庾公之斯也。'曰：'吾生矣。'其仆曰：'庾公之斯，卫之善射者也；夫子曰吾生，何谓也？'曰：'庾公之斯学射于尹公之他，尹公之他学射于我。夫尹公之他，端人也，其取友必端矣。'庾公之斯至，曰：'夫子何为不执弓？'曰：'今日我疾作，不可以执弓。'曰：'小人学射于尹公之他，尹公之他学射于夫子。我不忍以夫子之道反害夫子。虽然，今日之事，君事也，我不敢废。'抽矢，扣轮，去其金，发乘矢而后反。"

王解： 逢蒙向羿学习射箭，把羿的全部本领学到了手，想想普天下只有羿能超越自己，于是逢蒙便把羿杀掉了。孟子说起此事，评论道："这件事，羿也是有过错的。"

公明仪说："也许羿没有什么过错吧。"

孟子说："过错不太大，怎么能说没有过错呢？郑国人让子濯孺子去侵犯卫国，卫国让庾公之斯去追杀子濯孺子。子濯孺子说：'今天我犯了病，没有办法使用弓箭，我算是死定了。'他问赶车的人：'是谁在追我呀？'赶车的人说：'是庾公之斯。'子濯孺子说：'那我就有活路了。'赶车的人说：'庾公之斯是射箭的能手，先生您怎么说是他来追杀您就有了活路，这是什么意思呢？'子濯孺子说：'庾公之斯是从尹公之他那儿学的射箭，尹公之他是从我这儿学的射箭。尹公之他是个正派人，与他为伍的友朋必定也是正派人。'这时庾公之斯追到了，问子濯孺子：'先生您为什么不拿起弓箭来迎战呢？'答：'今天我犯了病，没有办法拿起弓箭迎战了。'庾公之斯说：'在下师从尹公之他学射箭，尹公之他是师从先生您学的射箭。用从您那儿学到的本领去伤害先生您，我于心何忍？然而，今天，我是奉君命而来，我不能什么都不做。'他抽出箭来，在车轮上砸掉了箭的金属尖子，射了四箭，回去了。"

点悟：这是个迷人的故事，是"不忍之心"的典型。现在一般将"不忍"或"不忍人"干脆解释为怜悯、体恤。但怜悯体恤是从正面说人的同情心，"不忍"一词才更单纯、厚朴，更加原生态。其实很简单，不忍就是受不了，有些事看下去你受不了；做下去，你受不了；讲下去，你受不了；坚持下去，你受不了。有些事表明了或引起了对方或对象的不舒服，你会因之心软而不做。有些事会引起做这种事的人的不舒服，所以没有办法去做。孟子十分重视这种情感上给人的某些言行姿态叫停的本能冲动，认为这是道德的根基。不忍之人，就是仁人；不忍之政，就是仁政；不忍之德就是仁德。

这里有几个根源，一个是虽然东周天下大乱，互相争夺直到厮杀，但并没有特别强有力的敌我界限观念。当时并无明确的刻骨的国家、民族、阶级斗争观念，没有对敌人的仁慈就是对于己方的残忍的观念；没有你死我活、有我无敌观念。也许，那时的诸侯邦国之间的争夺，确实比后世的国际、族际、阶级间、教派间的斗争仇恨性与排他性小。相反，孔孟的理论更强调的是人性、德行、道性、君子性、普适性、统一性。

另一方面在于，孔孟的学说恰恰是强调义利之辨的。尤其是孟子，经常宣扬舍利取义、舍生取义，义才是核心、才是底线。他们原则上否定竞争，否定胜负之争。认为不义的胜利可以取，更可以不取，取之伤廉。但法家、兵家，就不会这样讲。

所以毛主席讨厌儒家，并将东周的另一个故事即宋襄公作战时因拒绝半渡攻敌而大败的故事称之为"蠢猪式的仁义道德"。

———— 8.25 ————

孟子曰："西子蒙不洁，则人皆掩鼻而过之；虽有恶人，齐戒沐浴，则可以祀上帝。"

王解： 孟子说："美如西施，如果遭遇不洁的外物强加，旁人也会掩鼻而过。而另一个恶丑者，斋戒洗浴之后，也可以去祭祀上帝。"

点悟： 这是讲文化、礼行、自我管理的重要性，自身先天条件再好，如果不接受文化礼仪的熏陶，如果不按照礼法对自我进行必要的安排处置，虽美犹丑，虽善犹恶。反之亦然。这当然有道理，但与孔孟的推崇人性天真有所不同。

与老子相比，老子强调的是朴，是原生态，是如"婴儿"；孔孟则强调文化，强调"天之未丧斯文也""郁郁乎文哉"，强调离开了文化"人之异于禽兽者几希"。

———— 8.26 ————

孟子曰："天下之言性也，则故而已矣。故者以利为本。所恶于智者，为其凿也。如智者若禹之行水也，则无恶于智矣。禹之行水也，行其所无事也。如智者亦行其所无事，则智亦大矣。天之高也，星辰之远也，苟求其故，千岁之日至，可坐而致也。"

王解：孟子说："天下人士谈论人性，说的是自然而然的实际情况罢了。该什么样什么样，顺其自然与实际，就抓到了根本了。所以人们反感于那些用心智过度的人。心智使用过度，就是勉强与失真了。如果心智用得和大禹治水一样（顺其自然来疏导），就不会有对心智的反感了。大面积疏导水流，是顺其自然，不去较劲硬掰。如果所有心智发达的人都能够顺其自然做事，不加较劲硬掰，那就是真正的大智慧了。天那么高，星辰那么远，如果已经弄清它们的情状，那么千年之后的夏至冬至，也是可以坐而计算出来的。"

点悟：这一段更像老庄的无为观。

孟子在推行义理与仁政核心价值观的时候是不遗余力的，其他则主张顺其自然，有所疏导。战略上来说，老庄也罢，孟子这一段见解也罢，都很珍贵，尤其在今天，在后现代时期，在欲望、技术、竞争、信息全面突飞猛进、登峰造极的时候，讲讲万事顺其自然，不要较劲硬掰，正是时候。是救世良方。

然而东周战国时期，他们讲得是太早了。

──────── 8.27 ────────

公行子有子之丧，右师往吊。入门，有进而与右师言者，有就右师之位而与右师言者。孟子不与右师言，右师不悦曰："诸君子皆与驩言，孟子独不与驩言，是简驩也。"

孟子闻之，曰："礼，朝廷不历位而相与言，不逾阶而相揖也。我欲行礼，子敖以我为简，不亦异乎？"

王解：齐国大夫公行子的儿子死了，右师去吊丧。进到公行子家，有走过来与右师说话的，有凑到右师的座位这边与右师说话的。孟子没有与右师说什么话，右师不太高兴。他说："这么多有身份、有教养的人过来和我说话，唯独孟子不搭理我，这是有意对我失礼呀。"

孟子听了，说："按照礼的规矩，朝廷上不越级而交谈，不隔着台阶而作揖行礼。我是按照礼仪的要求做的，右师却以为我是故意失礼，这种说法不是太各色了吗？"

点悟：从那么多人凑过去攀谈看来，右师可能当时官职与社会地位较高。孟子恰恰这时候不想高攀，这正是孟子的特点。

8.28

孟子曰："君子所以异于人者，以其存心也。君子以仁存心，以礼存心。仁者爱人，有礼者敬人。爱人者，人恒爱之；敬人者，人恒敬之。有人于此，其待我以横逆，则君子必自反也：我必不仁也，必无礼也，此物奚宜至哉？其自反而仁矣，自反而有礼矣，其横逆由是也，君子必自反也，我必不忠。自反而忠矣，其横逆由是也，君子曰：'此亦妄人也已矣。如此，则与禽兽奚择哉？于禽兽又何难焉？'是故君子有终身之忧，无一朝之患也。乃若所忧则有之：舜，人也；我，亦人也。舜为法于天下，可传于后世，我由未免为乡人也，是则可忧也。忧之如何？如舜而已矣。若夫君子所患则亡矣。非仁无为也，非礼无行也。如有一朝之患，则君子不患矣。"

王解：孟子说："君子为什么与他人不一样，关键在于他们的居心动机。君子的居心动机是仁爱，是礼法。仁人懂得爱惜他人，讲礼法的人懂得尊敬他人。爱惜旁人的人，旁人也就总会爱惜他；尊敬旁人的人，旁人也就总会尊敬他。如果这里有一个人对待自己蛮横作对，君子就要反省自身：我一定是不够仁爱吧？我一定是不合礼法了吧？要不，他那个蛮横与对立情绪是从哪儿来的呢？君子经过反省，做到仁爱了，做到礼法了，对方照样是蛮横作对……好的，君子再自我反省：那一定是我做得还不够忠实认真。经过反省，做得更忠实认真了，对方仍然是蛮横作对。君子想：'敢情他是个莫名其妙的人，这样莫名其妙的态度，与一只禽兽又有多少区别呢？对于一只禽兽，又有什么可责难的呢？'所以说，君子有终身的忧虑，却没有一时的过不去。说到君子的忧虑，它可能是：大舜是人，我也是人嘛，舜的言行，为天下效法，一直传到后世，而我呢，只是个普通乡人，这未免令人忧虑。忧虑完了怎么样呢？也很明白，你也像舜那样去说话做事就对了。如果做到下列，君子也就没有忧虑了。不仁的事情不要做，无礼的举止不要有。如果做到了这些，仍然有偶然的、无端的、一时的为难与不快，君子根本不会为之为难与不快。"

点悟：君子有终身之忧，无一朝之患，这个话太创意、太深刻、太鼓舞人了。君子的境界与他人不一样，胸怀、格局、风致不一样。君子之忧是家国之忧、人民之忧、战略之忧、使命之忧、道义之忧，终身成就、核心价值与终极关怀之忧。君子忧虑的是一生度过，没有完成自己的历史使命，没有实现自己的人生理想，没有落实自己的价值认定，没有发挥出自己明明具有的才能与忠诚，没有最大限度地做出应有的贡献，这才是值得为之忧虑的，至于一时的荣辱得失，则只可反求诸己，宁认为过失在己，绝不会怨天尤人，宁愿马马虎虎，绝对犯不上锱铢必较。一再调整改进之后，发现并非己过，也罢，接着就只能够不屑一顾，不值一提！

8.29

禹、稷当平世，三过其门而不入，孔子贤之；颜子当乱世，居于陋巷，一箪食，一瓢饮，人不堪其忧，颜子不改其乐，孔子贤之。孟子曰："禹、

稷、颜回同道。禹思天下有溺者，由己溺之也；稷思天下有饥者，由己饥之也，是以如是其急也。禹、稷、颜子易地则皆然。今有同室之人斗者，救之，虽被发缨冠而救之，可也；乡邻有斗者，被发缨冠而往救之，则惑也；虽闭户可也。”

王解： 禹与稷生活在和平时期，为了国事辛劳，三过家门却无暇进家，孔子称赞他们的贤德。颜回生活在乱世，居住在陋巷，一篮子饭，一瓢水，生活清贫，别人觉得他的生活艰窘难熬，颜回却不改变自己的坦荡快乐，孔子称赞他的贤德。孟子说："禹、稷、颜回三个人的人生原则是相同的。禹想的是天下有受水灾之苦的人，如同是自己的责任造成了他们的痛苦。稷想的是天下有饥饿的人，如同是自己的责任使他们受到了饥饿之苦。所以他们紧迫地去解救受苦的人们。禹、稷、颜回三个人如果交换一下处境，他们的表现都会是相同的。现在的人们就不一样了，如果是同一间房室的人相斗殴，出了事你去援救，披头散发、帽带不系，赶紧冲过去相救助，那也是可以的。如果是乡邻有斗殴的，要不要那么急于去救援，就打不定主意了。干脆关上门不管闲事，也是说得过去的吧。"

点悟： 禹与（神农氏之后）后稷三过家门不进家，是由于身负重任，只能拼时间拼效率。颜回不计较生活条件，是由于志存高远。二者的共同性是轻利重义，轻私重公。但颜回只有轻私的表现，尚无重公的平台。

按当今的看法，这三人的比较有困难，禹与稷是兼善天下，多干事、干好事。颜回是独善其身，不焦虑、不失态、不怨天尤人。如此肯定三人换一个环境会是相同的表现，不完全能说服人。孔孟强调的是动机，是居心，今人强调的则是动机与效果的统一。

最后一节"今有同室之人斗者……"或解读为孟子所主张的正确处世态度是，你不能各人自扫门前雪，你也不能啥事都管。与前面讲的三圣贤的状况不搭界，但朱熹认为这指的是与颜回尤其是与禹、稷等人比较起来，后人的生活方式应该说是更趋"自顾自"了。

公都子曰："匡章，通国皆称不孝焉，夫子与之游，又从而礼貌之，敢问何也？"

孟子曰："世俗所谓不孝者五：惰其四支，不顾父母之养，一不孝也；博弈好饮酒，不顾父母之养，二不孝也；好货财，私妻子，不顾父母之养，三不孝也；从耳目之欲，以为父母戮，四不孝也；好勇斗很，以危父母，五不孝也。章子有一于是乎？

"夫章子，子父责善而不相遇也。责善，朋友之道也；父子责善，贼恩之大者。夫章子，岂不欲有夫妻子母之属哉？为得罪于父，不得近，出妻屏子，终身不养焉。其设心以为不若是，是则罪之大者，是则章子而已矣。"

王解：公都子对孟子说："匡章，全国人都说他是不孝之子，先生您却与他交往，对他客气周到，请问这是怎么回事呢？"

孟子说："世俗的讲法，不孝的表现有五种：四体不勤，不能赡养父母，是第一种不孝。沉缅于对抗性游戏与饮酒，顾不上赡养父母，是第二种不孝。贪图财物与家室，不管父母，是第三种不孝。放纵自己的耳目欲望，让父母丢人，这是第四种不孝。好勇斗狠，与他人发生暴力冲突，危及父母的人身安全，是第五种不孝。章先生有其中任何一条吗？

"这个章先生的问题出在哪里呢？儿子与父亲为了什么是善良而有争论。何者更善的争论，可以在朋友之间讨论，而如果是父子为了何者更善争论起来，（父子间指责对方不够善良，）那是太伤情爱了。话说章先生，他就不希望有夫妻母子这样的亲属团圆吗？因为得罪了父亲，他放弃了自己的亲属。把妻室与儿子都赶走了，一辈子不再成家。他的内心是认为，不这样就罪过太大了。这才是章先生的情况呀。"

点悟：匡章与他父亲的关系比较特殊。据记载，匡章的父亲杀了匡章的母亲，匡章为了不违背亡父的意旨，不敢接受齐威王为他的母亲重新安葬的建议。对此事王某完全找不到感觉，也无从置喙。

五种不孝的说法似乎不足，父母与子女间的关系问题，多了去了，哪里限于这几种？例如父母干涉子女的生活过多，子女追求更多的独立性；或者子女一心啃老，不求上进；或者双方价值观激烈冲突；或者其他方面的互不体谅而又互有要求。

这里说的是父母子女，但从章子父母的故事中可以看出，那时只承认孝父，只承认父子关系，根本不承认对母亲也需要孝道。是不是呢？

8.31

曾子居武城，有越寇。或曰："寇至，盍去诸？"

曰："无寓人于我室，毁伤其薪木。"

寇退，则曰："修我墙屋，我将反。"寇退，曾子反。

左右曰："待先生如此其忠且敬也，寇至，则先去以为民望；寇退，则反，殆于不可。"

沈犹行曰："是非汝所知也。昔沈犹有负刍之祸，从先生者七十人，未有与焉。"

子思居于卫，有齐寇。或曰："寇至，盍去诸？"子思曰："如伋去，君谁与守？"

孟子曰："曾子、子思同道。曾子，师也，父兄也；子思，臣也，微也。曾子、子思易地则皆然。"

王解：曾子住在武城，越国军队前来进犯。有人说："进犯者来了，要不要离开一下？”

曾子说：“好的，不要让别人住进我的房室，也不要毁坏我的树木。”

越军退走了，曾子说：“修缮一下我的房室吧，我要回去了。”越军走掉了，曾子也就回去了。

曾子周围有人说：“武城人对待曾先生，是这样地忠诚恭敬，遇到外敌进犯，您先走了，让百姓看见了会有不好的反应。然后进犯者走了，您也就回来了，这样做恐怕不太合适吧。”

沈犹行说：“这样说是由于你们不了解。这里发生过负刍作乱，跟随曾子的有七十个人，他们谁都没有参与作乱。（曾子做事，是很讲原则的。）”

子思在卫国居住，遇到齐兵入侵。有人问：“入侵者来了，你要不要躲避一下呢？”子思说：“如果这样急急地跑掉，让卫国国君与谁一起去守护家园呢？”

孟子说：“曾子与子思，遵行的是相同的道理。曾子是老师，是父兄长辈。子思是臣子，地位要低一些。如果他们两人换过位置来，各自的做法也是与现在一样的。”

点悟：《孟子》一书多次谈起一些贤人在处理某些问题时的不同举措。孟子强调具体分析，强调因人、因时、因地、因事而异，反对刻板绝对一致。孔孟都是坚持原则的夫子，同时又都是头脑灵活的人物。有所坚持，有所灵活，才能做人处世、为学为政为师。

---------- 8.32 ----------

储子曰：“王使人瞯夫子，果有以异于人乎？”

孟子曰：“何以异于人哉？尧舜与人同耳。”

王解：储子对孟子说："君王派人来观察您，是不是当真有什么与他人不同之处。"

孟子说："又有什么不同之处呢？就是唐尧虞舜，看起来也都是与常人一样的啊。"

点悟：远远望去，圣贤与常人并无不同，不同处在深层。无不同，更需要深刻认识、把握、衡量、辨别圣贤人士的内在价值。有不同，更需要分析研究厘清见贤思齐的必要与办法。既无不同又有不同，就是说，人人可以以尧舜为榜样，要求自己、反省自己、鞭策自己。

8.33

齐人有一妻一妾而处室者，其良人出，则必餍酒肉而后反。其妻问所与饮食者，则尽富贵也。其妻告其妾曰："良人出，则必餍酒肉而后反；问其与饮食者，尽富贵也，而未尝有显者来，吾将瞷良人之所之也。"

蚤起，施从良人之所之，遍国中无与立谈者。卒之东郭墦间，之祭者，乞其余；不足，又顾而之他——此其为餍足之道也。

其妻归，告其妾，曰："良人者，所仰望而终身也，今若此——"与其妾讪其良人，而相泣于中庭，而良人未之知也，施施从外来，骄其妻妾。

由君子观之，则人之所以求富贵利达者，其妻妾不羞也，而不相泣者，几希矣。

王解：齐国有一个人，和一妻一妾一起过日子。她们的丈夫出门，每次都是吃饱喝足以后才回来。妻子问他与什么人共进饮食了，他说都是一些富贵高层人物。妻子对妾说："咱们的丈夫出门，总是饮酒吃肉后才回来。问他与谁人一起饮酒吃饭，他说都是富贵人士。可咱们这儿从来没有见过什么荣显人物来过。我不免起疑，我要去看看咱们的丈夫都到了些什么地方去。"

这天早上起来，齐人之妻尾随丈夫出了门，走遍城市各地，没有谁搭理他。最后他到了东郊墓地，遇到来祭祀的人，就向他们乞讨祭祀用不了的饮食，仍然不够，再到别处去乞讨，这就是他的吃饱肚子的办法。

妻子回家，告诉妾说："丈夫是咱们所尊敬所依靠的人儿，结果他原来是这个样子——"妻与妾埋怨着自己的丈夫，相对哭泣。但是丈夫并不知晓，沾沾自喜地从外边回来，向着妻妾扬扬自得。

从君子的眼光看，一个人追求富贵利益荣通，而他的所作所为能不让自己的妻妾害羞，能不让自己的妻妾哭泣，能够做到这一点的，也够稀缺的啦。

点悟：这一段是凭空而来的寓言写法，又没有"孟子曰"字样，疑其并非孟子所言。但其深刻、犀利、生猛，令人拍案叫绝。

本寓言揭露了一个无情的事实：古往今来，许多人为了追求高大上、成为高层人物，使用了别人无法想象的低微贱的手段，用尽了下三滥的一套。

跑到墓地乞讨，也许我们听不出太多名堂，至于在发家史中不择手段、手上沾满黄赌毒与被害者鲜血的，恐怕也未为奇。

所以有些人成了高大上以后要想尽办法灭口，要消灭一切知道他的发家史的当年搭档。这里说的这个齐人，万一后来当了大人物，怎么办呢？他的一妻一妾，聪明的必须学会编造新历史，说明自己的"良人"是天星下凡，异禀惊人，等等；否则，天知道会发生什么事情。

卷九　万章章句上

9.1

万章问曰："舜往于田，号泣于旻天，何为其号泣也？"

孟子曰："怨慕也。"

万章曰："'父母爱之，喜而不忘；父母恶之，劳而不怨。'然则舜怨乎？"

王解：万章问孟子："说是舜曾经到田地里，向着青天白日哭号悲泣，为什么他要哭号悲泣呢？"

孟子说："他是又难过又思念啊。"

万章说："'受到父母的喜爱，人子应该快乐，同时不敢得意忘形；受到父母的厌恶，人子应该揪心，同时不敢有什么怨怼。'难道舜会抱怨自己的父母吗？"

曰："长息问于公明高曰：'舜往于田，则吾既得闻命矣；号泣于旻天，于父母，则吾不知也。'公明高曰：'是非尔所知也。'夫公明高以孝子之心，为不若是恝，我竭力耕田，共为子职而已矣，父母之不我爱，于我何哉？帝使其子九男二女，百官牛羊仓廪备，以事舜于畎亩之中，天下之士多就之者，帝将胥天下而迁之焉。为不顺于父母，如穷人无所归。天下之士悦之，人之所欲也，而不足以解忧；好色，人之所欲，妻帝之二女，而不足以解忧；富，人之所欲，富有天下，而不足以解忧；贵，人之所欲，贵为天子，而不足以解忧。人悦之、好色、富贵，无足以解忧者，惟顺于父母可以解忧。人少，则慕父母；知好色，则慕少艾；有妻子，则慕妻子；仕则慕君，不得于君则热中。大孝终身慕父母。五十而慕者，予于大舜见之矣。"

王解：孟子说："长息问公明高：'舜到了田地里，这个事我知道。他向着青天白日哭号悲泣他的父母，这事我就不理解了。'公明高说：'这事你是理解不了的。'这个公明高认为，作为孝子的心理，不可能不在乎父母，不可能想反正我尽力种田，完成了人子供养父母的任务也就行了，父母不爱我，我又有什么办法？唐尧让他的九男二女孩子们，还有百官，带着牛羊、仓廪中的物资，去侍奉在田野中种地的舜，天下士人也有许多跟随着去，最后唐尧干脆把整个天下让给了舜。但是舜却因了无法使父母舒畅顺心而痛苦，而感觉没有办法、没有归属。受到天下士人的喜爱，这是人们所期望的，但是仍然不足以解除舜的忧愁。美色，是人们所期望的，舜娶了唐尧的两个女儿，仍然解除不了自己的忧愁。富裕，是人们所期望的，富得拥有了天下，仍然化解不了舜的忧愁。高贵，是人们所期望的，高贵到了天子的地位，仍然消解不了舜的忧愁。受喜爱、美色、富贵都不能解忧，原因是只有做到了让父母舒畅顺心才能消除舜的忧愁。一般人小时候爱父母；知道美色的可爱了，就爱美色；娶了媳妇了，就爱媳妇；做了官了，爱慕君王；得不到君王的青睐，就成了心头热病。具有伟大孝心的人，终生热爱的是父母，像舜这样，五十岁了还是念念不忘父母，这样的人我算是从舜身上看到了。"

点悟：孟子注意维护圣贤的形象与尊严，他屡屡为圣贤充当发言人与辩护士。

孟子强调人的"不忍之心"即人的良善之心，为别人的痛苦而无法自持的恻隐之心。为父母的不能舒畅顺心而号泣，正是这样一种不忍之心的表现。世界上有太多的大人物不重视这些情感上的反应，他们完全社会化、职业化、政治化或者学术化，他们的家庭生活反而被排挤与被忽略，他们的童年记忆、童年情愫、赤子之心早已随着时间的消逝而消逝殆尽了。孟子的主张则在于认为家庭成员尤其是亲子间的情感是人类一切情感的基石。这一段讲得何等动人恳切，即使一切的荣誉财富美色都归于你，也抵不了与双亲不和的遗憾。

具体情节或许令人觉得夸大了些，堂堂虞舜，年已半百，为了与双亲的关系跑到田野上号啕大哭，未免不好想象。也许古人比今人更天真？说不好。至于描写一些超级大人物都有其孩子般天真纯朴性情的一面，或属于为圣增辉性质，并不罕见。

9.2

万章问曰："《诗经》云：'娶妻如之何？必告父母。'信斯言也，宜莫如舜。舜之不告而娶，何也？"

孟子曰："告则不得娶。男女居室，人之大伦也。如告，则废人之大伦，以怼父母，是以不告也。"

万章曰："舜之不告而娶，则吾既得闻命矣；帝之妻舜而不告，何也？"

曰："帝亦知告焉则不得妻也。"

王解： 万章问孟子："《诗经》上说：'怎么样去娶妻呢？一定要报告父母。'相信此诗句的，应该没有人比得上舜。结果舜没有告诉父母就娶了妻，这是怎么回事？"

孟子说："一报告就娶不成了呗。男女结合，是人间重要的伦理关系。如果报告了，就会使这样一个重要的人伦关系实现不了，那就更会使人怨恨父母，所以就不报告了。"

万章说："舜没有报告父母，我现在听明白了，那么帝尧给舜完婚，也不告诉舜的父母，这又是怎么回事呢？"

孟子说："唐尧也知道，如果告诉了，舜就娶不成妻了。"

万章曰："父母使舜完廪，捐阶，瞽瞍焚廪。使浚井，出，从而掩之。象曰：'谟盖都君咸我绩，牛羊父母，仓廪父母，干戈朕，琴朕，弤朕，二嫂使治朕棲。'象往入舜宫，舜在床琴。象曰：'郁陶思君尔。'忸怩。舜曰：'惟兹臣庶，汝其于予治。'不识舜不知象之将杀己与？"

曰："奚而不知也？象忧亦忧，象喜亦喜。"

王解：万章说："舜的父母让舜去修理谷仓，等舜上了房顶，撤走了阶梯，舜父又去放火烧谷仓。又让舜去疏浚水井，舜出来了，然后他们去把井填埋起来。舜的弟弟象说：'设计杀害舜是我的功绩。杀死舜后，牛羊归父母，仓廪归父母；干戈归我，琴归我，弓箭归我，两位嫂嫂以后服侍我睡觉。'象到舜的房舍去了，看到的是舜坐在床上弹琴，象说：'是我想念哥哥你啦。'说得很不自然。舜说：'我惦记的是我的臣下与百姓，你能帮我管理一下他们吗？'莫非舜不知道象要害他吗？"

孟子说："怎么可能不知道呢？象来了，他的样子忧愁，舜就跟着忧愁吧；象表现快乐，他也就跟着表现快乐吧。"

曰："然则舜伪喜者与？"

曰："否；昔者有馈生鱼于郑子产，子产使校人畜之池。校人烹之，反命曰：'始舍之，圉圉焉；少则洋洋焉；攸然而逝。'子产曰：'得其所哉！得其所哉！'校人出，曰：'孰谓子产智？予既烹而食之，曰：得其所哉，得其所哉。'故君子可欺以其方，难罔以非其道。彼以爱兄之道来，故诚信而喜之，奚伪焉？"

王解： 万章说：“可这么说，舜不成了假装欢喜了吗？”

孟子说：“不是的。从前有人将一条活鱼送给了郑国大夫子产，子产让管理池塘的人把鱼养在池子里。那个池塘管理人员把鱼煮熟吃掉了，回去对子产说：‘开始时鱼放入池塘它呆呆木木，过了一会儿就欢蹦乱跳了，然后一下子就游走了。’子产说：‘那就对了，那就对了。’池塘管理人员出来后说：‘谁说子产聪明啊，我把鱼煮熟以后吃掉了，他还说什么那就对了，那就对了……’所以说，君子可能因为自己的方正而受到欺骗（小人可以按照君子的思路设计骗局），但是不可能被违反原则道理的事情所迷惑。你说的那个象，他说他来看望舜是由于他爱自己的哥哥，舜也就相信他并且高高兴兴地接待他，这又有什么虚伪的呢？”

点悟： 这个故事很有味道。

孟子已经讲了不止一个贤明之人与父母关系不好的事例。一般地说，孔孟都认为孝悌，尤其是孝，是一切美德的根基，孔孟都认为对父母应该尊敬顺从“不违”，即今天所说的“顺者为孝”。但是确有例外情况，譬如舜的父母，对舜非常厌恶。孟子无法否认一个贤明如舜者面对厌恶他的父母的为难与无奈。他只能挖空心思讲出一些道理，分析出一条既“不违”又不是完全听任摆布以致发生不可挽救的不良后果的路径来。

例如舜的婚姻没有禀报父母。这本来不符合孝的原则与婚姻必须听命于父母的原则，但是，还有另一条原则：无后即没有子女传宗接代是更大的不孝。分析说，如果报告父母，舜就不用想娶上媳妇。为什么会发生这样极端的情势、这样的骇人听闻的逻辑，不得而知，只能接受伟大圣贤如舜也解决不了不违之孝与有后之孝竟然不能两全的悖论的挑战这一事态。

底下的故事更像民间传奇，上屋搬梯，修仓烧仓，淘井填井，居然无法伤舜，而舜仍然爱亲孝亲，甚至邀请未遂杀人犯象协助治国，除了干号与哭泣外无针对性反应与自我保护措施。舜的脑子进了什么东西了？

不，这正是为了彰显舜的伟大、舜有天助、舜非凡人，舜是龙种、天子、紫微星，舜的被父亲与兄弟谋害屡屡而安然无恙的故事，正是真命天子的异兆罢了。

而从舜与尧合谋办自己的婚事一节，可以看出，舜除了哭泣思念父亲外也有有针对性的自作主张这一面。舜能自讨老婆，不管父亲的反应，也就能自保性命，不让自己白白地死在父亲与弟弟手下。除了孝悌伦理原则以外，还有有后的原则，更有保持自身生存权即"主体思想"的原则，否则难以理解舜的安然无恙。

恨舜除舜，甚至于成为瞽瞍即舜父一家的共识，原因是嫉妒？变态？舜家都是人渣？舜的弟弟象也参加到谋杀亲兄的犯罪活动中来？孟子是主张恻隐之心人皆有之，羞恶之心人皆有之的啊！读者何言何颜以对这些不合逻辑、不合情理的混账记载！

这一段讲得再好再雄辩，读着仍然觉得是吃了一只苍蝇。为不得不吃苍蝇而辩，呜呼哀哉！

另外联想而出的一个子产养鱼上当的故事，"君子可欺以其方，难罔以非其道"，总结得十分老到与可悲，君子欺之以方，已经成为成语。欺骗君子，你得按照君子的逻辑、使用君子的语言，一句话，你先得自我装扮成伪君子。君子，你要警惕！

———————————— 9.3 ————————————

万章问曰："象日以杀舜为事，立为天子则放之，何也？"

孟子曰："封之也；或曰，放焉。"

万章曰："舜流共工于幽州，放驩兜于崇山，杀三苗于三危，殛鲧于羽山，四罪而天下咸服，诛不仁也。象至不仁，封之有庳。有庳之人奚罪焉？仁人固如是乎——在他人则诛之，在弟则封之？"

曰："仁人之于弟也，不藏怒焉，不宿怨焉，亲爱之而已矣。亲之，欲其贵也；爱之，欲其富也。封之有庳，富贵之也。身为天子，弟为匹夫，可谓亲爱之乎？"

"敢问或曰放者，何谓也？"

曰："象不得有为于其国，天子使吏治其国而纳其贡税焉，故谓之放。岂得暴彼民哉？虽然，欲常常而见之，故源源而来，'不及贡，以政接于有庳'，此之谓也。"

王解：万章问孟子说："象天天以杀害舜为念，等舜做了天子，就流放了他，这算是什么意思呢？"

孟子说："是给象封为诸侯了呀，也有人说是流放。"

万章说："舜将作乱的共工流放到北方的幽州，将与共工合作的驩兜流放到南方的崇山，将三苗的头领驱逐到西边的三危，将鲧赶往东面的羽山。处理了这四个罪人，四方全都服膺了，因为这样处理的性质是惩戒不讲仁义的坏人。这个象呢，可以说是最最不仁之人，却把他封到了有庳，请问有庳的民人有什么罪过，（摊上了个象，）对于罪人，对于别人就要惩戒，对于弟弟，就要加封！"

孟子说："仁德之人对于自己的弟弟，既不必隐藏怒气，也不会积存怨恨，只能亲之爱之。亲，就要他高贵。爱，就要他富足。封到有庳，就是要让象富贵起来嘛。如果舜自己当了天子，弟弟普通老百姓一个，能够叫亲之爱之吗？"

万章说："我大胆地问一句，有人说象那也是被流放，是什么意思呢？"

孟子说："象在有庳那里并不能干多少事。有天子派遣的官吏在那里治理，还要在那里收税，所以说去那里也是流放。虽说如此，舜还是希望常常见到他。他也就不断前来。古书记载'还没有到朝贡的日期，以政务为由舜也会经常接见来自有庳的君主'，就是讲的这个。"

点悟：舜一上台先惩办了四个大人物，要巩固政权，就得干掉反对派，虞舜时代已经有这样的做法了。但对于圣贤型天子来说，这方面的事不宜过分渲染，而要多说他们的宽宏大量，亲爱温柔。

弟弟的事难办，强调此人名象，天天以杀舜为目标，说法或有夸张，更像是为了凸显舜的仁义恩德，不能不强调象的不仁不义。象若真是一心杀舜，舜的反应就太软弱了。尤其是说哥哥当了天子了，弟弟就不能为匹夫了，此话到今天只能令人反感。一家子，一荣俱荣，一损俱损，是恶劣传统。

把象封到有庳，问题在于不知道有庳是什么地方，说是分封，又说是有人认为是流放，妙极了，敢情那么早就有这种微妙的政治处置，能将封官与流放统一起来。说到另有官吏治理与收税，更有趣了。那么早就有有职无权无钱的头衔官了。呜呼！

还要常常见面，是兄弟之情吗？或曰（有人说）是予以监督吧？还可能加上频频训诫、督察、警告。这些都留下想象的空间。

9.4

咸丘蒙问曰："语云：'盛德之士，君不得而臣，父不得而子。'舜南面而立，尧帅诸侯北面而朝之，瞽瞍亦北面而朝之。舜见瞽瞍，其容有蹙。孔子曰：'于斯时也，天下殆哉，岌岌乎！'不识此语诚然乎哉？"

孟子曰："否；此非君子之言，齐东野人之语也。尧老而舜摄也。《尧典》曰：'二十有八载，放勋乃徂落，百姓如丧考妣，三年，四海遏密八音。'孔子曰：'天无二日，民无二王。'舜既为天子矣，又帅天下诸侯以为尧三年丧，是二天子矣。"

王解：弟子咸丘蒙问孟子说："人们说：'德行盛大的人，国君不可以将他作为臣子，父亲不可以将他作为儿子对待。'说是舜面南而王，尧带着他的诸侯朝北拜见，舜父瞽瞍也是面北拜见，舜看到父亲瞽瞍，表情不安。

孔子说：'那个时候，天下岌岌可危。'不知道这个说法靠得住吗？"

孟子说："不是的。这不是君子的话，这是齐国东部（海边上）粗陋野人的说法。那时的情况是尧年纪老迈了，舜辅佐他治理天下。《尧典》上记载：'二十八年后，尧才去世，老百姓如同死了爹娘，为尧守丧整整三年，全国停止娱乐活动。'孔子说：'天上不可能同时出现两个太阳。民人不可能同时拥戴两个君王。'如果说（二十八年前）舜就当了天子了，（二十八年后）又为尧守了三年丧，那等于说（二十八年间）同时有了两个天子啦。"

咸丘蒙曰："舜之不臣尧，则吾既得闻命矣。《诗》云：'普天之下，莫非王土；率土之滨，莫非王臣。'而舜既为天子矣，敢问瞽瞍之非臣，如何？"

曰："是诗也，非是之谓也；劳于王事而不得养父母也。曰：'此莫非王事，我独贤劳也。'故说诗者，不以文害辞，不以辞害志。以意逆志，是为得之。如以辞而已矣，《云汉》之诗曰：'周余黎民，靡有孑遗。'信斯言也，是周无遗民也。孝子之至，莫大乎尊亲；尊亲之至，莫大乎以天下养。为天子父，尊之至也；以天下养，养之至也。《诗》曰：'永言孝思，孝思维则。'此之谓也。《书》曰：'只载见瞽瞍，夔夔齐栗，瞽瞍亦允若。'是为父不得而子也？"

王解：咸丘蒙说："舜并没有拿尧当臣子，我听明白了。《诗经》上说：'普天之下，没有哪儿不是君王的土地；所有的土地上的人们，没有哪个不是君王的臣民。'那么舜做了天子，怎么能说瞽瞍不是他的臣民呢？"

孟子说："这首诗，讲的不是那个意思。它说的是有时候，你忙于君王的国事，顾不上照顾父母。便说：'我整天忙的没有不是君王国事的，怎么我一个人这样辛苦呢！'所以说，讲诗的人，不能只讲文字却搞错了词句，也不能只讲词句却搞错了用意。只有顺着为诗的意图来反向推导作者的心志动机，才能真正解诗。如果只讲文句，那么《云汉》一诗说：'周朝留下的百姓，再没有遗存下来的啦。'逐字解释此语，那就是说，'周朝没有什么遗民留下来了'，（那怎么能符合事实呢？）孝子之孝，没有比尊敬奉养双亲更重要的了。而尊敬奉双亲，没有比以天下来奉养双亲更高贵的了。父亲当了天子之父，这是最高的尊贵。得到全天下的奉养，这是最完满的奉养。《诗经》上说：'把孝心永远延续下去，使孝成为天下的规矩。'就是这个意思。《尚书》上记载的是：'舜毕恭毕敬地见他的父亲瞽瞍，胆战心惊，瞽瞍也就终于接受了舜。'这难道是父亲不能把他当儿子吗？"

点悟：这一段最为后人津津乐道的并不是舜如何在艰难的情况下坚持孝道，而是孟子讲的诗歌解释学："故说诗者，不以文害辞，不以辞害志。以意逆志，是为得之。"孟子讲得很好，不能陷入言辞解释而迷失作品主旨。但"以意逆志"而"得之"的意与志是谁的意与志？是写诗者的意与志，还是解读人的意与志？是我注诗，还是诗注我意我志，也不是一句话解释得清楚的。

其实从咸丘蒙"率土之滨，莫非王臣"的句子里得出舜他爹也是舜的臣，非常贴切，比孟子的"抱怨自己太辛苦"说更自然得多。后人们也都接受了"国礼""家礼"分别处置，即"公事公办"的观念。《红楼梦》中写元妃省亲，贾政、王夫人见元春的时候，先行国礼，父母要给闺女下跪，而不可能是相反。孟子讲了半天不以辞害意，但并没有正面回答瞽瞍是不是舜之臣子的问题，也就无从否定咸丘蒙的论断。

孟子喜欢用引用《诗经》某些句子的做法来说明前例前规，用以规范社会、为政、世道、人心。所以他特别重视正确地理解文学作品。对于孟子来说，正解诗文的问题不仅是文学批评的问题，更是树立礼法规范、端正世道人心的问题，他要把握解读权，责无旁贷。他要"以意逆志，是为得之"，也就必然加入了解读者的"意"与"志"。

万章曰："尧以天下与舜，有诸？"

孟子曰："否；天子不能以天下与人。"

"然则舜有天下也，孰与之？"

曰："天与之。"

"天与之者，谆谆然命之乎？"

曰："否；天不言，以行与事示之而已矣。"

曰："以行与事示之者，如之何？"

曰："天子能荐人于天，不能使天与之天下；诸侯能荐人于天子，不能使天子与之诸侯；大夫能荐人于诸侯，不能使诸侯与之大夫。昔者，尧荐舜于天，而天受之；暴之于民，而民受之；故曰，天不言，以行与事示之而已矣。"

王解：万章问孟子："唐尧将天下赠给了虞舜，是有这么一回事吧？"

孟子说："不是的，天子不可能将天下赠给谁。"

万章说："但是舜后来拥有了天下呀，是谁赠给他的呢？"

孟子说："是天交给了他。"

万章说："天给的？天仔仔细细地交代给舜了吗？"

孟子说："不是的，天不讲话，天只是以行为与事实来表达天意罢了。"

万章问："是怎么拿行为与事实来表达天意的呢？"

孟子说："天子能够推荐贤人给上天，但是不能让上天把天下交给谁谁；诸侯能够向天子推荐贤人，但是不能够让天子将谁谁封为诸侯；大夫能推荐贤人给诸侯，但是不能让诸侯将谁谁封成大夫。从前唐尧把舜推荐给天，天接受了，又把舜公示给民人，民人也接受了。这就是说，天不讲话，但是以行动与事实表达了天意。"

曰："敢问荐之于天，而天受之；暴之于民，而民受之，如何？"

曰："使之主祭，而百神享之，是天受之；使之主事，而事治，百姓安之，是民受之也。天与之，人与之，故曰，天子不能以天下与人。舜相尧二十有八载，非人之所能为也，天也。尧崩，三年之丧毕，舜避尧之子于南河之南。天下诸侯朝觐者，不之尧之子而之舜；讼狱者，不之尧之子而之舜；讴歌者，不讴歌尧之子而讴歌舜，故曰，天也。夫然后之中国，践天子位焉。而居尧之宫，逼尧之子，是篡也，非天与也。《太誓》曰：'天视自我民视，天听自我民听。'此之谓也。"

王解：万章说："请允许我问一下，您说的推荐给天，天接受了，公示给民人，民人也接受了，何以见得呢？"

孟子说："舜主持祭祀，众神不是接受了吗？舜主持为政，该办的事办了，百姓安宁，这不是表明民人也接受了吗？是天将天下给了舜，是民将天下给了舜，所以说不是天子把天下交给了谁谁。尧观察带领了舜二十八年，这不是人间能够做到的，这是天意。唐尧驾崩以后，守丧三年，舜为了不影响尧的儿子继位，特意避让去了南河之南。各地诸侯前来朝觐，不去尧的儿子那里而去舜这里。打官司的人，不到尧的儿子那里，而到舜这里。讴歌的人，不去歌颂尧的儿子而是去歌颂舜。所以说这一切都是天意。这以后，舜才到了中原，就任为天子。如果不是这样，而是尧一死舜搬进尧的宫室，赶走尧的儿子，那就是篡位，而不是天授予的了。《太誓》上说：'天的眼光来自百姓的眼光，天的听取来自百姓的听取。'说的就是像百姓拥护舜的情况一样。"

点悟：万章认为是唐尧将天下赠给了虞舜，这是现象的真实。孟子认为，天下不可能私相授受，即使一方是天子也不行，这是理想化的实质。讲得很好、很崇高，但是说起来有点玄、大、空。把舜祭祀众神说成天接受了舜，也相当"拔高"，因为不可能设想一个什么人物祭祀众神而被众神所拒绝。然后说是老百姓认的是舜，不是尧之子，这就比较有说服力了。但仍然有两个可能，一个是舜确实高明，而且这个高明为天下百姓所熟知确认。第二个可能则是有人"抬轿"，有一股政治力量在运作。甚至于，这股政治力量是得到舜本人首肯的。至于说尧驾崩后舜如何回避，第一，这最多是舜的君子之风，未必有多么大的实质意义。第二，对待君权的归属如此谦谦君子，除了紧接着的禹在接不接舜的王位时有过类似的表现，后世再没有见过。人们、君王们、皇亲国戚们更多情况下是显了本相，血腥阴谋，为争权无所不用其极。

底下再发挥下去，就是把天与民一体化起来。天心来自民心，天视来自民视，天听来自民听，这些说法都很好，但是也有令人迷惑的地方。民是一个伟大的概念，有时候却也是模糊的概念，这一部分民与那一部分民的心可能不一致，这个时候的民心与那个时候的民心，也会相矛盾。有些争论，内容复杂，此一是非，彼一是非，民说不清楚。把民心民意视为天心天意，反映了对于民的重视，却也反映了对于民心与天意的难以把握。孟子的意思很好，亲民民本，道理却讲不透彻。出现了一个百姓只认舜不认尧子的情节，反而令人觉得未必可靠。民可能起哄，民可能跟风，民可能被运动，说来话长了。

但是从根本上说，谁也不能不承认民心民意是政权之本、朝廷之本。一个权力系统可以用各种有效手段掌控权力，而对民作威作福、对民瘼民怨置之不理，这个系统可以威风凛凛二十年、三十年、五十年甚至更长的时间，但是民怨会积累，民瘼会扩张，郁积会成为不治之症，腹诽终将变成台风、地震、海啸。古语有云："喑呜则山岳崩颓，叱咤则风云变色。"（骆宾王：《讨武氏檄》，1959年赫鲁晓夫在北京讲话庆祝中华人民共和国建国十周年时，曾引用此语讲中国革命。）

民心见效可能没有那么快，对民心置之不理，陷入反人民的地步，则终将灭亡，毫无疑问。

万章问曰:"人有言:'至于禹而德衰,不传于贤,而传于子。'有诸?"

孟子曰:"否,不然也;天与贤,则与贤;天与子,则与子。昔者,舜荐禹于天,十有七年,舜崩,三年之丧毕,禹避舜之子于阳城,天下之民从之,若尧崩之后不从尧之子而从舜也。禹荐益于天,七年,禹崩,三年之丧毕,益避禹之子于箕山之阴。朝觐讼狱者不之益而之启,曰:'吾君之子也。'讴歌者不讴歌益而讴歌启,曰:'吾君之子也。'丹朱之不肖,舜之子亦不肖。舜之相尧、禹之相舜也,历年多,施泽于民久。启贤,能敬承继禹之道。益之相禹也,历年少,施泽于民未久。舜、禹、益相去久远,其子之贤不肖,皆天也,非人之所能为也。莫之为而为者,天也;莫之致而至者,命也。匹夫而有天下者,德必若舜禹,而又有天子荐之者,故仲尼不有天下。继世以有天下,天之所废,必若桀纣者也,故益、伊尹、周公不有天下。伊尹相汤以王于天下,汤崩,太丁未立,外丙二年,仲壬四年,太甲颠覆汤之典刑,伊尹放之于桐,三年,太甲悔过,自怨自艾,于桐处仁迁义,三年,以听伊尹之训己也,复归于亳。周公之不有天下,犹益之于夏、伊尹之于殷也。孔子曰:'唐虞禅,夏后殷周继,其义一也。'"

王解: 万章问孟子:"人们有一种说法:'到了大禹那个时代,道德的讲求有所衰微,他的王位没有传给贤人,而是传给了自己的儿子。'是这么一回事吧?"

孟子说:"不,不是的。天要将王位传给贤人,就将王位传给贤人,天要将王位传给儿子,就交给儿子。从前舜将禹推荐给上天,十七年后,舜驾崩了,三年守丧完毕,禹为了避让舜的儿子,到了阳城去。天下民人仍然都跟随着禹,就像当年尧驾崩后人们并不跟随尧的儿子而是跟随舜一样。后来是禹将益推荐给上天，七年后禹驾崩了，三年守丧完毕后，益同样避让王位到了箕山之北。朝觐与打官司的便不去益那里而去禹的儿子启那里，说：'这是我们君王的儿子啊。'歌功颂德的人不去歌颂益，而歌颂启：'这是我们君王的儿子啊。'唐尧的儿子丹朱不行，舜的儿子也不行。再说舜辅助尧、禹辅助舜，都做了长期第二把手，为老百姓谋取了许多恩泽。启很贤能，能够恭恭敬敬地继承禹的治理之道。而益辅助禹，年头少，给百姓带来恩泽不多。舜与禹与益，从时间上说相隔久远，他们的儿子贤能还是不贤能，这都是天意所为，不是人力所能造成的。没有刻意去做却做了的是天意，没有刻意去招致而到来了的是命运。本来是个平民，后来却君临天下的，他们的德行一定是达到舜、禹一样，而且获得了天子的推荐。所以，孔子（虽然德行优秀，没有天子推崇），他不可能拥有天下。而靠继承得到天下，后来又被上天所废弃的，必然是桀纣那样的人。这样，益、伊尹、周公也不可能拥有天下。伊尹辅助汤得到了天下，汤驾崩以后，太丁没有即位就死了，其后是外丙即位两年，仲壬即位四年。太甲的行为是对汤制定的法典刑律的倒行逆施，伊尹将他流放到了桐地。三年后，他悔改自己的错误，自责自愧，并在桐地履行仁义。又过了三年，他听取伊尹的教诲，后来回到亳地。至于周公并不拥有天下，也是像益在夏代、伊尹在商代一样。孔子说：'唐尧与虞舜是以禅让的方式传位的。夏以后，商代与周朝，都是儿子继承，它们的道理其实是一致的。'"

点悟：黑格尔说："存在的都是合理的。"孟子说："（天下）传位继承，存在的就是天意的，而且是'其义一'，是怎么传都互不相悖的。"

问题在于，从生前禅让到儿子一代一代继承下去直到被革掉命，从天下为公到天下为特定的家族，这个天意的变化幅度太大，孟子虽然雄辩，虽然引用了孔子语录，仍然不甚能自圆其说。

其一，既然是天意，为什么还需要孔孟二位圣人宣布辩解？有人认为是天意，有人认为是德衰，怎么办？

其二，天意是天的任意？还是有道理可讲？总不会是天意无义吧？

三、按此章孟子的说法，禹无意传子，但他的儿子启甚得人心，远胜于禹钦点的益，所以民心天意将禹以后的天下给予了启。这不足以说明从此天下为公转变成家天下的正当性与天意性。

四、万事万物，与时俱化，天意无常，说是愿意或者不愿意又有什么意义呢？

五、既然继位在天，那么桀纣的出现与灭亡也是天意，天为什么要糟害百姓与一个朝代呢？天是要收拾整治人类的吗？

六、既然什么都是天意，既然天意能让桀纣即位，谈论谁谁贤能抑或是不仁又有什么意义？

七者，既然是天意，禹还避让什么？益还避让什么？如果避让是德是礼，那么后世再没有听说过避让，倒是常见血腥或是阴谋争夺，莫非天意嗜血、嗜阴、嗜暗计？

最后，孔孟都是强调仁义道德的，他们对历代诸侯与士大夫的言行多有道德评议，为什么不评一下从夏代传下来的家天下的权力继承的道德影响与道德后果呢？

9.7

万章问曰："人有言，'伊尹以割烹要汤'，有诸？"

孟子曰："否，不然；伊尹耕于有莘之野，而乐尧舜之道焉。非其义也，非其道也，禄之以天下，弗顾也；系马千驷，弗视也。非其义也，非其道也，一介不以与人，一介不以取诸人。汤使人以币聘之，嚣嚣然曰：'我何以汤之聘币为哉？我岂若处畎亩之中，由是以乐尧舜之道哉？'汤三使往聘之，既而幡然改曰：'与我处畎亩之中，由是以乐尧舜之道，吾岂若使是君为尧舜之君哉？吾岂若使是民为尧舜之民哉？吾岂若于吾身亲见之哉？天之生此民也，使先知觉后知，使先觉觉后觉也。予，天民之先觉者也；予将以斯道觉斯民也。非予觉之，而谁也？'思天下之民匹夫匹妇有不被尧舜之泽者，若己推而内之沟中。其自任以天下之重如此，故就汤而说之以伐夏救民。吾未闻枉己而正人者也，况辱己以正天下者乎？圣人之行不同也，或远，或近；或去，或不去；归洁其身而已矣。吾闻其以尧舜之道要汤，未闻以割烹也。《伊训》曰：'天诛造攻自牧宫，朕载自亳。'"

王解： 万章问孟子："人们说，伊尹通过烹调去设法接近成汤，是有这样的事吗？"

孟子说："不，不是的。伊尹在有莘地区耕作，同时喜爱认同尧舜的正道。如果不合乎他信奉的正道与义理，就是让他享有天下的俸禄（成为天子），他也不屑一顾；给他四千匹骏马，他也是看都不看。如果不符合他的正道与义理，任何一点点东西他也不会给予旁人，任何一点点东西他也不会从别人那里获取。汤派人拿着礼物去聘请他，他不在乎地说：'我怎么可能拿汤的聘礼当事儿呢？去他那里，怎么比得上在田野中享受尧舜的正道呢？'汤一再派人去聘请他，他于是决然改变了态度，他说：'与其在田野中欣赏尧舜的正道，不如帮助现在的君王去做尧舜那样的君王，使现在的民人能够像尧舜治下的民人那样幸福，使我自己亲自看到如尧舜时期一样的好世道。上天使得民人出生，就是要让民人中先通晓事理的那部分人去启迪后通晓事理的人，让先有所觉悟的人去启发后觉悟的那一部分人。我就是那种被上天赐予先知先觉的人喽，我的使命是以我的觉悟去启发民人的觉悟。这样的使命我不去做，那么能够让谁去做呢？我如果搞得天下的普通男人女人得不到尧舜之君、尧舜之道的恩泽，那不是等于我把他们推到了沟壑里去了吗？'他把天下的重任视为自己的使命，所以他去找汤说动他去讨伐夏桀，拯救民人。我没有听说过谁能够自己歪歪扭扭，却能使旁人端正的，更不要说自己失去了尊严却能匡正治理天下了。圣人的行为方式各不相同，有的离君王远，有的离君王近，有的离朝廷出走，有的留在朝廷，反正要保持住自身的高洁。我只知道伊尹是以尧舜之道来向汤求取官职，没有听说过他以烹饪去接近汤。《伊训》上说的是：（伊尹讲）'夏桀的灾祸发端自他自己的宫室，我只是在亳城，开始计划了一些事情罢了。'"

点悟：事情是从伊尹是否用当时认为是低等的炊事技术钻营到汤的近旁讨论起来的。伊尹出身传奇，做了大官大事，成为"千载名相"，出了大名，故而有人怀疑他乃至故意造他的谣，难免。成功人士被认为是用了古怪的低下的手段而取胜的，失败者被认为是活该出丑，这是舆论常态。

其实以当今劳工神圣与三百六十行、行行出状元的观点看，即使伊尹靠执炊接近了成汤，不足病也，根本不丢人。

问题在于孟子的看法：孟子是为伊尹辩护的，认为他匡正了天下，证明他为人光明正大、直道前行。这一点，有道理，但不能绝对化。大成功者有大本领，非等闲辈，诚然。有没有过虎落平阳被犬欺的经历？有没有过委曲求全的故事？有没有过发达之后生怕旁人知道的经历，不好一概而论。

说是伊尹开头有多么牛，根本不把汤的礼聘放在眼里。后来幡然转变了态度。后来他说得也很牛，他是上天的选民，他以天下为己任，他的使命皓若天日。两面的话都说得如此之满，弯子又转得如此之猛，读之有不适感。究竟是伊尹还是孟子涉嫌夸张了呢？反正孔子主张用世时，没有这样自吹自擂过。孔子的态度很简明平实，叫作"沽之哉，沽之哉"，就是说，有好玉，就要积极地卖出去让它起作用。

问题在于伊尹的态度变化是怎么发生的，从叙述看来，就是由于汤的"三使往聘之"，一再礼聘，礼遇够了，态度来了个一百八十度大转变。礼遇多少，对于有没有使命感，即使有影响，也不应该是起绝对作用的。究竟是使命还是礼遇起着更大的作用呢？"幡然改之"的说法，不像是多么高洁的样子。

何况我们的道德辞典中，还有"忍辱负重""顾全大局""忧患元元""肝脑涂地"这样的说法。

当然，努力站在伊尹与孟子这边替他们想一想，也可以解释，伊尹策划的是伐夏这样的改变天下、改变历史的大事，没有足够的礼遇，轻易出山应聘，毫无意义。但洁与不洁，不应该看君王的礼遇，而应该看自身的行为，这不应该有疑问。

9.8

万章问曰："或谓孔子于卫主痈疽，于齐主侍人瘠环，有诸乎？"

孟子曰："否，不然也；好事者为之也。于卫主颜仇由。弥子之妻与子路之妻，兄弟也。弥子谓子路曰：'孔子主我，卫卿可得也。'子路以告。孔子曰：'有命。'孔子进以礼，退以义，得之不得曰'有命'。而主痈疽与侍人瘠环，是无义无命也。孔子不悦于鲁卫，遭宋桓司马将要而杀之，微服而过宋。是时孔子当厄，主司城贞子，为陈侯周臣。吾闻观近臣，以其所为主；观远臣，以其所主。若孔子主痈疽与侍人瘠环，何以为孔子？"

王解：万章问孟子："有人说孔子在卫国的时候住在宦官痈疽家，在齐国住在宦官瘠环家，有这么回事吗？"

孟子说："不，不是这么回事。这是好事之徒的说法。孔子在卫国是住在颜仇由那里。弥子瑕的妻子与子路的妻子是姊妹。弥子曾经对子路说过，如果孔子住在他家里，就可以当上卫国的卿相。子路把此话告诉孔子。孔子说：'这要看命运了。'孔子争取前进，要依照礼法的要求。后退谦让，要符合义理的原则。能或者不能得到自己想要的职权，说是要看命运。如果他住到痈疽与瘠环家里，就是又不符义理，又失去了命运提供的机遇。孔子在卫国与鲁国不舒心，又遇到宋国的司马向魋准备拦截杀害孔子，孔子只好换掉平时穿的衣服，悄悄走过宋国。那时孔子日子艰难，住在司城贞子那边，做了陈侯周的下臣。我们应该听到过这样一种说法，如果是朝廷的近臣，观察他要看他接待着哪些客人；如果是外来的臣子，观察他就要看他住在什么人那里。

如果孔子住到了宦官痈疽与瘠环那边，他还算得什么孔子？"

点悟：为贤者辩，很辛苦，不但大舜需要为之辩护，孔子也需要孟子的维护。原因之一是，越是贤者，越有人编他们的故事，越有人不服气。是的，坏人是不相信也不能想象好人之好的，正如好人无法想象与相信坏人之坏。

好事者的说法有趣，好事之徒喜欢攻击大人物，不知是什么心理。嫉妒？嫉妒那么遥远做甚？中伤一个大好人，损坏一种圣洁与美好，又会给好事者带来什么快乐？

看客人，看主人，看住在哪儿，能够说得那么绝对吗？住过菜园子张青与母夜叉孙二娘的黑店的人，都有杀人做人肉包子的嫌疑？

宦官都那么卑劣下作？没有好人？那么为什么不质疑太监制度？下西洋的郑和呢？他也是太监啊。

从比较现代的观点看，那些对伊尹、对孔子的质疑毫无意义，VIP之成为 VIP，是有一个过程的，没有完成过程之前，他们的社会地位与屌丝们能有多大差别呢？用 VIP 的标准去挑剔前 VIP 即屌丝阶段的生活细节，只能说是评论者的无聊。

9.9

万章问曰："或曰：'百里奚自鬻于秦养牲者五羊之皮食牛以要秦穆公。'信乎？"

孟子曰："否，不然；好事者为之也。百里奚，虞人也。晋人以垂棘之璧与屈产之乘假道于虞以伐虢。宫之奇谏，百里奚不谏。知虞公之不可谏而去之秦，年已七十矣；曾不知以食牛干秦穆公之为污也，可谓智乎？不可谏而不谏，可谓不智乎？知虞公之将亡而先去之，不可谓不智也。时举于秦，

知穆公之可与有行也而相之，可谓不智乎？相秦而显其君于天下，可传于后世，不贤而能之乎？自鬻以成其君，乡党自好者不为，而谓贤者为之乎？"

王解： 万章问孟子："有人说：'百里奚把自己卖给了秦国一个养牲畜的人，卖了五张羊皮，他给主人放牛，用这种办法去见秦穆公。'有这样的事情吗？"

孟子说："不，没有这么回事。这也是好事之徒制造出来的说法。百里奚是虞国人。晋国人打算用垂棘的好玉与屈地出产的骏马作为礼物，借道虞国去征伐虢国。宫之奇向虞君进谏坚决反对，百里奚没有提出自己的反对意见。他知道虞君听不进去不同意见。他出走到了秦国，年纪已经七十了。这么大年纪，难道他不知道通过养牛去求见秦穆公是一种不光彩的做法吗？那他还有什么聪明的？他知道虞君是不可能接受意见的，便干脆什么也不提，走掉了，还能说他不聪明吗？他预见到虞君的自取灭亡，提前走掉了，能说他不够聪明吗？等到在秦国有了发展，上来了以后，他又认识到秦穆公是个可以襄助的能够干出一番事业的君王。他便予以襄助，能说他不聪明吗？他襄助为臣的结果是秦穆公的成功与荣显，是他们的成功事迹流传后世，如果他不是一个贤能的人，他能够做得到吗？自卖身去成全君王，任何一个自爱的乡下人都不肯去做的，百里奚反而去做吗？"

点悟： 百里奚是那个时代的著名谋士，他的自卖身的故事流传很广，具体情节其说不一，不一定是全然捏造。在一个混乱的年代，身处于混乱之中，怀着立身扬名的大志，活得时间又长，在他身上发生了一些稀奇古怪的事情，流传开来之后更是被夸张化、演义化、传奇化了，恐怕是事出有因、查无定案吧。

孟子强调尊严，这一点与东周列国时期的许多人物故事不完全一致。从文学阅读的角度来说，孟子可能过于道学了一些。从道德志气的角度来看，能够孜孜矻矻，像孟子一样来维护圣贤名人至少是士大夫的脸面，有它事出有因的地方，也有他立志予以激扬的正能量。从中国历史上来说，像孟子这样的提倡与坚持尊严，是与时俱衰，而不是与时俱进的了。

卷九《万章章句上》，全是孟子为圣贤和大人物辩诬的记录。只一个舜，为了他父亲、他弟弟，就出现了许多说法，孟子一一驳斥，不遗余力。然后为禹的传子不传贤辩护，以天意为名，密不透风地罩住了一切。再后是为孔子，住没住太监的家，辛辛苦苦地抵御或有的流言蜚语。最后是为百里奚，说是他未曾自己出卖过自己为奴。

孟子讲得理直气壮，确定无疑，但可能有不符逻辑规则处。孟子的逻辑是：百里奚是大人物，怎么可能做乡巴佬也不会做的事呢？这是以百里奚伟大为由，证明他不会不够伟大。这是先有伟大的结论，后以此结论作为根据重复证明已有的结论：既然伟大，自然不可能是不伟大。这是不合逻辑的循环论证。其实，万章的疑问恰恰是百里奚是否真的那么伟大。

其他也是如此，舜又孝又悌，所以他不可能对欲杀害自己的父亲与弟弟有怨言，但显然此说不能成立。如果当真又孝又悌，就更应该坚决中止父亲瞽瞍与弟弟象的丧心病狂的罪恶行事，放到今天，舜应该报警。孟子的说法，禹也是因天意天心而成为圣君的，既然是圣君，当然就不可能存在道德衰微的可能。这也不能回答万章的疑问，即使儿子特别贤能，也得不出子子孙孙永远贤能的天意判断，代代传下去，直到夏桀，没有办法再说是多么样地符合天意天心了吧？为什么夏禹会"家天下"起来呢？说孔子是圣人，怎么可能住不应该住的地方？问题在于，不论多么伟大的人物，都不是瞬间完成自己的伟大的，谁都可能有过艰窘狼狈、进退为难的处境，谁都可能有过降格以求，在人屋檐下、不得不低头的遭遇。即使孔子住了太监家，大舜对父亲与弟弟产生负面观感，大禹在传位事宜上有考虑不周的表现，百里奚为了一生的事业不惜忍辱负重、自卖其身了，也不能否定他们的品质、事功、历史影响上的伟大光辉一面。东周时期的大人物中，有过艰难曲折屈辱经历的人多了去了。勾践更是为了越国大业而无所不用其极，卧薪尝胆的精神至今为人们正面接受；后世的韩信之受胯下之辱的故事也是脍炙人口。不必把大人物的行为轨迹设想得完全直线化与单面化。

卷十　万章章句下

———— 10.1 ————

孟子曰："伯夷，目不视恶色，耳不听恶声。非其君，不事；非其民，不使。治则进，乱则退。横政之所出，横民之所止，不忍居也。思与乡人处，如以朝衣朝冠坐于涂炭也。当纣之时，居北海之滨，以待天下之清也。故闻伯夷之风者，顽夫廉，懦夫有立志。

王解： 孟子说："伯夷这个人，眼睛不看令人厌恶的形色，耳朵不听令人厌恶的声响。不是他认定的君王，他不侍奉；不是他认定的民人，他不役使。国家治理得有章法，他参与并追求上进；国家治理得混乱，他后退回避。出现了强暴的行政，出现了强暴的民人，这样的地方他住不下去。他会感到，与这样的乡巴佬相处，就像穿着朝廷正装坐到泥沼或者炭灰上。在商纣在位的时候，他迁移到了北海边上，等待天下的清平。所以说，得知了伯夷的风格，一个低下贪婪的人会变得廉洁，一个懦弱胆怯的人会变得有志气、有追求。

"伊尹曰：'何事非君？何使非民？'治亦进，乱亦进，曰：'天之生斯民也，使先知觉后知，使先觉觉后觉。予，天民之先觉者也。予将以此道觉此民也。'思天下之民匹夫匹妇有不与被尧舜之泽者，若己推而内之沟中——其自任以天下之重也。

王解："伊尹的说法是：'（士大夫）侍奉的，哪个人不是君王呢？（士大夫）所役使的，哪个人不算百姓呢？'所以说天下有章法，他要上进与参与，天下大乱，他也要上进与参与。他的说法是：'上天使得民人出生生存，就是要让民人中先知晓事理的那部分人去启迪后知晓事理的人，让先有所觉悟的人去启发后觉悟的那一部分人。我就是那种被上天赐予先知先觉的人喽，我的使命是以我的觉悟去启发民人的觉悟。'我如果搞得天下的普通男人女人得不到尧舜的恩泽，那不是等于我把他们推到了沟壑里头去了吗？他把自己对天下百姓的使命看得非常重大。

"柳下惠不羞污君，不辞小官。进不隐贤，必以其道。遗佚而不怨，厄穷而不悯。与乡人处，由由然不忍去也。'尔为尔，我为我，虽袒裼裸裎于我侧，尔焉能浼我哉？'故闻柳下惠之风者，鄙夫宽，薄夫敦。

王解："柳下惠呢，不介意君王有什么缺点，不拒绝官职的低下，进入为政圈子，就不藏掖自己的贤明主张，就要尽力以自己的正道来处理政务。被冷漠遗忘了，他没有什么怨尤，碰壁陷入困境了，他也不消极。与乡下人一道，他眷恋难舍。（他的想法是：）'你是你，我是我，你在我身旁哪怕脱得精光，又能污染我什么地方呢？'这样，得知柳下惠风格的人，鄙陋的人会变得心胸开阔，刻薄计较的人，会变得淳朴敦厚。

"孔子之去齐，接淅而行；去鲁，曰：'迟迟吾行也，去父母国之道也。'可以速而速，可以久而久，可以处而处，可以仕而仕，孔子也。"

孟子曰："伯夷，圣之清者也；伊尹，圣之任者也；柳下惠，圣之和者也；

孔子，圣之时者也。孔子之谓集大成。集大成也者，金声而玉振之也。金声也者，始条理也；玉振之也者，终条理也。始条理者，智之事也；终条理者，圣之事也。智，譬则巧也；圣，譬则力也。由射于百步之外也，其至，尔力也；其中，非尔力也。"

王解："孔子离开齐国的时候走得很快，离开鲁国的时候，慢慢腾腾，还说：'我走得很缓慢呀。这是离开自己的故邦即父母之邦时候的做法。'该快就快，该慢就慢。可以住就住，可以应聘任职就出任。这才是孔子哟！"

孟子说："伯夷，是圣贤中的清纯者。伊尹，是圣贤中的担当者。柳下惠，是圣贤中的平和者。孔子，是圣贤中的因应时势、符合时势需要者。孔子可以说是集大成、最全面的，也就是金声而玉振的人。金声，是说他做任何事都开始得极有章法。玉振，是说他做所有的事结束得很有章法。能够开始得有章法的人，是智者。能够结束得有章法的人，是圣者。智，使人变巧；圣，使人变得有力度。就像是射箭射到百步以外，射得到，是由于你有力度，射得中，就不仅是靠力度了。"

点悟：《论语》里也讲了几个名人乱世中的进退去取，其中伯夷、柳下惠与孟子所讲重叠。孔子讲得更简约平和，孟子讲得更透彻鲜明。

圣之清者伯夷，圣之和者柳下惠，不但有自己的进退去取之道，而且他们的风格、风度、作风能改变一些平庸的人，能影响世道人心，前者使得顽者廉、懦者立志；后者使得鄙夫宽、薄夫敦。太伟大了，他们的存在起了移风易俗、美化人品的作用。中国传统文化中关于立德的思想，在这里变得非常具有魅力。不是道学，更不是空话，不是念经，而是活泼泼、实在在的人格。人格万岁！

孔子更伟大，是集大成者，是孔子讲述了乱世进退去取之道，而且"无可无不可"（《论语·微子》），即承认选择的多样性。但孟子这里举的孔子事例只是孔子离齐时走得快、离鲁时走得慢，事例太小，结论太大了。也许孟子的用意在于孔子做什么事都有一定的含义，恰到好处，恰如其分。

金声玉振的说法，开端与结束的说法，尤其是强调结束时的玉振才是圣者的表现，隐含着好的结束比好的开端更重要也更难于做到的含义。然后是力与智、远与巧的分析，启发人。把撞钟响亮地振动出来金声，到击磬回声不绝震荡扩散"寥亮于区寓"的声学现象喻为智者、圣者对于人世的振作与绵绵不绝的影响，非常美，又非常哲学，非常道德伦理，显示了传统文化的真善美一元化观念。

---

10. 2

北宫锜问曰："周室班爵禄也，如之何？"

孟子曰："其详不可得闻也，诸侯恶其害己也，而皆去其籍；然而轲也尝闻其略也。天子一位，公一位，侯一位，伯一位，子、男同一位，凡五等也。君一位，卿一位，大夫一位，上士一位，中士一位，下士一位，凡六等。天子之制，地方千里，公侯皆方百里，伯七十里，子、男五十里，凡四等。不能五十里，不达于天子，附于诸侯，曰附庸。天子之卿受地视侯，大夫受地视伯，元士受地视子、男。大国地方百里，君十卿禄，卿禄四大夫，大夫倍上士，上士倍中士，中士倍下士，下士与庶人在官者同禄，禄足以代其耕也。次国地方七十里，君十卿禄，卿禄三大夫，大夫倍上士，上士倍中士，中士倍下士，下士与庶人在官者同禄，禄足以代其耕也。小国地方五十里，君十卿禄，卿禄二大夫，大夫倍上士，上士倍中士，中士倍下士，下士与庶人在官者同禄，禄足以代其耕也。耕者之所获，一夫百亩；百亩之粪，上农夫食九人，上次食八人，中食七人，中次食六人，下食五人。庶人在官者，其禄以是为差。"

王解：北宫锜问孟子："周朝时定下来的爵位级别与俸禄待遇，是怎样的呢？"

孟子说："我也没有听到过详情，原因是诸侯们不喜欢那些与己不利的规定，没有保留那些典籍。我得知的是其大概：（在周的中央政权这里）天子是一级，公是一级，侯是一级，伯是一级，子与男是同一级，一共分五级。（还有一个系列，）国君是一级，卿是一级，大夫是一级，上士是一级，中士是一级，下士是一级，一共六级。天子直接统制的地盘方圆千里，公与侯是方圆百里，伯是方圆七十里，子与男是方圆五十里，共分四等。不到五十里方圆的，不能直接由天子管理，只能附属于诸侯，叫作'附庸'。天子的卿接受封地根据公与侯的标准，大夫接受封地根据伯的标准，元士接受封地按照子与男的标准。一个大侯国拥有方圆百里的国土，它的国君拥有的俸禄是卿的十倍。卿拥有的俸禄是大夫的四倍，大夫的俸禄两倍于上士，上士的俸禄两倍于中士，中士的俸禄两倍于下士，下士的俸禄与百姓入官府供职的人一样，倒也足够抵得上一个人下地耕作。小侯国是方圆五十里，君王俸禄是卿的十倍，卿的俸禄是大夫的两倍，大夫的俸禄是上士的两倍，上士的俸禄是中士的两倍，中士的俸禄是下士的两倍，下士的俸禄与百姓入官府当差的人一样，所得俸禄倒也足够抵得上去农田的耕作。耕种田亩的人的所得，是一家种一百亩地，一百亩地的种植，上等的可以养活九个人，上二等的养八个人，中等的养七个人，中下等的养六个人，下等的养五个人。百姓进入了官府，就是按这个标准来划分俸禄标准的。"

点悟：听孟子讲周朝的官员俸禄，很有意思。已经进入农业社会，一个社会，两种人，一种是治于人的农民，一个是治人的权力系统——君王、卿、大夫、上士、中士、下士、庶民为官者。俸禄单位按农民耕作收入，其中再分成上中下三等。此外工商行业多半甚不发达，未足挂齿。

耕作收入为基数一（上一，中一，下一），庶民官员同下士一，中士二，上士四，大夫八，卿在大侯国是三十二，在小侯国是十六。君王大侯国三百二十，小侯国一百六十。层次不多，但拉开的距离相当惊人。

尊卑长幼，阶级社会，上下分明，但层次不繁复。与那时相比，现在的工薪人员、公务员、领导人，分得就令人头昏脑涨了。

—— 10.3 ——

万章问曰："敢问友。"

孟子曰："不挟长，不挟贵，不挟兄弟而友。友也者，友其德也，不可以有挟也。孟献子，百乘之家也，有友五人焉：乐正裘，牧仲，其三人，则予忘之矣。献子之与此五人者友也，无献子之家者也。此五人者，亦有献子之家，则不与之友矣。非惟百乘之家为然也，虽小国之君亦有之。费惠公曰：'吾于子思，则师之矣；吾于颜般，则友之矣；王顺、长息则事我者也。'非惟小国之君为然也，虽大国之君亦有之。晋平公之于亥唐也，入云则入，坐云则坐，食云则食；虽蔬食菜羹，未尝不饱，盖不敢不饱也。然终于此而已矣。弗与共天位也，弗与治天职也，弗与食天禄也，士之尊贤者也，非王公之尊贤也。舜尚见帝，帝馆甥于贰室，亦飨舜，迭为宾主，是天子而友匹夫也。用下敬上，谓之贵贵；用上敬下，谓之尊贤。贵贵尊贤，其义一也。"

王解：万章问："我能不能请问您对交友的见解？"

孟子说："不要自居长上，不要自居高贵，不要自诩兄弟家人势力强大来交友。交友是互相看中了对方的德行，不是由于哪一方有其他可以倚仗贪图的势力。孟献子是个拥有百辆马车的大人物，他有五个好朋友，一个是乐正裘，一个是牧仲，另外三个人我忘记了。献子与他们成为朋友，与献子的家族势力无关。如果这五个人心里有的是孟献子的家族势力，孟献子反而不会与他们为友了。不仅一个拥有百辆马车的大户如此，小国的君王也是这样考虑问题的。费惠公说过：'我对于子思，是以他为老师；对于颜般，是以他为友；对于王顺、长息，是以他们为仆役。'其实不仅小国君王，大国君王也是有自己的友人的。晋平公到亥唐那里，说请进他就进，说请坐他就坐，说请用餐他就吃，即使只有蔬菜汤羹，他也一定要吃饱。从来没有不饱食过，为什么，他不敢不往饱里吃。（他们的友情）到此为止，（友，）并不可能与他分享王位，不可能与他分担王事，不可能与他共享君王的俸禄。这是一般士人对于贤者的态度，但是还不是王公大人对于贤者应持的态度。舜当年谒见唐尧的时候，尧请这位女婿住在另一处宫殿里，招待舜与他共用餐饭；有时互为宾主，彼此宴请。这是天子对匹夫的友谊。以下敬上，叫作尊重贵人；以上敬下，叫作尊重贤者。尊重贵人也好，尊重贤者也好，它们的道理是一致的。"

点悟： 传统中华文化非常重视交友，见贤思齐也好，三人行必有我师也好，都包含着友谊的内容。交友有利于学习提高，丰富自己，扩大眼界，汲取营养。这是一方面。交友也有利于自己的前途出路，有利于力量的壮大，这方面孟子没有怎么讲，也可能有意避讳这种功利化思路。

孟子论交友，对于一般士大夫，他强调的是道德化与非功利化。对于小国君王费惠公，他强调的是定性定位，适可而止。对于大国君王晋平公，虽然他与朋友亥唐保持着良好的交往，但孟子在肯定晋平公对好友毕恭毕敬的同时，又不无遗憾地认为平公没有做足做够。什么叫足够，似乎是以唐尧对待舜为范例。以尧舜关系讲友谊，又不能完全服人，因为舜是尧的女婿加王储。一个帝王，能不能将朋友一律按女婿加王储对待，窃有疑焉。

说孟献子与五个朋友的关系与孟的富贵高上地位与实力无关。该人有五个朋友，这是容易判断出来的，同时说此五人从未考虑过他们的共同友人的地位与实力，不知根据是什么。然后说，如果有关，孟献子就不会与他们交友了。又是用结论做前提，使前提等同于结论，影响了这一重要判断的深度与说服力。如果说孟献子对友人的交友动机的甄别即是结论，那么甄别也可能有误。浩然雄辩的孟子常常现出逻辑上的瑕疵，唉。

万章问曰:"敢问交际何心也?"

孟子曰:"恭也。"

曰:"'却之却之为不恭',何哉?"

曰:"尊者赐之,曰:'其所取之者义乎,不义乎?'而后受之,以是为不恭,故弗却也。"

曰:"请无以辞却之,以心却之,曰:'其取诸民之不义也。'而以他辞无受,不可乎?"

曰:"其交也以道,其接也以礼,斯孔子受之矣。"

万章曰:"今有御人于国门之外者,其交也以道,其馈也以礼,斯可受御与?"

曰:"不可;《康诰》曰:'杀越人于货,闵不畏死,凡民罔不憝。'是不待教而诛者也。殷受夏,周受殷,所不辞也;于今为烈,如之何其受之?"

王解:万章请教孟子:"我可不可以问一下在交际中应持的心态?"

孟子说:"关键在于对他人要尊重。"

万章说:"人们说'再三推辞就是不尊重',这是什么意思呢?"

孟子说:"尊长对你有所赏赐,你先要想'他给我的这个财物,得来的是合理的还是不合理的呢',然后再接受,这就是对人不尊重啊。所以,(对尊长的赏赐)不能拒绝。"

万章说:"可以不用那样的说辞嘛,如果心里想的是他获得某种财物是不合理的,可以用其他说法来拒绝接受,也不可以吗?"

孟子说:"如果双方的交往符合正道,彼此的接待符合礼法,孔子也会接受馈赠的了。"

万章说："如果现在有个在城外抢劫的强盗，和你交往得符合正道，给你赠送礼物符合礼法，难道也可以接受吗？"

孟子说："那当然不行。《康诰》上记载：'杀了人，抢了物，蛮横不怕死的强人，这样的人是没有谁不深为痛恨的。'对于这样的人，不用考虑怎么样去教育挽救他，就可以杀掉他的。这个规定从夏到殷商，从商到周，是一脉相承没有改变的。到今天，这样的事情大家看待得更加严重了，怎么可能去接受他的赠礼呢？"

曰："今之诸侯取之于民也，犹御也。苟善其礼际矣，斯君子受之，敢问何说也？"

曰："子以为有王者作，将比今之诸侯而诛之乎？其教之不改而后诛之乎？夫谓非其有而取之者盗也，充类至义之尽也。孔子之仕于鲁也，鲁人猎较，孔子亦猎较。猎较犹可，而况受其赐乎？"

王解：万章问："现在的诸侯，劫掠民人，如同前面所说的强盗，但是如您所说，只要他们的交际行事符合礼法，君子们也就接受了而不问其他。请问这该怎样解释呢？"

孟子回答："你是不是认为有那么一个能够称王于天下的人，会把现在的这些诸侯不分青红皂白，一律诛杀掉呢？还是教训他们一下，如果不改正再诛杀掉呢？认为他们取得了原先并未具有的一切便如同劫掠，这只是极而言之的一种道理论述。（并非说他们就与杀人越货的强盗完全一样。）孔子在鲁国，那时鲁国人有争夺猎物的风俗，孔子也曾参加争夺猎物，既然猎物都可以争夺，何况是赠予的物品呢？"

曰："然则孔子之仕也，非事道与？"
曰："事道也。"

"事道奚猎较也？"

曰："孔子先簿正祭器，不以四方之食供簿正。"

曰："奚不去也？"

曰："为之兆也。兆足以行矣，而不行，而后去，是以未尝有所终三年淹也。孔子有见行可之仕，有际可之仕，有公养之仕。于季桓子，见行可之仕也；于卫灵公，际可之仕也；于卫孝公，公养之仕也。"

王解：万章问："那么孔子做官，不是遵循自己的正道原则吗？"

孟子说："是遵循正道的原则呀。"

万章问："既然遵循正道原则，为什么还要争夺猎物呢？"

孟子说："孔子在争夺猎物之前已经用文书规定了祭祀用的物品，不是可以拿随便什么地方的物品来祭祀的。"

万章问："（既然孔子坚持自己的祭祀用品标准，实现不了时）他为什么不离开那边？"

孟子说："孔子为官，要先看看。能按正道走，却不肯按正道走，他就会离去。所以他一生做官，没有达到过三年时间的。孔子做官，有的是认为可以推行他的正道才做的，有的是认为君王礼遇优渥才做的，还有的是因为得到国君以养贤之礼的奉养才做的。在季桓子那里，孔子为推行正道而做官。在卫灵公那里，孔子是为报答礼遇而做官。在卫孝公那里，则是为了获取给养而做官。"

点悟：收受礼品是一种交际，交际中最重要的是道和礼。相识相交，要求的是社交的正道，不是以非法的、不道德的、邪恶的目的与手段而交往。赠送与接受赠礼，则需要符合礼法。二者的核心是彼此的尊重。

却之不恭，长久以来是公认的成语，说全了则是受之有愧、却之不恭。说明了久久以来人们在接受赠礼时的尴尬心态，接受别人赐赠，内心并不轻松，至少会觉得不安，不好意思，各有各的财产，为什么你要赐赠而我要接受呢？

"却之却之"，拒绝了一回再一回，又会使赠予者不好意思，因为你又不能否认赠予行为本身，多数情况下是一种友好乃至示爱、取悦心理的表现。

那个时候的孔孟，可能还没有见识到行贿、受贿的可能。尤其是对于掌握了公权力的人来说，收受礼物，理应从严掌握，严肃对待。孟子这里的所讲，对于喜欢送礼、乃至惯于以送礼开路的华人来说，留下的空隙实在是太大了。中国人的过分的面子观念，可能与孔孟的"却之不恭论"有关。

也与孔子的以礼治国的观念有关，以礼法代替刑法，这是孔子的文化理想主义。大家都效仿圣贤，都争做君子，都文质彬彬、优雅高尚、通情达理、舒适谦恭，自然就是和谐美妙、不争不伤了。而礼的要义在于不让旁人感到不舒服。在中国，正如老子所言，"美斯恶已"，礼了半天也可能礼出恶劣的结果来。例如请客送礼，常有恶劣一面的后果。也如庄子所言，神奇可以化为臭腐，臭腐化为神奇。一味不让别人不舒服，连所赠是否为不义之财都不准考虑，这样的"礼"，太危殆、太臭腐了。

万章提出对于"交也以道，其馈也以礼"就可以接受原则的质疑，提出强盗也可以在给某人赠礼上做到以上的道与礼。孟子驳斥说强盗罪大恶极，不适用上述道与礼的原则，这等于承认道与礼的原则不是全部有效的，而讲符合道与礼就可以接受馈赠的说法是照顾不周到的，等于说除了交往之道与赐赠之礼以外，什么人来送礼，还是有底线的，还是要有所甄别的，这说明，万章的质疑是正确与必要的，孟子自己原来讲得不全面。

万章继续提出诸侯也有近似劫掠的罪行，此话本来出自孟子本人，例如他对梁惠王的谴责，但是讲到交际，他强调那种对于诸侯的不仁不义的指责乃是极而言之，不能完全当真与落实。这样说固然缺乏严密性，但还合乎情理。然后用没有哪个王者对诸侯大开杀戒，那就又是用前提直接表述结论了。因为万章要问的恰恰是，虽然尚未罪恶到人人得而诛之，涉嫌劫掠的侯王，他的不义之财难道可以受之无愧吗？这是一个良心自律的问题，而不是要推行"行不义"乃至仅仅是"睹不义"之侯王必诛杀之——这样一个刑法。将受还是不受礼、受之还是却之却之、是不是不恭复不恭之……与是否需要诛杀、是否已经大肆诛杀，放在一个筐子里挑选，也有些不伦不类。

至于孔子做官问题，孟子讲得尤其是通情达理，体贴入微。可以先试试看看，可以因受到礼遇而就位，可以因有被养的需要而接受乌纱帽。够难为孔子与为之辩护的孟子的了。

孟子对于掌权的诸侯卿相，是相当严厉的。对于圣贤，则特别能体谅。

孔子一生做官，没有达到过三年以上的？妙哉！圣人不是官僚，圣人决不在官场蝇营狗苟。圣人重理想、重道义、重尊严，官场上当起差来，绝对长不了。同时圣人不是酸儒、腐儒、书呆子，他有"为生民立命""为万世开太平"的参与冲动，不会只落下一个"白发死章句"（李白）、"寻章摘句老雕虫……文章何处哭秋风"（李贺）的下场。呜呼，善哉，悲夫！

"未尝有所终三年淹也"，算是丝丝入扣，说到王某心里去啦。

---------- 10.5 ----------

孟子曰："仕非为贫也，而有时乎为贫；娶妻非为养也，而有时乎为养。为贫者，辞尊居卑，辞富居贫。辞尊居卑，辞富居贫，恶乎宜乎？抱关击柝。孔子尝为委吏矣，曰：'会计当而已矣。'尝为乘田矣，曰：'牛羊茁壮长而已矣。'位卑而言高，罪也；立乎人之本朝，而道不行，耻也。"

王解：孟子说："做官并不仅仅是为了改变贫穷，但有时候为了改变贫穷状态而做官（也是可以理解的）；娶妻并不仅仅是为了侍养父母，但有时候考虑到侍养父母（也是可以理解的）。为解决贫穷问题而为官，就要拒绝高官，接受低微官职，拒绝高俸禄，接受低微俸禄。拒高就低，拒富就贫，怎么样才合适呢？像门卫打更什么的就可以。孔子做过粮食仓库管理小吏，那时他说的是：'出入账目吻合。'他也曾经管理过牲畜，那时他说的是'牛羊都在茁壮成长'罢了。如果地位卑微，却说什么高大的话题，那会是一种过失。如果那时进入本国的朝廷，却不能推行正道，就是可耻的了。"

点悟：这是一个有意味的话题，一个是部分与全体，一个是低级与高级，对于入仕，增加收入脱贫，是一个低级与微小的目标；但是孟子承认这也是目标的一个低级与微小的组成部分，不是主要部分，更不是全部，但仍是允许存在的细小部分；是低目标不是高目标，更不是最终追求。他讲得合情合理，不温不火，把大与小、高与低、主与次、公与私的位置摆得恰当。这也如鲁迅喜欢引用的说法："鹰有时候低飞如鸡，而鸡无可能高飞如鹰。"

娶媳妇为做家务与侍养父母，同样是低微目标。高大上的目标孔孟认为是传宗接代，延续香火；《诗经》的说法是"执子之手，与子偕老"；今人认为是爱情；也有别的说法如"只求一时拥有，不求天长地久"，那就不必谈婚论嫁了。说法虽然不同，没有人把"养"父母说成娶妻的首要目标。

"养"，也可以解释为养妻室，旧时代，女人不嫁，本身的"养"就出现了问题。

其次，孔子讲"不在其位，不谋其政"，这指的是具体的行政事务，因为孔子一直在无位或位卑的情况下推行自己的仁政观。某种情况下"不谋"，原因可能在于自我保护。这里孟子说了，位卑言高，是"罪"。但孔孟的言论一直很高大上，一直是"谋大政"。

孔子还说过："群居终日，言不及义，好行小慧，难矣哉！"似乎他也不赞成位卑就不说高论。

位卑言卑，是一个原则，为的是不僭越即不越位。位卑言犹及义，是另外一方面的原则，为的是"我欲仁，斯仁至矣"（《论语·里仁》）。

孟子讲了孔子位卑言卑的两个故事，好处是让你明白事理，走哪说哪，上什么山唱什么歌，不足之处是达不到孟子所说的不淫、不移、不屈、浩然之气的大丈夫高标准。

万章曰："士之不托诸侯，何也？"

孟子曰："不敢也。诸侯失国，而后托于诸侯，礼也；士之托于诸侯，非礼也。"

万章曰："君馈之粟，则受之乎？"

曰："受之。"

"受之何义也？"

曰："君之于氓也，固周之。"

曰："周之则受，赐之则不受，何也？"

曰："不敢也。"

王解：万章问："士人不能依附于诸侯，这是为什么呢？"

孟子答："不敢那样做的。一个诸侯，失去了自己的国家（地盘），然后依托投靠于其他诸侯，这是合乎礼法的；而一个士，却没有这样的礼法（理由）去投靠诸侯。"

万章问："如果君王赠送粮食给一个士，士能不能接受呢？"

孟子说："接受。"

"为什么可以接受呢？"

孟子说："君王对于外面来的士人，有接济的道理。"

"接济就可以接受，赐赠就不可以接受，这是为什么呢？"

孟子说："他不敢（不够格）接受赐赠。"

曰："敢问其不敢何也？"

曰：“抱关击柝者皆有常职以食于上。无常职而赐于上者，以为不恭也。”

曰：“君馈之，则受之，不识可常继乎？”

曰：“缪公之于子思也，亟问，亟馈鼎肉。子思不悦。于卒也，摽使者出诸大门之外，北面稽首再拜而不受，曰：‘今而后知君之犬马畜伋。’盖自是台无馈也。悦贤不能举，又不能养也，可谓悦贤乎？”

王解： 万章问：“可不可以问一下，您说的‘不敢’，其道理何在呢？”

孟子说：“以看门打更的人为例，他是有经常的职责任务的，（履行了这些职责，）当然可以接受上面的给养。如果你没有经常的职责任务却以接受上面的赏赐为生，那就是（对上、对职责、对给养、对自身的）不尊重。（是不敢接受赐赠的。）”

万章说：“君王赐赠给你了，你也就接受了，不知道可不可以持续这样做？”

孟子说：“鲁缪公对于孔子的孙子子思，常常去看望，还派人送一些熟肉。子思对此不太高兴，终于有一天把派来的人赶到门外，向北施大礼表示拒绝，并且说：‘如今知道君王是把我当成犬马样地饲养啊！’这样从此也就不再给子思馈赠了。如果一个君王欢迎贤士，却不能重用他，又不能依礼奉养，这能算是欢迎贤士吗？”

曰：“敢问国君欲养君子，如何斯可谓养矣？”

曰：“以君命将之，再拜稽首而受。其后廪人继粟，庖人继肉，不以君命将之。子思以为鼎肉使己仆仆尔亟拜也，非养君子之道也。尧之于舜也，使其子九男事之，二女女焉，百官牛羊仓廪备，以养舜于畎亩之中，后举而加诸上位，故曰，王公之尊贤者也。”

王解： 万章问：“请问君王要奉养君子，怎么样做才算得上是依礼奉养呢？”

孟子说：“以国君的名义奉养君子，君子要行大礼再拜接受。底下由管粮仓的人送来米粮，由管炊事的人送来肉菜，就用不着以君王的名义来赠送了。像原来子思那样，为一点熟肉也要辛辛苦苦地行礼再拜，那不是奉养君子的合适的方法。当年唐尧对待舜，让自己的九个儿子去侍候，将自己的两个女儿嫁给舜为妻。百官、牛羊、仓库都准备好了提供服务，使舜还在田野中务农的时候已经得到了很好的奉养，最后推举舜担任了高位，所以人们说，这是王公尊重贤士的范例。"

点悟：孟子强调士人的尊严，在乎各个细微的方面，指出例如动辄以君王名义赠礼，其实起不了养士的作用，反而增加了士人的礼节——心理负担。因此，不应该过于频繁地以君王的名义赠送比较一般的食物。强调诸侯君王对待士人要小心翼翼，注意合乎礼法，肯定有它的针对性。孟子认为不能过度地官本位，他提倡注意德本位、学本位、道术本位，也就是士或知识分子的主体性、独立性与重要性。这在今天看来有点幻想的意思，也有它的值得思考的地方。

比较起来，孔子多讲君子，孟子多讲士。对君子讲得多的是风度与修养要求，对士讲得多的是尊严与善待。但这里讲着讲着士，突然变成君子了。

以尧对舜来树君王对君子的标杆，太夸张了，尧哪里仅仅是对君子、对士，那是对王储，对女婿呀，别人怎么攀比？

———————————————— 10.7 ————————————————

万章曰："敢问不见诸侯，何义也？"

孟子曰："在国曰市井之臣，在野曰草莽之臣，皆谓庶人。庶人不传质为臣，不敢见于诸侯，礼也。"

万章曰："庶人，召之役，则往役；君欲见之，召之，则不往见之，何也？"

曰："往役，义也；往见，不义也。且君之欲见之也，何为也哉？"

王解：万章问：“可不可以问一下，所谓的士人不要去谒见诸侯，是什么意思呢？”

孟子说：“在城市里叫作市井中的臣下，在田野里叫作草莽中的臣下，这些都是平头百姓，平头百姓是不可以向诸侯称臣送礼的，他们也不可以去拜见诸侯，这是礼法所规定的。”

万章问：“（如果真是）平头百姓，分配给他们什么差役劳役，他们就会听从去服役。那么君王想见士了，召见他们，他们反而不听从、不去见，这叫什么道理呢？”

孟子说：“去服劳役，那是有这个道理、这个说法的。去进谒见面，则是没有这个道理、这个说法的。而且，君王想要见一个普通士人，那又是为了什么呢？”

曰：“为其多闻也，为其贤也。”

曰：“为其多闻也，则天子不召师，而况诸侯乎？为其贤也，则吾未闻欲见贤而召之也。缪公亟见于子思，曰：‘古千乘之国以友士，何如？’子思不悦，曰：‘古之人有言曰，事之云乎，岂曰友之云乎？’子思之不悦也，岂不曰：‘以位，则子，君也；我，臣也；何敢与君友也？以德，则子事我者也，奚可以与我友？’千乘之君求与之友而不可得也，而况可召与？齐景公田，招虞人以旌，不至，将杀之。志士不忘在沟壑，勇士不忘丧其元。孔子奚取焉？取非其招不往也。”

王解：万章说：“那是因为某个士人见多识广，因为他为人贤德呗。”

孟子说：“说是为了被召见的人见多识广吧，（自古）天子是不能召见老师的，更不要说是诸侯却要召见老师了。说是为了被召见的人的贤德吧，更没听说过要见贤人能召见的。话说鲁缪公常常去拜见子思，问子思说：‘古代拥有千辆战车的诸侯要与一个士人为友，他该怎么办呢？’子思不高兴地说：‘古代的人说过，侍奉就是侍奉，那不叫交友。’子思的不高兴，含义岂不是：‘论地位，你是君我是臣，我怎么敢与你论什么朋友呢？论德行，你应该侍奉我，怎么谈得到与我交友？'拥有千辆战车的君王想与一个子思交朋友都够不着，何况还要召见呢！齐景公去打猎，用饰有羽毛的旗子召见猎场管理人员，管理员不来，齐景公想杀他，这就叫'有意志、讲原则的人不怕抛尸山野沟壑，有勇气、敢担当的人不怕掉脑袋'。孔子为什么认为这位管理员是可取的、值得赞扬的呢？你的召见不符合礼法，我就不听、不去。"

曰："敢问招虞人何以？"

曰："以皮冠，庶人以旃，士以旂，大夫以旌。以大夫之招招虞人，虞人死不敢往；以士之招招庶人，庶人岂敢往哉？况乎以不贤人之招招贤人乎？欲见贤人而不以其道，犹欲其入而闭之门也。夫义，路也；礼，门也。惟君子能由是路，出入是门也。《诗》云：'周道如底，其直如矢；君子所履，小人所视。'"

万章曰："孔子，君命召，不俟驾而行；然则孔子非与？"

曰："孔子当仕有官职，而以其官召之也。"

王解： 万章问："那么请问，应该怎样召见猎场管理员呢？"

孟子说："要用皮帽。召见百姓用红绸曲柄旗，召见士用有铃铛的旗，召见大夫才用有羽毛的旗子。你如果用召见大夫的旗子去召见管理员，管理员宁死也不敢从命前去。用召见士人的旗子去召见百姓，百姓怎么会敢于应承前去呢？何况是用召见不贤的人的方式来召见贤人呢？你想见到贤人，却不按那应有的正道去做，就与想请谁进来却关闭大门是一样的。要说这个义理是道路，礼法是大门。只有君子人才会走这样的正道，出入这样的大门。《诗经》的说法是：'大道平如磨石，直如弓矢，君子走的是这样的大路，小人也要学样注视。'"

万章说："那么如何解释孔子呢？君王一召见他，不等马车备好，他赶紧出动，难道是孔子做得不妥吗？"

孟子说："孔子其时是入仕当了官的，君王是将他作为官员来召见的。"

点悟：孟子在士与地位上非常较劲。从地位上说，鲁王与子思的身份是君与臣，鲁王在上，子思在下；从德行上说，子思在上，鲁王在下。一个多闻，一个贤，你就不必自居卑下，你就应该自居帝王之师，自居于权力之上。德高于权，贤高于位，多闻（这里已经有知识、学问的含义）大于多战车，知识分子要敢于较劲。

实行起来不无困难，但至少夫子留下了这样几句其他圣贤没有留下的气势非凡的话语。

孟子论述，君王并没有向士发号施令的身份，因为我还没有入仕为官。这一点上，他似乎不像孔子那样急切地"沽之哉，沽之哉，我待贾者也"。

也可解释为：孟子此话中甚至不无"要官"的暗示，你要召见我，又不给任何官职，我没有理由接受召见。这是谦虚，是说自己没有资格被召见，这也是要条件，不能廉价"沽之哉"，孔子也是"待价"而沽嘛。

孟子气势够了，实际上仍然注意不敢太翘尾巴，他举的猎场管理员不服召唤的例子，是因为齐王用了召见大夫的旗帜召见他，他岂敢僭越狂妄、忘记自己是老几？他是因谦卑而抗命，而非因自傲而顶撞。这个例子很绝。

道是路，礼是门，精彩，天下诸事大体如此：第一，你对道路要有正确的选择，要讲原则性；第二，你对程序要有明晰的把握，要毕恭毕敬。否则，你用心好，路子正，照样可能碰壁失败。还可以加上德是本——根本与资本，位是用——应用与效用。

诸侯可不可以与士人为友，这一段说的与本卷第三节讲到费惠公时援引的说法不一致。

具体说法与现时代的距离比较远，可能有不易体会的地方，孟子非常注意士与诸侯君王的关系及相处相见，极其认真，极其小心，则是无疑义的也是值得后人汲取消化的。至少，他不急于依附权力，不急于推销自身。这是对人有启发的。

孟子谓万章曰："一乡之善士斯友一乡之
善士，天下之善士斯友天下之善士。以友天下之善士为未足，又尚论古之人。
颂其诗，读其书，不知其人，可乎？是以论其世也。是尚友也。"

王解：孟子对万章说："一个乡村里的优秀士
人的友人；一个侯国的优秀士人，便会成为本乡诸优秀士
人的友人；一个侯国的优秀士人，便会成为本侯国诸优秀士人的友人；其影响
在天下的优秀士人，便会成为天下诸优秀士人的友人。如果觉得已经成为天下
的优秀士人的友人了，但仍然不能满足，那就要崇尚古代的优秀士人：吟咏他
们的诗歌，阅读他们的著作，却不了解他们的为人，（不能成为他们的知音，）
那怎么可以呢？所以要研究他们所处的时代。这就是崇尚追求古代的友人了。"

点悟：孔子讲的是"见贤思齐"，是"三人行，必有我师"，是从"好
古敏求"的观点上谈一个君子的思贤若渴的心情。孟子这里，则将思贤、慕贤、
敬贤、学贤的心愿变成一种诚挚深切的友好心情，尤其是他将读古书尊先贤
的理性行为解释为与古贤为友的性情，并且是与天下贤为友、与国贤为友、
与乡贤为友的扩充与发展，他讲得多么可爱！原来你不但可以与你敬重喜欢
的同乡、同学、同事、同好、同志为友，还可以与先贤为友，可以与古圣为友，
可以与昔日的英雄豪杰、学者圣贤为友。颂其诗，读其书，知人论世，就是
将友情友义扩展到了古代。我们可以与轩辕、神农为友，可以与孔孟老庄为友，
可以与屈原、司马迁、李白、杜甫为友，可以与岳飞、文天祥为友，可以与
苏格拉底、柏拉图、黑格尔、马克思为友，也可以与托尔斯泰、巴尔扎克为友，
想一想，多么惬意！

齐宣王问卿。孟子曰："王何卿之问也？"

王曰："卿不同乎？"

曰："不同；有贵戚之卿，有异姓之卿。"

王曰："请问贵戚之卿。"

曰："君有大过则谏，反覆之而不听，则易位。"

王勃然变乎色。

曰："王勿异也。王问臣，臣不敢不以正对。"

王色定，然后请问异姓之卿。

曰："君有过则谏，反覆之而不听，则去。"

王解：齐宣王向孟子请教关于公卿的使命。孟子说："您问的是哪种公卿呢？"

宣王说："怎么？卿与卿还有什么不一样的吗？"

孟子说："是有所不同的。一种是本宗族的血统高贵的公卿，一种是外姓公卿。"

宣王说："请问本宗族的血统高贵的公卿该怎么样做呢？"

孟子说："遇到君王有比较大的过失，就要提出批评意见。反复提了批评意见，还不接受，那就要考虑更换君王的人选。"

宣王听后，一下子脸色大变。

孟子说："请君王不要以为我说的是奇谈怪论。是您问的我，我不能不掬诚相告。"

宣王的脸色正常了，精神安定了，便再请问外姓公卿的有关说法。

孟子说："君王如果有过失，就提出批评意见，反复提却得不到采纳，就辞职走人。"

点悟：孟子论政，波谲云诡。孟子坚持君权不是绝对的与至高无上的，君权是有条件的，堪称立论伟大。这里，民贵君轻是重要一条，君而不得民心，其权力就是可疑的了。仁德至上而非权力至上是又一条：无道无德，也就失去了合法性——合天意天道性。遵从礼法与义理是又一条，就是说程序上也不能轻乎任意。接受谏言，也是一条。

谏的观念与体制，应该说是非常精彩。当皇上的一个时期只能是一个人，能当忠臣的可就多了去了。忠不忠，看行动，不是看你的歌功颂德，一味歌功颂德的说不定是佞人——而看你敢不敢、会不会规劝君王的过失。就是说，要从观念上并且从体制上设立君王的一定的建设性的对立面。谏者，规劝也，劝君王改主意也。谏官的职责不是歌功颂德，而是当海瑞，提不同意见。有意识地、适度地树立、保留乃至培养几个必要的对立面，这确实是极高明的招术，当然实行起来并不容易，不但会出现"叶公好龙"的自相矛盾，而且会出现叶公屠龙的惨烈悖谬，同时会出现伪龙假冒、沽名钓誉的丑剧。孟子居然提出同宗公卿可以考虑换君王人选的说法，读者也会变色，何况宣王！公卿也罢，同宗也罢，考虑君王的"易位"，这可不是闹着玩的，这就是犯上作乱啊。

宣王时代，王权还不像后来那么泰山压顶。宣王脸变了色，然后来了个"色定"，还能平和地接着请教孟子，有点气量。今天一个科长如果他的属下指责他并且要求撤换他，他的反应可能不止于变色，而且不太可能经过一两分钟就把面色安定下来。

底下忽然说得很淡定，既是外姓人不能太坚持，不能有抢班夺权的动机与行动，再牛，你最多是辞职走人，高高举起，轻轻放下，重话狠语，烟消云散，闹了半天，不过如此。让我们设想一下，如果宣王先问异姓，后问本宗，孟子此章结束在"易位"上，那可就收不住了。

不知孟子意识到了没有，他的说法等于劝宣王，要特别慎用贵戚作为公卿。

卷十一 告子章句上

告子曰："性犹杞柳也，义犹杯棬也；以人性为仁义，犹以杞柳为杯棬。"

孟子曰："子能顺杞柳之性而以为杯棬乎？将戕贼杞柳而后以为杯棬也？如将戕贼杞柳而以为桮棬，则亦将戕贼人以为仁义与？率天下之人而祸仁义者，必子之言夫！"

王解：告子对孟子说："人性好比软树条原料，义理好比杯圈（盘）酒食之器。要让人性成为仁义道德，就好比把树条做成杯圈盛器。"

孟子说："您能顺应树条的本性将它们变成杯圈吗？还是毁伤了它们的本性把它们做成酒食盛器呢？如果是不惜毁伤树条才能做成盛器，那么也就是说要毁伤天下人众才能做到仁义道德了。引领着天下人众毁坏仁义，那肯定是你的这一番话语喽！"

点悟：告子认为人性要靠后天的教诲培养管束成为仁义，此话已被国人接受。"玉不琢，不成器，人不学，不知义"（《三字经》）是也。

　　客观地说，告子的人性无善恶，仁义靠后天的教化与引领的观点更符合今人的观念与现代社会的实际。因为它强调的是引领与教化的作用，而不相信自发性，不相信社会能够自行发展进步，不相信人能自然而然地义理通透与仁德至上。

　　孟子激烈地否定告子的说法。其反应源于他的主张：权力系统与圣贤精英，他们的一切引领教化，只能建立在人性、天性、天命的基础上，不能建立在威权系统与圣贤们的人为需要、为政需求上。事实是：权力符合人性才是符合天意，圣贤之道符合人性才是符合天命。

　　这里还有一个问题，一切人为的努力：引领、教化、灌输、打造、制作、价值认定、信仰认定，究竟是人性的滋养与成长，抑或是人性的毁伤与戕害？是绝对化的无为而治乃至做到道法自然更好、更圆满，还是应该通过正确的与适度的引领把人的本性引导到顺应自然、保护自然，同时满足社会文化的需要，即适度地改造自然与塑育性情，改善而不是改恶自然人性的轨道？孟子在这里反感于告子的将杞柳制作成杯棬的说法。孟子这里的表态实际上是在向老子靠拢。孔子反而不是这样说的，孔子相信孝悌的本性能够发展成仁义道德，但同时他强调学习、强调恭敬、强调文化、强调自身的努力而不可言不及义。孟子在其他地方，也同样承认涵养善性、培育仁义的必要。

　　但是孟子心急如火地强调天性善良论，有他的感人之处。他的性善论使人们认定一切邪恶的东西都是非人性、非人道的荒谬，人只要回归自身（用老子的说法就是回到婴儿状态），就能一切更美好。这话有点咀嚼头。

　　孟子在一定程度上反感于告子的将杞柳做成杯盘器皿的说法，强调顺应人性来做一切事情，有它的正面价值。因为，人类的唯意志论、操之过急、异想天开，与人性自然客观规律较劲的教训确有不少。

　　此地的孟子还有一绝，他开始是明示告子的言论等于宣扬毁伤人性来就和仁义，说着说着却暗示是告子的言论可能会率领人众、就和人的本性来毁伤仁义。孟子认为，把人性与仁义分开来谈会导致荒谬的结果。孟子认为，人性等于仁义，仁义等于人性，否则，既戕害了人性，更戕害了仁义。

孟子此说用来解决历史、社会、治国、理政诸课题，恐有不逮。用来表达对人类的尊重、爱意与理想，则优美动人，非常文学，非常艺术，不无浪漫，不无宗教情愫。例如《诗经》，例如泰戈尔，例如浪漫主义，例如柴可夫斯基与勃拉姆斯，例如东山魁夷……人类从中得到了自信乃至自恋的宁馨温暖。

11.2

告子曰："性犹湍水也，决诸东方则东流，决诸西方则西流。人性之无分于善不善也，犹水之无分于东西也。"

孟子曰："水信无分于东西，无分于上下乎？人性之善也，犹水之就下也。人无有不善，水无有不下。今夫水，搏而跃之，可使过颡；激而行之，可使在山。是岂水之性哉？其势则然也。人之可使为不善，其性亦犹是也。"

王解：告子说："人的本性就好比急流之水，东边决了口子它就流向东方，西边决了口子，它就流向西方。人性没有办法分为善或者不善，就像水是分不清究竟向东还是向西流淌一样。"

孟子说："水确实无法分辨是向东流的水或向西流的水。但是它也分不清上下吗？人性向善，就像水流向下啊。人没有不向善的，正像是水没有不向下的。如今这个水呀，拍打它，使之溅起，也许可以超过你的脑门儿；用水车激扬，可以流到山上。这样的上行，哪里是水的本性，而是造势使然。人可以被变成不善，他的人性逆向而行，也是这一类情况使然。"

点悟：告子讲水无定向，有几分雄辩。孟子机敏过人，另辟蹊径，从水之无东西南北方向之分一跃而进入了对水有向下流即低处走的特点的阐述。

与告子相比，孟子有论高一筹的胜利感。

问题是"性犹湍水"最多是"犹"，是像，是比喻，并没有任何理据能说明、证明人性犹水。顺便说一下，水性杨花，恰恰被人们用来形容一种轻佻、不可靠的女性恶德。祸水，是我国早有的恶言。水货，则是国际贸易发展起来以后的新词。讨论水的向下，与讨论人性向善没有任何必然一致的关系，两个人谈的都不是逻辑判断，告子举个例子而已，需要判断的不是例子——水本身，而是人性本身。

用讨论水来代替讨论人性，这是诡辩，是偷换概念。如果谈水，水能蒸发，能煮沸，能结冰，能溶化许多东西，这些与人性有什么关系呢？

而且水往低处走与水性无关，那是地球引力造成的。如孟子所说，那不是水性，而是水势，是外在的因素造成的。

善于举例，这是孟子乃至许多先秦学者为文为论的特点，它的文学性或许可以称道，它的逻辑性、准确性则时有可疑。

———————————— 11.3 ————————————

告子曰："生之谓性。"

孟子曰："生之谓性也，犹白之谓白与？"

曰："然。"

"白羽之白也，犹白雪之白；白雪之白犹白玉之白与？"

曰："然。"

"然则犬之性犹牛之性，牛之性犹人之性与？"

王解：告子说："天生就有的叫作性。"

孟子说："生下来就是性，这与说白颜色就是白颜色一样的吧。"

告子说："是的。"

孟子说："那么白羽的白，就像白雪的白，也就如同白玉的白一个样子吗？"

告子说："是的。"

孟子说："那么狗性就如同牛性，牛性如同人性吗？"

点悟：生之谓性，与《中庸》的标准说法"天命之谓性，率性之谓道，修道之谓教"，应无相悖。

孟子意欲有所辩驳，不知用意何在。可能是他认为只强调天生如此，自来如此，没有足够地评价天性人性的文化初始意义、道德生发意义、仁义根基意义，这样的话无益无理。

孟子要抬杠，他说，天生性，与白生白、白即白的、白成白是一样的同义反复，没有意义。

意义只能在于义理的讲求。人性、天性的意义在于它们是仁义道德的基础、萌芽、原生态；而不在于它们的生之即有即存。这是孟子所强调处。因此他要强调人性之不同于牛性、犬性，并贬斥告子的仅仅天生论混淆了人性、牛性、犬性的差别。

有点硬抬杠。白是指颜色的类别与名称，羽、雪、玉是物的类别与各自名称，不同的物别却会有相同的色别，无抹杀物别相异处、无可异议处。天性是原生性质（这里用天性一词是为了与男女之性区别，这里的性其实也包括了男女之性），同曰性，指的是它们都是天生的、自来的、原生的，这是天性范畴的概括有效，即含义共同之处。人、牛、犬则是物种的差别，从"生之谓性"这一命题中，无论如何找不到否认人、牛、犬有别的含义，告子丝毫没有暗示人、牛、犬全然一律。那么孟子的雄辩目的在于既强调人性自来，即人性的自然性，又强调人性的可义理性即专有的人文性。前一段则说明他还反对将天性打造成为义理的矫情、较劲的说法。他不希望只强调"生之谓性"这一方面。他又警惕把天生的性仅仅视作打造仁义的原料的性与人文的仁、善的两分法。他秒秒分分都要求将天生的性与义理的仁德联系却不是完全等同起来，还要把性的美善与后天的势的影响区分开来。要学通《孟子》，不可知其一而不知其二、其三。

《中庸》是儒家经典，它强调性，更强调率性与修性，天命指的是人的自然属性，率与修，则是人文范畴了，是造"势"了。最终与告子的差异歧见不大。

───────────── 11.4 ─────────────

告子曰："食色，性也。仁，内也，非外也；义，外也，非内也。"

孟子曰："何以谓仁内义外也？"

曰："彼长而我长之，非有长于我也；犹彼白而我白之，从其白于外也，故谓之外也。"

曰："异于白马之白也，无以异于白人之白；不识长马之长也，无以异于长人之长与？且谓长者义乎？长之者义乎？"

曰："吾弟则爱之，秦人之弟则不爱也，是以我为悦者也，故谓之内。长楚人之长，亦长吾之长，是以长为悦者也，故谓之外也。"

曰："耆秦人之炙，无以异于耆吾炙，夫物则亦有然者也，然则耆炙亦有外欤？"

王解： 告子说："饮食、男女这些欲望是人的天性。仁爱是内在的原生的本性，它并不是来自外物；义理是外在因素所决定的，不是内心原生的。"

孟子说："仁是内在的，义是外在的，这是怎么个讲法呢？"

告子说："一个人年长，我就按长者来对待他，他的年长是外在因素，不是我心中原生自有的。这就如同他长得白我就承认他白，这对于我来说是外在的白的反映，所以说是外在的喽。"

孟子说："白马的白，你可以将它感知为外在的、陌生的因素；白人的白，对于你也是外在的与陌生的吗？老马的年长你可能无所感知，但是对于人的年长，你难道不是不可能无所感知的吗？再有，你说的义，是指那个长者的义理呢，还是那个尊敬长者的人遵循的义理呢？"

告子说："如果是我的弟弟，我会喜欢他，如果是一个秦人的弟弟，我就不会那样自然地喜欢他。喜欢是我要喜欢，所以说喜欢是内在的原生的。要以尊敬的态度对待楚国的尊长，也以尊敬的态度对待本国的尊长，目的是为了让尊长们欢喜，所以说这是外在因素所决定的。"

孟子说："一个人喜欢吃秦国烤肉，也喜欢吃本国烤肉，没有什么不同，有些事情就是这样的，难道爱吃烤肉也是外在因素造成的吗？"

点悟：东周时代的争鸣呀辩论呀也是很麻烦的事。这一节就辩得不清不楚。这里的孟子与告子的讨论不太儒家，倒更像名家的抠字眼。

而内外的问题又发展到唯心与唯物的分野，甚至是一个很现代的话题。

仁是一种内心要求，情感要求，自然状态，很难奉命树立；培养、督促、引领，对于培育的效果也不一定可靠。这个话有卓见。义理，其实更应该说的是礼法，是后天的文化规范、行为规范，是外在要求，外表的要求与讲究，此话亦大致不差。不足处，这里的内呀外呀，如何定义，如何区分，不太明晰。从孟子的反诘中我们也可以看出，内外是互相影响、互相转化的，内转为外在表现，才是可知可讨论的。外启发了、触动了内在的情性与感官，才有了主体的呼应。故而《礼记》加上韩愈，中国自古有一个说法，叫作"诚于中而形于外，慧于心而秀于言"。

告子认为仁是内在的人性，这与他的人性无善恶论似不一致。或许其意在于说明仁是对人的内心要求，义理是对人的行为与外表要求，倒也有点意思。

孟子的用意是不是想说明义理也是天然合乎人的内在原生气质的？不无含糊。最后归结到吃各地烤肉都可以喜欢，证明内在食色大欲比烤肉滋味更重要，这有点"萌萌哒"了。古人为了探求真理，在没有逻辑规则共识的状态下，掰掰扯扯，也真不容易呀！

前十卷孟子的言论不是论政、论士，就是讲礼义，都比较联系实际。这一段内外之论则偏于正名、论词、论内外范畴之区别，事出有因，但读之有烦琐哲学、烦琐语义学之感。

11.5

孟季子问公都子曰："何以谓义内也？"

曰："行吾敬，故谓之内也。"

"乡人长于伯兄一岁，则谁敬？"

曰："敬兄。"

"酌则谁先？"

曰："先酌乡人。"

"所敬在此，所长在彼，果在外，非由内也。"

公都子不能答，以告孟子。

孟子曰："敬叔父乎？敬弟乎？彼将曰：'敬叔父。'曰：'弟为尸，则谁敬？'彼将曰：'敬弟。'子曰：'恶在其敬叔父也？'彼将曰：'在位故也。'子亦曰：'在位故也。庸敬在兄，斯须之敬在乡人。'"

季子闻之，曰："敬叔父则敬，敬弟则敬，果在外，非由内也。"

公都子曰："冬日则饮汤，夏日则饮水，然则饮食亦在外也？"

王解：孟季子问公都子说："什么叫义是内在原生的呢？"

公都子说："一个人的行为，是出自内心的尊重与珍惜，那还不是内在的与原生的吗？"

再问："一个同乡，比你哥哥还大一岁，你更尊敬谁呢？"

回答：“尊敬我哥哥。”

问：“那么，你敬酒的时候先敬谁呢？”

答：“先敬同乡。”

孟季子说：“更尊敬的是你哥，先要敬酒的是你同乡，这说明义理是外在的次生的东西，不是内在的原生的。”

公都子答不上来，去找孟子说了此事。

孟子说：“如果你问他是更敬叔叔还是更敬弟弟，他会回答更敬叔叔。你再问如果是敬代死者接受祭奠的‘弟’呢，他会说先敬弟弟。那么你就再问：‘那为什么还要讲更敬叔叔呢？’他会说是由于弟弟处于特殊的位置，具有特殊的身份。你可以说：‘这也是由于位置的不同，正常情况下是对兄长更敬，敬酒的这一刻，则要先敬同乡。’”

季子听了这个说法以后说：“果然，尊敬的问题是取决于外在的因素的。”

公都子说：“冬天人们喜欢喝热水，夏天喜欢喝冷水，能说饮食不是内在的原生的吗？”

点悟：这一段孟子要讲的是个什么道理呢？从上一段到这里，孟子不断地质疑仁内义外的说法，却没有正面说明自己的例如内外合一或内外转化的主张。

敬酒的问题本来很简单，一个是主客有别的礼貌问题，一个是有无特殊身份的问题。在礼貌礼节问题上，人们一般要从俗，遵从已经形成的规则、常规，不牵扯对什么人尊敬更多的内心状态。叔弟的问题在于，中国老百姓的说法是死者为大，这不是一个尊敬度的问题，而是一个对生命、对死亡、对阴阳两界的认识与敬畏问题。还有一个问题，尊敬怎么衡量大小多少、先后高低呢？能衡量度量的只能是礼仪程序，但那并不是内心状态的标尺啊。

公都子曰："告子曰：'性无善无不善也。'或曰：'性可以为善，可以为不善；是故文武兴，则民好善；幽厉兴，则民好暴。'或曰：'有性善，有性不善；是故以尧为君而有象；以瞽瞍为父而有舜；以纣为兄之子，且以为君，而有微子启、王子比干。'今曰'性善'，然则彼皆非与？"

孟子曰："乃若其情，则可以为善矣，乃所谓善也。若夫为不善，非才之罪也。恻隐之心，人皆有之；羞恶之心，人皆有之；恭敬之心，人皆有之；是非之心，人皆有之。恻隐之心，仁也；羞恶之心，义也；恭敬之心，礼也；是非之心，智也。仁义礼智，非由外铄我也，我固有之也，弗思耳矣。故曰：'求则得之，舍则失之。'或相倍蓰而无算者，不能尽其才者也。《诗》曰：'天生蒸民，有物有则。民之秉彝，好是懿德。'孔子曰：'为此诗者，其知道乎！故有物必有则；民之秉彝也，故好是懿德。'"

王解：公都子问孟子："告子说：'人性是无所谓善或者不善的。'有时他也说：'性可以善也可以不善。所以说，周文王周武王主政时期，那时是人心向善的。周幽王周厉王主政时期，人心是流于凶暴化的。'也有人说：'性是有善也有不善的。以唐尧这样的国君，却有象这种暴民出现；有瞽瞍那种父亲，却有舜这样圣明的儿子；以暴君商纣为自己的哥哥的儿子并且承认其君王身份的微子、比干，也是如此地贤良。'如果如今（像您那样）讲究性善，难道上述各种情况就不予承认了吗？"

孟子说："你所说的诸种情况，本来他们应该是可以成为善人的，所以我要强调性善。如果有些人不善，并不是他原生的质素所造成的。同情怜悯心是人人都有的，羞耻惭愧心是人人都有的，恭敬佩服心是人人都有的，是非辨别心是人人都有的。同情心就是仁，羞耻心就是义，恭敬心就是礼，是非心就是智。仁义礼智，这都是原生的品质，并不是外部世界加到人身上的，而是人们所固有的。只是人们没有认真思考过这个问题。这就叫作'追求便能获得，舍弃也就失去'。人与人之间的差别可以达到一倍、数倍，难以计量。差别如此巨大，原因是有些人没有能够将自己的质素发扬发挥。《诗经》上说：'天生万民，有事物就有法则，秉持恒常的规律，万民喜爱美德。'孔子说：'作这个诗的人懂得大道呀，有事物就有法则，万民秉持法则，喜爱的是美德哟。'"

点悟：孟子是理想主义者，又是功利主义者。理想在于：他为人生、为世界穿戴上了善德的美服，万物皆有法则，法则的法则是大道，大道的人间化是美德。功利在于：他强调人的质素本来很好，性善仁政的推行其易其顺利如为长者折枝，不实行仁政的人才是邪魔歪道，荒谬昏聩，自找麻烦，无事生非。

逻辑上有其问题，孟子既然承认有未尽其才（材）的不善，等于承认善的质素有可能发挥出来，也有可能发挥不出来，或发挥到反面即"恶"上去，这与告子的可以善可以不善的说法有什么区别？告子讲得很客观、很自然、很实际，但是缺少责任心和正确导向；当时的不同观点，说人性无善无不善、可善可不善，都是正常的与难免的。孟子则坚决强调善的方面，也就是谴责人之不善乃是放弃、悖谬、丧失了自己的天性本性，是丧尽天良、枉为人也，是变态人渣、畸形公害，后面的说法虽是舶来，也相通着孟老夫子的弘扬性善的良苦用心。

告子这一段话相当雄辩、无懈可击。孟子的辩论相对有些费力。哪怕是从技术层面讨论，显示夸张与用力的论辩，往往是论说不占上风的表现。

孟子曰："富岁，子弟多赖；凶岁，子弟多暴，非天之降才尔殊也，其所以陷溺其心者然也。今夫麰麦，播种而耰之，其地同，树之时又同，浡然而生，至于日至之时，皆熟矣。虽有不同，则地有肥硗、雨露之养、人事之不齐也。故凡同类者，举相似也，何独至于人而疑之？圣人，与我同类者。故龙子曰：'不知足而为屦，我知其不为蒉也。'屦之相似，天下之足同也。

王解：孟子说："富裕年景，一些青少年男子常常会流于懒惰。灾荒年景，一些青少年男子常常会流于凶暴。并不是天生材料有什么区别，是环境的浸润塑造了他们的心态。就像是大麦，播了种，锄了地，同样的田地，同时的种植，蓬蓬勃勃地全生长起来了，最迟到夏至，也都成熟了。仍然会有些不同，因为地的肥沃程度不一样，雨露的涵养与人工的付出都会有所参差。这说明同类事物，（虽然会有种种差异，）从总体上看其实是相近似的，为什么到了人类这里，就因其各自有所相异而困惑起疑呢？所以说，圣人也是人，是与我们同类的。龙子说：'即使没有去看脚形打草鞋，也不会将它做成筐子的形状。'为什么打出的草鞋彼此相似呢？因为天下的人的脚丫子，形状是相同的嘛。

"口之于味，有同耆也；易牙先得我口之所耆者也。如使口之于味也，其性与人殊，若犬马之与我不同类也，则天下何耆皆从易牙之于味也？至于味，天下期于易牙，是天下之口相似也。惟耳亦然。至于声，天下期于师旷，是天下之耳相似也。惟目亦然。至于子都，天下莫不知其姣也。不知子都之姣者，无目者也。故曰，口之于味也，有同耆焉；耳之于声也，有同听焉；目之于色也，有同美焉。至于心，独无所同然乎？心之所同然者何也？谓理也，义也。圣人先得我心之所同然耳。故理义之悦我心，犹刍豢之悦我口。"

王解："人们的口腹，有着相同的嗜好，像易牙这样的名厨，就能优先掌握我们的共同口味。如果不同的口，口味各不相同，就像犬马的口味与我们的口味的距离一样大，天下人怎么可能都接受易牙的烹调口味呢？说到口味，天下人都期待易牙的烹调，说明天下人的口味是彼此相似的。同样，由于天下的耳朵是彼此相似的，所以在声音上也有同样的感受。对于声音，天下人期许的是师旷的调理演奏。眼睛也是如此，说到子都，天下人没有不知道他是头号美男子的，看不出子都是美男子的人，那等于没有长眼睛。所以说，口与口，对于味道是有相同的嗜好的；耳朵与耳朵，对于声音，是有相同的听觉感受的；眼睛与眼睛，对于形色，是有相同的美感爱好的。说到人心，难道就没有共同的趋向了吗？那么人心的共同趋向是什么呢？一个是道理，一个是原则。圣人是优先掌握了人心共同趋向的人，（就像易牙掌握人口、师旷掌握人耳、子都掌握了人眼一样。）道理与原则使我喜悦满意，就像美食让我口腹舒适一样。"

点悟：孟子是性善论者，却又是环境决定论者。简单地说，孟子主张，人的一切仁爱义理，出自人的善性；人的一切恶劣残酷，来自环境的不良影响。这是一种对于人的观察，也是孟夫子的愿望。

富岁赖——懒，凶岁暴。这个说法未免有性恶论的端倪，要知道，富岁与凶岁是常见的，人都表现出恶来，呜呼，不妙，难道只有在不富不凶的年成中庸状态，人才能表现出善良来吗？

"口之于味也，有同耆焉；耳之于声也，有同听焉；目之于色也，有同美焉"，现在成了国人共识，成了名言。一个短时期，由于偏狭与造势的需要，出现过过分强调阶级差异、不准谈共同人性的状况，过了这个劲以后，人们引用孟子的话来表达对于人性的承认与珍惜。

但是人性也有不同的一面，所谓"人心不同，各如其面"是也。

天下诸物事，彼此有相同、相近的一面，也有相异、相悖、相斥的一面，不足为奇，叫作有个别性、特异性、差别性，同时有共同性、统一性、普适性。反映这方面的认知的说法也是非常多的，如"众口难调"，如"世上人多心不齐，天上星多月不亮"，如"仁者见仁，智者见智"，如"嗜痂成癖"，还有"情人眼里出西施"等，都是强调价值与态度的差异性、个人性而怀疑其普适性的。

说圣人与我们同属人类，那么桀、纣就不与我们同类吗？在鼓励人们"人皆可以为尧、舜"的同时，我们不是也应该看得见"人人"至少是某些人"可能为桀、纣"的危险吗？

人心倾向于理与义，这是一方面，当然无疑。同时人心也倾向于利与欲，这是另一面，孟子回避这一面，不足为训。

—— 11.8 ——

孟子曰："牛山之木尝美矣，以其郊于大国也，斧斤伐之，可以为美乎？是其日夜之所息，雨露之所润，非无萌蘖之生焉，牛羊又从而牧之，是以若彼濯濯也。人见其濯濯也，以为未尝有材焉，此岂山之性也哉？虽存乎人者，岂无仁义之心哉？其所以放其良心者，亦犹斧斤之于木也，旦旦而伐之，可以为美乎？其日夜之所息，平旦之气，其好恶与人相近也者几希，则其旦昼之所为，有梏亡之矣。梏之反复，则其夜气不足以存；夜气不足以存，则其违禽兽不远矣。人见其禽兽也，而以为未尝有才焉者，是岂人之情也哉？故苟得其养，无物不长；苟失其养，无物不消。孔子曰：'操则存，舍则亡；出入无时，莫知其乡。'惟心之谓与？"

王解： 孟子说："牛山的林木，本来生长得是很美妙的。只是由于它们靠近大城市，常常受到刀斧的砍伐，它还能保持它的美好吗？当然，经过日夜的调理，雨露的滋润，它也在生长分蘖。可这时候牛羊过来放牧了，山野显出了光秃秃的样子。人们看到那里光秃秃的样子，以为那里根本没有生长过良好的林木，但这哪里是牛山的本性呢？既然已经是人，他怎么可能没有仁义之心呢？他之所以丢弃了良心，也与林木之被伐砍同样的道理，一天又一天被伐砍，还能成长为一棵好树吗？白天与黑夜，他也会有（好）气息出现。天快要亮的时候，他也会萌发（对生活有所期待的）好的心气，这些与他人的差别很小。但是他白天的所知、所为、所遇，又把自己的善良气息压制消除了。压制消除了多次，他夜间那点（平和善良之）气息，也就失去殆尽了。失去了（平和善良之）气息，他也就与禽兽没有多大区别了。人们看到了他那种禽兽的样子，也就不相信他曾经有过良好的质素了。然而，这哪里是人的真正的性情呢？所以说，得到培养，一切都会良好生长；失去培养，一切都会完结衰亡。孔子说过：'操持它，就会留下；丢掉它，就会消亡；一会儿操持一会儿丢弃，谁知道它去向何方？'说的正是人心啊！"

点悟： 儒家文化的核心是关注世道人心，人心决定世道，因此人心更是核心的核心。孟子这里的主要意思是人要时刻关心对于自己的良善美好心性的培育涵养，不可粗心大意，不可有所戕害。

说是丢掉了良心的人的"日夜之所息，平旦之气"，之所以被梏亡，是由于旦昼之所为，旦昼之所为使夜气不足存。白昼使人易陷于俗务乃至争夺计较谋略、种种精神垃圾、精神泥沼、心性病毒灶中，不若夜气平和清明。这是个有趣的说法，这当中包含着对群体社会生活的抱怨与警惕和对于个人的清醒独处的期待。

西方有人议论中华文化缺少独处—— privacy 的概念，孟子的这一段话，其实是独处概念的萌发。可惜古往今来那么多读孟尊孟的人，没有多少人从这个角度推敲孟轲。

性善论碰到的一个挑战就是怎样解释巨恶巨凶的出现。孟子的解释是人本身是良善的，受到外界的凶恶的戕害才变坏了的。这个说法有它的可爱与可信之处，因为一般的印象，小儿是天真可爱的，老子的号召甚至是要婴儿化，他问道："能婴儿乎？"

坏人是怎样发生的？坏人是怎样炼成的？这个问题的回答似乎难过了"钢铁是怎样炼成的"。教育学、法学、社会学、心理学、文学都在探讨。事情不像孟轲夫子想的那样明快简单。

是外界的凶恶戕害了人性、产生了凶恶，还是人性中固有的自毁驱动戕害了自身？是外来的恶制造了人之恶，还是人之恶构成了社会环境之恶？这也犹如讨论恶蛋先生恶鸡乎、恶鸡先生恶蛋乎一样吧。

11.9

孟子曰："无或乎王之不智也。虽有天下易生之物也，一日暴之，十日寒之，未有能生者也。吾见亦罕矣，吾退而寒之者至矣，吾如有萌焉何哉？今夫弈之为数，小数也；不专心致志，则不得也。弈秋，通国之善弈者也。使弈秋诲二人弈，其一人专心致志，惟弈秋之为听。一人虽听之，一心以为有鸿鹄将至，思援弓缴而射之，虽与之俱学，弗若之矣。为是其智弗若与？曰：非然也。"

王解：孟子说："君王（不能实行王道）的不够智慧，并不费解。即使是最好长的草木，如果晒一天冻十天，它也成长不起来。我见到君王的机会也太少了，我一不在，那些能冷冻他的人士就来了。即使他已经产生了仁爱心的萌芽，我又能做什么呢？以如今的下棋为例，那是个小技术，但是如果你不专心致志，你也学不会这样的小术。弈秋，是天下承认的下棋能手。设若让他教两个学徒学下棋，一个人是专心致志，只懂得聆听弈秋的教诲。另一个人一边听着课一边想着也许一只天鹅正在飞过来，想着如何挽弓将它射下。虽然与前边那个人一起学习上课，他的成绩当然赶不上人家。是因为他的智商差吗？应该说不是的吧。"

点悟：一心以为鸿鹄将至，生动有趣，已成为脍炙人口的成语妙喻。

一曝十寒也是对人的惰性、松懈、苟且的极生动写照。

笔者经常强调，人们解释天才各有不同，如天才即勤奋，如天才是几分汗水……但笔者更愿意强调天才是集中精力并能够坚持长久的能力。

—— 11.10 ——

孟子曰："鱼，我所欲也，熊掌亦我所欲也；二者不可得兼，舍鱼而取熊掌者也。生亦我所欲也，义亦我所欲也；二者不可得兼，舍生而取义者也。生亦我所欲，所欲有甚于生者，故不为苟得也；死亦我所恶，所恶有甚于死者，故患有所不辟也。如使人之所欲莫甚于生，则凡可以得生者，何不用也？使人之所恶莫甚于死者，则凡可以辟患者，何不为也？由是则生而有不用也，由是则可以辟患而有不为也。是故所欲有甚于生者，所恶有甚于死者。非独贤者有是心也，人皆有之，贤者能勿丧耳。

王解：孟子说："鱼是我想吃的，熊掌也是我所想吃的，二者不可兼得，我便舍掉鱼而要熊掌。生命是我所想要的，义理也是我所想要的，二者不可兼得，我可以舍弃生命，而坚持义理。生命当然是我所想要的，但是还有比生命更重大的需要，所以我不能苟且偷生。死亡是我所不喜欢的，但是，我的厌恶有比死亡更严重的，所以对于有些情况下的牺牲，我并不一律躲避。

如果再没有比活下来更高更重要的事情，那么只要能生存，什么事做不出来？如果再没有比死亡更让人畏惧痛苦的事，那么，凡是能逃避死亡的事，什么做不出来？也就是说，有的人，虽然面对能活下去的（手段），他不接受；虽然面对能避开死亡的（办法），他不采取。原因是，他所想要想坚持的，不仅是活下去，他所反对所痛恨的，也不仅是死亡。这并不是仅仅贤人才如此。人人都是有这样的选择的，贤人，只不过是没有丧失这样的（良知）罢了。

"一箪食，一豆羹，得之则生，弗得则死。呼尔而与之，行道之人弗受；蹴尔而与之，乞人不屑也。万钟则不辩礼义而受之。万钟于我何加焉？为宫室之美、妻妾之奉、所识穷乏者得我与？乡为身死而不受，今为宫室之美为之；乡为身死而不受，今为妻妾之奉为之；乡为身死而不受，今为所识穷乏者得我而为之，是亦不可以已乎？此之谓失其本心。"

王解："一竹筐饭食，一木碗汤水，有了它们就能活，没了它们就得死……如果你大呼小叫地吆喝给一个从你身边经过的路人，他会拒绝接受。踢给某个人，乞丐也不屑一顾。问题是，有的人遇到的（不是一点食物）而是万钟粟米，于是他就不分辨是否合乎礼法与义理，（把不该接受的馈赠）接受了。其实，万钟粟对于一个人来说，又有什么增益呢？是为了获得宫室的讲究吗？是为了获得妻妾的侍候吗？是为了获得自己周围的穷光蛋们的感激吗？原来即使是死亡威胁也没有能逼迫我去做的事情，现在为讲究的厅堂就能去做了吗？原来即使是死亡威胁也没有能逼迫我去做的事情，现在为了妻妾的侍候就能去做了吗？原来即使是死亡威胁也没有能逼迫我去做的事情，现在为了符合自己周围的穷光蛋们的心愿，就能去做了吗？这样的事情就不能不去做吗？做了，那就叫失去了自我的本意了啊！"

点悟：鱼与熊掌的取舍问题是孟子最动人的论述之一。取与舍，这是人生选择的一大痛苦、一大困惑，是人生的一大况味。伟人与庸俗、高尚与卑贱、贤与不肖、烈士与懦夫，恰恰是在重大的取舍选择上见了分晓。

孟子强调尊严，强调人的尊严、生命的价值在于义理、正义、道义。义比生命更重要。如果生命就是一切，活命主义就会令人做出不仁不义、丧失尊严、失落底线、只求苟活的事情来。

问题是人的特点是小利不会使人屈尊、大利常常会使人低头就范。这种状况有时会让人思索：难道尊严也是有价码的吗？一箪食，一豆羹，买不下尊严来，万钟粟可就不然了，面对箪食瓢饮时不能低头的人格，在面对万钟粟的诱惑时无法得到把持，被孟子痛斥与嘲笑的这种状况，对于贪腐的官员是常见的。物质利益的诱惑必须认真对待。尤其是，要提高自己的精神追求的标尺。

一个是尊严，一个是自我与天性。自我与天性捍卫尊严，舍生取义。尊严与自我，天性与价值，高于生命，为之不惜一死。孟子在这方面的言论超过了老庄，老子强调的是无咎，庄子强调的是终其天年。孟子的说法甚至超过了孔子，孔子更多地谈到了不殆，谈到了乱世也能保持平安。孟子有令人肃然起敬处。

––––––––––––––––– 11. 11 –––––––––––––––––

孟子曰："仁，人心也；义，人路也。舍其路而弗由，放其心而不知求，哀哉！人有鸡犬放，则知求之；有放心而不知求。学问之道无他，求其放心而已矣。"

王解： 孟子说："仁就是人心，义就是人路。舍弃了正路而不去走，舍弃了良心（本性、本我）而不去找回来，太可悲了呀。一个人丢了鸡呀狗呀的，都知道要去找回来，丢了良心本性亦即本来的自己，却不知道去寻觅回来。唉，学问的道理并没有其他，不过是把自己丢失了的良心找回来就对了。"

点悟：孟子认为为学的任务，换句话说人生的任务首先是把丢失了的良心找回来，把良心、良知、良能找回来，这与老子讲的回到婴儿状态是一致的。再解释一步就是把丢失了的自己找回来。后面的说法非常文学，例如话剧《日出》中的陈白露与方达生，前者失去了天真朴实，后者则有所保存。这个说法也颇为哲学，例如关于异化的说法。孟子的说法，其含义是，好人是自我，是本性，坏人是异化。"要找回自己呀！"孟子呼吁道。

喜爱自然，歌颂天生，儒道两家都是如此，庄子的说法是"天地有大美而不言"，孔子的说法是"天何言哉？四时行焉，百物生焉"。天的伟大美好，其实更应该体现为人的善良本性，如孟子所说："恻隐之心，人皆有之……"

不要丢弃、不要失落自己身上有过的美好的一切：爱心、天真、幻想、记忆、好奇心、趣味心、敬畏心……这也可以说是诗歌、小说、戏剧作品的永恒主题。无论如何，这很动人。

───── 11.12 ─────

孟子曰："今有无名之指屈而不信，非疾痛害事也，如有能信之者，则不远秦楚之路，为指之不若人也。指不若人，则知恶之；心不若人，则不知恶，此之谓不知类也。"

王解：孟子说："如今有这么一个人，伸不直无名指，即便他并不因之而感到疼痛，（但他也要设法去矫正，）如果有什么人能帮他把手指伸直，哪怕如到楚国、秦国那样的遥远路程，也不会嫌远的，原因是如果不治，他的手指不如旁人。哪怕一根手指，比旁人的差，他也知道为之抱恨。那么如果他的心肠不如旁人呢？他却不知道抱恨，那可就是不知等级品类（轻重）了。"

点悟：很简单的一个道理，指不如人，明显得很，心不如人，谁看得出看得准？浅薄的人，在意面子，不在意里子。

── 11.13 ──

孟子曰："拱把之桐梓，人苟欲生之，皆知所以养之者。至于身，而不知所以养之者，岂爱身不若桐梓哉？弗思甚也。"

王解： 孟子说："细小的桐树或梓树，人们都知道要让它们生长，就要对它们有所栽培养护，至于人自身呢，却不知道应该如何去自我培养，难道是爱惜自身还不如爱惜桐树、梓树吗？实在令人想不通呀。"

点悟： 孟子论述的一个特点一个技巧是化繁为简、化高为低，把他的高端主张描绘为日常基本常识，把持不同见解的人描绘为不通起码的情理。以此节所论知道养树不知道养人、养身为例，培育树苗要浇水施肥，这是无异议的常识。培育自身要做哪些，就其说不一了。孔曰"成仁"，孟曰"取义"，老曰"无为"，庄曰"逍遥"，墨曰"兼爱"，韩非子主张"废先王之教……以法为教"，哪有孟子说得那样简单！

人的培育与树的培育相比，要麻烦得多，问题不在于要不要培育人，而在于向哪个方向培育，怎么个培育法。

孟子曰:"人之于身也,兼所爱。兼所爱,则兼所养也。无尺寸之肤不爱焉,则无尺寸之肤不养也。所以考其善不善者,岂有他哉?于己取之而已矣。体有贵贱,有小大。无以小害大,无以贱害贵。养其小者为小人,养其大者为大人。今有场师,舍其梧槚,养其樲棘,则为贱场师焉。养其一指而失其肩背,而不知也,则为狼疾人也。饮食之人,则人贱之矣,为其养小以失大也。饮食之人无有失也,则口腹岂适为尺寸之肤哉?"

王解:孟子说:"人对于自己的身体,会爱护到各个方面。爱各个方面,也就是养护许多方面。简单地说,没有一尺一寸的皮肉他不爱惜,也就是没有一尺一寸的皮肉他不养护。(这本来不是问题)问题要看他对爱护自身的选取抉择。身体的各个部分,是有贵与贱、大与小的区别的。人不可因小损害了大,因贱而损害了贵。只专注于养护自身的小部位、小需求、小功能的是小人物,能够养护自己的大部位、大需求、大功能的是大人物。如果这儿有一个看护园林的,他舍弃了梧桐,只知道养护荆条酸枣,那么他就是下等的护林人。一个人养护自己的一根手指,却失落了自己的肩膀后背,自己并不知道,我们会认定他是一个糊涂错乱的人。人们对于一个只知道吃喝的人是看不起的,因为他顾了吃喝这个比较小的事,却忘记了大事、大需求。如果一个注意吃喝的人并没有忽略(心志道德智慧的)大事,那么他的吃喝,也就不仅仅是考虑到口腹尺寸之地的需要了(也就无可厚非)。"

点悟:墨子提倡不分等级、不加区分地兼爱,孟子坚决反对。他认为任何事体情理都有高低贵贱、深浅大小的区分,人的品位、智慧、贤与不肖,恰恰在于能拎得清高低贵贱、深浅大小的区别。失去区分能力，便成了下等人士，成了行为狼藉、思想混乱的糊涂蛋。

孟子还有一个观点，看高不看低，例如低级的口腹之欲，人皆有之，关键在于，除了口腹之欲你还知道别的不。如果你有口腹之欲，同时还有高级的道德智慧的追求，那么，你的低级的口腹之欲，也就提高为总体高级的人生追求、价值追求的一个小的组成部分了。一个追求仁义道德的人，口腹之欲，很简单，就也与仁义道德挂了钩。你的吃饱吃好已经不仅仅是为了口腹，而是为了践行你的价值观了。

当然今天，我们看这一类问题会更加全面与灵活。对于一个已经解决温饱问题的"士"来说，如果仍然是只知追求口腹，未免令人"贱之矣"，很自然，我们不会推崇羡慕贪吃的人、酗酒的人、饕餮的人。但是，如果是人民的饮食问题、温饱问题、生活（当然包括饮食）质量问题，就是天大的大事了。

再如，人类文化已经大大提高了开拓了饮食的价值内涵，获取或享用饮食，可能与感恩情愫有关，可能与信仰心态有关，可能与生理卫生的知识学养有关，可能与民族宗教生活方式有关，不能笼统地"贱之"，而常常需要贵之，重视之。

还有，一种大道、仁义、仁政、王道，如果完全不顾人民的民族的饮食，不能改善与提高人民的生活，不关心人民的具体而微的民生需求——当然包括物质生活，那就是不接地气的大道，那就可能变成脱离实际的空论。

──────── 11.15 ────────

公都子问曰："钧是人也，或为大人，或为小人，何也？"

孟子曰："从其大体为大人，从其小体为小人。"

曰："钧是人也，或从其大体，或从其小体，何也？"

曰："耳目之官不思，而蔽于物。物交物，则引之而已矣。心之官则思，思则得之，不思则不得也。此天之所与我者。先立乎其大者，则其小者弗能夺也。此为大人而已矣。"

王解：公都子向孟子请教："同样都是人，有的人就是大人，有的人就是小人，这是怎么回事呢？"

孟子说："有的人倾听自身的大部位、大需求，他就是大人。有的只知道听从自身的小部位、小需求，他就是小人。"

公都子问："同样都是人，为什么有的人倾听自身的大部位、大需求，而另外的人只知道听从自身的小部位、小需求呢？"

孟子说："耳朵呀眼睛呀不会思索，容易为外物所蒙蔽。（不会思索判断的耳目，对于人的心性来说，也是一种外物。）物与物打交道，很容易被牵引着走。心性就不一样了，心的官能是思索判断，思索就能有所鉴别，从而获得判断；不思索就不能有所鉴别与获得判断。这样的思索判断的能力是上天所赐给我们的。你首先把自身心智的大的思索判断的能力树立起来，那么其他小的如耳目听视的方面也就不会被迷惑被搞乱了，这样的人也就成为大人（物）了。"

点悟：孔子是强调反求诸己的，就是说对世间一切问题一切麻烦，都要考虑本人有什么责任，有什么缺陷，万事从自己做起。孟子大致思路也如此，但是他要求得更多，要先反思自己对待自己的良知良能有没有足够的培育与涵养，对自己的鸡毛蒜皮、小趣味小利益有没有足够的忽略与掌控，自己的精神境界发展得够不够高、大、上、深。这样的"内功"，只能靠自己修炼。

孟子重视心智的需求、精神的需求、道德境界的提升，而不是感官的需求、感官的反应。这在今天，在一个有可能走向拜金主义与人欲横流的时代发展的节点上，有它特别重要的意义。

对孟子此语于今还可以有发挥与意外的惊喜发现。在一个新媒体、多媒体迅猛发展的时代，有人以为视听音像作品将会淘汰阅读书刊。这恰恰暴露了孟子所说的问题："耳目之官不思，而蔽于物。物交物，则引之而已矣。心之官则思，思则得之，不思则不得也。"以感官的刺激与享受排挤乃至取代头脑与心灵的追求与进展，这是令人忧虑的现实挑战，也是市场化、大众化的文化生活带来的某种负面影响，它们还是市场化文化商家们的虽有一定进展、终归不可能实现的浅薄法门。人应该养护自己的头脑心灵，注重自己的精神追求，发展自己的思维与感受想象的精神能力，而不能满足于感官的趣味与满足。孟子早就说过了。

---

11. 16

孟子曰："有天爵者，有人爵者。仁义忠信，乐善不倦，此天爵也；公卿大夫，此人爵也。古之人修其天爵，而人爵从之。今之人修其天爵，以要人爵；既得人爵，而弃其天爵，则惑之甚者也，终亦必亡而已矣。"

王解：孟子说："世上有上天树立的等级地位，有人为树立的等级地位。仁爱、义理、忠诚、信实、做好事从来不松劲，这些就是上天树立的等级地位标准。公卿大夫官职头衔级别，这些是人为地设置的等级地位。古人是修养追求自己的天生的等级地位，那么人为的等级地位也就随之而来了。如今呢，人们也注意自己的仁爱、义理、忠诚、信实等上天所要求的这些高品位，然后以此为依托钻营自己的人为的等级地位，等到获得了人为的等级地位以后，也就根本不顾自己的上天所要求的品位了。这真是大错特错了，其结果必然是失却一切的等级地位和品位啦。"

点悟：孟子的分析有亲切感、实在感。一个人想"上去"，即提升自己的人间等级地位，他必须表现得好。所谓表现得好，就是要能符合几乎是先验的品质道德要求，仁爱、义理、忠诚、信实，也许还需要加上勤劳、好学、机敏、善于团结人，等等，就是说他要出活（政绩）出名（好的影响），得到相当的公信力。但是如果你的目的只是为了提升级位，那么你得到了这些"人爵"以后，你反而会走向反面，变成特权乃至贪腐分子。而正确的路，应该是你先立志于"天爵"即自身的德智魂境界的修养提升，其他俗事只能是随之而来，不能是孜孜以求。

例如一些文学奖也是这样，不论多么伟大影响的奖项，它只能随着文学的实绩而来。文学实绩是作家的天爵，而吗吗奖是人爵。没有获得人爵，而有天爵，损失有限，甚至还有曲折的正效应，显示的是你的清高伟大。至于把心思用在人爵即得奖上，不免恶心，得完奖也就"惑之甚者也，终亦必亡而已矣"。

───────── 11.17 ─────────

孟子曰："欲贵者，人之同心也。人人有贵于己者，弗思耳矣。人之所贵者，非良贵也。赵孟之所贵，赵孟能贱之。《诗》云：'既醉以酒，既饱以德。'言饱乎仁义也，所以不愿人之膏粱之味也；令闻广誉施于身，所以不愿人之文绣也。"

王解： 孟子说："希望自己更高贵，这是人们的共同心愿。其实每个人都有自己的高贵之处，然而你常常是不肯顺着这个思路去思考。别人认为高贵，未必是真正的高贵。晋国赵盾一家极为显贵，他们这种权贵，可能高贵也可能变成低贱（可能使你高贵也可能剥夺废黜你使你变成低贱）。《诗经》上说：'酒浆足够，令人沉醉；德行足够，使人充实。'说的是拥有足够的仁义道德，也就不会斤斤于饮食美味感官享受了。如果你的美名德行充溢于世，你怎么可能还会在意有谁穿得比你更讲究呢？"

点悟：孟子比较尊严，因为他的两分法：他要的是义理，不是利益；要的是天爵，不是人爵；要的是精神的高贵，不是显贵、权贵、大款。对于赵盾式的位极人臣而又险象环生的超级权贵，他不追求、不羡慕、不谄媚、不紧跟也不依赖，这样就不嫉妒，也并无个人的仇恨。他鼓吹的其实是士人的人格的独立。因为，自己的德行的充实，他不需要依仗权力与金钱，不需要依赖权贵的承认。

强调精神品级，强调德行充实，强调天爵天意，这有点道学先生的味道。真正做到了道学先生，哪怕是有点教条主义、主观主义，那也是令人极其尊敬的。一个社会没有道学先生，它的精神生态恐怕有问题也有危险。从俗、低俗、卑俗、恶俗，这样出溜下去，太危险了。

"人人有贵于己者，弗思耳矣"，此语简明而又振聋发聩，令人眼睛一亮。问题在于太多的蠢人、陋人不懂得珍惜自己的高尚与宝贵处，却艳羡于他人的暴发户式、浅薄空洞式、装腔作势式、小人得志式、因人成事式的所谓"成功"，太可悲也太丑陋了。

---------- 11.18 ----------

孟子曰："仁之胜不仁也，犹水胜火。今之为仁者，犹以一杯水救一车薪之火也；不熄，则谓之水不胜火，此又与于不仁之甚者也，亦终必亡而已矣。"

王解：孟子说："仁德是胜过不讲仁德的，就像水是可以胜过（扑灭）火一样。如今有一些推行仁德的人，好比是用一杯水去救一车柴火燃烧起来的大火，火没有熄灭，便有人说水是灭不了火的，这就等同于仁德的极端反对者的议论了，其结果，只能也是最后丢弃一切仁德了。"

点悟：孟子强调性善，强调为仁不难，其易如为长者折枝，而不是难如挟泰山以超北海。这是因为孟子要推广仁德救世论。但此亚圣又必须面对仁德无效、仁德被权贵所推拒和仁德者被不仁德者所嘲笑、所压制、所迫害的情况，所以他必须多多解释，明明仁德甚好甚易，偏偏好事多磨，不断有其他因素干扰仁德救世的落实，于是这里说了一个情况，你虽有伟大的仁德，但数量体量上仍然落后于不仁，你办不成仁德大业，这里需要置疑的不是仁德的有效性，而是置疑那些不肯践行仁德的人为何糊涂至此：一个仁者与五十个不仁者作对，胜利不了，非仁德者之罪也，实不仁者之罪也。

看来孟子、孟子所处的战国时期，已经明显地感受到了仁德的体量小于非仁德、反仁德的体量。此情势下，虽仁德而不胜不仁。那该怎么办呢？仁德是美德，美德不承担不能胜对立面的责任，说明某种情势下美德无效，无效了再美德又能怎样呢？孟子可没有说明晰。

--------------------- 11.19 ---------------------

孟子曰："五谷者，种之美者也；苟为不熟，不如荑稗。夫仁，亦在乎熟之而已矣。"

王解：孟子说："五谷（稻、黍、稷、麦、菽）在植物种子中，对于人类来说，是最美好的，但如果没有长熟，那么它们也可能还不如荑草与稗子的籽粒是样儿。仁也是这样，它非常美好，但是有时有待成熟。"

点悟：此前孟子反对把仁德看成非先验的后天的文化积淀所成的概念。

那么人们天生就仁德了？他这里又提出一个仁还需要成熟一番的理论，还是为了给他的性善行仁容易论打补丁。这个补丁很重要，天性再好，经过培育涵养推广，经过推行实践、修齐治平，它需要发育成长，壮大坚强，提升免疫力、适应力、延伸力与抗逆能力。

11.20

孟子曰："羿之教人射，必志于彀；学者亦必志于彀。大匠诲人必以规矩，学者亦必以规矩。"

王解： 孟子说："后羿当年教人学射箭，要求学徒必须将弓拉满，学徒也必须努力求得将弓拉满。大师教诲人，一定是要教导规矩的，学徒学艺，也是一定要先学规矩的。"

点悟： 人们往往将天性与规矩对立起来，一些所谓性情中人，喜欢标榜自己的粗枝大叶、自由散漫。但孟子既强调性善，又强调不以规矩，不能成方圆；不志于彀，不能成射手。

仁心来自天性。失落仁心来自恶习、恶人、恶劣环境。克服后天遭遇的恶劣必须学习。学习必须严格认真讲规矩。规矩是后天的，后天的规矩是为了恢复、复原、复活、充实、涵养先天的仁心。不讲规矩，反对规矩，就会堕落为恶劣。恶劣也是后天的环境造成的。后天的恶劣造成不仁不义之后，想恢复仁义，殊非易事。但是如果大家都学规矩，学仁义，世界仍然充满希望。

这个逻辑绕了一点，孔孟之克己复礼、天下归仁的用心亦良苦矣！

卷十二 　 告子章句下

任人有问屋庐子曰："礼与食孰重？"

曰："礼重。"

"色与礼孰重？"

曰："礼重。"

曰："以礼食，则饥而死；不以礼食，则得食，必以礼乎？亲迎，则不得妻；不亲迎，则得妻，必亲迎乎？"

屋庐子不能对，明日之邹以告孟子。

孟子曰："于答是也，何有？不揣其本，而齐其末，方寸之木可使高于岑楼。金重于羽者，岂谓一钩金与一舆羽之谓哉？取食之重者与礼之轻者而比之，奚翅食重？取色之重者与礼之轻者而比之，奚翅色重？往应之曰：'绐兄之臂而夺之食，则得食；不绐，则不得食，则将绐之乎？逾东家墙而搂其处子，则得妻；不搂，则不得妻，则将搂之乎？'"

王解： 任国有个人问孟子的弟子屋庐子："礼节与吃饭，哪个更重要呢？"

答："礼节更重要。"

再问："礼节与色欲，哪个更重要呢？"

答："礼节更重要。"

提问的人说："按照礼节去搞饭吃，你会饿死；不按礼节办，你可能会获得食物，那么你还必须按礼节办事吗？（依礼）去迎亲，你得不到媳妇；不去迎亲，你反而能娶上媳妇，你还是必须那样去迎亲吗？"

屋庐子无法回答，第二天他去邹地找孟子请教。

孟子说："这样的问题有什么可说的呢？不研究问题的本原而只衡量它们的末端（不考虑它们的起源而只评估它们的结局），一块一寸高的木头也可以想法让它比一座大楼高嘛。比如我们说黄金比羽毛重，那可不是说几钱黄金比一车羽毛还重。你举出一个吃饭上的大事与一个礼节上的小事相比，谁能不说吃饭重要？你用一个娶亲上的大问题与礼节上的一个小问题相比，谁能不说娶亲重要？你去告诉他：'如果是扭住你哥哥的手臂就能夺到食物；不扭，便吃不到，你会去扭吗？如果你跳邻居家的墙而过去搂住人家的女孩，就能得到媳妇；不搂你就没有媳妇，你会去搂抱吗？'"

点悟：孟子善于辩驳，也善于发现与揭露他人诡辩的荒谬之处。此处的本末说就很有说服力，而且通俗生动。今天的说法则是：起点的不同会造成终点的不同，这是一。过程的内涵有可能重要过结果的内涵，这是二。量的区别有可能积累成为质的区别，这是三。孟子早在那个时代已经发现了此点，所以这里的他并不矫情，并不一律认为"饿死事小，失节事大"，他其实是承认事物的多样性、非一律性。他的说法的意思是，如果事情关系到生死即会不会饿死，关系到家室即能不能传宗接代，礼节上的具体问题，是有商量调整余地的。

孟子已经接近探讨逻辑问题了，他的经常要打嘴仗的处境与孔子当年已经有所不同。可惜的是他本人也是阐发心切，同样也有强词夺理的表现。

"不揣其本，而齐其末，方寸之木可使高于岑楼"这个话很有味道。任何讨论，不但要看结论，还要看源起。礼有礼的大小与意义，食有食的大小与意义，色有色的大小与意义，方寸之木能不能高过大楼，很简单，看你把它放在哪里或举到哪里。大千世界，不能一概而论。孟子并不听任几个概念简单一掂量，便分轻重高低。他主张具体分析。

还有一点似乎有趣复可叹："以礼食，则饥而死……亲迎，则不得妻……"这个句式怎么这样亲切熟悉？至今有开汽车的朋友不太遵守交规时说什么"听交规的话，没饭吃"，这种非礼、非理、非法制之言，为什么在我们的炎黄子孙中间这样源远流长、经久不息？

这就又产生了一个问题，如果在可否的问题上过分随机应变、可可可不可，就失去了礼法、法制的严肃性了。如果礼法、法制的调子过高，规矩过严，难以可丁可卯地遵守，生活中只能相机办理，客观上其实是降低了各种规则的公信力与约束性了。

--- 12.2 ---

曹交问曰："人皆可以为尧舜，有诸？"

孟子曰："然。"

"交闻文王十尺，汤九尺，今交九尺四寸以长，食粟而已，如何则可？"

曰："奚有于是？亦为之而已矣。有人于此，力不能胜一匹雏，则为无力人矣；今曰举百钧，则为有力人矣。然则举乌获之任，是亦为乌获而已矣。夫人岂以不胜为患哉？弗为耳。

"徐行后长者谓之弟，疾行先长者谓之不弟。夫徐行者，岂人所不能哉？所不为也。尧舜之道，孝弟而已矣。子服尧之服，诵尧之言，行尧之行，是尧而已矣。子服桀之服，诵桀之言，行桀之行，是桀而已矣。"

曰："交得见于邹君，可以假馆，愿留而受业于门。"

曰："夫道若大路然，岂难知哉？人病不求耳。子归而求之，有余师。"

王解： 曹交请教说："说是人人都可以做唐尧虞舜，您有这个说法吧？"

孟子说："是的。"

"听说文王身高十尺，汤身高九尺。我曹交呢，身高九尺四寸，我能做的只有吃饭而已，要怎么办才行呢？"

"这又有什么可说的呢？事在人为罢了。有个人在这儿，手无缚鸡之力，我们可以说他是个没有力气的人；如果说举重能举起一百多钧（约三千斤），当然他就是很有力气的了。至于举起大力士乌获才能举起的重量的人，我们可以说他是乌获式的力士。别人又怎么会为自己没有能举起那么重的东西而为难呢？（而没有做到尧舜那样，不是力不胜任，）只是不做罢了。

"走在长者后边的人符合悌的要求，抢在长者前面的人，不符合悌的要求，其实走慢一点又有什么难处呢？有些人硬是没那样做就是了。唐尧虞舜的正道，无非是孝与悌的义理。你穿唐尧式服装，讲唐尧式话语，行唐尧式行为，你当然就是尧那样的人物；你穿夏桀式服装，说夏桀式话语，行夏桀式行为，你当然就是夏桀式人物啦。（这是由你自己选择的嘛。）"

曹交说："我准备去见邹地的君王，请求一个馆舍，我愿意师从夫子学习。"

孟子说："正道好比大路，有什么难于把握的呢？回你的曹国去找吧，老师是多得很呀。"

点悟： 孟子的本意是人人皆可为尧舜，原因是，尧舜之道说起来堂皇，实质却极单纯，孝敬长上，爱护兄弟姐妹就是了。孝敬的另一面是长上的慈爱尊贵，悌德的另一面是相应回报的悌德，这样人际关系既有尊卑长幼的秩序，又有相亲相爱的和美，此外还有什么可发愁的呢？

其次，尧舜之道是光明大道，是宽阔坦途，做起来一顺百顺，是极明白的道理，只是因了环境中的邪恶因素，才使人们远离了它们。你想那么做，就做去好了，必胜必成，万无一失。所有不走尧舜之道的人都是没有道理的，他们做不到不是由于做不到，而是由于根本没有去做。

所举的举重的例子，反而有词不达意之惑。有手无缚鸡之力的，有力能扛鼎的，不足为忧为惧，大家都可以当尧舜，因为大家都可以行孝悌。又不是要你与乌获赛记录，你有什么为难的呢？与能力记录相比，孟子看得更重的是品质，举重者的能力与记录各不相同，但是"为之而已矣"。你去做了、举了，就是好样的了。不知道这样讲是否比较明白。

------ 12.3 ------

公孙丑问曰："高子曰：《小弁》，小人之诗也。"

孟子曰："何以言之？"

曰："怨。"

曰："固哉，高叟之为诗也！有人于此，越人关弓而射之，则己谈笑而道之；无他，疏之也。其兄关弓而射之，则己垂涕泣而道之；无他，戚之也。《小弁》之怨，亲亲也。亲亲，仁也。固矣夫，高叟之为诗也！"

曰："《凯风》何以不怨？"

曰："《凯风》，亲之过小者也；《小弁》，亲之过大者也。亲之过大而不怨，是愈疏也；亲之过小而怨，是不可矶也。愈疏，不孝也；不可矶，亦不孝也。孔子曰：'舜其至孝矣，五十而慕。'"

王解：公孙丑对孟子说："高子说了，《小弁》，那是小人的诗。"

孟子问："这话怎么讲？"

公孙丑说："说是那个诗的怨气太过了。"

孟子说："这位高先生讲诗，也太呆板了吧。有个人在这里被越国人张弓射箭，他说起来可能无所谓，而被他哥哥拉弓射箭，他会一边述说一边哭泣，没有别的，（他的哥哥与他反目，）更使他悲伤痛苦。《小弁》表达的怨怼，是亲人对亲人的亲爱中产生的怨怼，亲人亲爱亲人，这是一种仁爱的情怀啊。这位高先生讲起诗来，也太呆板了！"

公孙丑问："那《凯风》里为什么就没有这种抱怨之情呢？"

孟子说："《凯风》里的母亲，过错很小嘛。《小弁》里的父亲，过失就比较大了嘛。过失大而不去抱怨，是愈来愈与双亲疏远的表现。过失小而大加抱怨，是（碰不得）易激于怒气的表现。疏远是不孝，碰不得也是不孝。孔子说过：'舜是非常孝敬的，自己五十岁了，还思慕着双亲。'"

点悟：孟子继承了孔子的传统，而且时而比孔子论诗谈得更具体，以诗歌来引领规范民人与君王、臣子们的心路。这种以世道人心为圭臬的文艺观形成了中华传统文化重要特点之一，而且至今作用在我们的生活里。

《诗经》是经过孔子编辑的，它代表孔圣。《诗经》来自民歌，又代表民人。《诗经》还包括了周朝的许多御用诗歌，它在某种意义上又代表着"郁郁乎文哉"的周礼。孟子必须为之辩护、正名。

诗是真情实感的表现，诗的规范性不能脱离它的自然性、真实性。孟子说到"亲之过大而不怨，是愈疏也"，即父母双亲有大过错却不去抱怨，实际上是与双亲益发疏远的表现，所以是不足为训的。他讲得实在好。

高子的形象也很亲切，教条主义，清规戒律到不通人情的地步。《小弁》中确有不少怨怼，表现了被父母舍弃的委屈与悲哀。"心之忧矣，疢如疾首"，够刺激的了。孟子的解读是多么好啊。亲爱得深，才可能怨怼得深呀，不相干的人，对你如何，又有什么可以计较埋怨的呢？

又多少流露出了国人自古重私德而不重公德的信息。亲人、友人、熟人、同人的反映、关系是需要重视的，社会的反映，广泛的反映，也不能熟视无睹。也许这样说更正确些。

至于《凯风》，或谓是写七个继子都要孝敬继母，避免继母有不安于室之心。这可就成了大事，无过了就只能是无过；有过按古代的说法就小不了，也许周朝时对这类事尺度较宽？读之不甚解，识者教之。

还有，不论诗歌的情怀如何温柔敦厚、恰到好处，毕竟是诗、是歌谣，它有更多的生活容量、具体形象、感情流露，从而有更大与更富有弹性的解读空间、发挥空间。一首民谣里包含了某些偏激情绪，也是难免的，也许，正是由于诗谣里宣泄了某些不够正面、不够精致的情愫，才调剂、平衡了现实生活中的许多负面与失衡的东西。正因如此，贾政反对宝玉读什么"呦呦鹿鸣，食野之苹（李贵说成'荷叶浮萍'）"，说是"那怕再念三十本《诗经》，也都是掩耳偷铃，哄人而已……什么《诗经》、古文，一概不用虚应故事，只是先把'四书'一气讲明背熟，是最要紧的"。遇到贾政这样的国学家，连孔子亲自主编的《诗经》也要抹杀，他是不把一切学问教化搞死搞呆、彻底僵化绝不罢休了。孟子当年其实也不必花力气把《诗经》上的一切民歌民谣解释为绝对正确百分百、毫无瑕疵、不可置疑。绝对正确的一百分文艺并不真实，也不必要，更不成功感人。

---

12. 4

宋牼将之楚，孟子遇于石丘，曰："先生将何之？"

曰："吾闻秦、楚构兵，我将见楚王说而罢之。楚王不悦，我将见秦王说而罢之。二王我将有所遇焉。"

曰："轲也请无问其详，愿闻其指。说之将何如？"

曰："我将言其不利也。"

曰："先生之志则大矣，先生之号则不可。先生以利说秦、楚之王，秦、楚之王悦于利，以罢三军之师，是三军之士乐罢而悦于利也。为人臣者怀利以事其君，为人子者怀利以事其父，为人弟者怀利以事其兄。是君臣、父子、兄弟终去仁义，怀利以相接，然而不亡者，未之有也。先生以仁义说秦、楚之王，秦、楚之王悦于仁义，而罢三军之师，是三军之士乐罢而悦于仁义也。为人臣者怀仁义以事其君，为人子者怀仁义以事其父，为人弟者怀仁义以事其兄，是君臣、父子、兄弟去利，怀仁义以相接也，然而不王者，未之有也。何必曰利？"

王解： 宋轻准备到楚国去，孟子在石丘遇到了他。孟子问："先生您这是到哪里去呀？"

宋轻说："秦国与楚国准备开战，我打算到楚国去，设法说服楚王不要打。如果楚王不爱听我的话，我就去秦国，说服秦王不要打。这两个君王之中，我有可能碰对上一个吧。"

孟子说："我倒不想问详情，您能告诉一下您的大思路吗？您打算怎样去说服他们呢？"

宋轻说："我要告诉他们战争对他们不利。"

孟子说："先生您的心志是伟大的，但是您的立论旗号并不行。您以利益为出发点去游说秦王楚王，二位君王由于喜欢利益而收拢不打，让上中下三军士兵退却，那也是三军士兵喜欢（你说的那个）利益而乐于收兵退却，也就是说您的说法是臣子为了利益而侍奉君王，儿子为了利益而侍奉父母，弟弟为了利益而侍奉兄长，这说明那里的君臣、父子、兄弟都是丢弃了仁义道德，以利益为目标互相交集靠拢，这样的国家不灭亡是不可能的。先生（如果不是以利益而是）以仁义为尺度去说服秦楚两国的君王，两国君王可能由于喜爱仁义而收拢不打，让三军士兵退却。那说明三军士兵喜欢仁义而乐于退兵不打。也就是说，臣子是为了仁义而侍奉君王，儿子是为了仁义而侍奉父亲，弟弟是为了仁义而侍奉哥哥。这说明，那里的君臣、父子、兄弟都丢弃了利益的计算而以仁义为目标相交集靠拢，那就没有不能成为天下的王者的。何必出去讲利害去呢！"

点悟： "先生之志则大矣，先生之号则不可""怀利以相接，然而不亡者，未之有也""何必曰利"，这些话都已经脍炙人口，说明它们的概括性、说服力、通俗性、文学性与深刻性被一代代国人所认可。

　　将利与义截然对立起来，则与前面讲的高子论诗一样，太"固"，即太呆板、教条、生硬了。既然怨与孝都不是截然对立的，何况义与利呢。恰恰应该强调的是，行义才能谋众人之利，而谋长治久安之利，离不开修身、齐家、治国、平天下之大义。有道是：多行不义必自毙，这里其实说的恰恰是利与义的一致性、不可分裂性。为蝇头小利而不仁不义，其结果只能是害人害己，不义，哪儿会有真正的靠得住的人民、国家、民族、人类的共同利益！

----------------------- 12.5 -----------------------

　　孟子居邹，季任为任处守，以币交，受之而不报。处于平陆，储子为相，以币交，受之而不报。他日，由邹之任，见季子；由平陆之齐，不见储子。

　　屋庐子喜曰："连得间矣。"问曰："夫子之任，见季子；之齐，不见储子，为其为相与？"

　　曰："非也；《书》曰：'享多仪，仪不及物曰不享，惟不役于享。'为其不成享也。"

　　屋庐子悦。或问之。屋庐子曰："季子不得之邹，储子得之平陆。"

　　王解：孟子住在邹国的时候，季任留守任国，季任给了孟子一些礼物，孟子接受了，并没有什么回报。后来孟子到了平陆，储子担任齐国宰相，也给了孟子一些礼物，孟子也接受了，并没有什么回报。过了些日子，孟子从邹到了任，去见了季子，又从平陆到了齐国，却没有去见储子。

　　屋庐子乐了，他说："这回我可抓住孟子的漏洞了！"他问孟子："您老到任国就去见季子，到齐国不见储子，是因为储子只是宰相不是君王吗？"

　　孟子说："不是的。《尚书》上说，享用馈赠，更多是视其礼仪。如果礼仪与馈赠不能匹配，就不可能被享用，我不能为享用而享用。因为这件事没有完成可享用的礼仪啊。"

屋庐子很喜欢这个说法。有人问到他此事，他说："季子不可能到邹国，但是储子完全可以到平陆（却没有去嘛）。"

点悟：孟子常常得到一些权贵的礼赠或约见，这一点他的处境似乎比当年的孔子好些。他接受了馈赠却又对馈赠者流露某些不满，有所挑剔，他显得比孔子牛一些、难侍候些。例如孔子得到南子约见，就如约而去，为此甚至受到弟子的非议，他老还得指天画地地起誓。

接受了物质馈赠，又对人家提出礼仪上的要求，或不能完全服人，很简单，如果你觉得馈赠方礼仪不周，是不是应该婉言谢绝呢？还是觉得谢绝太决绝，为长远关系计不是收下为好呢？而如果收下了，为什么不能化解些许的不满意，从大处想，多去强调馈赠本身的善意呢？

——— 12.6 ———

淳于髡曰："先名实者，为人也；后名实者，自为也。夫子在三卿之中，名实未加于上下而去之，仁者固如此乎？"

孟子曰："居下位，不以贤事不肖者，伯夷也；五就汤，五就桀者，伊尹也；不恶污君，不辞小官者，柳下惠也。三子者不同道，其趋一也。一者何也？曰：仁也。君子亦仁而已矣，何必同？"

王解：淳于髡对孟子说："优先考虑自己的名声与实绩的人，是为了家国天下。把名声实绩放在后面的人，是为了自身的舒服高洁。如今您老地位级别处于三卿，既没有名声也没有什么实绩，说走就走了，这是仁者做事的范式吗？"

孟子说："居于低位，但是不肯以自己贤者的身份去侍奉不肖之大人物，这是伯夷的选择。为商汤供职五遭，又为夏桀供职五次，这是伊尹。不厌恶污名的君王，不推掉低微的小官职，这是柳下惠的做法。三位先生的做法不一样，但追求是一致的，那就是仁德与仁政。君子人要的是仁德，何必同一做法呢？"

曰："鲁缪公之时，公仪子为政，子柳子思为臣，鲁之削也滋甚；若是乎，贤者之无益于国也！"

曰："虞不用百里奚而亡，秦穆公用之而霸。不用贤则亡，削何可得与？"

王解：淳于髡说："鲁缪公时期，政事由公仪子主持，子柳、子思（这些名人）都是大臣，但是这个期间鲁国的势力日益削弱。这说明的是那些贤者对于国家是没有什么用处的呀。"

孟子说："虞国不用百里奚，最后亡了国；秦穆公用了百里奚而成为霸主。不用贤者的结果如果是灭亡，那么你想削弱势力而存活，你做得到吗？"

曰："昔者王豹处于淇，而河西善讴；绵驹处于高唐，而齐右善歌；华周杞梁之妻善哭其夫而变国俗。有诸内，必形诸外。为其事而无其功者，髡未尝睹之也。是故无贤者也；有则髡必识之。"

曰："孔子为鲁司寇，不用，从而祭，燔肉不至，不税冕而行。不知者以为为肉也，其知者以为为无礼也。乃孔子则欲以微罪行，不欲为苟去。君子之所为，众人固不识也。"

王解：淳于髡说："想当初（善于唱歌的）王豹居住在淇水边，于是河西地区的人以善于唱歌而著称。绵驹住在高唐，于是齐国西部的人也都能够唱起来。华周、杞梁有妻子哭丈夫哭倒了城墙，从而改变了一国的风俗。内里有什么，必然会表现到外面。做一件事而不能成就一定的功效的，我从来没有见过。所以说，现在是没有贤者的了，如果有贤者，我是能够识别出来的呀。"

孟子说："孔子在鲁国担任司寇一职，得不到足够的信任与使用，他跟随去祭祀，祭祀用的肉没有送来，于是孔子连祭祀时的礼帽都没有摘下，便匆匆离去了。不了解的人以为孔子是为祭肉辞官而去，了解情况的人理解孔子辞官是由于没有得到应有的礼遇。其实孔子的意思在于以一个小罪名辞官而去，不要走得太随便。君子的行为，本来就不是一般人所能理解的。"

点悟：以淳于髡在齐国的政治、学术、口才地位，与孟子的此段谈话，充满张力，相当尖锐，丝毫不让。《孟子》一书，表现得相当完整。就书读书，与其说孟子在辩论中占了上风，不如说是攻方淳于髡占有一定优势。

淳于髡对于贤者要求实绩，要求名与实的相符与相得益彰。他认为不能仅仅由于理论与宣读得好听，就承认哪一个人有什么贤明。他主张"有诸内，必形诸外"，认为人格与内心的贤明需要事功的表现，这几近于以实践作为检验真理的标准，很难说不对。如果说贤明不需要事功佐证，等于承认贤明是自我论证、自我实现的自言自语，是于人无补、于事无补的自我欣赏，是能说会道的人的自恋。

他的言语有强烈的进攻性，干脆说他是在挑战：孟子是自说自话的能人，于人于事无补，与他的级别地位不相称。他自己虽然身材矮小，虽然同是学者、政治家、辩士，他是屡有成就的。

他还进一步挑战：伟大了半天表现不出来，没有事功，证明你并非贤者。从根本上否定了孟子之道。他说的是现在没有贤者，含义是你孟轲并非贤者。

而孟子难以说清自己，而是频频地说孔子。先是引用孔子讲过的伯夷、柳下惠等人的例子，证明在乱世可以有不同的因应与处世乃至为官之道，即孔子所讲的"我则异于是，无可无不可"。孟子讲的伊尹的例子孔子没有讲，但伊尹的例子更刺激。

贤者、仁者，做事并无定法，不必强求同一，这是对的，但是仁德贤明总要有自己的明确的标准，后者，孟子讲得并不充分，包括孔子，他们的伟大缺少实绩证明，这是令人遗憾的事实，你可以坚持孔子比尧舜周公都伟大，但是孔子毕竟没有，至少是未能获得机会创建胜于尧舜周公的政绩。甚至于可以设想：如果他们的仁政王道说、"为政以德，譬如北辰"说，在历史上有更多的披荆斩棘的推行经验，有更多的实践予以充实丰富，也许他们的美好理论反而会受到更多的质疑与挑剔，反而难以被树立为大成至圣先师文宣王了。

　　那么孟子自己认定到底该选择怎样的路线、怎样的标尺，怎样以仁德义理造福人众家国天下？他举出的是唐尧、虞舜、周文王的例子。问题恰恰在于东周时期，天下大乱，形势大大地变化了。

　　以为是圣贤决定一切吗？用贤人也没有用，淳于髡举了例子；不用贤人会亡国，孟子也举了例子。没有形成辩论，无非是各说各的理，各举各的例，鸡说鸡的，鸭说鸭的，有分歧但没有形成碰撞，激不起火花来。不用贤人，想削弱而存活也未必做得到，倒也是一说，叫作以退为进，降格以求，难以反驳。但这样说缺少了浩然之气。

　　孔子辞官的例子解说不一，或谓孔子不能无故贸然走掉，等了一个小疵，即祭肉到得不及时，走了，达到了走的目的，同时没有把自己与鲁国的关系弄僵。一个说法是孔子宁可让自己背上一个小微罪名，走掉，也是忍辱负重、顾全大局，做人完美无缺的表现。但以上的说法都未能与淳于髡接火，更像是在躲避辩论。

　　此节辩论中最有意义的还是一上来的关于名实先后之辨。其实这仍然是自古即有、至今不绝的关于出世和入世的问题。中国的社会资源高度集中，每个读书人，叫作士或是叫作知识分子随便，都面临着一个大问题，要不要为体制所用？是在体制中努力做一些于民于国、于人于己有好处的事情，还是离开或声称离开体制，另辟蹊径，做高士、学者、名流、大 V、独立人士？这里我没有提隐者，因为隐者如果真的隐了起来，就不会有人研究关注了，如果隐了半天搞得誉满天下，那就不一定是真实的隐者了。

简单地说，历史上的士，入世者或流于同流合污，出世者或流于沽名钓誉；入世者容易违背初衷，出世者容易冷酷自私；入世者容易身不由己，出世者容易妄自尊大；入世者容易拉帮结伙，以势压人；出世者容易装腔作势，刻薄自恋。比较起来，入世者有体制的力量可以依靠，出世者只能靠自己的一技之长，后者有更多的值得同情乃至怜悯的地方。出世者易于自我保护，入世者总要忧患、辛苦、担当，如牛负重，有更多的值得尊敬与感激的地方。另外，入世者荣华富贵却又风险连连，出世者粗茶淡饭，自得其乐。这当然是指两路人马的优秀者，不是指以权谋私的贪腐奸佞，也不是指大言欺世的社会骗子。孔子的说法一个是"待价而沽"，明确要入世。第二是"邦有道不废，邦无道免于刑戮""邦有道则知，邦无道则愚"。还有第三个说法就是多样选择，"无可无不可"。

而这里淳于髡的说法是肯定入世，讥刺出世，更讥刺志在入世却没有名实之绩的孟子式人物，以淳于髡的不友好态度，他把孟子几乎看成了意图入世却又脱离时政实际的空谈家。

把入世出世的题目命名为先名实与后名实，让今人觉得挺绕，其用意应该是孟子不能说成是庄子式的出世——逍遥——自我救赎主义者，又不是商鞅、韩非式的志在入世建功立业者，而是一个不重视名实却又一心救世的政治理想主义者。是不是呢？

王按，世界是复杂的，而且越来越复杂。各种士人其实都是有他们存在的道理与相对优势的，忠臣猛士：比干、岳飞……文人学士：庄周、司马迁、陶潜、李白、杜甫……辅君良臣：管仲、魏徵、萧何……直言拼命：汲黯、海瑞……抽象思维：老聃、公孙龙……高雅清纯：许由、伯夷……此外，仙风道骨、愚直耿介、忍辱负重、随机应变、难得糊涂、按部就班、游戏人生、随遇而安、想入非非、急流勇退、九死未悔、虽败犹荣、优孟衣冠、能言善辩、但求无过……各种人士多了去啦，孔子说得好，你有时只能承认是无可无不可，难以统一格式。

在《孟子》中，此次辩论，显得孟子有些被动，而攻方火力猛烈。

─────────── 12.7 ───────────

孟子曰："五霸者，三王之罪人也；今之诸侯，五霸之罪人也；今之大夫，今之诸侯之罪人也。天子适诸侯曰巡狩，诸侯朝于天子曰述职。春省耕而补不足，秋省敛而助不给。入其疆，土地辟，田野治，养老尊贤，俊杰在位，则有庆；庆以地。入其疆，土地荒芜，遗老失贤，掊克在位，则有让。一不朝，则贬其爵；再不朝，则削其地；三不朝，则六师移之。是故天子讨而不伐，诸侯伐而不讨。

王解：孟子说："（春秋）五霸，是（夏、商、周）三代帝王的罪人；如今的诸侯，是五霸的罪人；如今的卿、大夫，又是诸侯的罪人。天子到诸侯的领地去，那叫巡守。诸侯朝见天子，那叫述职。春天要巡查春耕，扶助那些生产生活资料不足的农户。秋天要巡查秋收，要扶助那些不能自给自足的农户。到一个诸侯领地，看到他们的土地有所利用开垦，田野有所整治管理，老人得到赡养，贤人得到尊重，杰出人士在国事中有地位权力，那就要奖赏以土地。而如果进入某个诸侯领地，发现他们那里土地荒芜，将老人与贤圣者丢弃在一边，一拨子只知搞自搂的人占据了官位，那就要责罚他们。诸侯不去朝见，一次不去，贬降爵位；两次不去，削减领地；三次不去，调动兵力派过去。天子用兵，叫作征讨，不叫攻伐。诸侯用兵，只能叫攻伐，不能叫征讨。

"五霸者，搂诸侯以伐诸侯者也，故曰，五霸者，三王之罪人也。五霸，桓公为盛。葵丘之会，诸侯束牲载书而不歃血。初命曰，诛不孝，无易树子，无以妾为妻。再命曰，尊贤育才，以彰有德。三命曰，敬老慈幼，无忘宾旅。四命曰，士无世官，官事无摄，取士必得，无专杀大夫。五命曰，无曲防，无遏籴，无有封而不告。曰，凡我同盟之人，既盟之后，言归于好。今之诸侯皆犯此五禁，故曰，今之诸侯，五霸之罪人也。长君之恶其罪小，逢君之恶其罪大。今之大夫皆逢君之恶，故曰，今之大夫，今之诸侯之罪人也。"

王解："五霸的特点是拉上一个或几个诸侯去攻打另一个或几个诸侯，所以说，五霸是三王的罪人。五霸当中，以齐桓公为最强盛，他在葵丘会盟诸侯，把牺牲用的牲畜捆绑起来，把文书放在这些牲畜上，却没有宰杀歃血。盟约首先提出：诛杀不孝的人，不可以更换太子的继承王位权利，不可以将妾升格为妻。其次提出要尊重贤能，培育人才，彰显德行。其三是尊敬老者，慈爱幼小，不能慢待外来宾客。其四是士人做官不可世袭，做官不能兼任，任用人才必须合乎要求，不可擅自杀戮大夫。其五是不可任意修堤防影响水道；不可妨碍异地异国的粮食交易，不可封赏而不通报盟主。说是，凡是参加结盟的侯国，既然已经结盟，立即言归于好。现在的诸侯们，上面所说的五条规则全都违反了，所以说现在的诸侯是五霸的罪人。再说，助长了君王恶行的臣子所犯的罪过还不算太大，而逢迎谄媚君王恶行者，那罪过就大了。请看现在的大夫，谁不逢迎谄媚君王的恶行啊！所以说，如今的大夫，他们是诸侯的罪人啊。"

点悟：齐桓公会盟时的盟约，有点意思，其用意似在树立规范，在一个乱世，出来一个强势代表人物，不免要讲一点游戏规则。规则的目的首先在于维护一定的秩序，避免由于混乱任意出现倒行逆施，引起本来可以避免的动乱冲突，而且是一乱皆乱、布朗运动、酿成大祸。

废立太子，立妾为妻，用人不当，官职世袭，这本来是诸侯国内部事务，但因影响政局，就引起"天下"的关注与忧虑，那时当然不知地球更不会讲地球村，但已有天下一体的概念。

规则中关于堤防建筑与粮食采购一节，更有其要求自由经济与稳定地貌的含义，令人赞赏。

但更重要的是孟子这里透露的邦国罪恶化忧虑：五霸悖反了三皇德政，尤其明显的是违背了西周制定的天子与诸侯尊卑秩序，搞得四分五裂、战乱频仍、民不聊生。后来的诸侯们则完全背弃了以齐桓公会盟为代表的建立与维护秩序的努力。大夫们更是丧失原则节操，逢迎谄媚，推着君王干坏事。

总而言之，是一代不如一代。

可以设想，三皇时期，中国的政治文明、社会管理、秩序规范起步不久，还处在形成与成熟过程中。至少人们有新鲜感、期待感、好自为之意识、珍惜意识与摸索意识。发展前景与结局还在相当遥远的前面。这时候一种理想主义的乐观信念会遮蔽许多实际问题与体制问题。理想主义的一大特色是道德化、唯善化。而在发展过程中难免会出现的则是精细化——手段化——利己化——阴谋化——恶斗化——流氓化即理想与实际、言与行、目标与手段的背道而驰。任何事物的成熟都给自己提出了重大挑战：怎样更新、怎样"与时俱化"（《庄子》）、怎样接受佛陀所讲的"无常"的考验。任何事业的开初阶段，总带有理想色彩，男女相恋会如此——所谓结婚是恋爱的坟墓。改朝换代会如此，实业、求学、科研与从艺都会如此，甚至一种文体、一种风格、一种句式亦是如此：初则兴、继则火，再续则俗、再后则衰、终则面目可憎者盖出多矣。万事万物，成熟了不能更新前进跨越突破，就会腐烂衰落，从欣欣向荣走向捉襟见肘、破绽百出，最后是病入膏肓、无力回天。所以我说过虎头蛇尾是历史的常态。所以人人都会怀念自己的童年，孔孟老庄都有复古倾向。

西周时期更有革命胜利感、天翻地覆感、新朝隆盛感。但是经过一段时间以后，那些在历史进程中获得了种种成果与资源、高高在上、养尊处优、颐指气使的人群，便开始走向没落，同时会抱住各种好处不放，生怕自己的种种优势被抢夺走，从而在腐败化的同时走向阴暗化与警觉化。正是历史的进程中，会出现退化与恶化，而正是在对于退化、恶化的理解与克服中，才能出现历史的进步。

孟子痛快淋漓地批判了现状，他对夏商周三代开国皇帝倍加赞颂，复古旗号后面的真意在于非今，即批判战国时代的当前。至少从策略上看，在复古的旗号下非今比较保险，当然也有局限，不利于重大发展出新。

— 12.8 —

鲁欲使慎子为将军。孟子曰："不教民而用之，谓之殃民。殃民者，不容于尧舜之世。一战胜齐，遂有南阳，然且不可——"

慎子勃然不悦曰："此则滑厘所不识也。"

曰："吾明告子。天子之地方千里；不千里，不足以待诸侯。诸侯之地方百里；不百里，不足以守宗庙之典籍。周公之封于鲁，为方百里也；地非不足，而俭于百里。太公之封于齐也，亦为方百里也；地非不足也，而俭于百里。今鲁方百里者五，子以为有王者作，则鲁在所损乎，在所益乎？徒取诸彼以与此，然且仁者不为，况于杀人以求之乎？君子之事君也，务引其君以当道，志于仁而已。"

王解：鲁国准备要慎子担任将军，（开疆拓土。）孟子说："没有把民人训练好就要用兵动武，这是祸害民人。祸害民人的事在唐尧虞舜时代是不被允许的。即使打一仗就能战胜齐国，占领南（汶）阳，这种事也是不能做的。"

慎子听了很不高兴，他变颜变色地说："这是我滑厘听也听不懂的。"

孟子说："我明白告诉你吧。天子的地盘需要够千里方圆，不够千里方圆，无法接待诸侯。诸侯的地盘需要够百里方圆，不够百里方圆，无法在它那里保持相传下来的宗法祭典制度礼法。周公当年册封在鲁地，他应该得到百里方圆的地盘，当地的土地也不是不够，但他土地少于百里方圆。姜太公册封在齐地，本来也应该是方圆百里的，土地也是够的，但他实际少于百里方圆的。如今的鲁国有五倍于方圆百里。如果有王者兴，您认为他是应该去减少地盘呢，还是增益自己的地盘呢？白白地获取他方的土地划入己方，那是仁人所不能做的，何况是靠打伐杀人来扩大地盘呢？君子侍奉君王，关键是引导国君走正道，志在行仁求仁就对了。"

点悟：那个时期，天下大乱，群雄并起，谁不想着壮大自身、削弱他人，直到"席卷天下，包举宇内，囊括四海……并吞八荒……"（贾谊：《过秦论》）孟子坚持他的唯仁论，坚持他的道德优先主义，有他的可敬可爱处，也有他的天真烂漫与不切实际处。

12.9

孟子曰："今之事君者皆曰：'我能为君辟土地，充府库。'今之所谓良臣，古之所谓民贼也。君不乡道，不志于仁，而求富之，是富桀也。'我能为君约与国，战必克。'今之所谓良臣，古之所谓民贼也。君不乡道，不志于仁，而求为之强战，是辅桀也。由今之道，无变今之俗，虽与之天下，不能一朝居也。"

王解：孟子说："如今那些侍奉君王的（臣子谋士）人们，动辄说：'我要为君王开拓土地，充实府库财力。'这样的人被视为良臣，其实他们是民贼。君王不向往正道，不追求仁德，而一味追求富强，那是使夏桀富强的路子。动辄说：'我能够为君王结约盟友，战则必胜。'如今将这样说话的人视为良臣，其实他们是民贼。君王不向往正道，不追求仁德，而硬是要民人为他作战，这不是助桀为虐吗？依照当今这样的思路走下去，不改变当今的这种习惯流俗，就是给了他天下，他也不可能守住一朝一夕。"

点悟："今之所谓良臣，古之所谓民贼也。"此语振聋发聩，似又太过。

一个值得探讨的问题：孟子为什么认为今之良臣是古之民贼？良臣与民贼的区别何在？矛盾性何在？同一性何在？良臣与民贼是可能混淆不清的吗？良臣确实可能转化为民贼的吗？为什么堂堂孟子会将某些人眼中的良臣视为民贼？

能被目为良臣，在做事、做人、选择、判断、取信、立威、言辞、文章上多有过人之处，目为良臣，也就位高、权大、名扬、气盛、占有较多的社会资源与特权，受到的挑战、面临的复杂状况，跌入各种陷阱、中计受骗的概率，被腐蚀的可能也就大大多于常人。如果不能善自修为、慎独自爱，如临深渊、如履薄冰，最后变为民贼，又有何蹊跷？

12.10

白圭曰："吾欲二十而取一，何如？"

孟子曰："子之道，貉道也。万室之国，一人陶，则可乎？"

曰："不可，器不足用也。"

曰："夫貉，五谷不生，惟黍生之；无城郭、宫室、宗庙、祭祀之礼，无诸侯币帛饔飧，无百官有司，故二十取一而足也。今居中国，去人伦，无君子，如之何其可也？陶以寡，且不可以为国，况无君子乎？欲轻之于尧舜之道者，大貉、小貉也；欲重之于尧舜之道者，大桀、小桀也。"

王解：魏相白圭对孟子说："我打算规定的税率是二十分之一，如何？"

孟子说："你的做法是当年貉国的做法。一个有上万户的地区，只有一个人做陶瓦之器，你说行吗？"

白圭说："不行，那样的话，陶瓦之器多半会不够用的。"

孟子说："骆国，五谷不能生长，只长一些黄黍米。那里也没有城池、宫殿、宗庙以及祭祀礼仪活动，还没有与诸侯间的来往、赠礼、宴请这些外事应酬，又没有百官、衙门、行署那些设置与开销，这样二十分之一的税率也就可以了。如今中原地区，你怎么可能不照顾那些人际关系与君子精英的需要与礼数呢？陶瓦之器不够用，将影响一个侯国的体统，何况如果是君子精英们，怎么能够缺少呢？想要把税率做得低于尧舜时代（的十分之一），那就成了大骆小骆了；如果打算收比尧舜的比率更高的税，那就成了大桀小桀了。"

点悟：骆国之道，这里的说法带有些微的嘲讽。骆国，看来还不怎么成国，要吗没吗，顶多像个部落，不能算一个诸侯国家。所以不讲究，更不可能讲排场，少收点赋税乃为可能。正经一个侯国，必要的建筑、设备、礼仪，一个也不能少。税不能太少。以尧舜时代的标准为标准百分之十。

税少是不发达不文明的象征。税多呢？是桀之暴政的表现。收多了就是夏桀一样的暴君。谬矣。如今的文明世界，税率不知比尧舜高凡几，而且税的工程与规矩日益复杂，孟子当年的话，早过了时啦。

--------- 12.11 ---------

白圭曰："丹之治水也愈于禹。"

孟子曰："子过矣。禹之治水，水之道也，是故禹以四海为壑。今吾子以邻国为壑。水逆行谓之洚水——洚水者，洪水也——仁人之所恶也。吾子过矣。"

王解：白圭说："我治水，比大禹还治得好。"

孟子说："你错了。大禹治水，是按照水性水道来做的。所以禹治水以四海为泄水的大坑。如今您呢，是以邻国为大坑，是让水逆水路而流，这样的水叫作洚水，也就是洪水。是仁者所厌恶的，你说得不对呀。"

点悟： "以邻为壑"，已成为著名成语，损人利己的事也。

在人与己、邻与己的命题上有许多说法，一个是毫不利己，专门利人，这是学习雷锋的号召。一个是个人管自己，上帝管大家，这是西方的说法。一个是推己及人与己所不欲、勿施于人还有己欲立而立人、己欲达而达人，这是儒家的说法。严加管束"恶劳而好逸"的百姓，这是法家主张。为了让邻居失掉两目，宁愿请神灵取自己的一目，这是印度民间故事。说法虽然不同，不可以邻为壑，却是没有疑义的。

12.12

孟子曰："君子不亮，恶乎执？"

王解： 孟子说："如果君子做不到诚信，还有什么需要坚持把握的呢？"

点悟： 前贤的一致解释是，亮就是谅，就是诚信。问题在于，君子需要诚信，小民呢？百姓呢？不妨理解为君子需要这样一个道德与文明素养，但小小老百姓也可以具备这样的素养。那么另一个问题出来了，君子应该诚信，不诚信还能算什么君子？君子是一定的德行水准或者是相当的德行目标的同义语，说君子需要诚信，就与说君子不能偷东西一样，本来是不言而喻的。

那么，我们可以理解为，第一，它是针对精英与准备为官的人讲的，它讲的诚信其实更多的是公信力的意思。谅，还可以解释为理解，君子与整个社会，与庶民，需要有相互的理解信任。精英与官员，没有了公信力，得不到信任，又不理解庶民的要求愿望、痛痒、疾苦，这个侯国就要完蛋。

第二，对于君子的说法极多，包括孔子，也是讲了许多条，和而不同啦、不结党营私啦、君子不器啦、不重则不威啦、成人之美不成人之恶啦，等等。民间的说法更多，如君子报仇、十年不晚，君子不立于危墙之下，君子一言、驷马难追……孟子强调的是核心在于诚信，前提在于诚信，没有了诚信，没有了信任与理解，君子的其他一切都谈不到。

还有一个问题可以探讨，君子的对应是小人，君子喻于义，小人喻于利。诚信则是义中之义，是义理，是原则，是根本，也是正义。小人图利，或有不够诚信之处，孟子特别提出君子的"亮"来强调，有他的保持君子风范的用心。正如今人强调共产党员要忠诚老实，但并不等于说不是共产党员就可以狡猾虚伪。尤其是在社会主义市场经济条件下，诚信是一切经济生活、社会生活的基石，没了诚信，"恶乎执"？没了诚信，就会一坏俱坏，后果不堪设想。

———— 12.13 ————

鲁欲使乐正子为政。孟子曰："吾闻之，喜而不寐。"

公孙丑曰："乐正子强乎？"

曰："否。"

"有知虑乎？"

曰："否。"

"多闻识乎？"

曰："否。"

"然则奚为喜而不寐？"

曰："其为人也好善。"

"好善足乎？"

曰："好善优于天下，而况鲁国乎？夫苟好善，则四海之内皆将轻千里而来告之以善；夫苟不好善，则人将曰：'訑訑，予既已知之矣。'訑訑之声音颜色距人于千里之外。士止于千里之外，则谗谄面谀之人至矣。与谗谄面谀之人居，国欲治，可得乎？"

王解：鲁国准备任命孟子的弟子乐正子主持政事。孟子说："听到这个消息，我高兴得睡不着觉。"

公孙丑说："你认为乐正子是个（说干就干、力度很大的）强人吗？"

孟子说："不是的。"

又问："他是智慧深思的人物吗？"

回答："不是的。"

再问："他是见多识广的人物吗？"

回答："不是的。"

问："那你为什么喜欢得睡不着觉呢？"

答："乐正子为人的特点是追求善良。"

问："仅仅一个善良就够用了吗？"

答："善良的美德比天下的一切其他都更优越、更有价值，何况是在（具有善德传统的）鲁国？如果你追求善良，那么天下的人士都会不远千里而来到你这里给你讲与人为善的道理与政事，（就会围绕着善德来进言。）反之，如果你不追求善良，人们就会说：'嘿嘿，我们知道了，他们是不讲善德的。'就那么一嘿嘿，那种声音和表情就足以拒人于千里之外啦。真正的士人止步在千里之外，奸佞谄媚的小人们就都来了。与谄媚奸佞的小人混在一起，还想治好国家，办得到吗？"

点悟：中华文化的特色之一是泛道德论，又可以叫作泛善论。试想，君王善，则无苛政暴政，臣子与君子善则无贪污腐化、欺压百姓、官僚主义；百姓善，则无犯上作乱、违法违纪，岂不妙哉！

问题在于，善恶的差别并不仅是一念之差所造成的，权力、族群、国家、地区、资源环境、地理特色、气象变化、发展程度、各自利益、文化习俗、价值观念都有不同，难以避免阶级矛盾、民族矛盾、地区矛盾、信仰差异、价值抵牾、文化冲突，等等，也难以避免人与自然的不和谐带来的饥饿、疾病、自然灾害、生活资料不足这些困难、愤懑、困扰。这么多冲突麻烦，对于善的理解也必然无法统一，光有一个好善之心，足乎？当然是不足够解决一切难题了。

───────── 12.14 ─────────

陈子曰："古之君子何如则仕？"

孟子曰："所就三，所去三。迎之致敬以有礼；言将行其言也，则就之。礼貌未衰，言弗行也，则去之。其次，虽未行其言也，迎之致敬以有礼，则就之。礼貌衰，则去之。其下，朝不食，夕不食，饥饿不能出门户，君闻之，曰：'吾大者不能行其道，又不能从其言也，使饥饿于我土地，吾耻之。'周之，亦可受也，免死而已矣。"

王解： 陈子问孟子："古代的君子，在什么情况下可以就任官职？"

孟子说："可以就任的情况有三种，可以去职的情况也有三种。恭恭敬敬地欢迎你，表示要将你的言说付诸实践，你可以接受就任。礼貌并没有减弱，你的言论却看不到实行的可能，你可以辞职离去。（这是头一等的就任与去职。）其次一等，是虽然尚未实行你的言论主张，却恭恭敬敬地来欢迎你，你也可以接受就任；而只要礼貌衰减了，就辞职离去。最下一等呢，早晨没有饭吃，晚上没有饭吃，饿得出不了门户。君王听说了，说是：'从大处说，我不能实行他的主张道理，又不能听从他的言语，结果把他饿死在我的地盘上，是我的耻辱啊，快给他一些周济吧。'这也可以接受任命，也就是（最下一等）为免于饥饿而糊口罢了。"

点悟：三种情况，上、中、下三个等级。一等是为了治国理政，为了天下，为了百姓，只要不实行我的政见就走人。第二等是为了礼遇，为了自己的尊严、荣誉与地位，君王朝廷，礼遇有加，就干着，没了这些礼遇，当然要走人。最低等是为糊口，没有差事，只能饿饭，而且饿到出不了门的程度了，就任官职，属于乞丐接受救济的性质了。

两个疑问，孟子是主张义利坚决分开乃至主张舍生取义的。如果按自己的主张治国理政的目的达不到，只是为享受礼遇、为糊口而接受任职，能算是为义而做什么事吗？抑或是仅仅为利而有所迁就呢？

第二个问题，说的是君子呀，君子是喻于义的呀，君子也要分个三六九等，高级的治国理政，中级的享受礼遇，低级的接受救济，是这样的吗？

12.15

孟子曰："舜发于畎亩之中，傅说举于版筑之间，胶鬲举于鱼盐之中，管夷吾举于士，孙叔敖举于海，百里奚举于市。故天将降大任于是人也，必先苦其心志，劳其筋骨，饿其体肤，空乏其身，行拂乱其所为，所以动心忍性，曾益其所不能。人恒过，然后能改；困于心，衡于虑，而后作；征于色，发于声，而后喻。入则无法家拂士，出则无敌国外患者，国恒亡。然后知生于忧患而死于安乐也。"

王解：孟子说："大舜是从田野中开始自己的人生的，傅说是从筑墙工地上抬举起来的，胶鬲是从渔业盐业的贩卖营生中提升起来的，管夷吾是从狱官管制下提升起来的，孙叔敖是从海边上提升起来的，百里奚是从市场上卖身为奴后提升起来的。这就是说，上苍要让一个重大的历史使命降落到一个人身上，一定会先让这个人的精神遭受折磨苦难，让他的筋骨备受辛劳，让他的体肤忍受饥饿，让他的身体困乏薄弱，让他的行动动辄被挫折扰乱。这样，才能使他震动心神，锻炼性格，在他没有能力做到的事情上有所长进和丰富。人们常常是有所过失，才能有所改进；心中有所困扰，思想有所焦虑，才能有所作为；表现为容貌颜色，说出自己的话语，然后才能与人有所沟通。一个国，内部没有坚持法度的专家，没有能够辅佐的大臣，外边没有对立面的挑战，这样的国家，经常会灭亡。看到了、懂了这些，然后才明白为什么忧患使人生存，而安乐令人死亡。"

点悟：这几乎是《孟子》全书中最著名、最普及的一段。它生动悲情地讲了精英人物常常要经受苦难、匮乏、逆境的磨炼与锻造。这本身就耐人寻味：你是"天"的选民，你肩负着历史重任，你的品德才力远远超越常人，你的存在就是对庸人小人的重压，你是小人、庸人、蠢人、奸人的公敌，你必然是举步维艰、四面受敌。许多伟人，都不是一帆风顺地发展起来的，他们的力量，恰恰是在逆境中被激发了出来。

一个国家更是这样。这是孟子的政治辩证法。没有法家拂士，没有敌国，这样的顺境中的国家反而会灭亡，这是非常深刻的话。

这里有一个问题，外边没有敌国不行，内里没有法家不行，法家指的是坚持法度法制，敢于提出与人治相顶撞的异议的人，也可以解释为真正的内行、真正的知道为政的法则尺度的人，反正要与"出则无敌国"的说法相照应相匹配。拂士呢，前辈们解释是"拂"音"弼"，即是弼，即是辅佐之意。拂士如果是指敢于提出不同意见的臣子，就更有意义，更讲得通了。也许，真正的辅佐，必须包括提得出不同意见：辅佐与校正，本来就是一个硬币的两面。

孟子曰："教亦多术矣，予不屑之教诲也者，是亦教诲之而已矣。"

王解：孟子说："教育的方法也是多种多样的，我认为不值得教诲从而对某个（或某类）人不予教诲，也是一种教诲呀。"

点悟：这很像老子的话，"万物生于有，有生于无""有之以为利，无之以为用""无为而无不为"，还有白居易《琵琶行》中的"此时无声胜有声"。儒家与道家有许多矛盾，其实也大有一致性。正像孔子称赞大舜的"无为而治"一样，孟子也讲他的"不屑之教诲也者，是亦教诲……"

这也像传染病情的"零报告"。零报告也是疫情报告，零也是一个重要的数字。不予置理当然也是一种对待，或者可能是一种教诲的方式。不予置理是与循循善诱、苦口婆心、授业解惑、教书育人并存、对立、对应的一种教授状态，它可能是对于教育的放弃，也可能是对更有效的教育方式的期待与摸索。

卷十三　尽心章句上

13.1

　　孟子曰："尽其心者，知其性也。知其性，则知天矣。存其心，养其性，所以事天也。夭寿不贰，修身以俟之，所以立命也。"

　　王解：孟子说："能够最大限度地努力做到、完成自己的心意，也就是明白了自己的秉性。明白了自己秉性，也就能够通晓天意啦。保持住自己的心志，涵养好秉性，也就能领受与实行天道对自己的要求、给自己的机遇了。不论寿命长短、年龄幼长，都能一以贯之地如是做、修为自身、等待天道赐予的可能而有所作为，这也就能够安身立命了。"

　　点悟：孟子的安身立命之道是求诸内心，求诸秉性，认为天道恰恰就存在于秉性天良之中。这是中华文化的"天人合一"命题的重要内涵。我们未必能够足够"现代化"地将"天人合一"解读为人类合于自然乃至环境保护，而会相当顺畅方便地将天人合一解读为人性即天，天生人性，人性就是天生、天意、天赋、天道。再干脆一点说，（良）心就是天，不亏心就是知天顺天事天。

孟子时时求诸心性，求诸良知良能，求诸尽心，孟子认为尽其主体心性就是知天立命。外部的信息当然是需要的，但外部信息又是杂乱的与互相矛盾的，所以庄子提倡"虚静"，翁同龢要书写对联"每临大事有静气，不信今时无古贤"，总之最高、最核心、最终极的真理只能从心性里寻找。

孟子此说甚至带有宗教性、信仰性。"事天"一词高尚超越。人生应该以事天为己任的终极，因为天高于一切。还要把"事天"即崇拜上天、侍奉上天、信仰上天与信仰、崇拜自己的内心结合为一。天为什么伟大？因为你的心里能够体会感动于天的终极伟大；天人合一就是天己合一、天心合一自身伟大。此说振聋发聩、豁然贯通、醍醐灌顶。某些时刻，这样想比仅仅匍匐崇拜依赖高大上的神佛老祖，却不免感觉够不着摸不到，要更亲切深刻警醒。一个恻隐之心不忍之心你就皈依了"上帝"。中国式的哲学与神学，干脆把心与物合之为一，把天——心（自我）（己）——自然（天）——神祇（祖先）（道）（一）——人——性善——仁德——义理——王道——克己复礼，浑然一体地结合起来。

----------------------------------- 13.2 -----------------------------------

孟子曰："莫非命也，顺受其正；是故知命者不立乎严墙之下。尽其道而死者，正命也；桎梏死者，非正命也。"

王解：孟子说："没有什么不是天命的结果，所以要心安理得地接受本来的命运。这样，知晓天命的人不会站立在危墙下面。努力按天道而行并因之死亡的，他接受的是本来的命运。犯罪刑禁而死，那就不是本来的命运。"

点悟：难点在于，又要提倡宿命论以求心安理得，又要提倡尽力尽心论，以推动修齐治平。这样，莫非命也，即一切的一切都是天命注定，却又要将命运区分为正命与非正命。正命包含正常死亡，应该心安理得地接受。非正命则包含灾祸、事故死亡，所以说，知命，即明白尊重敬畏天命的人，不站立在危房危墙之下，以免不测的倒塌灾祸。非正命尤其是指由于作奸犯科、自取其咎、被惩罚杀死，那不是本来的命运，而是人为过失所致的灾祸。这种横死，我们习惯于称之为"死于非命"，即不是天命正命，又是什么呢？天谴？报应？魔障？处罚？冤孽？孟子没有说。因为不好说，一上来已经说了：莫非天命，那么难道天谴报应之类就"非天命"了吗？"莫非天命论"如何能够承认"并非天命论"呢？自相矛盾了啊。

可以解释，仍然是天命，但不是正命，是反命，是邪命，是歪命，是正命的变异。天命区分为正命与不正之命。有正便有不正，倒也说得通。

还有一个问题，"顺受其正"，到底怎么讲？一种是人顺应了天命，没来歪的邪的，你就可能得到本来的正命。一种解释是顺顺当当地接受本来就应该是属于你的正命。还有一个说法，叫作"逆来顺受"，原来，不但要顺受其正，甚至于某些时候要"顺受其逆"。听起来有些刺激，实际上却也是一种老道文化的经验之谈。

何者为顺，何者为逆，何者为正，何者为邪，理论上探讨起来相当啰唆。从常识上判断却相当简单。问问你的良心，自然明白。

───────── 13.3 ─────────

孟子曰："求则得之，舍则失之，是求有益于得也，求在我者也。求之有道，得之有命，是求无益于得也，求在外者也。"

王解：孟子说："追求就能获得，舍弃就会失去，就是说追求有助于真正地有所获得，因为你追求的是自身上的东西。还有一种追求，需要一定的道术，获得它还要靠运命，说明追求不一定有助于真正获得什么，原因是你追求的是身外之物。"

点悟：孔孟都提倡反求诸己。你需要什么，先向自己索取。例如，你需要官职，你应该向自己索取人格、人品、德行、智慧、能力、威信、学识，等等。你索取财富，你应该先向自己索取应有的一切品质与智慧。但是这样提呢，实际上将向内追求与向外追求结合为一了。

怎么办呢？俗人庸人只知道向外索取追求，其实大多是得不到的。只知道追求名利地位，却不能自省自己的缺欠贫乏；只知道怨天尤人，不自省自己缺少应有的素养与条件；只希望走好运，却不知道对于一个庸人来说，即使好运来了，他也得不到，即使碰运气或走蹊径得到了（如某种头衔、职位、金钱、名望），他的状况尤其是下场也好不到哪里去。

相对比较正确的做法，比较有出息的人，一定是永远反求诸己、充实自身、改善自身的。即使命运塞促，一生默默无闻，也会在一定的范围内得到相当正面的报答与肯定。成不了大人物，仍然成得了贤士。成不了大富豪，仍然成得了自给自足。成不了顶级，也成得了正人君子。

更大的追求是修齐治平王天下，是仁政、王道、仁义礼智信，是回到古圣先贤的正道上去，这些恰恰是以天道、人性、人心为依托的。这些是求之有益于得、求在我者也。而俗人追求的名誉、地位、私利，是求之无益于得，求在外者也。

求之有道，得之有命，孟子在这里给自己的理论主张增加了些弹性，这与"仁者无敌""乐以天下，忧以天下，然而不王者，未之有也"的绝对化说法有所不同。同样的仁义道德，毕竟命运各有千秋，孟子无法给任何仁者打成功的包票，他此处请来了命的概念。得之有命，没有这种命呢，有道也没辙。

孟子曰："万物皆备于我矣。反身而诚，乐莫大焉。强恕而行，求仁莫近焉。"

王解：孟子说："人的本我，具有对于世间万物的观照与汲取（体悟到的是世间万物的本性与规律）；再反观自身，诚实质朴（无矫饰诡计），这就是人生的最大快乐。还要坚决践行推己及人的恕道，这样的人离仁爱仁德也就是最接近的了。"

点悟：万物皆备于我，我一人而无所不备。对于老庄来说，皆备了就是道，就是通，就是道法自然、人与道的统一。对于佛家来说，就是彻悟，就是正觉，就是般若（智慧）。对于孔孟来说，就是仁义道德。仁义道德就能体察万物、恻隐众生、修身齐家治国平天下。而对于中华文化、中华思维模式来说，就是两个融合，一个是主体与客体的融合，一个是万物与一的融合。主体追求的是集日月之精华，与万物融合为一体，无所不安，无所不适，"生也天行，死也物化"（庄子）、"仰不愧于天，俯不怍于人"（孟子）、"托体同山阿"（陶渊明）、"挟飞仙以遨游，抱明月而长终"（苏轼），同时也是"是气所磅礴，凛烈万古存"（文天祥）。

中华文化追求的是万法归一，是世界的整体性、尚同性与统一性，追求的是真理的根本性、万能性，即万物皆备性。古人相信，世上总是有一些根本的观念、价值与法则道理，把握了它，就可以正确处理一切，这就是万物皆备于我、一即是一切，就是万物，一即是我心，一即是我与万物、一通百通，这是莫大的自信与快乐。

所以要追求内心、本我，至今我们还在说苦练内功。外物呢？则要强调恕道，推己及人，恕则近仁，避免只知伸手、抱怨、树敌、自毁。

— 13.5 —

孟子曰："行之而不著焉，习矣而不察焉，终身由之而不知其道者，众也。"

王解：孟子说："做了，但是不明晰是在做什么，习惯了，但是察觉不到（到底自己是习惯了什么与为什么习惯），一生都遵循一定的道理，却不知道究竟是怎样的道理。这是大多数人的状况。"

点悟：社会、族群、邦国的众人，做什么事，其实是有一定的价值判断、一定的规则与习俗的，问题是一般人多是约定俗成、人云亦云、随波逐流地过日子，并不去体察研究弄明白个中原委。孟子指出了这一点，从反面论证了强调了社会精英、贤明人士从理论上、法度上、礼仪上制定规范、有所引领的重要性与使命意识。

从老子的观点看来呢，这种行而不著、习而不察、由而不知的"三不"状态，恰恰是一种理想状态，一旦这些规矩习惯变成特定的理论主张、规则法度，反而会产生质疑的可能，辩驳对立的可能，做伪作秀的可能，各执一词、空谈化与套话化的可能。老子的眼光中，理论主张、政见规则的发达膨胀会变作纷纭堆积，时或未能带来幸福与安宁，而是相反。老子强调的是"圣人无常心，以百姓心为心"，"百姓心"应该说有可能是此段描写的"三不"状态。

老庄琢磨的是消极治国至少是自救，孔孟琢磨的是积极治国至少也是自救。我想的是，在弘扬传统方面，似可以孔孟学说为滋养，以韩非、李斯学说为器用，以老庄学说为药茶。

───────────────── 13.6 ─────────────────

孟子曰："人不可以无耻。无耻之耻，无耻矣。"

王解：孟子说："人是不可以没有耻辱心的。无耻带来的耻辱，那可真是无耻啊。"

点悟：耻是一种美德，如礼义廉耻的耻，其实是知耻即自律与保持尊严。此种语义下，无耻就是不要脸面、下流、行恶的意思。

但耻也还有耻辱的意思，成了贬义词。如说此人太可耻了。"可"与"无"是针锋相对的，但可耻与无耻，其义一。

无耻一词，语气比可耻更强烈，带有詈骂的意思。孟子此语，十分强调全称否定之意。

───────────────── 13.7 ─────────────────

孟子曰："耻之于人大矣，为机变之巧者，无所用耻焉。不耻不若人，何若人有？"

王解：孟子说："知耻对于人来说，是意义重大的。搞随机应变乃至阴谋诡计的人，倒是用不着什么羞耻之心。不因自己不如旁人而羞耻，你又如何能赶得上旁人呢？"

点悟：孔子讲了"见贤思齐焉，见不贤而内自省也"的名言，孟子讲了"不耻不若人，何若人有"的名言，等于是拽出了思齐的动力。

为机变之巧者，无所用耻，此说值得注意。东周孔孟老庄，都怀疑巧言令色机变，他们都倾向于质朴简约，老子的说法是："为道日损，损之又损，以至于无为。"这与中华文化的大概念、大原则崇拜有关，机变多了，易以多代替毁损那个最根本的一。

但从历史实践上看，中国悠久的历史上机变之巧却是汗牛充栋，仅仅一个智谋，一个"三十六计"，就折腾了个不亦乐乎。看来孔孟之道与中华史话的内容也会有不完全一致处。如此观之，机变多了，耻感、知耻近乎勇感就可能打折扣了。

———— 13.8 ————

孟子曰："古之贤王好善而忘势；古之贤士何独不然？乐其道而忘人之势，故王公不致敬尽礼，则不得亟见之。见且由不得亟，而况得而臣之乎？"

王解：孟子说："古代贤明的君王追求的是善德，而忽略的是自己的权势地位。古代的士人怎么可能不是同样的呢？他们喜爱的是治国正道，而不会念念不忘于君王的权势地位。这样，王公大臣，不恭敬礼貌，就根本不可能多次见到那些贤明的士人。见都不常见，更何论臣服使用他们呢？"

点悟：孟子的政治理想与政治道德是，以泛道德主义、为政以德的原则，尽可能平衡一下权力运作机制。君王、王公贵族与士人、臣子的关系，建立在道德理想的基础上，而不是建立在权势高压、权力管制、权力崇拜与权力恐惧上，这是孟子的理想。

当然，从肤浅、庸俗的观点看，权势就是一切，让你贵、让你贱，让你富、让你贫，让你荣、让你辱，让你生、让你死。稍微放长远一点呢，人们就会明白，得道多助、失道寡助；以德服人、心悦诚服，以势压人、后患大焉。谁能既目光远大，又脚踏实地；既道德理想，又审时度势、巧于周旋；使理想与现实接轨，使道德与权力互动？不容易，但又不能使二者绝对对立起来，使分裂变成灾难。

---------------------------------- 13.9 ----------------------------------

孟子谓宋勾践曰："子好游乎？吾语子游。人知之，亦嚣嚣；人不知，亦嚣嚣。"

曰："何如斯可以嚣嚣矣？"

曰："尊德乐义，则可以嚣嚣矣。故士穷不失义，达不离道。穷不失义，故士得己焉；达不离道，故民不失望焉。古之人，得志，泽加于民；不得志，修身见于世。穷则独善其身，达则兼善天下。"

王解：孟子对宋勾践说："你喜欢游说各地吗？我给你说说游说的事儿。（游说中）他人理解认同，也要愉快自适；他人不太理解认同，还是要愉快自适。"

宋勾践问："怎样才能做到愉快自适呢？"

孟子说："尊崇德行，喜爱义理，人就可以做到愉快自适了。所以说，士人穷困时，不能丢掉义理，得志时，不能违背正道。穷困时，不丢掉义理，士人才能保持住自身的人格。得志时，不违背正道，民人的期待才不会落空。古代的士人，得志时，恩泽施于百姓；不得志，修为自身，为世人树立榜样。

也就是说穷困无奈时要把自身料理好,得志有为时要把天下众人的事料理好。"

点悟:比起孔子的"邦有道则知,邦无道则愚"的说法更加积极。处于逆境,还要做道德榜样,还可以立身扬名。处于顺境,更要中规中矩,正道执政,恩加天下。

孔子的"邦无道则愚"说似乎针对的是更险恶的环境。如果在极端险恶状态下,你还要修身"见于世",似不明智。修身可以,见于世,风险太大,正面效果则有限。

摭一人物,如诸葛亮:原来"草堂春睡足,窗外日迟迟"的日子,也还嚣嚣。他也做到了见(显现)于世,要不何来的刘备三顾茅庐?得了志,做了蜀汉的丞相,他可就鞠躬尽瘁,绝不潇洒了。

孔孟之道,做到有知有愚、有独善有兼善的区分,有执着同时有潇洒,应该说是合理、合情、合用的。做到同样的愉快自适?难矣哉。

13.10

孟子曰:"待文王而后兴者,凡民也。若夫豪杰之士,虽无文王犹兴。"

王解:孟子说:"期待着周文王那样的圣王出来好干一番事业的人,是凡庸的人。而如果是真正的豪杰人才,即使没有文王,也要干一番事业。"

点悟:什么叫豪杰?当然不是在井井有条的世道下按部就班地做几件事的人,而是在重重困难、种种混乱、难以立足的情况下有所作为的人。

"乱世英雄起四方",这是一个有积极意义的说法,底下一句"有枪就是草头王",情势不妙。豪杰云云,能按照孟子的仁政、王道说行事的似乎不多,到底吗叫豪杰，这个讨论比等不等待文王似乎更重要。

要善于等待，这也是箴言。不能等待的人也不是真正能有作为的人。这是探求真理的另一种角度。

孟子是"养浩然之气"的人，他鼓励的是人要有所作为，无作为期间也还要"独善其身"，发挥正面作用。与他比，庄子更高深，但是太消极了。

13.11

孟子曰："附之以韩魏之家，如其自视欲然，则过人远矣。"

王解：孟子说："把（春秋末期晋国豪富）韩魏两大家庭的财产附加给某个人，他仍然谦虚谨慎，那么他的品质就比一般人强太多了。"

点悟：逆境是考验，顺境更是考验。躺着中枪是考验，天上掉下金刚钻来更是考验。越是升官发财、VIP 化、荣显赫赫、誉满全球，越是难以为继、如中魔咒。什么原因？荣显奖誉压垮了挤爆了小心眼子啦，呜呼哀哉。庄子所说的虚室生白也是这个意思，你不虚了，不白白亮亮的了，你也就到此为止，举步维艰，差不多完蛋了。

13.12

孟子曰："以佚道使民，虽劳不怨。以生道杀民，虽死不怨杀者。"

王解： 孟子说："你要本着使民人得到安逸幸福的原则去使役他们，虽然他们会感觉劳苦，但不会抱怨你。你要本着珍惜保护民人生命生活的原则去诛杀民人中的恶类，即使他们获死也抱怨不成处死他们的人。"

点悟： 权力之所以是权力，因为它拥有加害不服从权力的人们的手段与实践。孟子是重视"严于用权"的，他主张仁义先行、德行至上，以心悦诚服为标尺，但是他也明白，为了使民人过上幸福安逸的生活，必须付出辛勤劳顿的代价，为了让民人活得平安畅快，必须付出剥夺某些作奸犯科的罪犯的生命的代价。为佚而劳，为生而杀，这是最大的说服力，最大的仁慈与亲民，亲慈到什么程度呢？吃苦也不埋怨你，杀人也不反对你，这又进入一种理想境界了。这样的事情在历史上屡见不鲜：为了佚之生之的伟大理想，甘愿付出苦也死也的代价。

———————————— 13.13 ————————————

孟子曰："霸者之民欢虞如也，王者之民皞皞如也。杀之而不怨，利之而不庸，民日迁善而不知为之者。夫君子所过者化，所存者神，上下与天地同流，岂曰小补之哉？"

王解： 孟子说："如果君王是功业荣显的霸主强人，他的民人是欢喜快乐的，如果君王是道德高尚的王者，他的民人是开阔畅达的。君王杀了该杀的人，没有谁抱怨，君王为民人谋到了福利，也没有什么人要报答。民人一天天走向善良，并不知由于什么力量驱使督促。君子走过哪里，对哪里就有所教化影响，居留在哪里，就起到一种神妙的作用，上与天、下与地结合为一，他们起的补益作用，岂止是一点点呢？"

点悟：强国强君的国民，自豪牛气，孟子也是承认的。但不如圣德之国的国民恢宏大气。这种恢宏大气表现为杀而不怨、利而不庸、善而不知、过者化、存者神、上下与天地同流……这后面的一些说法更像是老子的非常道、非常名、无为而无不为，功成事遂，百姓皆谓我自然了。

强国国民牛气，圣国国民大气，这个概括非常精彩。

---------------- 13.14 ----------------

孟子曰："仁言不如仁声之入人深也，善政不如善教之得民也。善政，民畏之；善教，民爱之。善政得民财，善教得民心。"

王解：孟子说："仁爱的言语不如仁德的声誉更能深入人心，成功的为政（行政）不如成功的教化更能赢得民心。成功的为政，民人不敢违背；成功的教化，民人乐于认同。成功的为政能够赢得民人财力支持，成功的教化能赢得民人心底支持。"

点悟：孟子的说法偏于理想与长远，不完全实用与切近。一般的为政者倾向于让"老实百姓"拥戴他，让刁恶之辈畏惧他。对于权力为政，喜爱与畏惧并存也并不新鲜。为政与教化也不是截然对立的。好的为政，公平正义，廉洁无私，本身就具有巨大的教化作用。坏的为政，贪污腐化，剥削压迫，本身也起着反面的恶化世道人心的作用。

孟子曰："人之所不学而能者，其良能也；所不虑而知者，其良知也。孩提之童无不知爱其亲者，及其长也，无不知敬其兄也。亲亲，仁也；敬长，义也；无他，达之天下也。"

王解： 孟子说："人无须学习训练就具有的能力，那叫作'良能'；无须思考就能懂得的知识，那叫作'良知'。幼小的孩童，没有谁不懂得爱自己的父母；等他们长大了，没有谁不懂得敬重自己的兄长。爱父母是仁，敬兄长是义，这没有别的奥妙，只因为仁和义是天下相通的（良能与良知）。"

点悟： 所谓良知良能是不是天生而具有的，一两句话恐怕说不清楚，但是今天，良知良能的用语仍然有巨大和强烈的现实意义与感动人心的力量。孔孟之道，思辨性赶不上老庄，操作性赶不上李斯、韩非，献身性赶不上墨翟，却在中国文化史上获得了非凡的成功。它独特的魅力在于诉诸人心，而且是诉诸常识、常情、常理。

今天人们所说的良知良能，它们表述的往往是最少争议的人类品德与认知底线，或者称之为普适价值。例如种族灭绝、大规模屠杀平民、酷刑体罚，如果我们说这些是违背今天人类的良知良能的，重点不在于是否生而得之知之，而在于它们违背了作为人的底线。

还有一点，说是孩子就一定爱双亲，大约有百分之八九十的准确性，遇到父母长年在城市打工的农村儿童，遇到有恶习、恶性的坏父母，可能孩童完全不爱而是逃避双亲。至于尊敬兄长，不学而知，大概只有百分之二十的准确度。"哥俩一边高，见面就摔跤"，这虽然是谜语，另有谜底，但也是事实。

孟子曰："舜之居深山之中，与木石居，与鹿豕游，其所以异于深山之野人者几希；及其闻一善言，见一善行，若决江河，沛然莫之能御也。"

王解：孟子说："舜生活在深山里的时候，与林木、土石相伴，与麋鹿、野猪同行，与深山里村野愚昧的民人相比，区别很小。等到他听到了一些善德美好的言语，看到了一些善德美好的行事，（善的力量推动着他行德行善求善，）像江河之水冲决了阻挡，汹涌澎湃，势不可当。"

点悟：人们似乎越来越看到恶的力量了，暴力、武器、阴谋、骗局、病毒、癌细胞……令人胆寒。孟子想念的、相信的、提倡的却是善的力量。这令人感动。

什么是善的力量呢？孟子早在两千多年前就认识到了，它符合人性，是一；善更能赢得人心人气，这是二；在相对比较善的情况下，人的智力体力发挥比较正常充分，而各种嫉妒心、报复心、贪婪心、自私心会蒙蔽一个人的心智乃至造成变态疯狂，自找倒霉直到自取灭亡，这是三；等等。在这个意义上，孟子的话全然站得住。

孟子曰："无为其所不为，无欲其所不欲，如此而已矣。"

王解：孟子说："不做不要做的事，不期望不需要的事物，这就是我的意思。"

点悟：这里的无为相当于勿为，不为相当于不想做、不应做、不宜做、不可做、不须做的事。试想，一个人能够做到不去做那些可以不做的事，他会变得清爽许多、纯洁许多、善良许多、健康许多。这个无为与老庄的无为观基本相通。

无欲，相当于勿欲，不欲相当于不想取得、不应取得、不宜取得、不可获取、不须得到的一切。无欲则刚，无欲则干干净净，知足常乐，心态好，利于做事也利于养生。

但我们的文化对于行动与欲望的积极作用似乎估计不足。人总是要做点什么，包括试验性、趣味性、闲适性、好奇心驱使下的行为，日积月累，会有些意义。何况如果你是个君子、士人、精英、知识或权力优胜者，人就必须先天下之忧而忧，必须顶天立地，担当一切，那就不仅仅是不做不该做的事就足够的了。

——————————— 13.18 ———————————

孟子曰："人之有德慧术知者，恒存乎疢疾。独孤臣孽子，其操心也危，其虑患也深，故达。"

王解：孟子说："有德行、聪慧、道术、知识的人，常常是会生活在麻烦与灾祸之中的。恰恰这些势单力薄的亡国孤臣，没有正统名分的庶出（妾生）孽子，（他们处境危难，）苦苦操心，深深防范，所以特别通晓人情世故，走出一条路来。"

点悟：头一句话多解为存乎疢疾才能德慧术知。但也可以解释为越是德慧术知，越容易难逃网罗、牵扯多方、顾此失彼、获罪遭妒，更多地惹上麻烦灾祸。

　　更深一步则是：德慧术知本身就必然遭致妒贤嫉能、招灾惹祸，这话不无悲情；叫作"智慧的痛苦"，叫作"好人难做"，叫作"不遭人妒是庸才"（左宗棠），叫作"生儿愚且鲁"方能"无灾无难到公卿"。

　　孤臣孽子，操心危殆，忧虑深重，小心翼翼，防备万全，反而会少一些大意失荆州的疏漏。孟子深明逆境对人的必要性与从而产生出来的优越性，逆境激发了许多人类的能力与超能力，他说得很坚决，思忖一下，自有其苦涩。

13.19

　　孟子曰："有事君人者，事是君则为容悦者也；有安社稷臣者，以安社稷为悦者也；有天民者，达可行于天下而后行之者也；有大人者，正己而物正者也。"

　　王解：孟子说："有（各种层次的）侍奉君主的人，他们侍奉的中心是让某个君王笑脸舒展。有安定君王的江山的臣子，他们把襄助安邦定国当成最大的快乐。有明白天理天命的人，顺利的时候践行天道以安天下；有圣人，那是注意端正自己从而使外界端端走向正道的人。"

　　点悟：讨欢讨好上面，古今中外都有停留在这个层次的宠儿。以安社稷为悦，水准一下子提升了一万里。天民是民，但是接天地，顺潮流，再进一步是道法自然，无为而治，这就不仅是当差的臣子，弄好了，他们把握天道，超越世俗,恩被万民。到了大人或圣人更了不得了,他们是精神领袖、道德标杆、天下表率,一个人练好了, 全天下走正路。

贤能的人总是有路可走、有事可做、有作用可发挥的,当然层次不一样。

--------------------- 13.20 ---------------------

孟子曰:"君子有三乐, 而王天下不与存焉。父母俱存,兄弟无故,一乐也;仰不愧于天,俯不怍于人,二乐也; 得天下英才而教育之,三乐也。君子有三乐,而王天下不与存焉。"

王解:孟子说:"君子有三件最快乐的事, 其中并不包括统一诸国与称王天下。父母全部健在,兄弟无病无殃, 这是头一件乐事;仰头无愧于苍天, 低头无愧于人众,这是第二件乐事;聚拢天下杰出人才而教育他们,这是第三件乐事。君子有三件最快乐的事情,其中并不包括统一诸国与称王天下。"

点悟:此语含义在于, 君子首先是普通人, 对于一个普通成人来说, 没有比父母俱在、兄弟姊妹平安更福气、更欣慰的事。其次是自己的为人, 正派、讲道义、讲礼法、讲德行、无所羞愧悔恨煎熬、自己满意自己……这是知识分子型的自我救赎、自信自赏的要义。得到英才, 已经说明了自己的凝聚力、公信力;教之育之, 更说明了自己的高尚档次与可能有长远与广泛的影响, 当然满意。至于王天下, 那是君王大臣、政客军阀的事儿, 不包括在君子三乐之中。

本书多处将王天下视为一种政治理想, 强调的是以王道仁政统一天下, 这里说的王天下则是更多地从权力上说到一个君王的成功, 语义与谈话的角度有所区别。

孟子曰:"广土众民,君子欲之,所乐不存焉;中天下而立,定四海之民,君子乐之,所性不存焉。君子所性,虽大行不加焉,虽穷居不损焉,分定故也。君子所性,仁义礼智根于心,其生色也睟然,见于面,盎于背,施于四体,四体不言而喻。"

王解: 孟子说:"广阔的土地,众多的民人,君子也愿意拥有,但不能说这就是他的快乐所在;站立在天下中央,安抚四海之内的民人,君子对这个也是乐于为之的,但也不能说这是他的本性所在。君子具有的秉性,即使大行其道,也无所增益扩大,即使穷困局促,也无所损伤萎顿,因为它是已经确定了的自己的分量定额。君子所具有的秉性,是植根于心的仁义礼智,它们生发的气色清和滋润,显示于脸面,充溢到后背,施展于四肢。四肢不必多说,自然而然地达到了(美好舒畅自在)。"

点悟: 事功未必是快乐所在,快乐了也未必就是与生俱来的秉性。人首先要承认自己是一个普通人、自然人、性善的人;是本来的我,不是异化了的、失去了纯真自然祥和之气的非我。这一点孟子与庄子居然可以相通。

仁义礼智,更是自然人性的一个有机部分,与面容、后背、四肢一样,是与生俱来不受损伤、不受抬举、不被扩张、不受外物的折腾的。孟子这里干脆把道德品质胸怀生理化、生命化、身体化;此话极佳妙,令人击节赞赏!

虽然不一定人人可以做到,但是确有这样的人,胜不骄、败不馁、打不倒、捧不晕、脏水泼上去不脏、大火烧上去不燃、我行我素、我放我光。有乎无乎?宜有斯人也!

孟子曰："伯夷辟纣，居北海之滨，闻文王作，兴曰：'盍归乎来，吾闻西伯善养老者。'太公辟纣，居东海之滨，闻文王作，兴曰：'盍归乎来，吾闻西伯善养老者。'天下有善养老，则仁人以为己归矣。五亩之宅，树墙下以桑，匹妇蚕之，则老者足以衣帛矣。五母鸡，二母彘，无失其时，老者足以无失肉矣。百亩之田，匹夫耕之，八口之家足以无饥矣。所谓西伯善养老者，制其田里，教之树畜，导其妻子使养其老。五十非帛不暖，七十非肉不饱。不暖不饱，谓之冻馁。文王之民无冻馁之老者，此之谓也。"

王解： 孟子说："伯夷躲避纣王的暴政，住到北海海边去了，听到周文王治理得昌盛，说是：'为何不投奔到那里去呢，我听说西伯能好好地奉养老人。'姜太公躲避纣王的暴政，住到东海海边去了，听到文王治理得昌盛，说是：'为何不投奔到那里去呢，我听说西伯能好好地奉养老人。'天下有一处对于老人能好好地奉养，仁人贤士便把那里当作自己投靠的归宿。（那里的老人）拥有上五亩的宅基地，墙下栽种桑树，妇人养蚕，老人就能够穿上丝帛衣服。再养上五只母鸡、两只母猪，只要不错过它们的繁殖繁育时期，老人就不会吃不上肉。一百亩农田，有男人耕作，八口之家就足够消除饥饿的了。所谓西伯对老人能好好奉养，在于那里制定了耕地宅基的标准，教导民人栽桑养畜，引领各家妻小奉养老人。上了五十岁，不穿丝帛就不温暖，上了七十岁，没有肉吃就会觉不出饱来。不温不饱，也就成了受冻挨饿。文王的百姓中没有受冻挨饿的老人，说的正是这种状况呀。"

点悟： 敢情从孟子时代国人就做着衣食无虞、温饱小康的美梦，说明饥寒交迫的阴影长期以来困扰着我们的先人。

怎么解决温饱问题？首要是解决土地问题。哎呀不好，那时的期待是户均五亩住宅基地，百亩农田，比现今的拥有标准不知高了大了多少。这里有人口问题。当然，现在的耕作技术耕作手段非过去所能比较，固然今非昔比，对于耕地、宅地面积问题保持高度关注，仍然是值得我辈切记的中华文化的悠久传统。

以老人的生活指标作为治国理政的绩效指标，这很有意思。无帛不暖，这个话没有流传普及开来，原因在于此后棉花、毛皮、化纤的使用使人们的穿着来源大大突破了种桑养蚕的范畴。无（未）肉不饱云云，则至今挂在人们口头上，说明解决饱的要求比温的要求更难。民以食为天啊。

13.23

孟子曰： "易其田畴，薄其税敛，民可使富也。食之以时，用之以礼，财不可胜用也。民非水火不生活，昏暮叩人之门户求水火，无弗与者，至足矣。圣人治天下，使有菽粟如水火。菽粟如水火，而民焉有不仁者乎？"

王解： 孟子说："管理整治好田地，减轻赋税的负担，就可以使民人富足。按时序调节食用，按礼法征用民力，财力就用也用不完。民人离开水与火是无法过活的，傍晚敲开谁家的门户讨要一些用水或火种，没有谁不给予，因为各家水火都充足够用嘛。圣人治理天下，就是要让百姓的豆米多得像水与火一样。豆子呀、小米呀多得像水火，这样的民人怎么可能做不到仁爱助人呢？"

点悟： 《论语》有言："丘也闻有国有家者，不患寡而患不均，不患贫而患不安。盖均无贫，和无寡，安无倾……"而孟子此段讲出了多寡与仁不仁的关系，多寡与均与安的关系。实际上是生产力、物质财富与道德风习的关系。孟子的设想是，如果粮食的贮备能够像饮水与火种柴火一样足够，帮助旁人支援旁人，又有什么难处呢？

这样的接近现代理论，甚至可以说是接近历史唯物主义的论点，在古代中国的百家争鸣中偶有闪光，稍纵即逝，值得珍惜。

13.24

孟子曰："孔子登东山而小鲁，登泰山而小天下，故观于海者难为水，游于圣人之门者难为言。观水有术，必观其澜。日月有明，容光必照焉。流水之为物也，不盈科不行；君子之志于道也，不成章不达。"

王解：孟子说："孔子登临东山，再看看鲁国，不过是个小地方。登临泰山，看看天下，原来也是小地方。所以说观看过大海的人，难以让他再注意观看其他的小水。在圣人门下学习的人，就难以让他去倾心于其他杂说。观赏水也有自己的方法，一定要看它的波澜。日月都有光亮，细小的孔缝也是一定要照耀到的。流水这个物性，不灌满洼坑就不再向前流动；君子的志向是推行大道，它形成不了一定的规模与体系，也就达不到推行大道的目的。"

点悟：又一章谈到数量对于质的影响，即量变引起质变——质量互变——的问题，接近于黑格尔、马克思的有关理论。登高小鲁小天下，讲的是精神高度对于心胸格局的扩大作用，也表现了中华文化的高大性、恒久性，追求高端俯瞰，追求"论万世"，追求鲲鹏展翅，追求天地境界即不仅是功利与道德，更是宇宙、哲学、终极。观水观澜，侧重气势动感。容光必照，赞美来自日月的大光明才有不遗巨细的亮度。不盈科不行，不成章不达，也是浩然伟哉，道的力量不但在于它的幽深，更在于它的体量。"有物混成，先天地生……大曰逝，逝曰远，远曰返。"这是老子的说法。孔子的说法是"朝闻道，夕死可矣"。孟子的说法是"浩然之气"，浩就是盛大。

13.25

  孟子曰："鸡鸣而起，孳孳为善者，舜之徒也；鸡鸣而起，孳孳为利者，跖之徒也。欲知舜与跖之分，无他，利与善之间也。"

  王解：孟子说："每天鸡一叫就起来，急急忙忙地去做善事，这是虞舜的门徒啊。鸡一叫就起来，急急忙忙地去求利，这是盗跖的门徒。想知道舜与跖的区别吗？没有别的，一个是利，一个是善。"

  点悟：此前《孟子》一书中已经多次讲了义利之辨，这里讲的是义善之辨。没有什么别的，为善，是义理的核心。

  问题在于除了大舜与盗跖以外，人类还有没有中间状态。全体民人当中，能有几个人能成为尧舜一样的圣贤？又有几成人是杀人越货、活烹人脏器的大盗？追求善的人不在少数，问题是他们同时也希望获利而不是遭难惹祸。追求利的人更多，但是追求利的人绝对不是注定要当骇人听闻的大盗，大盗当然不是获利的不二法门。务农务工务商，都要谋利，"无利不起早"，已经成为俚语，可并没有"谋利必杀人"的俗话。"君子爱财，取之有道，贞妇爱色，纳之以礼"，这正是旧时儿童的开蒙读物《增广贤文》中的名句。以道来规范人的谋利心，以礼来规范人的情色心，应该还是比较合情合理的。当不成大舜便必然成为大盗，则说得太绝对了。

孟子曰："杨子取为我，拔一毛而利天下，不为也。墨子兼爱，摩顶放踵利天下，为之。子莫执中。执中为近之。执中无权，犹执一也。所恶执一者，为其贼道也，举一而废百也。"

王解：孟子说："杨子选择的是'为自己'，他说的是哪怕拔一根汗毛对天下人有利，他不干。墨子选择的是'兼而爱之'，为了造福天下不惜自身摩秃头顶、走跛脚跟。子莫保持前二人的中间立场，他认为中间点接近于正道。但是，持中间态度而没有权变与具体调整应用，好比执着僵硬于一个端点。执着于某一端点之所以不招人待见，是因为它损害了正道，僵硬于某一点而丢弃了正道的活泼泼的全面。"

点悟：杨朱的"拔一毛而利天下，不为也"显得冷酷自私，其实《列子·杨朱》上的原话是："古之人损一毫利天下不与也，悉天下奉一身不取也。人人不损一毫，人人不利天下，天下治矣。"他主张的其实是无为而治，将个人与天下分割清晰，既不要损一毫，也不要以利天下的名义去索取某个人的一毫，更不要将天下据为己有。当然，他的话说得很绝对，容易被歪曲攻击，那个年头的文风、话风如此，不然无法在诸子百家中崭露头角。

墨子的兼爱论主张忘我、献身、自苦，比较伟大，显示的是道德理想主义，在民人中推广，有一定难处。

更有意味的是中点论。凡事执中，似乎有点中庸之道。但是，孟子提出，中庸的中，不是一个固定的点，而应该是一个有所发展运用变化的活生生的道体与道用。就是说，直正的中庸是应该有很大的包容与灵活的空间的。君子所以要选择中庸，正是因为中庸比较能拥有弹性与空间，而极端的中庸或极端的反中庸，容易画地为牢，限制死自身。孟子这里说的是只知死死板板地找中点立论，其实是"贼道"，即破坏损伤大道。王按：中庸的"中"，其实首要含义应是"准确"，读第四声；而"庸"其实首要含义应是"正常"之义。

13.27

    孟子曰："饥者甘食，渴者甘饮，是未得饮食之正也，饥渴害之也。岂惟口腹有饥渴之害？人心亦皆有害。人能无以饥渴之害为心害，则不及人不为忧矣。"

    王解：孟子说："饥饿的人喜爱吃食物，口渴的人喜爱喝汤水，但是他们从饮食中得的感受并不正常准确，他们的感受是饥渴条件下饮食所造成的甘美。是不是只有口腹会受到饥渴造成的折磨与贼害呢？人心也有这样的折磨、贼害之苦。人们能够不以那种类似饥渴的折磨一样的有害心理去折磨自己的心，那么也就不会因了与他人的差距而焦虑了。"

    点悟：我们都知道"饿了吃糠甜如蜜，饱了吃蜜也不甜"的俚语，还有饿极了将叫花子的吃食感觉成"珍珠翡翠白玉汤"的单口相声。我们多半是正面地评价饥饿带来的好胃口。孟子提醒的是另一面，物质的匮乏会带来对于物质的过分饥渴与贪欲；而精神（心灵）的匮乏会带来精神的饥渴、饕餮、急迫、焦虑与夸张感受。人的口腹不应该饥不择食，伤害自己的肠胃，人的精神也不应该因为空虚、贫乏、压抑而轻易就范、不择正误、不辨真伪、不分析不判断地接受各种大言欺世、极端煽情、片面夸张、天花乱坠的胡说八道与精神毒品，伤害自己的心理素质与精神功能。

--------- 13.28 ---------

孟子曰："柳下惠不以三公易其介。"

王解： 孟子说："柳下惠不会为了做到三卿级别的大官而变易他的耿介正直的行事方式。"

点悟： 孟子的说法很简单，值得琢磨的是，为什么有时候官大了难以做到耿介？

官场是个权力场，权力是不能独自运行的，权力的特点在于一呼百应、一令百从，顺我者吉、逆我者凶，助我者飨、反我者亡。一味耿介，极易变成权力系统的对立面与牺牲品，岂不危哉！

当然也有另外的思路，即耿介的相助，耿介的支持，耿介的忠诚。权力的顶端是帝王、君王，帝王君王也有失误昏招，真正的忠臣应该仗义执言，坚持正确，将个人利害置之度外。但按此前《论语》《孟子》上的说法，柳下惠与其说是以耿介著称，不如说是以柔韧著称，做着小吏仍然力求做一些好事。这里提到的为三卿而不失介，背景应是直道事人而不枉，三黜而不去父母之邦。那么，他的耿介不是表现为坚持己见，挑战王威，而恰恰是忍辱负重，不逞意气，忠贞不贰，比较起大吵大闹大哭、抬棺上朝的那一类忠臣，毋宁说柳氏之介更是难能可贵。

孟子曰："有为者辟若掘井，掘井九轫而不及泉，犹为弃井也。"

王解：孟子说："做一件事正像凿井，哪怕挖了六七丈深，只要还没有挖出水，那就等于没挖过这口井。"

点悟：《老子》第六十四章："慎终如始，则无败事。"《庄子·大宗师》："善夭善老，善始善终。"我们的文化都强调这一点。许多事情结束比开始更困难也更重要。万事开头难，这是有道理的，开始时、立项时全无把握，怀疑者比赞成者多，例如一种发明、一项创造、一个新主张都会有这样的遭遇。但善终更难，特别是善始以后，事业开拓，规模扩大，影响膨胀，善始时的规划在变成现实的时候也常常会走了形、变了样儿，理想变成了现实以后就不再是理想的清纯与美丽，这时候怎样为继，怎样真挖出水并且让泉水汩汩不绝，比仅仅挖出一个气势、挖出一口深井困难多了，也重要多了。挖井不见水，等于没挖。善哉，孟子斯言！孟子是讲心性动机的，但《孟子》此处也讲到了效果。

孟子曰："尧舜，性之也；汤武，身之也；五霸，假之也。久假而不归，恶知其非有也？"

王解：孟子说："尧与舜是出于本性的圣贤，汤与周武王是身体力行了圣贤之道，五霸则是借用圣贤的旗号（追求自己的权欲）。借久了、用久了又不归还，你还怎么能知道他们并不具备任何的圣贤之德呢？"

点悟：三等，头等先知先觉，生来就具备圣贤的根基。二等后知后觉，身体力行了，那就加上了主观的故意与努力，加上了自我的约束与推动，加上了思考掂量、选择决断。三等伪知伪觉，假借圣贤之道、孝悌仁义，实用完了就完，并不认真。

孟子说得很老到，政治家、政客、君王、大臣，在他们追求成功的时候往往倾心于伟大目标，曰仁义、曰理想国、曰乌托邦、曰救民于水火、曰为民而肝脑涂地，其圣贤之道确有感人之处。但他们的斗争与现实的权力之争、地盘之争、实利之争常常混在一起，难分难解。实利化常常最终会侵犯理想与道德，使圣贤之道仅只变成了借用的旗号。

但孟子同时认为，把仁义道德借来用一用也是好的，借的时间长了，用的时间久了，切实地体会到了仁义道德的美好了，假借可以变成拥有，实用可以变成心性，试探可以变成品质。孟子是本着劝善的思路来鼓励人们去走仁义道德之路的。

孟子的性善论与这个三等论不无抵牾，当然也可以以此前孟子所说的环境造成论来解释。

人们面临的并不仅是这三等的权力人物，法家主张强调人事实上的性恶，他们讲的是人们的利己倾向与权力系统用严刑峻法严加管制的必要。他们强调要借重的不是圣贤之道、孝悌仁义，而是赏罚分明的法治管理。他们的主张说起来不如儒家顺耳也不如道家高明，但仍然有它的实效性与可操作性。儒家的仁德平顺感人，道家的大道超越高端，偏于性恶论的法家说法务实见效。

公孙丑曰："伊尹曰：'予不狎于不顺，放太甲于桐，民大悦。太甲贤，又反之，民大悦。'贤者之为人臣也，其君不贤，则固可放与？"

孟子曰："有伊尹之志，则可；无伊尹之志，则篡也。"

王解：公孙丑说："伊尹说：'我无法成为乖张逆反者（君王）的近臣，我把太甲流放到了桐地，使民人大为高兴。后来太甲变得贤明了，我把他请回来做君王，民人又是大为高兴。'贤人作为臣子，遇到君王不贤明，难道可以放逐君王吗？"

孟子说："一个臣子有伊尹那种心志与格局，就可以像他那样做；没有伊尹那样的心志与格局，那就成了篡夺王位了。"

点悟：大人物做事，会与凡夫俗子有所不同。伊尹与周公的故事是历史上极罕见的。他们都曾代行君王最高权力，并被认为是有可能篡夺王权王位的。尤其是伊尹，太特殊了，汤灭夏前他已经是汤的老师，他协助商汤灭夏建商；他活了一百岁，前后辅佐了五代商代帝王。尤其是太甲年间，由于太甲不听他的教导，他以臣子身份竟然对帝王采取流放措施，难以思议。问题是太甲经过三年竟然改邪归正、弃暗投明，兹后一切听从伊尹的仁德教导，成了好帝王。以臣责君惩君、教训改造帝王，此事本不可成例，可能是胜者不受责备的律例的作用，他成为孟子树立的特例个案之一。关键在于，他最终并未因自己的功大压主而取主位而代之，看来他也有自己的底线。这样的故事极有教育意义，却没有可模仿、可操作性。

有伊尹的志向就行，无伊尹的志向就不行，这种说法有点双重标准的味道。

中华文化中这种双重标准味道的故事极多：勾践、刘邦、韩信、李世民、赵匡胤、雍正，都有其人则可、他人则不可的经历记录。或想不清楚也说不清楚，但仍有可圈可点处。

───────── 13.32 ─────────

公孙丑曰："《诗》曰：'不素餐兮。'君子之不耕而食，何也？"

孟子曰："君子居是国也，其君用之，则安富尊荣；其子弟从之，则孝悌忠信。'不素餐兮'，孰大于是？"

王解：公孙丑说："《诗经》上说：'（那些君子精英们啊，）可不要白吃饭啊！'君子不稼不穑，却也吃饭，是什么道理呢？"

孟子说："君子生活在某一个国家，他的君王对他有所任用，他可以安逸、富有、尊贵、荣华；他的弟子跟随他就学，也都能做到孝顺父母、关爱兄弟、忠实可靠，履行信义。'不要白吃饭啊'的要求，能比做到这些更伟大、更重要吗？"

点悟：《诗经·魏风·伐檀》，通篇都是对于"不稼不穑"却又大量获得供养——取禾三百廛、三百亿、三百囷的"彼君子"的怨言与呼吁，当然是怨而不怒、哀而不伤。孔子编辑《诗经》选了此篇，含有为民立言与诫勉权力精英与文化精英的意思。

孟子则比较理直气壮，取之有理，只要孝悌忠信，就理应安富尊荣，重德行而轻事功，孟子有他的唯善论、泛道德论的坚定性，但缺少足够的说服力，讲道德就可以素餐而且不算素餐白吃饭了？农民、工人、百姓就不可能做到孝顺父母、关爱兄弟、忠实可靠、履行信义了？哪个工人农民能够任性"素餐"呢？

王子垫问曰："士何事？"

孟子曰："尚志。"

曰："何谓尚志？"

曰："仁义而已矣。杀一无罪非仁也，非其有而取之非义也。居恶在？仁是也；路恶在？义是也。居仁由义，大人之事备矣。"

王解：齐国的王子垫请教孟子："请问一个士人，应该将什么视作自己的任务呢？"

孟子回答说："要提高自己的志向规格。"

垫问："什么叫提高志向规格呢？"

孟子说："实行仁义的原则就是了。哪怕只是处死了一个其实没有罪的人，那就是不仁了。如果并非自己应有而将一件东西据为己有，那就是不义了。你的住处（立脚点）应该是仁德；你要遵循的路线，应该是义理。立足于仁德，行走于义理，一个大人物应该做的事，你已经做齐全了。"

点悟：这里谈的仁义指的应是"严于用权"。而用权上最忌讳的、最应该警惕的，一个是制造冤案，哪怕只制造了一起冤案，你就不能算是践行了仁德。一个是非法攫取，即贪腐。居于仁，就是说出发点、立足点、归宿点在于仁爱德政。行于义，是说权力中人，做任何事、推行任何主张，都要按照义理处置，不可滥用权力，不可以权谋私，不可贪赃枉法。这几句话算得上言简意赅。

孟子曰："仲子，不义与之齐国而弗受，人皆信之，是舍箪食豆羹之义也。人莫大焉亡亲戚君臣上下。以其小者信其大者，奚可哉？"

王解： 孟子说："陈仲子这个人，只要不符合义理原则，就是把齐国给他，他也是不会接受的，所以人们都信任他。这其实只是舍弃一箪饭食、一豆羹汤的小利（以求清高）的义。对于人来说，最大的义理问题要看是否违背了亲戚、君臣、上下的大伦理原则。由于（某个人如陈仲子）在小事情上的舍弃利益坚持义理，就相信他在大事情上也一定会做到大义，那恐怕是未必靠得住的吧？"

点悟： 孔孟对于清高人士的评价，其热情与态度相当有保留。孔子讲不食周粟的伯夷、叔齐，故意把二位高洁之人与其他委曲求全类型的人放在一起评说。陈仲子看来是个清高的人，但孔孟要求的不仅是清高，更要求君子的或士的担当。孔子明确肯定"待价而沽"的做人与入世方针，孟子也把辞让国君大权贬为舍弃箪食豆羹的小事，这是很有趣的。现今，人们似乎对清高的评价日益高看，不知是不是与强调知识分子的独立性思潮有关，或者与低级平庸的知识分子日益泛滥、讲求节操的风气式微有关。

至于庄子，对伯夷、叔齐干脆否定，他把全身、全生、享其天年差不多视为核心价值，别是一路了。

桃应问曰："舜为天子，皋陶为士，瞽瞍杀人，则如之何？"

孟子曰："执之而已矣。"

"然则舜不禁与？"

曰："夫舜恶得而禁之？夫有所受之也。"

"然则舜如之何？"

曰："舜视弃天下犹弃敝蹝也。窃负而逃，遵海滨而处，终身䜣然，乐而忘天下。"

王解：孟子弟子桃应向孟子请教："如果舜是天子，皋陶是法官，舜的父亲瞽瞍杀了人，会怎么办呢？"

孟子说："把瞽瞍抓起来就对了。"

问："舜不会阻拦吗？"

答："舜怎么可能阻拦呢？他是受命于天，而皋陶是受命于天子（要对天下负责的）的呀！"

问："那以后舜又怎么办呢？"

答："那种情况下，舜可以放弃天下就像扔掉一双穿旧了的破鞋子一样。他可以偷偷背上瞎眼的老父瞽瞍跑掉，跑到海边住下来，终身安享（孝父）之乐，完全把天下忘记就对了。"

点悟：这一段相当有趣，因为它不像孟子谈其他问题那样做严正的全称判断，而是承认了多向度、多元的思路，而且全文是虚拟口气、虚拟情节、虚拟之作。大舜贤明已极，偏偏他老爹人格问题与行事记录闹心。弟子桃应才向老师孟子提出了非常极端、现在读起来似乎匪夷所思的问题：你是天子，你爹犯了法，怎么办？孟子说："该抓就抓！"这好理解。但仍然有遗憾，因为孔孟是将孝悌视为人类美德的渊薮。所以孟子认为遇到这种极端的情况，大舜是宁可放弃天下治理的责任与光荣，也要对哪怕是一个杀人犯的父亲尽孝的。

先做好人好孩子，再做天子圣上，把终极价值与眼下的是非常识结合起来，这是孔孟的观点，更是孔孟的思想方法。

时间不断地流逝，这样的想法已经基本上被淘汰了。中华戏曲上"忠孝不能两全"的场合，做出要尽孝、从而不能再讲尽忠报国了的戏码绝无仅有，反倒是讲既然要忠心报国，家事只能依托他人了的多。父母对孩子也是这样要求，岳母给岳飞背上刺的字是"精忠报国"，不是"百善孝为先"。到法治社会，更不可思议国之元首偷走犯人去一边尽孝了。除了思想观念的不同以外，还反映了那个时代由于组织化的不够与交通的困难，法的贯彻不免打些折扣。生产力、通信技术的发展程度，社会组织的成熟程度，会影响道德法治观念与治国理政法治公共管理状态。儒家重视人情、亲情到这个或有夸张的程度，自有其当时的时间、地点条件的成因。

这一段与其说是修齐治平的政论，不如说是文学性强的小品。设想一下预设的情节与图景，它更接近虚拟性强的元小说，即小说创作的最初阶段。

────────────── 13.36 ──────────────

孟子自范之齐，望见齐王之子，喟然叹曰："居移气，养移体，大哉居乎！夫非尽人之子与？"

孟子曰："王子宫室、车马、衣服多与人同，而王子若彼者，其居使之然也；况居天下之广居者乎？鲁君之宋，呼于垤泽之门。守者曰：'此非吾君也，

何其声之似我君也？'此无他，居相似也。"

　　王解：孟子从范地来到齐国，看到齐国的王子，感慨叹息说："居处地位会改变一个人的气度，保养的条件会改变一个人的体态。居处地位是太重要了，难道大家不都是同样的人之后代吗？（互相的差距又是多么大呀！）"

　　孟子说："王子的房舍、车马、衣服其实与旁人有许多相似之处，但是气度能与别人不同，是他的居处地位使他做到了的。何况是居处在最广大的仁心之宅中的人呢？鲁国君王到了宋国，在宋国东城南门那边呼喊，守门的人说：'他并不是我们的君王呀，为什么他的声调与我们宋国的君王一个样子呢？'这没有什么别的原因，（鲁王宋王都是君王，）他们的居处地位相像罢了。"

　　点悟：名言不虚，居移气，养移体。"居"字在《孟子》一书中出现频率很高，可以作居住、房舍、居留解，可以作立足点、出发点、归属点讲，也可以作环境解，更可以作地位、定位、位置点或位置线解。

　　如果只作居住、居留解，那么就无法解释这里说的王子的宫舍多与人同了。只解释为环境，有利于解释"孟母三迁"，即可以为了孟子的健康成长、孟母仉氏三易其居的故事为例证。但仍然不易解释鲁王宋王声腔相似的说法。居是什么？我们不能忘记自居某某、居功自傲、居中调停的说法，居是自我定位，居是位置、社会地位。如此一解，豁然贯通。

　　居还有一个意思，居心是也，就是动机，回族用语曰"乜贴"，语出阿拉伯语"niyyah"，作为宗教术语称作"举意"，其举字与孟子的居字相通，地位、居心，是内里的决定性因素，居住、房舍、环境，是外部影响因素，地位、居心影响你的环境居住，这一切又大大影响乃至决定你的气度。无疑。

　　至于养，包括奉养、供养、保养、养育、养护、生活质量、待遇水准、供应条件，等等。

　　居移气，养移体，简单的解释是住房条件影响气度精神状态，吃喝影响身体发育变化与生理状态。综合与根本性的解释是，"定位侧"影响气度，"待遇侧"影响体态。待遇一般但自我定位高一点，也可以做到浩然弘毅、任重道远、落落大方。条件一般也可以好自安排、养生有道、舒服惬意、端庄康泰。孟子的这个发现极有意思。

— 13.37 —

孟子曰："食而弗爱，豕交之也；爱而不敬，兽畜之也。恭敬者，币之未将者也。恭敬而无实，君子不可虚拘。"

王解： 孟子说："养育而没有爱心，那是养猪的路子。有爱意但是不尊重，那是养牲口的路子。恭敬，是在献送礼物之前就具备的。恭敬而没有诚实的心意，君子不会受这种虚礼的拘谨。"

点悟： 第一步是要有养育的行为，这里侧重讲的是养育父母。第二步，不仅有养育的行动，而且有爱心，不是养猪为了吃它的肉。第三步，不仅有爱心而且有恭敬之心，敬畏、尊敬之心，不是养牲口为了愉悦自身。孔子也是动机至上主义，一切的礼法，首先出自应有的尊敬崇尚，他提出"色难"。孟子则指出，没有恭敬之心，即使是献赠礼物、奉养周全，仍然是不符合人性、道德与礼法的要求，仍然不足为训。

要恭敬他人，也要得到必需的恭敬，其意义之重大有待于今人之进一步体悟，说不定现时的风气太市场、太功利、太动辄以屈求伸了，我们常常为了功利而忍受不敬，我们常常由于自己的功业地位权势而忘记了恭敬他人，孟子的谆谆苦心，不该成为我们后人的耳旁风啊。

孟子曰："形色，天性也；惟圣人然后可以践形。"

王解：孟子说："形体举止与容貌气色，是天性所生成的，但是只有圣人才能真正体现出（无愧于）他的天性生成的形与貌。"

点悟：俗话说，人应该有个人样儿，说的就是孔孟的性善认定以及形式与内涵的一致。孟子认为，人有了五官四肢、体型体貌，而不是浑身长毛、四条腿爬行的兽貌，不是蛇貌鱼形、鸟貌虫形，这是人的光荣与骄傲，人的表现应该符合这个物种的形与貌。真正体现了人形人色人容人貌，也就是涵养与培育了人的善良的天性——那就已经是圣人了。可惜的是有那么一些空有人形人色人貌的人，虽有人形而只有蛇蝎虎狼病毒之性。

孟子提出了一个口号：有人之形色者应有纯朴善良的人性，应该成为圣人。这个调子有点高，也是取法乎上，仅得乎中。

齐宣王欲短丧。公孙丑曰："为期之丧，犹愈于已乎？"
孟子曰："是犹或绐其兄之臂，子谓之姑徐徐云尔，亦教之孝悌而已矣。"

王解：齐宣王打算缩短丧期，公孙丑说："服丧一年吧，比起不服丧已经是好的了。"

孟子说："这就好比自己的哥哥被扭住了胳膊，你去劝解说：'暂且扭轻一点吧。'（这叫什么话呢？）本来是应该从孝悌的根本道德上来看问题的嘛。"

王子有其母死者，其傅为之请数月之丧。公孙丑曰："若此者何如也？"曰："是欲终之而不可得也。虽加一日愈于己，谓夫莫之禁而弗为者也。"

王解：王子的母亲死了，他的师傅为他请求服丧几个月。公孙丑问："那应该怎么理解这件事呢？"

孟子说："那是因为他（如果是庶出）想要服丧满期（三年）却做不到的缘故。而你说的多服一天丧，也比不服丧好一些，针对的是（此前齐王要缩短丧期），并非有什么规矩禁止服丧，只是他自身要缩短丧期（与王子请求服丧是不一样的）。"

点悟：对待丧礼，古人是十分重视的，因为这里边包含着孝道悲情，包含着孔夫子慎终追远的原则，包含着父子长幼夫妇君臣直到朋友间的伦理原则，体现着"道之以德，齐之以礼"（以道德引领，以礼法约束）的政治理想。具体的掌权君王或其他为政者，则会感觉服丧三年的旧制时间太长，影响政事与自身的权力运用。孟子认为公孙丑对齐王的劝告太温吞、太淡化，没有从道德伦理的层面讲清此事的重要意义，乃至认为这等于说是一个人无礼地扭哥哥的手臂，公孙丑却只要劝他不要用力过猛。

其实公孙丑的说话方式不足为奇，下对上想提点不同意见，难免做"跪着造反"的选择，也许跪反也谈不到，只能和和稀泥。说什么服一年丧总比不服丧好，透露的首先是肯定服丧，服丧之礼不可废也，其次是服丧的时间反正是比上不足比下有余，服了比不服好，服长一点比短一点更隆重，到底应该多长，回避了这个有歧义的话题。好比君王去看一位他并不待见的老臣，只想坐五分钟，下属见状，便说，去看看好，实际无倾向，他的潜台词是不看就不好了，还是其实不去看也行，天知道。拧胳臂的比喻虽然不伦，但也不难理解，无力劝阻或劝阻无效者，只好说"别急""等等""气着您不值得"之类的不疼不痒的话。

<hr />

— 13.40 —

孟子曰："君子之所以教者五：有如时雨化之者，有成德者，有达财者，有答问者，有私淑艾者。此五者，君子之所以教也。"

王解： 孟子说："君子的教化事业包括五个途径：一个是像及时雨一样随时点化；一个是完成被教化者的品德；一个是发展被教化者的才能；一个是解答被教者的疑问；一个是靠他的影响所及，被弟子私下里当成榜样来模仿学习。"

点悟： 此五点似乎不处于同一层面或空间。时雨化之，说的是频率，像是指家庭特聘教师。成德与达财（材），似乎是说教育重点，也是说此位君子——教师的特长，或在道德人格，或在才能专业。答疑，以上三种教导都需要。

最后一种私淑弟子云云，于后世影响较大，这种命名给人美感，而且扩大了教与学的概念。

<hr />

— 13.41 —

公孙丑曰："道则高矣，美矣，宜若登天然，似不可及也；何不使彼为

可几及而日孳孳也？"

孟子曰："大匠不为拙工改废绳墨，羿不为拙射变其彀率。君子引而不发，跃如也。中道而立，能者从之。"

王解： 公孙丑对孟子说："（您宣示的）道理，要说高明那确实是很高明的，给人的感觉是要顺着您的道理登天而上，不易做到。为什么不把它讲得（平易一点）使人们相信它是可以做到的，从而天天努力去学习与践行呢？"

孟子说："大匠大师不会因为其他工匠的拙笨而改变或者废弃自己的尺度，名射手羿不会因为其他射箭人的拙劣而降低拉弓的标准。君子拉满了弓却不射出去，摆好姿势，跃跃欲射就对了。他站在大道之中，等待有志气有能力的人跟随上来。"

点悟： 公孙丑的诸种说法不无道理，所以他才能成为《孟子》一书中孟子的重要谈话对象。与孔子相比，孟子比较高调乃至有某些绝对化。公孙丑进言，言之成理。

这段讨论略感玄学化，一个是意欲务实，放低身段，增加主张道理的可操作性、亲和性。一个是强调理想，高标准高姿态，就高不就低，只能说是各有各的道理。

13.42

孟子曰："天下有道，以道殉身；天下无道，以身殉道；未闻以道殉乎人者也。"

王解： 孟子说："天下有道（有章法、有规矩、有原则、有仁义、有礼制），道为（我为）君王所用，或我以道为君王用；天下无道乱世，我为道所用，为道献身牺牲，做殉道者。唯独不可以为了君王而牺牲大道。"

点悟：这里讲的道，是指修齐治平之道，是君王、大臣至多是君子之道，与老庄的无所不在的哲学性的道不同。

简单地说，天下有道，人用道，道为人所用。天下无道，道用人，人为道殉葬。坚持道的君子，可以学道、宣道、解道、用道，也可以为坚守道而牺牲自身，但不可以为了某人某国君王的要求而阉割道、歪曲道。人必须服从道，人可以掌握与使用道，但不可以改变道，不可以以道做交易。

13.43

公都子曰："滕更之在门也，若在所礼，而不答，何也？"

孟子曰："挟贵而问，挟贤而问，挟长而问，挟有勋劳而问，挟故而问，皆所不答也。滕更有二焉。"

王解：公都子问孟子："滕王的弟弟滕更在您门下就学，他好像是应该得到礼遇的吧，但是您对他不怎么答理，这是为什么呢？"

孟子说："自居高贵而来请教的人、自居贤明而来请教的人、自居年长而来请教的人、自居有功勋而来请教的人，还有自居老关系而来请教的人，我一律不答理。滕更已经占了其中的两条了。（我理他做什么？）"

点悟：孔子是讲"有教无类"的。孟子这里讲的是"有（几）类无教"的。原因可能是春秋时期，各种学问主张草创，孔子更急于有所宣示、有所教化。孟子时期，百家争鸣态势已盛，孟子更注意效果与尊严，不可滥教急教速教。

自视高高在上，贵、贤、长、勋者，不可教也。还有一种情况，自居老乡亲、老相识、老朋友，缺了一个"敬"字，也无法恭恭敬敬、认认真真地讲道学道，只能暂时不予置理，等待学生的转变。

————— 13.44 —————

孟子曰："于不可已而已者，无所不已。于所厚者薄，无所不薄也。其进锐者，其退速。"

王解： 孟子说："（一个人）在本不应结束的点上结束、舍弃了自己的努力，这样的人就什么事都可能结束放弃。对于应该厚待与重视的人，没有厚待重视而是慢（薄）待轻视，那么他对什么人、什么事都可以慢待轻蔑。这样的人，向前进行的时候锐气十足，（遇到难点）倒退下来，也会非常迅速。"

点悟： 孔子、孟子都重视善始善终，如其后所说的"行百里者，半于九十"。另外是强调任何一件事都可能有普遍意义，都不能轻率对待。一件事你半半落落就放弃了，也许从此你什么事做不成、做不好，一个不该慢待的人你慢待了，也许从此传出慢待贤人的恶名。

那么为什么这样的人会进锐退速呢？行了九十里你接着走，那还有一半的努力需要付出，行了九十里你不走了呢？那么你等于一步也没有走，那还不是迅速的倒退吗？你慢待了一个人，就还不如一上来就拒绝接待，慢待的结果不是等于不待，而恶劣后果可能超过拒绝接待，不也是进锐退速吗？

孟子曰："君子之于物也，爱之而弗仁；于民也，仁之而弗亲。亲亲而仁民，仁民而爱物。"

王解：孟子说："君子对于外物，爱惜但谈不上仁德；对于民人，要讲仁德但谈不上亲敬。从亲近亲人发展到仁爱民人，再从仁爱民人发展到爱惜万物。"

点悟：美好的道德情操，仍然有自己的具体性、针对性、规定性与分寸性。仁德是人与人特别是君子对于民人的情感，放到物体上，谈不到。文学作品以拟人的手法表达对万物的热爱，另议。亲敬，是对亲人主要是对父母的感情，也不可滥用。"于民也，仁之而弗亲"，就是说跟民人要仁爱，要讲德政，但仍然不是亲眷，仍然有一定的距离与界线，有公事公办的一面。这一点孟子体察得很细。

孟子曰："知者无不知也，当务之为急；仁者无不爱也，急亲贤之为务。尧舜之知而不遍物，急先务也；尧舜之仁不遍爱人，急亲贤也。不能三年之丧，而缌、小功之察；放饭流歠，而问无齿决，是之谓不知务。"

王解：孟子说："有智慧的人，追求无所不知，但是与当前任务有关的知识更为急迫。仁爱的人，没有哪个人他不爱，但是对于亲人与贤人的爱，更为切要。尧与舜（那么伟大），他们的知识做不到遍及万物，因为他们急于把握的是需要先期处理的事务。尧与舜的仁德做不到遍及所有的人，因为他们首先要施仁德于亲人与贤人。做不到三年服丧，却在那里整天说什么缌麻三月、小功五月的最轻短的丧礼；在尊长面前大模大样地大吃大喝，却要讲什么不要用牙齿将整块干肉咬断，那都是不识时务。"

点悟：孔子，尤其是孟子，既承认仁义礼智的普适性、广被性、绝对性，也重视各种天经地义的伦理的具体性、相对性、大小、轻重、缓急、纲目的差别性。这就与庄子的极高明却只执一端的齐物论，与墨子的极伟大而不面对差别的兼爱论有所不同，显得更加务实与合情合理。

问题在于，按孟子此说，大的一定比小的重要吗？守丧的意义未能足够三年，其他一切丧礼追悼吊唁的意义就完全等于零了吗？现在的丧礼时间大大缩短了，就不能算是丧礼了吗？大事物的意义一定比小事物的意义大吗？对于一个工匠来说，做好一件用品就不如他跟随表态拥护什么大政方针更重要吗？对于一位绣花女来说，她的绣花质量就一定比不上她的仪态与品德重要？

其实不然。有时候大课题重要，有时候小课题却是关键的课题，也有它的不平常的重要性。什么事都离不开时间、地点、条件，更离不开事主的身份、处境、特点。离开这些，泛论大小轻重缓急，往往不合情理。

再如用餐的礼节问题，有人在某些重要的把握上缺乏教养，如孟子所说的在尊长面前本不应大吃大喝，但另一些细节他有所讲求，吃相不那么丑恶野蛮，总不能说既然所谓的大处失礼了，小处就不必讲礼节了吧？

中华传统的大小之论，似乎不利于科技发展。我们的习惯是抓大放小、抓急放缓、重纲轻目、重义轻利。我们讲的是"君子不器"，就是君子人的眼光不限于具体功利工具。我们注意的是重于泰山，我们忽略的是轻于鸿毛。

我们常常强调纲举目张，却从来不讲有时一个小"目"决定了"纲"的成败、生死、存亡，我们不怎么讲述一颗颗螺丝钉的重要性与某些时候细节决定成败的道理。我们的传统文化非常大气，但蕴藏着变成大话、空话、套话的危机。例如所谓"论万代"，太夸张了，等于没说。

这里有一个词："不知务"，疑是后世留下的成语"不识时务"的发端。但孟子的不知务，主要指的是分不清大小亲疏，而时务则加上了时势的内容，相同处则在于能不能分清轻重缓急。

卷十四　尽心章句下

———— 14.1 ————

孟子曰："不仁哉梁惠王也！仁者以其所爱及其所不爱，不仁者以其所不爱及其所爱。"

公孙丑问曰："何谓也？"

"梁惠王以土地之故，糜烂其民而战之，大败，将复之，恐不能胜，故驱其所爱子弟以殉之，是之谓以其所不爱及其所爱也。"

王解：孟子说："太缺少仁爱了，梁惠王呀！仁爱的人把自己的仁爱之心延伸到自己并不喜爱的那些人身上。而不仁德的人，将自己的不仁不爱之心，延伸到自己所喜爱的那些人身上。"

公孙丑问："这是怎么个讲法呢？"

孟子答："梁惠王为了争夺地盘，折磨着他的民人百姓去打仗，使民人百姓遭受糜烂之苦，大败了，想再打，怕得不到胜利，便驱使他所爱惜的子弟再去付出牺牲。这不就是将他的不仁不爱之心从他不爱惜的民人百姓身上延伸到所爱惜的自家子弟身上了吗？"

点悟：仁者的核心精神是爱，虽然对于权力者来说，强调的是仁政仁德，是高度政治化的爱心，这与一些宗教教义强调的道德与信仰化的爱心有重点与角度的不同。富有爱心的人常常会爱上了他原来不怎么爱乃至不宜于爱的人。例如诸葛亮七擒孟获，这是仁政、仁德的表现，是爱的表现，也是政治的需要。孟子竭力提倡的仁政不妨叫作爱的政治。扶老携幼、援难济贫、助人为乐，这也是一种爱的文化风习与政治标榜。至于由于仁爱而上了坏人的当，则令人长叹与痛心疾首了。

但同时，人性中、社会中也有非仁、互相争夺乃至相互仇恨的一面，嫉妒、嗔怨，一直到战争、杀戮……从人类有了文明史以来，从来没有禁绝过。所以有对另一面的强调：严刑峻法、死战求胜、宁死不屈，"时日曷丧？予及女（汝）偕亡"，也是古已有之，于今犹烈。这样，由于强调的不是仁而是斗争、胜利、警惕，就会发生使得本来应该爱惜有加的人硬是活不下的情势。这就出现了另一种、另一类令人长叹与痛心疾首的事例啦！

仁也会扩大，不仁也会扩大，人性与社会中有扩大化的驱动因子，而权力者、威权者的个性会在权力的培养基中膨胀。孟子早有发现，妙！

--- 14.2 ---

孟子曰："春秋无义战。彼善于此，则有之矣。征者，上伐下也，敌国不相征也。"

王解：孟子说："春秋时期没有正义的战争。某个侯国君王在某方面做得好一点，那倒是可能的。人们所谓的征伐，必须是指上讨伐下，同等的诸侯国家之间，那是不能够相互讨伐的。"

点悟：春秋无义战，这是一个响当当的判断，原因是：一、从儒家的政治理想主义与文化理想主义看来，春秋五霸争来夺去，都是为了扩充地盘与权力，为一己的私利而搞得民不聊生、国无宁日，没有谁是为了仁义道德而战；二、没有谁像是可赢得战争，统一了天下，没有谁能宣布自己代表正道而敌手是何等邪恶；三、没有哪个诸侯国家能够提出焕然一新的政治纲领、政治理论，没有谁能占领意识形态高地，没有谁有个新鲜的有魅力的说法来动员民人、凝聚民人。这样，你说你义，他说他义，没有一个义与不义的分界线，谁也不可能获得义战的命名；四、东周中央政权式微，按孟子的说法，诸侯之间根本没有开战的权力，却硬是开战不已，当然不是义战。

但是此处产生了一个有趣的问题，上可以伐下，这么说上伐下可以算义战，同级开战则不义。这说明的是"诸侯之门而仁义存焉"，但庄子的此话前面讲的是"窃钩者诛，窃国者为诸侯"，国窃到手，自然可以得到仁义的美名，而丢了国、亡了国的倒霉蛋，不但会丢权丢脑袋，而且必然丢掉义的桂冠。孟子的"征者，上伐下也"论，使人疑惑敢情事情在于"上则义"，而"上不去则不义"，至少是上则有了伐的名义，下则亏义亏理，下则无义战矣。那么这是谈义理万岁还是谈权力万岁呢？怎么浩然正气的孟子也涉嫌用权力、用实力、用战争胜负来判断义理的存亡呢？孟子主张的是仁者无敌，最后为什么摆脱不了"无敌而后仁"的市侩逻辑了呢？

还有一个更有趣也更混乱的问题，那就是上是可以伐下的，同级诸侯谁也不可伐谁，好的，还漏掉了一种可能：下伐上呢？汤武革命呢？抑或是犯上作乱呢？下伐上，胜了的是革命，败了的是匪了吧？

无义战的说法说明的是天下大乱，谁也征服不了谁，这似乎很糟糕，但正因如此才形成了百家争鸣的局面，成为学术思想蓬勃发展、尽情表现的一个时期，奠定了几千年中国传统文化的精彩格局。此后虽说也是分久必合、合久必分，却日益是罢黜百家、独尊儒术。百家争鸣的好景，再无重现了。

孟子曰："尽信《书》，则不如无《书》。吾于《武成》，取二三策而已矣。仁人无敌于天下，以至仁伐至不仁，而何其血之流杵也？"

王解：孟子说："《尚书》上说什么你信什么，那还不如世上没有《尚书》呢。《尚书》上的《武成》篇章，相信上那么两三枚竹简也就是了。仁人是无敌于天下的，如果武王是以充分的仁去征伐殷纣的残暴不仁，哪里至于（那样艰难），流血流到漂起春米用的杵杆的程度呢？"

点悟：古圣推崇周文王，因为他虽然政声美善，却没有取殷商而代之，没有搞武装斗争。而武王伐纣，打得非常惨烈。

但是这里一些孟子说法，虽然美好，不一定靠得住。仁者无敌，这是从最终与长远来说的。具体战役，仁者失利，在在多矣。无敌了就不用流很多血，更不一定，"二战"的反轴心国这边是正义的，但是其代价的规模绝对不是武王伐纣能够比拟的。

孟子曰："有人曰：'我善为陈，我善为战。'大罪也。国君好仁，天下无敌焉。南面而征，北狄怨；东面而征，西夷怨，曰：'奚为后我？'武王之伐殷也，革车三百两，虎贲三千人。王曰：'无畏！宁尔也，非敌百姓也。'

若崩厥角稽首。征之为言正也，各欲正己也，焉用战？"

　　王解：孟子说："有人说：'我善于布阵，我善于打仗。'这真是大罪过。国君追求仁爱，自然会无敌于天下。（当年商汤）征伐南方，北方的狄人就抱怨；讨伐东方，西方的夷人也会抱怨。抱怨的是：'为什么把我们的事放在后头？（为什么没有尽先打到我们这边来？）'武王征伐殷商，用了战车三百辆、勇士三千人。武王说：'不用害怕，我们是来安定你们这里的局势的，不是拿你们的老百姓做敌手的。'他获得的反应是额角碰地的百姓磕头声音，像山崩地裂一样。'征'这个词就是'正'嘛。如果各国都致力于端正自己，还打什么仗呢？"

　　点悟：尚文、尚仁、尚和，这确实都是民人百姓最喜欢的，提出这样的主张，是容易取得民心的，但是，没有实力，只有美好的愿望，则一切成了天真的空话。

　　"若崩厥角稽首"，额角撞地、磕头磕得山响，读起来感觉到的是心惊胆战，而不像欢呼万岁。也许欢呼万岁的另一面就是心惊胆战呢？

––––––––––––– 14.5 –––––––––––––

　　孟子曰："梓匠轮舆能与人规矩，不能使人巧。"

　　王解：孟子说："木匠、车轮师傅能教给你制造与使用的规程，却不能教会你如何巧用自己的头脑。"

　　点悟：其义是，木匠、车轮师傅提供给你的是具体的器，却不能提供给你原理与方法论,更不能提供你以主观能动的才华。从器的制造与使用的规则,提升到人的主体性、人的总结发现与利用规律为自身服务的能力、发展为想象力、逻辑推理与数学计算能力、创造性以及实验探索的习惯,直到动手操作的灵巧与细致,这就不仅是工匠能够完成的了,这需要一定的天赋,需要发展人的整体智力,需要良知、良能、灵性。

这个说法当然是"唯心"了些。孟子不可能有毛泽东的"实践出真知"的认知。

14.6

孟子曰:"舜之饭糗茹草也,若将终身焉;及其为天子也,被袗衣,鼓琴,二女果,若固有之。"

王解: 孟子说:"舜当年吃着干粮、就着野蔬,好像终生就会这样过活似的。后来他当了天子,穿着麻葛做的衣服,弹着琴,尧的两个女儿侍候着他,也像压根如此。"

点悟: 孟子对人的命运的大起大落颇有感慨。孔孟的可爱在于他们的感慨反应与常人接近。孔子叹逝川,可谓人同此心,孟子叹命运之难测,也是百姓心态。穷困的时候不妨认为终生注定如此,富贵了,也不妨认为本来就该这样,如此这般,安时顺命,角色认同,走到哪儿说到哪儿;既不必为穷困而悲叹,也不必为富贵而烧包,泰然处之,淡定视之,最好。

但也有一个问题,人如果有足够的本领与自信,应该有改变自己的社会角色的勇气。高更在处境良好的三十五岁时辞去银行职务从事艺术工作,终成大家,便是一例。

孟子曰："吾今而后知杀人亲之重也；杀人之父，人亦杀其父；杀人之兄，人亦杀其兄。然则非自杀之也，一间耳。"

王解：孟子说："如今我算是明白了杀戮旁人的亲属后果之严重了。你杀了一个人的父亲，这个人就要杀掉你的父亲；你杀了一个人的兄长，这个人也就要杀掉你的兄长。当然，你没有自己动手杀父杀兄，但与之相较，区别也只有一步罢了。"

点悟：远在佛教传入中国之前，古圣先贤已经有牢固的报应循环观念。杀人之父者人恒杀其父，杀人之兄者人恒杀其兄，杀旁人的人，就等于杀自己的人。何其英明而又良善也！

孟子曰："古之为关也，将以御暴；今之为关也，将以为暴。"

王解：孟子说："古代修建关卡，是为了防备暴力暴行；如今修建关卡，是为了推行暴力暴行。"

点悟：孟子反战，态度明确。远古时代，不像东周时期那样纷争好战，当是事实。人类文明有进化的一面，如善待俘虏；也有扩大贪欲、加剧争夺，使战争的相互毁灭能力疯狂扩大的方面。为关御暴，发展到为暴，此说犀利。御暴者必能为暴，为暴者当能御暴，这是正理，无为暴者，哪儿产生的御的必要？

———————————— 14.9 ————————————

孟子曰："身不行道，不行于妻子。使人不以道，不能行于妻子。"

王解： 孟子说："你自己不走正道，你的妻子儿女也不可能听你的。你用人不按正道，你也就不可能用正道对待你的妻子儿女。"

点悟： 例如贪官，多是一人贪，一家贪者。一人甚贪，却要向自己的妻子家人推行廉政建设，自然是不行、不能行的。

———————————— 14.10 ————————————

孟子曰："周于利者凶年不能杀，周于德者邪世不能乱。"

王解： 孟子说："财产丰厚的人，遇到凶年也不会遭难。德行丰厚的人，遇到邪恶的世道，也不会混乱。"

点悟： 强调的是自身的资源与能动性。社会环境总是变来变去的，触到霉头，与其抱怨年月世道，不如反求诸己。

— 14.11 —

孟子曰："好名之人能让千乘之国，苟非其人，箪食豆羹见于色。"

王解：孟子说："重视名誉的人，能够谦让拥有千辆兵车的侯国王位。如果不是这样的人，那么，一点吃食的归属，也会使他贪图变色。"

点悟：不同的人有不同的价值追求，有的大方，有的小气，有的在此事上大方，有的在彼事上大方。这是一个说法。还有解释"苟非其人"为所让非其人的，就是说不想让给、不配让给的人是得不到相让的一切的，非其人而让之，只会让人变颜变色，叫作"出洋相"。

— 14.12 —

孟子曰："不信仁贤，则国空虚；无礼义，则上下乱；无政事，则财用不足。"

王解：孟子说："不信用仁德与贤能的人，这样的国家是空虚的。不讲究礼义，上下关系是混乱的。没有行政管理，财政使用上就会经费不足。"

点悟：此处讲的是，人才是国家的主要资源，所以不信用仁德与贤能的人，就是空虚匮乏，没有实力。不讲礼法与原则，就是无引领无规矩，混乱无序。

没有有效的行政管理，就必然是捉襟见肘，财政危机。

————— 14.13 —————

孟子曰："不仁而得国者，有之矣；不仁而得天下，未之有也。"

王解：孟子说："没有推行仁政而赢得了国家政权的事是有的，不推行仁政而统一天下，那是从未有过的。"

点悟：这有点像数学上的大数定律："在随机试验中，每次出现的结果不同，但是大量重复试验出现的结果的平均值却几乎总是接近于某个确定的值。其原因是，在大量的观察试验中，个别的、偶然的因素影响而产生的差异将会相互抵消，从而使现象的必然规律性显示出来。"

在争权夺利的政治斗争中，任何一个战役的胜负都受偶然因素的影响，或胜或负，不仁者都可能有机会，但是到了统一天下的"大数"了，孟子认为仁者无敌是普遍的与必然的规律。

实际上未必，后来是秦国统一了天下，很难说这是秦始皇推行仁政的结果。孟子当时这样说，原因在于当时还看不出谁能得天下，孟子有宣讲自己的理论的足够空间。

————— 14.14 —————

孟子曰："民为贵，社稷次之，君为轻。是故得乎丘民而为天子，得乎

天子为诸侯，得乎诸侯为大夫。诸侯危社稷，则变置。牺牲既成，粢盛既洁，祭祀以时，然而旱干水溢，则变置社稷。"

王解：孟子说："民人是最尊贵的，其次是土地粮谷之神，君王的分量是比较上二者轻的。所以，赢得了民心的人才能做天子，赢得了天子之心的人可以做诸侯，赢得了诸侯之心的人可以做大夫。身为诸侯而危害土神谷神，可以改变诸侯的人选。牺牲已经准备齐全，祭品清洁合格，及时进行了祭祀。仍然发生干旱与洪水，那就改变土神谷神的安排。"

点悟：民为贵，君为轻，这是孟子的亲民名言。之所以是名言，第一，它代表了民人的愿望；第二，它始终只是一个理想，是掌权者的道德情愫，也可能成为一定层面的高大上的论调。

诸侯是可以调整的，所以不要以为诸侯有什么了不起。土神谷神也能调整，反映了不是君权神授而是神权君授的中华文化特色。然后要问的是，不能调整的是什么呢？是民与民心，孟子也没有敢说天子如何如何不理想了，可以调整，但是天子要靠赢得民心来保持自己的权力的合法性与有效性，这已经很重要了。

这里的君为轻，指的应是诸侯，能为侯王的未必行仁，当然就是可以"变置"——调整其地位的。天子则应该具有民心支持，不可轻忽对待。

---- 14.15 ----

孟子曰："圣人，百世之师也，伯夷、柳下惠是也。故闻伯夷之风者，顽夫廉，懦夫有立志；闻柳下惠之风者，薄夫敦，鄙夫宽。奋乎百世之上，百世之下，闻者莫不兴起也。非圣人而能若是乎？——而况于亲炙之者乎？"

王解：孟子说："圣人是百代师表，伯夷、柳下惠就是这样的圣人。所以获知伯夷的风骨的人，原来的贪欲者会变得廉洁，原来的懦弱混世者会变为有志者。而获知柳下惠风度的人，原来的浅薄者会变得敦厚，原来的鄙陋者会变得气象宽宏。他们在百代之前发愤图强，百代之后，听到他们事迹的人仍然振作鼓舞、意欲有所作为。不是圣人，能有这样伟大的影响吗？何况是那些（与圣人同时代）受到圣人的亲自熏陶的人们呢？（他们得益于圣人者更多矣！）"

点悟：圣人文化而不是宗教文化，是亦人亦神圣的文化，是源于人生、高于人生的文化，是重视榜样力量的文化。它更多的是一种道德范畴，而不是功业、权力、财富，甚至也不是英雄主义范畴。孔孟以降，中华文化树立的是道德神圣。有意思也有功效！恐怕也不无缺憾。需要补充两头：终极的哲学思考与具体而微事功、器物、律令的创造与规范，还有贯彻始终的科学逻辑等。

14.16

孟子曰："仁也者，人也。合而言之，道也。"

王解：孟子说："仁就是人，把仁与人综合起来讲，就是道。"

点悟：孟子坚信，人性就是道。那么什么叫"合而言之"呢，把人与仁合起来，等于说"人则仁也"，仁就是人，就是人性，所以就是道。还可以解"合而言之"为把许许多多人的特点综合起来研究，他们的共同特点是仁爱，共同性、普适性也就是大道了。

这与老子讲的抽象性、哲学性、终极性的"道"的范畴不同，老子更重视的是有、无、名、天、一、大、远、逝、反这些概念，只有把这些高度哲学化、终极化的概念合而言之，才能靠拢并体悟到老子的道论。

──────────── 14.17 ────────────

孟子曰："孔子之去鲁，曰：'迟迟吾行也。去父母国之道也。'去齐，接淅而行──去他国之道也。"

王解：孟子说："孔子离开鲁国的时候说：'咱们慢慢走吧。这是离开故国的态度。'而他离开齐国的时候，漉干米不等做饭就走，那是离开他国的态度。"

点悟：同样的孔圣人，同样的仁德，同样的爱民，但对不同的对象仍然会有各种差别。孔孟之道，既承认共同性、齐物性，又承认亲疏远近的差别性，这是他们的理念显得比较合情合理、易于被人所接受之处。

孔子、孟子是道德学家，有时被称为道学家，给人不苟言笑的印象。其实他们尽力做到合情合理、亲切平易，讲某些事如话家常，有亲切感、接地气感。

──────────── 14.18 ────────────

孟子曰："君子之厄于陈、蔡之间，无上下之交也。"

王解：孟子说："孔子在陈地蔡地间受到困厄，原因是他与当地君臣都没有交往。"

点悟：孟子也不否定公关的必要。比较起来，孟子的交际面似乎不差。

———— 14.19 ————

貉稽曰："稽大不理于口。"

孟子曰："无伤也。士憎兹多口。《诗》云：'忧心悄悄，愠于群小。'孔子也。'肆不殄厥愠，亦不陨厥问。'文王也。"

王解：貉稽说："我貉稽的口碑很糟糕。"

孟子说："没有啥了不起，士人其实很讨厌那种说三道四。《诗经》的诗上说：'心中忧虑却没有出声，未免对（或令）一些小人感到气恼。'这是说的孔子风范。'用不着去消除气恼，也不可能损害名声'（后一句或也有用不着去消除疑问的含义），说的是文王风范。"

点悟：人皆有失，人皆有误，人皆有冤屈，人皆有一时不被理解乃至终生难被理解处。越是孔丘、文王、伊尹、周公这样的大人物，越不可能没有对立面。这样，一个君子，应该有足够的自信，不必呼冤、不必埋怨、不必要求群小噤声、不必担心自己名誉受损。反之，要认识被群小愠怒、误解、攻击、抹黑的难免性，同时更有身正不怕影子斜的自信心。

孟子曰："贤者以其昭昭使人昭昭，今以其昏昏使人昭昭。"

王解：孟子说："贤明的人能够以自身的光明清晰去启迪引领他人的光明清晰。如今某些人，则是自己昏头涨脑，却要教导他人去明白事理。（岂不荒唐？）"

点悟：问题是越是蠢人越要别人听从自己，越是无知无能，越爱卖弄标榜自己的才学智能，无怪乎毛泽东晚年引用"以其昏昏使人昭昭"语，表达他对某些干部的失望之情。

为什么会出现"以其昏昏使人昭昭"的笑话，这还要从权力学、监督学的角度探讨。昏昏者硬是掌握了部分权力，昭昭者毫无办法，咋办？

而且昏昏者一旦用权，就要大量起用同样的或更昏的昏昏者。还有那种虽然不无昭昭，却专业化地尚阴谋的度量狭小、秉性多疑的人士，宁愿多用昏昏的傻子，却绝对排斥可能比自己高明的昭昭者。

还有逻辑提倡与学术风气问题，你说他昏昏，他说你昏昏，由谁评判？官员还是网民，评委会投票还是批条子内定？又有得闹心喽。

孟子谓高子曰："山径之蹊，间介然用之而成路；为间不用，则茅塞之矣。

今茅塞子之心矣。"

　　王解: 孟子对高子说: "山上的小路, 常被阻隔掩盖, 由于你使用行走, 它也成了路。一段时间不用不走, 它就被茅草堵塞住了。你现在的问题就是心灵被茅草堵塞了啊。"

　　点悟: 仅仅有美好的人性是不够的, 仅仅有良心、良知、良能是不够的; 关键在于你自己、在于后天、在于你走的路径。这样一个说法既用性善论感动鼓舞了芸芸众生, 又强调了文化环境与自我选择尤其是将认识化为实践的责任与力量。

　　说高子心灵被茅草堵塞, 话够重的。或谓孟子所讲始句为 "山径之蹊间, 介然用之而成路……", 就是说, 山径小路间, 是靠坚持硬走, 成了路。后人鲁迅的说法: "地上本没有路, 走的人多了, 也便成了路。" 当从此来。而这里的介, 就是耿介的意思了。也能讲得通。

───────────── 14.22 ─────────────

　　高子曰: "禹之声尚文王之声。"

　　孟子曰: "何以言之?"

　　曰: "以追蠡。"

　　曰: "是奚足哉? 城门之轨, 两马之力与?"

　　王解: 高子说: "夏禹时期的乐器钟比文王时代的钟要更好一些。"

　　孟子问: "你根据什么要这样说呢?"

　　高子说: "你看夏禹时期的钟的钟槌啊 (都用烂了)。"

孟子说:"那又能说明什么呢?就如同城门前的车辙(那是历史的遗迹),难道就仅仅是眼前几匹马的力量造成的吗?"

点悟:一个是孟子要维护唐尧、虞舜、文王三圣的最高地位,一个是孟子要强调历史与时间的作用,夏在前,编钟之类的乐器用得久而多,不一定是品质优良造成的。孟子不赞成妄议古圣。

这里其实涉及了逻辑学问题,一个钟的质量能不能靠是否常用常敲来判断它的成色?城门前的车辙,是不是眼前的几辆马车轧出来的?这都牵扯到逻辑前提的是否成立问题,大前提站不住,小前提与结论就都是靠不住的。

14.23

齐饥。陈臻曰:"国人皆以夫子将复为发棠,殆不可复。"

孟子曰:"是为冯妇也。晋人有冯妇者,善搏虎,卒为善士。则之野,有众逐虎。虎负嵎,莫之敢撄。望见冯妇,趋而迎之。冯妇攘臂下车。众皆悦之,其为士者笑之。"

王解:齐国遭遇了饥荒。陈臻对孟子说:"人们都以为先生会出面说动国君再次在棠地开仓放粮。是不是不宜于再这样做呢?"

孟子说:"你说的是冯妇的做法。晋国有个名叫冯妇的人,能与老虎搏斗,后来成了慈善的士人。一次来到野外,正遇到众人追逐一只老虎,老虎背靠山隅,没有谁敢去伸手。这时看到了冯妇,大家都去迎接,冯妇也就挽起袖子下车(摆出架式),大家欢喜兴奋,但是士人难免嘲笑他(忘记了自己的角色已经变化)。"

点悟：这一段是成语"再作冯妇"的出处。在众告诫性成语中，"再作冯妇"的含义不属于无争议常识范畴。其他如"揠苗助长""守株待兔""螳臂当车""痴人说梦"都是一听便知其非的。至于螳臂当车原意并非否定，另说。有些好事情是可以反复做的哟，多做一次冯妇为什么就不行呢？

这里要说的其实在于人的身份，此一时也，彼一时也，不可以轻率对待，不可以像"拉抽屉"一样使自己的两个身份变来变去。这个故事有精明幽默的一面，却也有心眼过多、画地为牢的令人不快的一面：一个以善于打虎著名的人，在不再打虎之后，仍然保留着打虎壮士的影响，这又有什么可笑的呢？

--- 14. 24 ---

孟子曰："口之于味也，目之于色也，耳之于声也，鼻之于臭也，四肢之于安佚也，性也，有命焉，君子不谓性也。仁之于父子也，义之于君臣也，礼之于宾主也，知之于贤者也，圣人之于天道也，命也，有性焉，君子不谓命也。"

王解：孟子说："口舌对于美味、眼睛对于美色、耳朵对于美声、鼻子对于芳香、四肢对于舒适，（都是有要求的，）这是人性，但也要依靠好命才能获得，君子对这一类（生理的欲望）事就不强调它们是人性（不强调它们的必然性与绝对性）。仁德对于父子、义理对于君臣、礼节对于宾主、智慧对于贤者、圣人对于天道，（都是最重要的，）这是命运的赐予，但也要靠人性的发育才能具备。圣人对于这些道德的标尺，就不强调它们为命运所决定的（偶然性相对性）一面。"

点悟：人性中有生理的要求，所谓"食色，性也"，但它们只可以强调为命，即生命与命运这一面，而不宜强调它们也是人性即人的自然秉赋、人的追求与需要、人的良知良能。仁义礼智、天道这些精神的特色与走向，同样也是生命、命运的表现，但应该强调的不是生命与命运，而是人性。强调人性的精神道德层面，这是孔孟的特色之一。

把性放在命之上，听起来不无矫情，但在中国也是自有其传统。记得二十多年前一位评论人痛批文学是"生命现象"的说法，说什么这样讲会出现色情之类，令人难于理解一个文学评论人为什么会如此警惕与怀疑"生命"二字。看来也不足为奇，存天理、灭人欲，中国的道统习惯自是源远流长的。

14.25

浩生不害问曰："乐正子何人也？"

孟子曰："善人也，信人也。"

"何谓善？何谓信？"

曰："可欲之谓善，有诸己之谓信，充实之谓美，充实而有光辉之谓大，大而化之之谓圣，圣而不可知之之谓神。乐正子，二之中、四之下也。"

王解：齐人浩生不害问孟子："你的学生乐正子是个什么样的人呢？"

孟子说："是个好人，是个可以相信的人。"

问："什么叫好，什么又叫可以相信的呢？"

答："可以喜欢他肯定他就是好，他身上确有人们肯定的好处就可以相信了。各种好处他都很充实饱满那就是美，不但充实而且光辉四射，那就是伟大，伟大于教化于各个方面那就是圣人，圣明到了超人的难以知晓的程度了就是神圣。乐正子呢，他处在善与信二者之中，美、大、圣、神四者之下。（他还达不到美大圣神的高度。）"

点悟： 孟子强调美德的统一性，承认美德的阶段性，但不讲究美德的多侧面性与差异性。依他的说法，人好了是善，善落实于自身是信，信丰满充实了是美，美得放光了是大，大得能教化世界了是圣，圣到难以认知了是神。他却不注意善是德行的高度，信是人际关系的高度，美是情感与精神的高度，大是哲学与智慧的高度，神是超拔超越的高度。

（孔）子不语"怪、力、乱、神"。应该理解为，孟子在这里讲神，不是讲超现实、超实在的存在，而是指一种难以企及的精神能力与精神品质的高度，他讲的不是神仙，不是名词，而是神妙、神奇之类的形容词。

大而化之之谓圣，多么伟大的概括，它的含义应该包括自己伟大并能教化天下与自己伟大到出神入化的程度二者。《庄子》中论敌惠子讥讽庄周的说法则是"大而无当""大而无用"，强调大有大的毛病，夸大更是坏毛病。最后，作为成语，大而化之的含义靠拢到无当无用、粗枝大叶、不切实际、缺少精密上去了，个中意味，不妨一想。

14.26

孟子曰："逃墨必归于杨，逃杨必归于儒。归，斯受之而已矣。今之与杨、墨辩者，如追放豚，既入其苙，又从而招之。"

王解： 孟子说："脱离墨家的人必然会归附于杨朱一派，脱离杨朱一派的人必然会归附到儒家来。归附而来，接受了也就是了。可现今呢，与杨朱、墨翟辩论的人像追逐丢失的小猪一样地追逐那些观点不同的人，追入猪圈里不算完，还要绑上它们的腿脚。"

点悟： 墨家兼爱、苦行，不切实际，终归会脱离四散，回到世俗生活中来。

从兼爱最容易回到利己，即回到"拔一毛而利天下，不为也"的杨朱这边来。这也是此前《孟子》中讲"天下之言不归杨，则归墨"的原因。

孟子很自信，回到杨朱一派去了，全生啊，利己啊，停留在这个初级阶段，邦国不能有道，天下不能太平，民人不能小康，最后会明白仁义礼智信的重要。墨的摩顶放踵是理想主义，杨的利己是自保而已。孟子认定最后都得向儒家靠拢。也就大大方方，来者不拒，包容阔大起来。

孟子对诸侯，强调尊严，有一定的架子。对门徒，包括改换门庭的非原生态儒家信徒，则敞开大门。而且他主张得理也要让人，不必追着杨朱、墨翟的门徒打。

———————————————— 14.27 ————————————————

孟子曰："有布缕之征，粟米之征，力役之征。君子用其一，缓其二。用其二而民有殍，用其三而父子离。"

王解：孟子说："有的邦国征收布帛作赋税，有的邦国征收粮食作为赋税，有的邦国征收劳役作为赋税。君子治国，使用其中之一种赋税征收办法，缓用另两种赋税的征收。如果征收两种赋税，民人中就有饿死者了；如果三样赋税都征，那么连父亲与儿子也是谁都顾不上谁了。"

点悟：孟子本着民本的思想，一贯反对高赋税。然而随着生产力的发展，各国赋税又何止三种！还有一个问题，随着累进税率的发展，恰恰是左翼政党执政的地方，往往会实行较高的税率。有时恰恰是保守一派与更多代表富裕阶层的政党主张减税，这当然是孟子当年想不到的。

孟子曰："诸侯之宝三：人民、土地、政事。宝珠玉者，殃必及身。"

王解：孟子说："对于诸侯来说，最宝贵的东西有三种，一个是人民，一个是土地，一个是行政管理。（如果不懂得宝贵这三样东西，）却去宝贵珠玉，那就一定会祸及于自身。"

点悟：诸侯应该珍视与重视人民、土地、政事，这似乎是常识线下、不言自明的事。问题在于，许多人物，甚至是大人物，他们的过失不是出于对高深专门学问的不通，而是在于对常识的悖谬。

老子也讲三宝：慈、俭、不为天下先。比较二者，孟子的说法涉嫌无太多新意。老子的说法相对消极，他最注意的是克服人们的轻举妄动、枉费心机、劳民伤财、劳人害己、烦琐折腾，老子的说法又极其高端，他向往的其实是国家与政权的消亡，属于遥遥召唤共产主义理想性质。

盆成括仕于齐，孟子曰："死矣盆成括！"

盆成括见杀，门人问曰："夫子何以知其将见杀？"

曰："其为人也小有才，未闻君子之大道也，则足以杀其躯而已矣。"

王解： 盆成括在齐国做了官，孟子说："盆成括呀，（这回）他死定了。"盆成括被杀了，门下的人问孟子："先生您怎么知道他会被杀掉呢？"

孟子说："他这个人有点小才能，但是从来没有得知大道，（那点小才能，）正好可以害死他自己。"

点悟： 中华古圣贤认为一个人不懂得大道，尤其是不讲道德礼义，那就宁可愚痴一点，也比小聪明、小才能好。宁可大智若愚，不可小才若智。小聪明、小才能，如果有所显露，就会造成某种能人的印象，被委以重任、耍弄小才、耽误大事，还会引起注意、招惹是非、遭人嫉恨、涉嫌野心……适足以害人害己。

14.30

孟子之滕，馆于上宫。有业屦于牖上，馆人求之弗得。或问之曰："若是乎从者之廋也？"

曰："子以是为窃屦来与？"

曰："殆非也。夫子之设科也，往者不追，来者不拒。苟以是心至，斯受之而已矣。"

王解： 孟子到了滕国，住在上宫。把自己编织未成的草鞋放在窗台上，丢掉了。有人问孟子："会不会是被你的随员偷走了呢？"

孟子说："你以为那些跟随我的人员是为了偷鞋而来的吗？"

回答说："那倒不是。问题是您在这里设立学科，走了的不过问，来了的不拒绝，以为他们都是从心底愿意来的，来了就接受。"

点悟： 孟子对于前来就学的人态度开放，这与卷十三《尽心章句上》所讲的"三不教"的说法不一致。

怀疑随员窃履的人暗示：太开放了会有假门徒来，孟子未再说下去，是不是孟子也承认难免有虚假的门徒混入自己的学生队伍里呢？或即使有偷鞋者混入，对就学者仍然要坚持采取开放态度呢？

14.31

孟子曰："人皆有所不忍，达之于其所忍，仁也；人皆有所不为，达之于其所为，义也。人能充无欲害人之心，而仁不可胜用也；人能充无穿逾之心，而义不可胜用也；人能充无受尔汝之实，无所往而不为义也。士未可以言而言，是以言餂之也；可以言而不言，是以不言餂之也，是皆穿逾之类也。"

王解：孟子说："人总是有一些良心上、情感上通不过的东西，从而按照能通得过的天良来居心，能通得过天良的心思、情感就是仁。人总是有一些认定绝对做不得的事情，从而按照应该做能够做的规范来有所作为，便是义。人要是能充满一种自身绝对不可以有害于他人的心思，他的'仁'就是足够发挥而用不完的了。人只要是有了绝对不可以凿洞跳墙的认知，他的'义'就是足够发挥而使用不完的了。一个人能够将不愿意受到鄙视、否定的心思予以扩充，那么他走到哪儿做的都是合乎义理的事。一个人在不应该说话的地方与不适合的人说了话，那是用话语来达到低级的目的。一个人在应该说话的时候对适宜的人反而保持沉默，那是用沉默来追求低级的目的。这就是我说的凿洞跳墙的卑劣行为。"

点悟：人为什么做好事？因为不做好事他受不了。人为什么有作为，因为无所作为他受不了。人为什么所为皆义，因为不义的事他一桩也不干。这一点与老子所讲的无为而无不为一致。和以遵纪守法为前提，然后言及善德与功业，还有无欲则刚、无私则无畏的说法亦一致。没有正面的孝悌忠信、礼义廉耻，就经不住贪婪私利、卑下阴险等种种恶德的诱惑，荡涤了恶德，应该是易于走到仁德的道路上。取消了一切凿洞逾墙的邪念，应该是易于坚持光明正大的义举。

言与不言的说法很重要，不该说的说了，该说的没有说，都是低级趣味。此话有趣。

— 14.32 —

孟子曰："言近而指远者，善言也；守约而施博者，善道也。君子之言也，不下带而道存焉；君子之守，修其身而天下平。人病舍其田而芸人之田——所求于人者重，而所以自任者轻。"

王解：孟子说："说得切近实在，意思深远宏大，那是最美好的话语。把持简单明晰，意义广博厚重，那是最伟大的正道。君子的言论，说得切近而大道在其中了；君子的修养，自身好了天下都为之平安。人的毛病常常在于没有种好自家的田地，却老是想着去种植他人的田畴，人往往是要求别人很多，而要求自己的太少。"

点悟：在话风文风上，孔孟都欣赏单纯、诚恳、切实、明白、生活化、常识化。美在天真，善在秉性，德在浸润，道法自然。而且，两个圣人都强调反求诸己。两个圣人都反对巧言令色、天花乱坠、故作高深。两个人都能从话风文风上看出一种思想主张的成色。同时两个人都注重本分，不赞成夸张与做作。

孟子曰:"尧舜,性者也;汤武,反之也。动容周旋中礼者,盛德之至也。哭死而哀,非为生者也。经德不回,非以干禄也。言语必信,非以正行也。君子行法,以俟命而已矣。"

王解: 孟子说:"唐尧虞舜,他们的伟大来自天性。到了成汤与武王,则是(经过除恶向善的努力)回归自己的天性。一个君子举止容貌进退都符合礼法,这是大德的极致。在丧事上痛哭,并不是为了给活人看。遵守道德,并不是为了仕途上进取。言语诚信,并不是为了突出自己行为的正确。君子做什么事都要符合法礼,别事就等待命运的自然发展了。"

点悟: 尽人事,听天命,此其一也。道德礼法,都要进入化境,成为自身的需要而不是外在的规范,此其二也。进入化境了,按照自己的天性的需要做了,完全用不着考虑得失成败利钝,这是三。

自古以来,人的善恶之别就令人叹息,现如今的说法是坏人不知道好人有多好,好人不知道坏人有多坏。人之区别可不仅仅是善恶。深浅之别、高下之别也不下于善恶之别,孟子这里的话都是有的放矢。尧舜之道,孟子时期已经少有人能正确理解与虔诚追求了。汤武之道,孟子时期某些人的理解与诸侯间争霸逞雄并无区别。胜者王侯败者贼,此话有它的冷冰冰的真切性,但同时也包含了一种对于善良、仁爱、正义的抹杀,对于信仰与道德的抹杀。相信了胜败决定一切,还能相信与追求任何美德吗?他们到哪里去理解春秋无义战与汤武乃是义战的道理?动容周旋中礼的"盛德",也是彼时人等所无法理解与效法的。甚至哭丧、经德、守信,人们也往往从求名求利的角度看,他们怎么可能理解天良、性善、取义、浩然的精神境界呢？

---------- 14.34 ----------

孟子曰："说大人，则藐之，勿视其巍巍然。堂高数仞，榱题数尺，我得志，弗为也。食前方丈，侍妾数百人，我得志，弗为也。般乐饮酒，驱骋田猎，后车千乘，我得志，弗为也。在彼者，皆我所不为也；在我者，皆古之制也，吾何畏彼哉？"

王解： 孟子说："与诸侯君王权贵们谈话，要藐视他们，不用仰视他们的高大上、牛气十足。他们的厅堂高高矗立，房檐宽达几尺，那是我们即使志得意满也不会去修建的。他们吃顿饭，弄那么大规模架势，几百个婢妾侍候，那是我们即使志得意满也不会用得着的。闹上乐班子喝酒，骑上骏马打猎，带上上千车辆跟随，那也是我们即使志得意满也干不出来的。在权贵那儿，他们做的，都是我们不干的，在我们这儿，在意的是古代传下来的文化礼法，我们有什么需要对他们敬畏呢？"

点悟： 君王在乎的是排场，是架子；君子在乎的是文化、是历史经验、是传统、是里子。排场虽大，浅薄庸俗，转瞬即逝，或为笑柄，或留骂名，只不过是小人得志、俗人流涎、穷极无聊、空虚乏味。君子不然，重文化、重境界、重人格、重大道、重终远、益国益民、千秋万代、薪尽火传、典范不衰、光照子孙、日月经天。孟子是拼命为自己的追求，为自己的价值观给力打气，同时努力表达对权贵的不屑以至于将权贵大人一律骂倒。

骂了半天，权贵还是权贵。打了半天气，仍然需要有"君子固穷，小人穷斯滥矣"的自我安慰。这是事物的另一面。

孟子曰："养心莫善于寡欲。其为人也寡欲，虽有不存焉者，寡矣；其为人也多欲，虽有存焉者，寡矣。"

王解：孟子说："涵养心志，没有比减少自己的欲望更重要的了。一个人能够减少欲望，本心善性纵然有所丧失，也不多。他的为人多欲，本心善性纵然有所存留，也很少。"

点悟：中华哲学、处世学、养生学，清静无为为先。一种减法的哲理，要做什么先考虑不要做什么。要得到什么，先考虑得不到或不应得到什么。这种思路的好处是精减爽利、平静均衡，坏处是进取心、想象力、冒险精神都嫌不足。

养心的说法富有中华特点，关键在于自我感受、心理状态、精神平衡，乃至精神胜利。好处是无往而不胜，坏处是流于阿Q。

曾皙嗜羊枣。而曾子不忍食羊枣。公孙丑问曰："脍炙与羊枣孰美？"
孟子曰："脍炙哉！"
公孙丑曰："然则曾子何为食脍炙而不食羊枣？"
曰："脍炙所同也，羊枣所独也。讳名不讳姓，姓所同也，名所独也。"

王解：曾皙喜欢吃羊枣，于是他的儿子曾子不忍心吃羊枣。公孙丑问：
"肉食烧烤与羊枣，哪个更味美呢？"

　　孟子说："是烧烤呀。"

　　公孙丑说："那么曾子为什么不在乎吃（他父亲爱吃的）烧烤，却不忍
心吃羊枣呢？"

　　孟子回答："烧烤，大家都爱吃嘛，没有什么忍不忍心的问题。吃羊枣，
那是曾皙的独特之处，所以曾子不忍心随便吃用。就像人们要避讳名字，却
不用避讳姓，姓某个姓的人多了去了，名字可就是单独的了。"

　　点悟：避讳是中国的一种特殊礼法，是为了表达敬意、表达不忍之心而
产生的一种想法与做法，但它并没有太绝对的说服力与必然性。在其他民族，
相反有这种情况：为了纪念逝去的长上、自己崇拜的名人，给自己的孩子起
与长上或名人相近乃至相同的名号。吃东西更是如此，父亲爱吃什么，子女
当然会受影响，吃起来更多多地怀念长上，又有什么不好呢？

　　避讳的话避名而不避姓，讲得很好。世上诸事自有其因，不必少见多怪，
自找麻烦。多数顺其自然即可。

--------------------------------- 14.37 ---------------------------------

　　万章问曰："孔子在陈曰：'盍归乎来！吾党之小子狂简，进取，不忘
其初。'孔子在陈，何思鲁之狂士？"

　　孟子曰："孔子'不得中道而与之，必也狂狷乎！狂者进取，狷者有所
不为也'。孔子岂不欲中道哉？不可必得，故思其次也。"

　　"敢问何如斯可谓狂矣？"

曰："如琴张、曾皙、牧皮者，孔子之所谓狂矣。"

"何以谓之狂也？"

曰："其志嘐嘐然，曰：'古之人，古之人。'夷考其行，而不掩焉者也。狂者又不可得，欲得不屑不洁之士而与之，是狷也，是又其次也。孔子曰：'过我门而不入我室，我不憾焉者，其惟乡原乎！乡原，德之贼也。'"

王解：万章提问："孔子当年在陈国的时候，曾经说：'为什么不回归故里呢？我想念故乡故土的那些狂放狷介之士，他们勇于进取，不忘初衷。'孔子远在陈国，为什么要思念鲁国的狂狷之人呢？"

孟子说："孔子遇不到秉持中庸之道的人士，他只好结交狂放狷介之人了。狂放的人进取向前，狷介的人有所不为。孔子怎么可能不是更愿意结交中庸之道的稳健者呢？不得已而求其次罢了。"

问："那我斗胆问一下，一个人怎么样就算是狂放了呢？"

答："像琴张、曾皙、牧皮这样的人，孔子认为他们是狂放的。"

问："为什么说他们是狂放的呢？"

答："他们心大言大，张口就是古圣先贤如何如何。考查一下吧，他们的行为却不能做到与言语一致。狂放的人也是难找的。再其次就得找有所不为的狷介之士。孔子说过：'从打我门前经过，可是不进我的家门的人，只有虚伪狡猾的老好人，我不对他们不来感到遗憾。那种虚伪狡猾的讨好者，其实是道德的蟊贼。'"

曰："何如斯可谓之乡原矣？"

曰："'何以是嘐嘐也？言不顾行，行不顾言，则曰，古之人，古之人。行何为踽踽凉凉？生斯世也，为斯世也，善斯可矣。'阉然媚于世也者，是乡原也。"

万子曰："一乡皆称原人焉，无所往而不为原人，孔子以为德之贼，何哉？"

王解：问："什么样的人可以算作虚伪狡猾的讨好者呢？"

答："（他们的说法）是：'什么是心大言大（的狂放者呢）？说的一套，做的一套，还整天古圣先贤什么的。（狷介的人）闹什么孤芳自赏呢？活在这儿，做在这儿，好好地凑合着也就罢了。'这样阉割了自己以讨好俗人俗世，这就是虚伪狡猾的讨好者了。"

万子问："一乡的人都称赞他是好人，走到哪儿都被肯定为好人，孔子说他是道德的蟊贼，这是怎么回事呢？"

曰："非之无举也，刺之无刺也。同乎流俗，合乎污世，居之似忠信，行之似廉洁，众皆悦之，自以为是，而不可与入尧舜之道。故曰'德之贼'也。孔子曰：恶似而非者：恶莠，恐其乱苗也；恶佞，恐其乱义也；恶利口，恐其乱信也；恶郑声，恐其乱乐也；恶紫，恐其乱朱也；恶乡原，恐其乱德也。君子反经而已矣。经正，则庶民兴；庶民兴，斯无邪慝矣。"

王解：孟子说："（有一种人，）指责他，也举不出什么事端，讥评他，也没有什么可说的。他们与恶俗同流合污。平常待人，好像诚实信用，做起事情来，好像廉洁干净，大家都喜欢他们，他们也自以为良好。但是他们的那一套讨好的恶俗伎俩与尧舜修齐治平的大道完全不能接轨，所以说，他们是道德的蟊贼。孔子说过：可恶的是似是而非的那种东西。讨厌莠草，怕的是它弄乱了禾苗。讨厌拍马屁，怕的是它弄乱了义理原则。讨厌巧嘴滑舌，怕的是它弄乱了诚信。讨厌郑国民谣，怕的是它弄乱了音乐。讨厌紫颜色，怕的是它能弄乱了正经的红颜色。讨厌乡原，怕的是他弄乱了德行。君子只需要回到正道上来。回到正道上来了，民人就活跃发动起来了，民人充满活力，邪恶阴暗的事情就绝迹了。"

点悟：孔孟讨厌伪善，有它的深刻意义与中华文化性格。第一，孔子本身强调中道，强调合情合理、稳定成熟。但这样的人不可能很多，那么宁可与不够稳定成熟、个性强一些、偏激一点的人交往，也不愿意与虚伪狡猾的乡原假好人打交道。宁愿与有明显缺点的人交往，不要与城府深、令人摸不着底的伪君子打交道。

第二，狂放的人也好，狷介的人也好，前者说大话，后者不合群，但是他们都进取向前，不改其初衷，即不改其年轻时候救国救民、改造世道人心的理想，没有与社会的丑恶一面妥协变质。这样的人在，即使有各种缺陷，如言过其实，与俗鲜谐……总还带来某种期待与希望。

不改其初的"初"，窃以为作"初衷"解更有意义。至今仍然有不改初衷的正面说法。

第三，孔子痛恨乡原，因为从表面上看乡原像好人、像君子，容易以假乱真。孔子认为君子的看好是由于他们的修身原则与尧舜大道相通相一致。而乡原的看好是由于他们的虚伪的雕虫小技、恶俗手法，故而心平气和的孔子谈起乡原来，带气。估计孔子碰到过这样的乡原，孔子吃过他们的亏，吃了亏还说不清楚。至于佞人，大概化腐朽为神奇的可能性比较小，也不是绝对的，哪个伟大人物，哪怕只是个强人，周围没有几个涉嫌奸佞的人在跳梁？他们存在的原由与轨迹，还有待认真的梳理。

第四，严防以假乱真，严防以紫乱朱。这样一个传统可以解释，为什么古今中外，一个集团、派别、国家的内部斗争有时候比与外敌的斗争还要残酷激烈。但细研究起来，此种孔子式的厌恶不免有它的情绪性、片面性、压制性。没有与外敌的斗争，一个团体会软弱化，没有内部的不同意见，没有争论分歧，一个集团也会停滞不前。紫乱红、郑声乱乐、莠草乱苗、利口乱信，这是事物的一个方面，紫能助红、发展红、推动红，郑声或能丰富、发展、启示音乐，莠草能帮助研究良种、肥料或农药，利口能变成发展口才、变成说唱艺术或辩论艺术，这是事物的另一面。关键在于主体的强大与有序，规则的制定与心智的灵活性、开放性与消化能力。

第五，对于乡原的说法令人想起狄德罗的名言：宁愿受到旁人的批评责难，不愿成为招来一片夸奖声的伪君子。

第六，"非之无举也，刺之无刺也"，这很要命，你觉得乡原不正派，却又找不着真凭实据，可恶也哉。但从另一方面说，一个人你抓不住他的把柄，却一个劲地恶之，合适吗？

------------- 14.38 -------------

孟子曰："由尧舜至于汤，五百有余岁；若禹、皋陶，则见而知之；若汤，则闻而知之。由汤至于文王，五百有余岁，若伊尹、莱朱，则见而知之；若文王，则闻而知之。由文王至于孔子，五百有余岁，若太公望、散宜生，则见而知之；若孔子，则闻而知之。由孔子而来至于今，百有余岁，去圣人之世若此其未远也，近圣人之居若此其甚也，然而无有乎尔，则亦无有乎尔。"

王解 孟子说："从唐尧虞舜到商汤，相隔五百多年，像禹、皋陶这样的贤人，他们是亲眼见过尧舜的圣贤伟大从而有所理解、承续的。而像汤，则是对尧舜的事迹有所闻知，从而有所理解、承续的。由商汤到文王，又历经五百多年。像伊尹、莱朱，是亲眼见过成汤的圣贤伟大从而有所理解、承续的。像文王，则是对成汤的事迹而有所闻知，从而有所理解、承续的。从文王时期到孔子，又是相隔了五百多年，像太公望、散宜生，那是亲眼见过文王的圣贤伟大从而有所理解、承续的。而像孔子，那是对文王的圣贤伟大有所闻知，从而有所理解、承续的。从孔子时代到如今，又过了一百多年，可以说距离圣人的年代并不太远，距离圣人的家乡与活动区域，其实还是很近的，但是怎么仍是后继无人呢？也正是后继无人了。"

点悟：这段话堪称慎终追远，思古忧今，孟子面对着华夏民族的千年历史作总结性发言、总结性呼唤、总结性祝愿。家国天下，希望在于出现圣人，有了圣人的圣明、权威、教化影响，就有了修身、治国、平天下的正道，就有了安居乐业，尤其是有了美好的世道人心，有了标准，有了礼法，有了文，有了乐，有了理想的一切。

同时，圣人的出现并不那么频繁，从尧舜时代到成汤时代，从成汤时代到文王时代，从文王时代到孔子时代，历时一千五百年，出了这些圣人，圣人之出现何其难也！

孔子之圣与尧舜成汤文王大不相同，人家是真正的天子，是权力的化身，又成为道德教化的化身，说不定会令人怀疑个中有无"诸侯之门而仁义存焉"的因素。而孔圣人是玄圣素王，是大成至圣先师，更有特色，也有歧义。

那么埋怨为什么离孔子百多年，时空距离都不远却出不来新的圣人，这就没有道理了，前面孟夫子已经说明了，五百年才出一回嘛。

那么这种抱怨里是不是有对自身的期待与对天下不识君的叹息呢？意味深长矣。

"文化大革命"中林彪发明了什么伟大人物几百年几千年出一个的说法，看来并非无因也并非独创。早在孟子时代已经有这样的思路了。

《孟子》从见梁惠王、与之作义利之辨始，那时觉得他有些生硬古板，断然将义与利置于互不相容的地位，断然拒绝梁惠王希望孟子讲点什么"有以利吾国"的见解。慢慢读下去，或谈仁义，或谈天性，或谈尧舜周公、伯夷伊尹，或谈交际收受……有原则、有灵活、有权宜、有大义、有根本、有雄辩、有机锋、有勉强也有降格以求，渐渐觉得孟子修养不凡，其气浩然，其理光耀，其格崇高，其术周全。到最后，谈到一千五百年来的圣贤谱系，他的高度、他的远见、他的胸怀、他的担当、他的忧虑与他的期待则非圣莫属，诚亚圣焉……何必曰亚，干脆就是圣人也！

现在，圣人一词已经陈旧，大志、大道、大德、大事的思考与贡献，伟大传统的继承、弘扬、发展、创造与出新的期待仍然忧患焦灼、迫在眉睫、未敢怠慢。读读孔孟，感慨万千，心如浪涛呵！

几点说明

一、本书以中华书局版《诸子集成》第一册中的《孟子正义》为底本，参考了中华书局 2015 年版杨伯峻的《孟子译注》与中华书局 2014 年版方勇译注的《孟子》，也参考了网上的一些版本与解说，写下此书。

二、本书分三部分，一部分是"王解"，即作者王蒙读《孟子》时的理解与转述。有些是按原章句段落逐段解说的，有的因篇幅太大，则分段解说。

三、第二部分是"点悟"，以往谈《论语》时这一类内容称评点，但由于阅读《孟子》时的不同感受，名之为点悟，似更贴切，乃用"点悟"一词。

四、第三部分是综论，即单篇文章：《人性·民心·天意·精英主义》。